Der deutsche Insolvenzverwalter
im europäischen Insolvenzrecht

Europäische Hochschulschriften

Publications Universitaires Européennes
European University Studies

Reihe II
Rechtswissenschaft

Série II Series II
Droit
Law

Bd./Vol. 3889

PETER LANG
Frankfurt am Main · Berlin · Bern · Bruxelles · New York · Oxford · Wien

Kai S. Staak

Der deutsche Insolvenzverwalter im europäischen Insolvenzrecht

Eine Analyse der EG-Verordnung Nr. 1346 / 2000 des Rates vom 29. Mai 2000 über Insolvenzverfahren unter besonderer Berücksichtigung der Person des deutschen Insolvenzverwalters

PETER LANG
Europäischer Verlag der Wissenschaften

Bibliografische Information Der Deutschen Bibliothek
Die Deutsche Bibliothek verzeichnet diese Publikation in der Deutschen Nationalbibliografie; detaillierte bibliografische Daten sind im Internet über <http://dnb.ddb.de> abrufbar.

Zugl.: Köln, Univ., Diss., 2003

D 38
ISSN 0531-7312
ISBN 3-631-52421-8

www.peterlang.de

Meinen Eltern in Liebe und Dankbarkeit

Vorwort

Die vorliegende Arbeit wurde von der rechtswissenschaftlichen Fakultät der Universität zu Köln im Mai 2003 als Dissertation angenommen. Rechtsprechung und Schrifttum wurden bis August 2002 berücksichtigt.

Mein herzlicher Dank gilt Herrn Prof. Dr. Hanns Prütting zum einen für die Betreuung dieser Arbeit. Zum anderen möchte ich mich bei Herrn Prof. Prütting für die Zeit, die ich zunächst als studentische Hilfskraft und dann als wissenschaftlicher Mitarbeiter an seinem Lehrstuhl, dem Institut für Verfahrensrecht, verbringen durfte, sehr herzlich bedanken. Es war für mich eine in jeder Hinsicht schöne, erfahrungs- und lehrreiche Zeit. Das Zweitgutachten wurde von Herrn Prof. Dr. Ingo Mittenzwei erstellt.

Mein Dank gilt auch meiner Freundin Kerstin Hirschfeld für die mühsamen Tätigkeiten des Korrekturlesens sowie für die gesamte Unterstützung während dieser Zeit.

Ich widme diese Arbeit meinen Eltern, Christa Staak und Prof. Dr. Michael Staak, ohne deren stete, liebevolle und bedingungslose Unterstützung mein Studium sowie mein weiterer Werdegang nicht möglich gewesen wären. Ich danke ihnen von ganzem Herzen.

Köln, im Dezember 2003

Kai Sebastian Staak

Abkürzungsverzeichnis

a.A.	andere Ansicht
ABl.	Amtsblatt der Europäischen Gemeinschaften
Abs.	Absatz
AcP	Archiv für die civilistische Praxis
AG	Amtsgericht
Alt.	Alternative
Am. Bankr. L. J.	American Bankruptcy Law Journal
Am JCL	American Journal of Comparative Law
AnwBl.	Anwaltsblatt
AO	Abgabenordnung
Art.	Artikel
AuA	Arbeit und Arbeitsrecht
AWD	Außenwirtschaftsdienst des Betriebs – Beraters; ab 1974 RIW
BB	Der Betriebsberater
BGB	Bürgerliches Gesetzbuch
BGBl.	Bundesgesetzblatt
BGH	Bundesgerichtshof
BMJ	Bundesministerium der Justiz
BRD	Bundesrepublik Deutschland
BR – Drucks.	Bundesratsdrucksachen
BT – Drucks.	Bundestagsdrucksachen
DAV	Deutscher Anwaltsverein
DB	Der Betrieb
ders.	derselbe
DZWiR	Deutsche Zeitschrift für Wirtschaftsrecht
EG	Europäische Gemeinschaft
EGBGB	Einführungsgesetz zum BGB
EGInsO	Einführungsgesetz zur Insolvenzordnung
EGV	Vertrag zur Gründung der Europäischen Gemeinschaft
etc.	et cetera
EU	Europäische Union
EuGH	Europäischer Gerichtshof
EuGVÜ	Brüsseler EWG – Übereinkommen über die gerichtliche Zuständigkeit und die Vollstreckung gerichtlicher Entscheidungen in Zivil- und Handelssachen vom 27. September 1968
EuGVVO	Verordnung (EG) Nr. 44 / 2001 des Rates vom 22. Dezember 2000 über die gerichtliche Zuständigkeit und die Anerkennung und Vollstreckung von Entscheidungen in Zivil- und Handelssachen
EuInsVO	Verordnung (EG) Nr. 1346 / 2000 des Rates vom 29. Mai 2000 über Insolvenzverfahren
EuIÜ	Europäisches Insolvenzübereinkommen

EuZW	Europäische Zeitschrift für Wirtschaftsrecht
EWG	Europäische Wirtschaftsgemeinschaft
EWS	Europäisches Wirtschafts- und Steuerrecht
Fn.	Fußnote
f.	folgende
ff.	die folgenden
FLF	Finanzierung, Leasing, Factoring
FS	Festschrift
h.M.	Herrschende Meinung
Hrsg.	Herausgeber
IJVO	Internationale Juristenvereinigung Osnabrück
JuS	Juristische Schulung
JZ	Juristenzeitung
KO	Konkursordnung
InsO	Insolvenzordnung
Int. Ins. Rev.	International Insolvency Review
InVo	Insolvenz und Vollstreckung
IPR	Internationales Privatrecht
IPRax	Praxis des internationalen Privat- und Verfahrensrechts
KTS	Konkurs-, Treuhand- und Schiedsgerichtswesen, Zeitschrift für Insolvenzrecht
LG	Landgericht
NJW	Neue Juristische Wochenschrift
NZA	Neue Zeitschrift für Arbeitsrecht
NZG	Neue Zeitschrift für Gesellschaftsrecht
NZI	Neue Zeitschrift für Insolvenzrecht
OLG	Oberlandesgericht
RabelsZ	Zeitschrift für ausländisches und internationales Privatrecht
RdA	Recht der Arbeit
RegE - InsO	Regierungsentwurf zur Insolvenzordnung
RGZ	Entscheidungen des Reichsgerichts in Zivilsachen
Rpfleger	Der deutsche Rechtspfleger
R. D. I. Priv. & Proc.	Rivista di Diritto Internazionale Privato e Processuale
UNCITRAL	United Nations Commission on International Trade Law
WiB	Wirtschaftsrechtliche Beratung
WM	Wertpapier - Mitteilungen
ZaöRV	Zeitschrift für ausländisches öffentliches Recht und Völkerrecht

ZfG	Zeitschrift für Gesetzgebung
ZInsO	Zeitschrift für das gesamte Insolvenzrecht
ZIP	Zeitschrift für Wirtschaftsrecht
ZPO	Zivilprozessordnung
ZZP	Zeitschrift für den Zivilprozess
ZZP Int	Zeitschrift für Zivilprozess International

Literaturverzeichnis

Aderhold, Eltje: Auslandskonkurs im Inland: Entwicklung und System des deutschen Rechts mit praktischen Beispielen unter besonderer Berücksichtigung des Konkursrechts der Vereinigten Staaten von Amerika, Englands, Frankreichs sowie der Schweiz, Berlin 1992.

Arbeitskreis für Insolvenzverwalter e.V. Deutschland: Vorschläge zur Änderung des Unternehmensinsolvenzrechts, in: NZI 2002, 3 ff. (zitiert: *Arbeitskreis für Insolvenzverwalter*, NZI 2002, 3 ff.).

Arnold, Hans: Der Europarats – Entwurf eines Europäischen Konkursabkommens, in: ZIP 1984, 1144 ff.

ders.: Straßburger Entwurf eines europäischen Konkursübereinkommens, in: IPRax 1986, 133 ff.

Balz, Manfred: Das neue europäische Insolvenzübereinkommen, in: ZIP 1996, 948 ff.

ders.: The European Union Convention on Insolvency Proceedings, in: 70 American Bankruptcy Law Journal Vol. 70 (1996), S. 485 ff. (zitiert: *Balz*, Am. Bankr. L. J. 70 (1996), S. 485 ff.

ders.: Die Ziele der Insolvenzordnung, in: Arbeitskreis für Insolvenz- und Schiedsgerichtswesen e.V. Köln (Hrsg.): Kölner Schrift zur Insolvenzordnung, Das neue Insolvenzrecht in der Praxis, 2. Auflage; Herne, Berlin 2000, S. 3 ff. (zitiert: *Balz*, in: KS zur InsO).

Bauer, Jobst – Hubertus / Göpfert, Burkhard: Beschleunigtes Interessenausgleichsverfahren, in: DB 1997, 1464 ff.

Baumbach, Adolf / Lauterbach , Wolfgang / Albers, Jan / Hartmann, Peter: Zivilprozeßordnung mit Gerichtsverfassungsgesetz und anderen Nebengesetzen, 60. Auflage, München 2002 (zitiert: *Bearbeiter*, in: Baumbach / Lauterbach / Albers / Hartmann, ZPO).

Baur, Fritz / Stürner, Rolf: Zwangsvollstreckungs-, Konkurs-, und Vergleichsrecht, Ein Lehrbuch, Band II: Insolvenzrecht, begründet von *Fritz Baur*, 12. Auflage von *Rolf Stürner*, Heidelberg 1990 (zitiert: *Baur / Stürner*).

Benning, Olaf / Wehling, Axel: Das „Model Law on Cross – Border – Insolvency" der Vereinten Nationen, in: EuZW 1997, 618 ff.

Berges, August Maria: Die rechtlichen Grundlagen der Gläubigergleichbehandlung im Konkurs, in: KTS 1957, 49 ff.

ders.: Kommt es zu einem EWG – Konkursabkommen?, in: KTS 1965, 73 ff.

Bertram, Peter: Die Kündigung durch den Insolvenzverwalter, in: NZI 2001, 625 ff.

Bernhardt, Wolfgang: Das Zivilprozeßrecht, 3. Auflage, Berlin 1968.

Berscheid, Ernst – Dieter: Personalabbau vor und in der Insolvenz unter Berücksichtigung des Betriebsüberganges, in: AnwBl. 1995, 8 ff.

ders.: Die Kündigung von Arbeitsverhältnissen nach § 113 InsO (Teil 1), in: ZInsO 1998, 115 ff.

ders.: Die Kündigung von Arbeitsverhältnissen nach § 113 InsO (Teil 2), in: ZInsO 1998, 159 ff.

ders.: Zur Frage der Verfassungsmäßigkeit des § 113 Abs. 1 InsO, in: InVo 1998, 32 ff.

Biehl, Kristof: Wesen und Wirkung der Insolvenzanfechtung nach neuem Recht, in: KTS 1999, 313 ff.

Bien, Michael: Die Insolvenzfestigkeit von Leasingverträgen nach § 108 Abs. 1 Satz 2 InsO, in: ZIP 1998, 1017 ff.

Bleutge, Peter: Der neue Vorentwurf eines Konkursabkommens für die EWG – Staaten, in: AWD 1971, 451 ff.

Bley, Erich: Die Haftung des Gemeinschuldners für Masseansprüche, in: ZZP 62 (1941), 111 ff.

Bloching, Micha: Pluralität und Partikularinsolvenz, Berlin 2000.

Boemke, Burkhard: Maßgebliche Kündigungsfrist in der Insolvenz (§ 113 I InsO), in: NZI 2001, 460 ff.

Böhle – Stamschräder, Aloys: Vor einem Konkursabkommen der EWG – Staaten, in: KTS 1964, 65 ff.

Böhle – Stamschräder, Aloys / Kilger, Joachim: Konkursordnung, 14. Auflage, München 1983 (zitiert: *Böhle – Stamschräder / Kilger*, KO).

Böttcher, Roland: Gesetz über die Zwangsversteigerung und die Zwangsverwaltung, Kommentar, 3. Auflage, 2000 (zitiert: *Böttcher*, ZVG).

Bötticher, Eduard: Rezension des Kommentars von Jaeger / Lent zur Konkursordnung, 1. Band, 8. Auflage, 1958, in: ZZP 71 (1958), 314.

ders.: Erbe und Gemeinschuldner als gewillkürte Prozeßstandschafter des Nachlaß- und des Konkursverwalters, in: JZ 1963, 582 ff.

ders.: Die Konkursmasse als Rechtsträger und der Konkursverwalter als ihr Organ, in: ZZP 77 (1964), 55 ff.

Bork, Reinhard: Zur Dogmatik des § 17 KO, in: Festschrift für A. Zeuner, 1994, S. 297 ff.

ders.: Anmerkung zu BGH JZ 1996, 49 f., in: JZ 1996, 51 ff.

ders.: Die Verbindung, Vermischung und Verarbeitung von Sicherungsgut durch den Insolvenzverwalter, in: Festschrift für Hans Friedhelm Gaul, hrsg. von *Eberhard Schilken, Ekkehard Becker – Eberhard, Walter Gerhardt*, Bielefeld 1997, S. 71 ff. (zitiert: *Bork*, in: FS Gaul).

ders.: Einführung in das neue Insolvenzrecht, 3. Auflage, Tübingen 2002.

Bratvogel, Gerhard: In welchen Fällen muß der Konkursverwalter die Termine vor dem Konkursgericht persönlich wahrnehmen, in welchen Fällen kann er sich durch einen Bevollmächtigten vertreten lassen, und wann kann und muß ein anderer Konkursverwalter bestellt werden, in: KTS 1977, 229 ff.

Breitenstein, Stefan: Internationales Insolvenzrecht der Schweiz und der Vereinigten Staaten, Eine rechtsvergleichende Darstellung, Schweizer Studien zum Internationalen Recht, Band 64, Zürich 1990.

Breuer, Wolfgang: Insolvenzrechts – Formularbuch, München 1998.

Breutigam, Axel / Tanz, Matthias: Einzelprobleme des neuen Anfechtungsrechts, in: ZIP 1998, 717 ff.

Breutigam, Axel / Blersch, Jürgen / Goetsch, Hans – W.:. Berliner Kommentare. Insolvenzrecht. Kommentar der InsO und der InsVV mit Schriftsätzen und Mustern für die Insolvenzrechtspraxis, hrsg. von *Axel Breutigam, Jürgen Blersch, Hans – W. Goetsch*, Band 1, Stand: 06 / 2001, Berlin (zitiert: *Bearbeiter*, in: Breutigam / Blersch / Goetsch, InsO).

Bundesministerium der Justiz (Hrsg.): Die Arbeiten des Bundesministeriums der Justiz in der Europäischen Gemeinschaft, 16. Bericht 1989 – 1990: Bundesanzeiger 180a vom 25.09. 1991 (Beilage zu Nr. 180), Köln 1991.

Caspers, Georg: Personalabbau und Betriebsänderung im Insolvenzverfahren, Köln 1998.

Chapman, Robert B.: Judicial Abstention in Cross – border Insolvency Proceedings, Recent protocols, in: International Insolvency Review 1998, 1 ff. (zitiert: *Chapman*, in: Int. Ins. Rev. 1998).

Charrousset, Philippe: Einheit des Konkurses und Universalität seiner Wirkungen in den Ländern des Gemeinsamen Marktes, in: KTS 1965, 80 ff.

DAV, Stellungnahme des Insolvenzrechtsausschusses des Deutschen Anwaltsvereins e.V. zum Vorentwurf eines Europäischen Übereinkommens über den Konkurs von 1970, in: KTS 1975, 59 ff. (zitiert: DAV – Insolvenzrechtsausschuss, in: KTS 1975, 59 ff.).

Damann, Reinhard: Das neue französische Insolvenzrecht, in: ZIP 1996, 300 ff.

Dassler, Gerhard / Schiffhauer, Horst / Gerhardt, Walter / Muth, Johannes M.: Gesetz über die Zwangsversteigerung und die Zwangsverwaltung, 12. Auflage; Stuttgart, Berlin, Köln 1991 (zitiert: *Bearbeiter*, in: Dassler / Schiffhauer / Gerhardt / Muth).

Delhaes, Wolfgang: Im Überblick: Der Insolvenzverwalter im eröffneten Insolvenzverfahren, in: NZI 1999, 47 ff.

Deutscher Rat für IPR, Sonderkommission: Abschließende Stellungnahme der Sonderkommission des Deutschen Rates für internationales Privatrecht vom 23.05.1981 (Auszug), in: Kegel / Thieme, S. 411 ff. (zitiert: *Deutscher Rat für IPR*, in: Kegel / Thieme).

Dinstühler, Klaus – Jürgen: Die Abwicklung massearmer Insolvenzverfahren nach der Insolvenzordnung, in: ZIP 1998, 1697 ff.

Döbereiner, Stephan: Die Restschuldbefreiung nach der Insolvenzordnung, Bielefeld 1997.

Dölle, Hans: Neutrales Handeln im Privatrecht, in: Festschrift für Fritz Schulz, Bd. 2, Tübingen 1951, S. 268 ff. (zitiert: *Dölle*, FS Schulz).

Dordi, Claudio: La Convenzione dell' Unione Europea sulle Procedure di Insolvenza, in: Rivista di Diritto Internazionale Privato e Processuale 1996, 331 ff. (zitiert: *Dordi*, R. D. I. Priv. & Proc. 1996).

Düwell, Franz Josef: Änderungs- und Beendigungskündigung nach dem neuen Insolvenzrecht, in: Arbeitskreis für Insolvenz- und Schiedsgerichtswesen e.V. Köln (Hrsg.): Kölner Schrift zur Insolvenzordnung, Das neue Insolvenzrecht in der Praxis, 2. Auflage; Herne, Berlin 2000, S. 1433 ff. (zitiert: *Düwell*, in: KS zur InsO).

Ebbing, Frank: Gläubigerbanken in der Unternehmenskrise. Handlungsoptionen unter Berücksichtigung der neuen Insolvenzordnung, in: KTS 1996, 327 ff.

Ebenroth, Carsten Thomas: Die Inlandswirkungen der ausländischen lex fori concursus bei Insolvenz einer Gesellschaft, in: ZZP 101 (1988), 121 ff.

Ebenroth, Carsten Thomas / Wilken, Oliver: Entwicklungstendenzen im deutschen Internationalen Gesellschaftsrecht – Teil 2, in: JZ 1991, 1061 ff.

Eckardt, Diederich: Die Feststellung und Befriedigung des Insolvenzgläubigerrechts, in: Arbeitskreis für Insolvenz- und Schiedsgerichtswesen e.V. Köln (Hrsg.): Kölner Schrift zur Insolvenzordnung, Das neue Insolvenzrecht in der Praxis, 2. Auflage; Herne, Berlin 2000, S. 743 ff. (zitiert: *Eckardt*, in: KS zur InsO).

Ehricke, Ulrich: Die neue Europäische Insolvenzverordnung und grenzüberschreitende Konzerninsolvenzen, in: EWS 2002, 101 ff.

Eickmann, Dieter: Höchstpersönliches Verwalterhandeln oder Delegationsbefugnis? Ein Beitrag zu den Problemen des Einsatzes von Dritten bei Durchführung der Konkursverwaltung, in: KTS 1986, 197 ff.

Eidenmüller, Horst: Der nationale und der internationale Insolvenzverwaltungsvertrag, in: ZZP 114 (2001), 3 ff.

ders.: Europäische Verordnung über Insolvenzverfahren und zukünftiges deutsches internationales Insolvenzrecht, in: IPRax 2001, 1 ff.

Erdmann, Diethelm: Praktische Konsequenzen der Behandlung des Konkursverwalters als Organ der Konkursmasse, in: KTS 1967, 87 ff.

Erfurter Kommentar zum Arbeitsrecht: hrsg. von *Thomas Dieterich*, *Peter Hanau*; *Günter Schaub*; Redaktoren: *Rudi Müller – Glöge*, *Ulrich Preis*, 2. Auflage, München 2001 (zitiert: ErfKomm / *Bearbeiter*).

Fischermeier, Ernst: Die betriebsbedingte Kündigung nach den Änderungen durch das arbeitsrechtliche Beschäftigungsförderungsgesetz, in: NZA 1997, 1089 ff.

Flaschen, Evan D. / Silverman, Ronald J.: The Role of the Examiner as Facilitator and Harmonizer in the Mawell Communication Corporation International Insolvency, in: Ziegel (Hrsg.), Current Developments in International and Comparative Corporate Law, 1994, S. 636 ff. (zitiert: *Flaschen / Silverman*, in: Ziegel (Hrsg.)).

Flessner, Axel: Unternehmenserhaltung und EG – Konkursübereinkommen, Stellungnahme zur Berücksichtigung von Sanierungsverfahren im Entwurf von 1980, in: Kegel / Thieme, S. 403 ff. (zitiert: *Flessner*, in: Kegel / Thieme).

ders.: Unternehmenserhaltung und der revidierte Entwurf eines EG – Konkursübereinkommens von 1984, Stellungnahme zur Berücksichtigung von Sanierungsverfahren nach den Vorschlägen zweiter Lesung der Arbeitsgruppe beim Rat der EG, S. 505 ff. (zitiert: *Flessner*, in: Kegel / Thieme).

ders.: Entwicklungen im internationalen Konkursrecht, besonders im Verhältnis Deutschland – Frankreich, in: ZIP 1989, 749 ff.

ders.: Internationales Insolvenzrecht in Europa: in: Festschrift für Theodor Heinsius, hrsg. von *Friedrich Kübler*, *Hans – Joachim Mertens*, *Winfried Werner*; Berlin, New York 1991, S. 111 ff. (zitiert: *Flessner*, in: FS Heinsius).

ders.: Internationales Insolvenzrecht in Deutschland nach der Reform: IPRax 1997, 1 ff.

ders.: Dingliche Sicherungsrechte nach dem Europäischen Insolvenzübereinkommen, in: Festschrift für Ulrich Drobnig, hrsg. von *Jürgen Basedow u.a.*, Tübingen 1998, S. 277 ff. (zitiert: *Flessner*, in: FS Drobnig).

Frankfurter Kommentar zur Insolvenzordnung: hrsg. von *Klaus Wimmer*, 3. Auflage; Neuwied, Kriftel 2002 (zitiert: FK – InsO / *Bearbeiter*).

Fritz, Daniel Friedemann / Bähr, Rainer M.: Die Europäische Verordnung über Insolvenzverfahren – Herausforderung an Gerichte und Insolvenzverwalter: DZWiR 2001, 221 ff.

Funke, Rainer: Das Übereinkommen über Insolvenzverfahren, in: InVo 1996, 170 ff.

Geimer, Reinhold / Schütze, Rolf: Europäisches Zivilverfahrensrecht, Kommentar zum EuGVÜ und zum Lugano – Übereinkommen, München 1997.

Gerhardt, Walter: Die systematische Einordnung der Gläubigeranfechtung, Göttingen 1969 (zitiert: *Gerhardt*, Systematische Einordnung).

ders.: Vorausabtretung und § 17 KO, in: Festschrift für Franz Merz, hrsg. von *Walter Gerhardt, Wolfram Henckel, Joachim Kilger, Gerhart Kreft*, Köln, 1992, S. 117 ff. (zitiert: *Gerhardt*, in: FS Merz).

Giesen, Richard: Das neue Kündigungsschutzrecht in der Insolvenz, in: ZIP 1998, 46 ff.

Gilles, Peter (Hrsg.): Transnationales Prozeßrecht, Baden – Baden 1995 (zitiert: *Bearbeiter*, in: Gilles).

Göpfert, Burkhard Jörg: In re Maxwell Communications – ein Beispiel einer „koordinierten" Insolvenzverwaltung in parallelen Verfahren, in: ZZP Int 1 (1996), 269 ff.

Gottwald, Peter: Die Rechtsstellung dinglich gesicherter Gläubiger, in: Leipold (Hrsg.), Insolvenzrecht im Umbruch, Analysen und Alternativen; Köln, Berlin, Bonn, München 1991, S. 197 ff. (zitiert: *Gottwald*, in: Leipold (Hrsg.), Insolvenzrecht).

ders.: Die Rechtsstellung von Amtswaltern zwischen Territorialitäts- und Universalitätsprinzip, in: Gerechtigkeit im Internationalen Privatrecht im Wandel der Zeit, Beiträge zur akademischen Gedächtnisfeier für Karl Firsching, Regensburg 1992, S. 9 ff. (zitiert: *Gottwald*, in: Beiträge für Karl Firsching).

ders.: Grenzüberschreitende Insolvenzen, München 1997.

ders. (Hrsg.): Insolvenzrechts – Handbuch, 2. Auflage, München 2001 (zitiert: Gottwald / *Bearbeiter*, InsRHdb.).

Gottwald, Peter / Adolphsen, Jens: Die Rechtsstellung dinglich gesicherter Gläubiger in der Insolvenzordnung, in: Arbeitskreis für Insolvenz- und Schiedsgerichtswesen e.V. Köln (Hrsg.): Kölner Schrift zur Insolvenzordnung, Das neue Insolvenzrecht in der Praxis, 2. Auflage; Herne, Berlin 2000, 1043 ff. (zitiert: *Gottwald / Adolphsen*, in: KS zur InsO).

Grasmann, Günther: Inlandswirkungen des Auslandskonkurses über das Vermögen eines im Konkurseröffnungsstaat ansässigen Gemeinschuldners, in: KTS 1990, 157 ff.

Graßhoff, Richard: Verselbständigte Vermögensmassen (Die dritte Rechtsperson), Festschrift für Heinitz, 1926, S. 125 ff. (zitiert: *Graßhoff*, in FS Heinitz).

Großfeld, Bernhard: Internationales Insolvenzrecht im Werden? Zum Entwurf eines Übereinkommens der EG – Staaten über den Konkurs, Vergleiche und ähnliche Verfahren, in: ZIP 1981, 925 ff.

ders.: Internationales und Europäisches Unternehmensrecht, 2. Auflage, Heidelberg 1995.

Grunsky, Wolfgang / Moll, Wilhelm: Arbeitsrecht und Insolvenz, Köln 1997.

Gundlach, Ulf / Frenzel, Volkhard / Schmidt, Nikolaus: Die Verwertungsbefugnis aus §§ 166 ff. InsO, in: NZI 2001, 119 ff.

dies.: Zur Postsperre des § 99 InsO, in: ZInsO 2001, 979 ff.

Haarmeyer, Hans / Wutzke, Wolfgang / Förster, Karsten: Handbuch zur Insolvenzordnung InsO / EGInsO, 3. Auflage, München 2001 (zitiert: *Haarmeyer / Wutzke / Förster*).

Habscheid, Edgar J.: Internationales Konkursrecht und Einzelrechtsverfolgung, in: KTS 1989, 593 ff.

Habscheid, Walther J.: Wege zu einem europäischen Konkursrecht, in: Verfahrensgarantien im nationalen und internationalen Prozessrecht, Festschrift für Franz Matscher, hrsg. von *Oskar J. Ballon* u.a., Wien 1993, S. 163 ff. (zitiert: *W. Habscheid*, in FS Matscher).

ders.: Entwicklungstendenzen des internationalen Konkursrechts: ZaöRV 50 (1990), 282 ff.

ders.: Auf dem Weg zu einem europäischen Konkursrecht, in: Festschrift für Heinz Paulick, hrsg. von *Heinrich Wilhelm Kruse,* Köln 1973, S. 227 ff. (zitiert: *W. Habscheid*, in: FS Paulick).

Häsemeyer, Ludwig: Das funktionelle Synallagma im Konkurs- und Vergleichsverfahren, in: KTS 1973, 2 ff.

ders.: Die Grenzen der Konkursbeständigkeit vorgemerkter Ansprüche, in: NJW 1977, 737 ff.

ders.: Insolvenzrecht, 2. Auflage; Köln, Berlin, Bonn, München 1998 (zitiert: *Häsemeyer*, InsR).

Hahn, C.: Die gesamten Materialien zu den Reichs – Justizgesetzen, Band IV, Materialien zu der Konkursordnung und dem Einführungsgesetz vom 10.02. 1877, Berlin 1898 (Nachdruck Aalen 1983).

Hanisch, Hans: Rechtszuständigkeit der Konkursmasse, Frankfurt am Main 1973 (zitiert: *Hanisch,* Rechtszuständigkeit).

ders.: Parallel – Insolvenzen und Kooperation im internationalen Insolvenzfall, in: Festschrift für Friedrich Wilhelm Bosch, hrsg. von *Walther J. Habscheid, Hans Friedhelm Gaul* und *Paul Mikat,* Bielefeld 1976, S. 381 ff. (zitiert: *Hanisch*, in: FS Bosch).

ders.: Gegenseitigkeit, comitas und Gläubigergleichbehandlung im internationalen Insolvenzrecht, in: KTS 1978, 193 ff.

ders.: Probleme des internationalen Insolvenzrechts. Generalreferat: Einleitung, in: Marschall von Bieberstein (Hrsg.): Probleme des internationalen Insolvenzrechts, Verhandlungen der Fachgruppe für vergleichendes Handels- und Wirtschaftsrecht anläßlich der Tagung für Rechtsvergleichung 1981 in Frankfurt am Main, S. 9 ff. (zitiert: *Hanisch*, in: Marschall v. Bieberstein (Hrsg.)).

ders.: Zusammenfassender Bericht, in: Marschall v. Bieberstein (Hrsg.): Probleme des internationalen Insolvenzrechts, S. 51 ff. (zitiert: *Hanisch*, in: Marschall v. Bieberstein (Hrsg.)).

ders.: Realisierung einer Forderung des deutschen Gemeinschuldners gegen einen Schuldner in der Schweiz zugunsten der deutschen Konkursmasse, in: IPRax 1983, 195 ff.

ders.: Report for Germany, in: Cross – Border Insolvency, National and Comparative studies, hrsg. von *Ian F. Fletcher*, Tübingen 1992, S. 103 ff. (zitiert: *Hanisch*, in: Fletcher (Hrsg.), Cross – Border Insolvency).

ders.: Bemerkungen zur Geschichte des internationalen Insolvenzrechts, in: Festschrift für Franz Merz, hrsg. von *Walter Gerhardt*, *Wolfram Henckel*, *Joachim Kilger* und *Gerhard Kreft*; Köln 1992, S. 159 ff. (zitiert: *Hanisch*, in: FS Merz).

ders.: Das Recht grenzüberschreitender Insolvenzen: Auswirkungen im Immobiliensektor, in: ZIP 1992, 1125 ff.

ders.: Allgemeine kollisionsrechtliche Grundsätze im internationalen Insolvenzrecht, in: Festschrift für Günther Jahr, Vestigia Juris, hrsg. von *Michael Martinek*, *Jürgen Schmidt*, *Elmar Wadle*, Tübingen 1993, S. 455 ff. (zitiert: *Hanisch*, in: FS Jahr).

ders.: Internationale Zuständigkeit und Rechtsanwendung in neueren europäischen Insolvenzabkommens – Entwürfen, in: Recht und Rechtsdurchsetzung, Festschrift für Hans Ulrich Walder, hrsg. von *Isaak Meier*, *Hans Michael Riemer*, *Peter Weimar*, Zürich 1994, S. 483 ff. (zitiert: *Hanisch*, in FS Walder).

ders.: Einheit oder Pluralität oder ein kombiniertes Modell beim grenzüberschreitenden Insolvenzverfahren, in: ZIP 1994, 1 ff.

Harmer, R. W.: The UNCITRAL Model Law on Cross – Border Insolvency with introductory note, in: International Insolvency Review 1997, 145 ff. (zitiert: *Harmer*, Int. Ins. Rev. 1997).

Haubold, Jens: Europäisches Zivilverfahrensrecht und Ansprüche im Zusammenhang mit Insolvenzverfahren – Zur Abgrenzung zwischen Europäischer Insolvenzverordnung und EuGVO, EuGVÜ und LugÜ, in: IPRax 2002, 157 ff.

Haunschild, Michael: Verwertungsrecht des Insolvenzverwalters und Kostenbeiträge der Gläubiger nach §§ 165 ff. InsO, in: DZWiR 1999, 60 ff.

Heidelberger Kommentar zur Insolvenzordnung: hrsg. von *Dieter Eickmann*, *Axel Flessner*, *Friedrich Irschlinger*, *Hans – Peter Kirchhof*, *Gerhart Kreft*, *Hans – Georg Landfermann* und *Wolfgang Marotzke*, 2. Auflage, Heidelberg 2001 (zitiert: HK / *Bearbeiter*).

Heilmann, Hans: Kein Gestaltungsrecht auf Ablehnung der Erfüllung nach § 17 KO, in: KTS 1985, 639 ff.

Heinze, Meinhard: Das Arbeitsrecht der Insolvenzordnung, in: NZA 1999, 57 ff.

Hellwig, Konrad: Anfechtungsrecht und Anfechtungsanspruch nach der neuen Konkursordnung, in: ZZP 26 (1899), 474 ff.

ders.: Lehrbuch des deutschen Civilprozeßrechts, Bd. 1, Leipzig 1903 (zitiert: *Hellwig*, Lehrbuch).

ders.: System des deutschen Civilprozeßrechts, Bd. 1, Leipzig 1912 (zitiert: *Hellwig*, System).

Henckel, Wolfram: Parteilehre und Streitgegenstand im Zivilprozeß, Heidelberg 1961 (zitiert: *Henckel*, Parteilehre).

ders.: Die international – privatrechtliche Anknüpfung der Konkursanfechtung, in: Beiträge zum internationalen Verfahrensrecht und zur Schiedsgerichtsbarkeit, Festschrift für Heinrich Nagel, hrsg. von *Walther J. Habscheid u.a.*; Münster 1987, S. 93 ff. (zitiert: *Henckel*, in FS Nagel).

ders.: Anmerkung zu BGH JZ 1987, 355 ff., in: JZ 1987, 359 ff.

ders.: Insolvenzanfechtung, in: Leipold (Hrsg.): Insolvenzrecht im Umbruch, Analysen und Alternativen, S. 239 ff. (zitiert: *Henckel*, in: Leipold (Hrsg.), Insolvenzrecht).

ders.: Insolvenzanfechtung – Art. 4 und 5 des Vorentwurfes (VE) – und Gläubigeranfechtung außerhalb des Insolvenzverfahrens, in: Stoll (Hrsg.) Stellungnahmen, S. 156 ff. (zitiert: *Henckel*, in: Stoll (Hrsg.), Stellungnahmen).

ders.: Aufrechnung in der Insolvenz, in: Verfahrensrecht am Ausgang des 20. Jahrhunderts, Festschrift für Gerhard Lüke, hrsg. von *Hanns Prütting* und *Hellmut Rüssmann*, München 1997, S. 237 ff. (zitiert: *Henckel*, in: FS Lüke).

ders.: Insolvenzanfechtung, in: Arbeitskreis für Insolvenz- und Schiedsgerichtswesen e.V. Köln (Hrsg.): Kölner Schrift zur Insolvenzordnung, Das neue Insolvenzrecht in der Praxis, 2. Auflage; Herne, Berlin 2000, S. 813 ff. (zitiert: *Henckel*, in: KS zur InsO).

Herbst, Oliver: Keine Geltung des § 19a ZPO für Aktivprozesse des Insolvenzverwalters, in: DZWiR 2001, 190 ff.

Herchen, Axel: Das Übereinkommen über Insolvenzverfahren der Mitgliedstaaten der Europäischen Union vom 23.11. 1995, Würzburg 2000.

ders.: Die Befugnisse des deutschen Insolvenzverwalters hinsichtlich der „Auslandsmasse" nach In – Kraft – Treten der EG – Insolvenzverordnung (Verordnung des Rates Nr. 1346 / 2000), in: ZInsO 2002, 345 ff.

Hess, Harald: Insolvenzarbeitsrecht, Heidelberg 2000.

Hess, Harald / Fechner, Dietrich: Sanierungshandbuch, Neuwied 1987 (zitiert: *Hess / Fechner*).

Hess, Harald / Obermüller, Manfred: Die Rechtsstellung der Verfahrensbeteiligten nach der Insolvenzordnung, Heidelberg 1996 (zitiert: *Hess / Obermüller*).

Hess, Harald / Weis, Michaela: Die Rechnungslegung des Insolvenzverwalters nach der Insolvenzordnung, in: InVo 1996, 281 ff.

Hess, Harald / Weis, Michaela / Wienberg, Rüdiger: Insolvenzordnung, Band 1, 2. Auflage, Heidelberg 2000 (zitiert: *Bearbeiter*, in: Hess / Weis / Wienberg, InsO).

Heublein, Gerrit: Eigenkapitalersetzende Nutzungsüberlassung von Immobilien im Spannungsfeld von Insolvenz- und Zwangsverwaltung, in: ZIP 1998, 1899 ff.

Hintzen, Udo: Insolvenz und Immobiliarvollstreckung. Vollstreckungshindernisse und neues Einstellungsrecht des Insolvenzverwalters, in: Rpfleger 1999, 256 ff.

von Hoffmann, Bernd: Internationales Privatrecht, 6. Auflage, München 1999.

Hohloch, Gerhard: Anmerkung zu BGH NJW 1988, 3096, in: JuS 1989, 577 f.

Holzer, Johannes: Die Insolvenzanfechtung, in: WiB 1997, 729 ff.

Houin, R.: Konkursprobleme des Gemeinsamen Marktes, in: KTS 1961, 177 ff.

Huber, Peter: Internationales Insolvenzrecht in Europa, in: ZZP 114 (2001), 133 ff.

Jaeger, Ernst: Kommentar zur Konkursordnung und den Einführungsgesetzen, Erster Band, §§ 1 – 46, 6. und 7. Auflage, Berlin und Leipzig 1931 (zitiert: *Jaeger / Bearbeiter*, KO, 6. / 7. Aufl.).

ders.: Konkursordnung mit Einführungsgesetzen, begr. von *Ernst Jaeger*, 8. Auflage, 1. Band (§§ 1 – 70 KO) bearbeitet von *Friedrich Lent*, 2. Band (70 - bearbeitet von *Friedrich Weber*, Berlin 1958 (zitiert: *Jaeger / Bearbeiter*, KO, 8. Aufl.).

ders.: Konkursordnung, Großkommentar; §§ 1 – 42, Register; begründet von *Ernst Jaeger*, 9. Auflage; Berlin, New York 1997 (zitiert: *Jaeger / Bearbeiter*, KO).

Jahn, Uwe (Hrsg.): Insolvenzen in Europa, 3. Auflage, Bonn 1998.

Jahr, Günther: Vereinheitlichtes Internationales Konkursrecht in der Europäischen Wirtschaftsgemeinschaft: Der Vorentwurf eines Übereinkommens über den Konkurs, Vergleiche und ähnliche Verfahren, in: RabelsZ 36 (1972), 620 ff.

ders.: Fremdzurechnung bei Verwaltergeschäften, in: Festschrift für Fritz Weber; Berlin, New York 1975 (zitiert: *Jahr*, in: FS Weber).

Jauernig, Ottmar: Zwangsvollstreckungs- und Insolvenzrecht, 21. Auflage, München 1999.

Jayme, Erik / Hausmann, Rainer (Hrsg.): Internationales Privat- und Verfahrensrecht, Textausgabe, 9. Auflage, München 1998 (zitiert: *Jayme / Hausmann (Hrsg.)*.

Jayme, Erik / Kohler, Christian: Europäisches Kollisionsrecht 1996 – Anpassung und Transformation der nationalen Rechte, in: IPRax 1996, 377 ff.

dies.: Europäisches Kollisionsrecht 1998: Kulturelle Unterschiede und Parallelaktionen, in: IPRax 1998, 417 ff.

dies.: Europäisches Kollisionsrecht 2001: Anerkennungsprinzip statt IPR?, in: IPRax 2001, 501 ff.

Johnson, Gordon W.: The European Union Convention on Insolvency Proceedings, in: International Insolvency Review 1996, 80 ff. (zitiert: *G. Johnson*, in: Int. Insolvenz. Rev. 1996).

Jungmann, Carsten: Das Zusammentreffen von Zwangsverwaltung und eigenkapitalersetzender Nutzungsüberlassung. Anmerkungen zum Urteil des BGH vom 7. Dezember 1998 (ZIP 1999, 65 ff.), in: ZIP 1999, 601 ff.

Kebekus, Frank: Altlasten in der Insolvenz – aus Verwaltersicht, in: NZI 2001, 63 ff.

Kegel, Gerhard (Hrsg.): Vorschläge und Gutachten zum Entwurf eines EG – Konkursübereinkommens, hrsg. von Gerhard Kegel, bearbeitet von Jürgen Thieme; Tübingen 1988 (zitiert: Bearbeiter, in: Kegel / Thieme, Vorschläge).

Kemper, Jutta: Die Verordnung (EG) Nr. 1346 / 2000 über Insolvenzverfahren, in: ZIP 2001, 1609 ff.

Kespohl – Willemer, Annette: Entwurf eines Europäischen Übereinkommens über den Konkurs – Stellungnahme des Insolvenzrechtsausschusses des DAV, in: AnwBl. 1988, 575 f.

Kilger, Joachim / Schmidt, Karsten: Insolvenzgesetze KO / VglO / GesO, 17. Auflage der von *Alois Böhle – Stamschräder* begründeten und von *Joachim Kilger* bis zur 15. bzw. 11. Auflage fortgeführten Kommentare zur Konkursordnung (zuletzt 16. A.) und Vergleichsordnung (zuletzt 11. A.), München 1997 (zitiert: *Kilger / K. Schmidt*).

Kirchhof, Hans – Peter: Leitfaden zum Insolvenzrecht, 2. Auflage, Berlin 2000.

ders.: Anfechtbarkeit von Rechtshandlungen vorläufiger Insolvenzverwalter, in: ZInsO 2000, 297 ff.

Kittner, Michael / Däubler, Wolfgang / Zwanziger, Bertram: Kündigungsschutzrecht (KSchR), Kommentar für die Praxis zu Kündigungen und anderen Formen der Beendigung des Arbeitsverhältnisses, 5. Auflage, Frankfurt am Main 2001 (zitiert: *Bearbeiter*, in: Kittner / Däubler / Zwanziger, KSchR).

Klasmeyer, Bernd / Kübler, Bruno M.: Buchführungspflichten, Bilanzierungspflichten und Steuererklärungspflichten des Konkursverwalters sowie Sanktionen im Fall ihrer Verletzung, in: BB 1978, 369 ff.

Klasmeyer, Bernd / Elsner Ben P. / Ringstmeier, Andreas: Ausgewählte Probleme bei der Verwertung von Mobiliarsicherheiten, in: Arbeitskreis für Insolvenz- und Schiedsgerichtswesen e.V. Köln (Hrsg.): Kölner Schrift zur Insolvenzordnung, Das neue Insolvenzrecht in der Praxis, 2. Auflage; Herne, Berlin 2000, 1083 ff. (zitiert: *Klasmeyer / Elsner / Ringstmeier*, in: KS zur InsO).

Kluth, Thomas: Die Rechtsstellung des Insolvenzverwalters oder die „Insolvenz" der Verwaltertheorien, in: NZI 2000, 351 ff.

Kölner Schrift zur Insolvenzordnung: Das neue Insolvenzrecht in der Praxis, hrsg. vom Arbeitskreis für Insolvenz- und Schiedsgerichtswesen e.V. Köln, Gesamtredaktion: *Karlhans Fuchs*, 2. Auflage; Herne, Berlin 2000 (zitiert: *Bearbeiter*, in: KS zur InsO).

Kolmann, Stephan: Kooperationsmodelle im internationalen Insolvenzrecht, Bielefeld 2001.

Kreft, Gerhart: Die Wende der Rechtsprechung zu § 17 KO, in: ZIP 1997, 865 ff.

Kropholler, Jan: Europäisches Zivilprozessrecht, Kommentar zu EuGVÜ und Lugano – Übereinkommen, 6. Auflage, Heidelberg 1998 (zitiert: *Kropholler*, 6. Aufl.).

ders.: Europäisches Zivilprozeßrecht, Kommentar zu EuGVÜ und Lugano – Übereinkommen, 4. Auflage, Heidelberg 1993 (zitiert: *Kropholler*, 4. Aufl.).

Kuhn, Georg / Uhlenbruck, Wilhelm: (Konkursordnung, Kommentar, 11. Auflage, München 1994 (zitiert: *Kuhn / Uhlenbruck*, KO).

Kübler, Bruno M. / Prütting, Hanns (Hrsg.): Kommentar zur Insolvenzordnung, Band I (§§ 1 bis 128) und Band II (§§ 129 bis 335), Köln (13. Ergänzungslieferung, Stand April 2002) (zitiert: *Kübler / Prütting / Bearbeiter*).

dies.: Das neue Insolvenzrecht, 2. Auflage, Köln 2000 (zitiert: *Kübler / Prütting*, Das neue Insolvenzrecht).

Lakies, Thomas: Zu den seit 1.10. 1996 geltenden arbeitsrechtlichen Vorschriften der Insolvenzordnung, in: RdA 1997, 145 ff.

ders.: Arbeitsrechtliche Vorschriften der neuen Insolvenzordnung, in: BB 1998, 2638 ff.

ders.: Insolvenz und Betriebsänderungen, in: BB 1999, 206 ff.

Landfermann, Hans – Georg: Allgemeine Wirkungen der Insolvenzeröffnung, in: Arbeitskreis für Insolvenz- und Schiedsgerichtswesen e.V. Köln (Hrsg.): Kölner Schrift zur Insolvenzordnung, Das neue Insolvenzrecht in der Praxis, 2. Auflage; Herne, Berlin 2000, S. 159 ff. (zitiert: *Landfermann*, in: KS zur InsO).

Lehr, Wolfgang: Die neue EU – Verordnung über Insolvenzverfahren und deren Auswirkungen für die Unternehmenspraxis, in: KTS 2000, 577 ff.

Leible, Stefan / Staudinger, Ansgar: Die europäische Verordnung über Insolvenzverfahren, in: KTS 2000, 533 ff.

Leipold, Dieter: Wege zu einem funktionsfähigen internationalen Konkursrecht – ein Vergleich zwischen der neueren deutschen Rechtsprechung, dem deutsch – österreichischen Konkursvertrag und den Projekten europäischer Konkursabkommen, in: Law in East and West / Recht in Ost und West, On the Occassion of the 30th anniversary of the Institute of Comparative Law Waseda University, Tokyo 1988, S. 787 ff. (zitiert: *Leipold*, in: FS Waseda University).

ders.: Ausländischer Konkurs und inländischer Zivilprozeß – Harmonie oder Dissonanz in der Rechtsprechung des Bundesgerichtshofs, in: Festschrift für Karl Heinz Schwab, hrsg. von *Peter Gottwald* und *Hanns Prütting*, München 1990, S. 289 ff. (zitiert: *Leipold*, in: FS Schwab).

ders. (Hrsg.): Insolvenzrecht im Umbruch, Analysen und Alternativen, hrsg. *von Dieter Leipold*; Köln, Berlin, Bonn, München 1991 (zitiert: *Bearbeiter*, in: Leipold (Hrsg.), Insolvenzrecht).

ders.: Miniatur oder Bagatelle: das internationale Insolvenzrecht im deutschen Reformwerk 1994, in: Festschrift für Wolfram Henckel, hrsg. von *Walter Gerhardt, Uwe Diederichsen, Bruno Rimmelspacher, Jürgen Costedde*; Berlin, New York 1995, S. 533 ff. (zitiert: *Leipold*, in: FS Henckel).

ders.: Zum künftigen Weg des deutschen internationalen Insolvenzrechts (Anwendungsbereich, internationale Zuständigkeit, Anerkennung und Vollstreckung), in: Stoll (Hrsg.), Vorschläge und Gutachten zur Umsetzung des EU – Übereinkommens über Insolvenzverfahren im deutschen Recht, Tübingen 1997, S. 185 ff. (zitiert: *Leipold*, in: Stoll (Hrsg.), Vorschläge).

ders.: Zuständigkeitslücken im neuen europäischen Insolvenzrecht, in: Festschrift für Akira Ishikawa, hrsg. von *Gerhard Lüke, Takehiko Mikami, Hanns Prütting*; Berlin, New York 2001 (zitiert: *Leipold*, in: FS Ishikawa).

Leitner, Robert: Der grenzüberschreitende Konkurs. Lösungsmöglichkeiten und –modelle aus österreichischer Sicht; Wien 1995.

Lemontey, Jacques: Kommission der Europäischen Gemeinschaften, Generaldirektion Binnenmarkt und gewerbliche Wirtschaft, Direktion Binnenangleichung, Niederlassungs- und Dienstleistungsrecht –III/D-1-: Bericht über das Übereinkommen über den Konkurs, Vergleiche und ähnliche Verfahren, EG – Dok. –III/D/222/80-DE-. In deutscher Sprache veröffentlicht in: ZIP 1981, 547 ff., 673 ff., 791 ff., sowie in Kegel / Thieme, Vorschläge, S. 93 ff. (zitiert: *Lemontey*, in: Kegel / Thieme, Vorschläge).

Lent, Friedrich: Die Rechtsprechung des Reichsgerichts über die prozessuale Stellung des Konkursverwalters, in: Die Reichsgerichtspraxis im deutschen Rechtsleben, Festgabe der juristischen Fakultäten zum 50jährigen Bestehen des Reichsgerichts, Bd. 6; Berlin, Leipzig 1929, S. 275 ff. (zitiert: *Lent*, RG – Praxis).

ders.: Zur Lehre der Partei kraft Amtes, in: ZZP 62 (1941), 129 ff.

ders.: Vergleiche des Konkursverwalters über Aussonderungs- und Absonderungsrechte, in: KTS 1957, 27 ff.

ders.: Die Grenzen der Vertretungsmacht des Konkursverwalters, in: KTS 1955 / 56, 161 ff.

Leonhard, Rudolf: Allgemeiner Teil des BGB, Berlin 1900.

Liersch, Oliver: Sicherungsrechte im Internationalen Insolvenzrecht, Frankfurt am Main 2001 (zitiert: *Liersch*, SicherungsR).

ders.: Sicherungsrechte im Internationalen Insolvenzrecht, in: NZI 2002, 15 ff.

Lippok, Gerd: Die Grenzen der Verwaltungs- und Verfügungsbefugnis des Konkursverwalters, Heidelberg 1972.

Löwisch, Manfred: Das Arbeitsrechtliche Beschäftigungsförderungsgesetz, in: NZA 1996, 1009 ff.

ders.: Neugestaltung des Interessenausgleichs durch das Arbeitsrechtliche Beschäftigungsförderungsgesetz, in: RdA 1997, 80 ff.

Lohkemper, Wolfgang: Die Bedeutung des neuen Insolvenzrechts für das Arbeitsrecht, in: KTS 1996, 1 ff.

Lüer, Hans – Jochem: Einheitliches Insolvenzrecht innerhalb der Europäischen Gemeinschaften – Die Quadratur des Kreises? – Anmerkung zum Entwurf eines Übereinkommens über den Konkurs, Vergleiche und ähnliche Verfahren: in: KTS 1981, 147 ff.

ders.: Reform des deutschen Insolvenzrechts und europäische Rechtsvereinheitlichung, in: Rpfleger 1984, 209 ff.

ders.: Europäisches Übereinkommen über den Konkurs, in: AnwBl. 1990. 444 ff.

ders.: Art. 102 EGInsO – eine verpaßte Chance, in: Insolvenzrecht in Wissenschaft und Praxis, Festschrift für Wilhelm Uhlenbruck, hrsg. von *Hanns Prütting* und *Heinz Vallender*, Köln 2000 (zitiert: *Lüer*, in: FS Uhlenbruck).

Lüke, Wolfgang: Das europäische Internationale Insolvenzrecht, in: ZZP 111 (1998), 275 ff.

ders.: Europäisches Zivilverfahrensrecht – das Problem der Abstimmung zwischen EuInsÜ und EuGVÜ, in: Wege zur Globalisierung des Rechts, Festschrift für Rolf A. Schütze, hrsg. von *Reinhold Geimer*, München 1999, S. 467 ff. (zitiert: *Lüke*, in: FS Schütze).

Lwowski, Heinz – Jürgen / Heyn, Benedict: Die Rechtsstellung des absonderungsberechtigten Gläubigers nach der Insolvenzordnung, in: WM 1998, 473 ff.

Lwowski, Heinz – Jürgen / Tetzlaff, Christian: Verwertung beweglicher Gegenstände im Insolvenzverfahren, in: WM 1999, 2336 ff.

Mankowski, Peter: Konkursgründe beim inländischen Partikularkonkurs: ZIP 1995, 1650 ff.

Marotzke, Wolfgang: „Dingliche" Wirkungen der Gläubiger- und Insolvenzanfechtung, in: KTS 1987, 1 ff.

ders.: Insolvenzrechtsreform und Anfechtungsrecht, in: ZfG 1989, 138 ff.

ders.: Die dinglichen Sicherheiten im neuen Insolvenzrecht, in: ZZP 109 (1996), 429 ff.

ders.: Gegenseitige Verträge im neuen Insolvenzrecht, 2. Auflage, Neuwied 1997.

ders.: BGB und InsO: zwei neue Leistungsstörungsrechte im Widerstreit, in: KTS 2002, 1 ff.

Maus, Karl Heinz: Der Insolvenzplan, in: Arbeitskreis für Insolvenz- und Schiedsgerichtswesen (Hrsg.): Kölner Schrift zur Insolvenzordnung, Das neue Insolvenzrecht in der Praxis, 2. Auflage; Herne, Berlin 2000, S. 931 ff. (zitiert: *Maus*, in: KS zur InsO).

Meili, Friedrich: Lehrbuch des internationalen Konkursrechts, Zürich 1909: (zitiert: *Meili*, Lehrbuch).

ders.: Die Grundlagen einer internationalen Regelung des Konkursrechts vom Standpunkt der Schweiz aus, Referat an den schweizerischen Juristentag (Luzern, Herbst 1911); Basel 1911 (zitiert: *Meili*, Grundlagen).

Merz, Franz: Probleme bei Insolvenzverfahren im internationalen Rechtsverkehr, in: ZIP 1983, 136 ff.

Metzger, Ingrid: Die Umsetzung des Istanbuler Konkursübereinkommens in das neue deutsche Internationale Insolvenzrecht, Pfaffenweiler 1994.

Mohrbutter, Jürgen / Mohrbutter, Harro: Handbuch der Konkurs- und Vergleichsverwaltung, 7. Auflage; Köln, Bonn München 1997 (zitiert: *Bearbeiter*, in: Mohrbutter / Mohrbutter).

Müller, Rainer: Praktische Probleme der seit dem 1.10.1996 geltenden Vorschriften der Insolvenzordnung, in: NZA 1998, 1315 ff.

Müller – Freienfels, Wolfram: Auslandskonkurs und Inlandsfolgen, in: Festschrift für Hans Dölle, Band II: Internationales Recht, Kollisionsrecht und Internationales Zivilprozeßrecht, Europäisches Recht; hrsg. von *Ernst Caemmerer u.a.*, Tübingen 1963, S, 359 ff. (zitiert: *Müller – Freienfels*, in: FS Dölle II).

Müller – Glöge, Rudi / von Senden, Ulrike: Gesetzliche Schriftform für Kündigung, Auflösungsvertrag und Befristung. in: AuA 2000, 199 ff.

Münchener Kommentar zum Bürgerlichen Gesetzbuch: hrsg. von *Kurt Rebmann u.a.*, Band 1, Allgemeiner Teil (§§ 1 – 240 BGB), AGB – Gesetz, Redakteur: *Franz – Jürgen Säcker*, 4. Auflage, München 2001 (zitiert: MünchKomm / *Bearbeiter*, BGB AT).

Münchener Kommentar zum Bürgerlichen Gesetzbuch: hrsg. von *Kurt Rebmann, Franz Jürgen Säcker, Roland Rixecker*, Band 4, Schuldrecht Besonderer Teil II (§§ 607 – 704), 4. Auflage, München 1997 (zitiert: MünchKomm / *Bearbeiter*, BGB).

Münchener Kommentar zum Bürgerlichen Gesetzbuch: hrsg. von *Kurt Rebmann u.a.*, Band 7, Einführungsgesetz zum Bürgerlichen Gesetzbuch, Internationales Privatrecht, Redakteur: *Hans – Jürgen Sonnenberger*, 2. Auflage, München 1990 (zitiert: MünchKomm / *Bearbeiter*, 2. Aufl., Band 7, EGBGB).

Münchener Kommentar zur Insolvenzordnung: hrsg. von *Hans – Peter Kirchhof, Hans – Jürgen Lwowski, Rolf Stürner*, Band 1, §§ 1 – 102 InsO, InsVV, München 2001; Band 2, §§ 103 – 269 InsO, München 2002 (zitiert: MünchKomm / *Bearbeiter*, InsO).

Münchener Kommentar zur Zivilprozeßordnung: hrsg. von *Gerhard Lüke* und *Peter Wax*, mit Gerichtsverfassungsgesetz und Nebengesetzen, Band 1, §§ 1 – 354, 2. Auflage, München 2000 (zitiert: MünchKomm / *Bearbeiter*, ZPO).

Musielak, Hans Joachim: Die Erfüllungsablehnung des Konkursverwalters, Zur Auslegung des § 17 Abs. 1 der Konkursordnung, in: AcP 179 (1979), 189 ff.

Nadelmann, Kurt H.: Die Benachteiligung nicht – inländischer Forderungen in Konkursgesetzen, in: KTS 1974, 189 ff.

Naumann, Dieter: Die Aufsicht des Insolvenzgerichts über den Insolvenzverwalter, in: Arbeitskreis für Insolvenz- und Schiedsgerichtswesen e.V. Köln (Hrsg.): Kölner Schrift zur Insolvenzordnung, Das neue Insolvenzrecht in der Praxis, 2. Auflage; Herne, Berlin 2000, S. 431 ff. (zitiert: *Naumann*, in: KS zur InsO).

Nerlich, Jörg / Römermann, Volker (Hrsg.): Kommentar zur Insolvenzordnung, 3. Ergänzungslieferung, Stand: April 2002), München 2002 (zitiert: *Nerlich / Römermann / Bearbeiter*).

Niesert, Burkhardt: Das Recht der Aus- und Absonderung nach der neuen Insolvenzordnung, in: InVo 1998, 141 ff.

Nussbaum, Werner: Das schweizerische internationale Insolvenzrecht gemäß dem Bundesgesetz vom 18. Dezember 1987 über das internationale Privatrecht und sein Umfeld in Europa, Zürich 1989.

Obermüller, Manfred: Auswirkungen der Insolvenzrechtsreform auf die Kreditsicherheiten, in: FLF 1994, 170 ff.

ders.: Auswirkungen des Wahlrechts des Insolvenzverwalters auf Zessionen und Avale, in: Arbeitskreis für Insolvenz- und Schiedsgerichtswesen (Hrsg.): Kölner Schrift zur Insolvenzordnung, Das neue Insolvenzrecht in der Praxis, 2. Auflage; Herne, Berlin 2000, S. 985 ff. (zitiert: *Obermüller*, in: KS zur InsO).

Oepen, Klaus / Rettmann, Stephanie: Das Schicksal von Grundstücksübereignungen in einem Konkurs- bzw. Insolvenzverfahren über das Vermögen des Veräußerers, in: KTS 1995, 609 ff.

Oetker, Friedrich: Über den Einfluß der Eröffnung des Konkursverfahrens auf noch nicht erfüllte zweiseitige Verträge. Bemerkungen zu den §§ 15 ff. KO, in: ZZP 14 (1890), 1 ff.

Onusseit, Dietmar: Die steuerrechtlichen Rechte und Pflichten des Insolvenzverwalters in den verschiedenen Verfahrensarten nach der InsO, in: ZInsO 2000, 363 ff.

Palandt, Otto (Hrsg.): Bürgerliches Gesetzbuch mit Einführungsgesetz (Auszug), Gesetz zur Regelung des Rechts der allgemeinen Geschäftsbedingungen, Fernabsatzgesetz, Verbraucherkreditgesetz, Gesetz über den Widerruf von Haustürgeschäften und ähnlichen Geschäften, Gesetz über die Veräußerung von Teilzeitnutzungsrechten an Wohngebäuden (Teilzeit – Wohnrechtegesetz – TzWrG), Produkthaftungsgesetz, Erbbaurechtsverordnung, Wohnungseigentumsgesetz, Hausratsverordnung, Lebenspartnerschaftsgesetz, 61. Auflage, München 2002 (zitiert: Palandt / *Bearbeiter*, BGB).

Pape, Gerhard: Das Beschwerderecht des Gemeinschuldners bei selbst herbeigeführter Konkurseröffnung und die Eröffnung masseloser Verfahren, in: ZIP 1989, 1029 ff.

ders.: Die Verfahrensabwicklung und Verwalterhaftung bei Masselosigkeit und Massearmut (Masseunzulänglichkeit) de lege lata und de lege ferenda, in: KTS 1995, 189 ff.

ders.: Ablehnung und Erfüllung schwebender Rechtsgeschäfte durch den Insolvenzverwalter, in: Arbeitskreis für Insolvenz- und Schiedsgerichtswesen e.V. Köln (Hrsg.): Kölner Schrift zur Insolvenzordnung, Das neue Insolvenzrecht in der Praxis, 2. Auflage; Herne, Berlin 2000, S. 531 ff. (zitiert: *Pape*, in KS zur InsO).

Papke, Horst: Noch einmal: Praktische Konsequenzen der Behandlung des Konkursverwalters als Organ der Konkursmasse, in: KTS 1968, 49 ff.

Paulus, Christoph: „Protokolle" – ein anderer Zugang zur Abwicklung grenzüberschreitender Insolvenzen, in: ZIP 1998, 977 ff.

ders.: Verbindungslinien des modernen Insolvenzrechts, in: ZIP 2000, 2189 ff.

ders.: Die europäische Insolvenzverordnung und der deutsche Insolvenzverwalter, in: NZI 2001, 505 ff.

ders.: Änderungen des deutschen Insolvenzrechts durch die Europäische Insolvenzverordnung, in: ZIP 2002, 729 ff.

Paulus, Gotthard: Sinn und Formen der Gläubigeranfechtung, in: AcP 155 (1956), 277 ff. (zit.: G. Paulus, in: AcP 155 (1956), 277 ff.).

Pawlowski, Hans – Martin: Die zivilrechtliche Prozeßstandschaft, in: JuS 1990, 378 ff.

Petersen, Julius / Kleinfeller, Georg: Konkursordnung für das deutsche Reich, 3. Auflage, Lahr 1892 (zitiert: *Petersen / Kleinfeller*).

Pick, Eckardt: Die (neue) Insolvenzordnung – ein Überblick, in: NJW 1995, 992 ff.

Pletzsch, Michael: Die Erfüllungsverweigerung des Konkursverwalters, Frankfurt am Main 1973.

Pluta, Michael: Österreichische Insolvenzveröffentlichungen ab 01.01. 2000 nur noch im Internet, in: DZWiR 2000, 142.

Pohlmann, Ulrich: Befugnisse und Funktionen des vorläufigen Insolvenzverwalters, Köln 1998.

Preis, Ulrich: Das Arbeitsrechtliche Beschäftigungsförderungsgesetz, in: NJW 1996, 3369 ff.

Prütting, Hanns: Aktuelle Entwicklungen des internationalen Insolvenzrecht, in: ZIP 1996, 1277 ff.

ders.: Allgemeines Verfahrensgrundsätze der Insolvenzordnung, in: Arbeitskreis für Insolvenz- und Schiedsgerichtswesen e.V. Köln (Hrsg.): Kölner Schrift zur Insolvenzordnung, Das neue Insolvenzrecht in der Praxis, 2. Auflage; Herne, Berlin 2000, S. 221 ff. (zitiert: *Prütting*, in: KS zur InsO).

Reinhart, Stefan: Sanierungsverfahren im internationalen Insolvenzrecht, Eine rechtsvergleichende Untersuchung über die besonderen internationalrechtlichen Probleme liquidationsabwendender Insolvenzverfahren, Berlin 1995.

Reithmann, Christoph / Martiny, Dieter: Internationales Vertragsrecht, Das internationale Recht der Schuldverträge; 5. Auflage, Köln 1996 (zitiert: *Reithmann / Martiny / Bearbeiter*).

RGRK: Das Bürgerliche Gesetzbuch mit besonderer Berücksichtigung der Rechtsprechung des Reichsgerichts und des Bundesgerichtshofes, Kommentar herausgegeben von Mitgliedern des Bundesgerichtshofes, 12. Auflage; Berlin, New York 1982 (zitiert: RGRK / Bearbeiter).

Rolfs, Christian: Schriftform für Kündigungen und Beschleunigung des arbeitsgerichtlichen Verfahrens, in: NJW 2000, 1227 ff.

Rosenberg, Leo / Schwab, Karl – Heinz / Gottwald, Peter: Zivilprozeßrecht, 15. Auflage, München 1993.

Roth, Herbert: Auslandskonkurs und individuelle Rechtsverfolgung im Inland, in: IPRax 1996, 324 ff.

Rugullis, Sven: Litispendenz im Europäischen Insolvenzrecht; Köln, Berlin; Bonn, München 2002.

Rummel, Hans Georg: Der Interessenausgleich im Konkurs, in: DB 1997, 774 ff.

Schack, Haimo: Besprechung von „Vorschläge und Gutachten zum Entwurf eines EG – Konkursübereinkommens, Im Auftrag einer Sonderkommission des Deutschen Rates für Internationales Privatrecht, vorgelegt von Gerhard Kegel bearbeitet von Jürgen Thieme, Tübingen 1988“, in: JZ 1989, 382 f.

Schaub, Günther: Arbeitsrecht in der Insolvenz, in: DB 1999, 217 ff.

ders.: Gesetz zur Vereinfachung und Beschleunigung des arbeitsgerichtlichen Verfahrens, in: NZA 2000, 344 ff.

Schick, Walter: Der Konkurs des Freiberuflers – Berufsrechtliche, konkursrechtliche und steuerrechtliche Aspekte, in: NJW 1990, 2359 ff.

Schmid – Burgk, Klaus: Leasingraten – Masseschulden oder Konkursforderungen? Eine Erwiderung auf *H. – G. Eckert*, ZIP 1997, 2077, in: ZIP 1998, 1022 ff.

Schmidt, Karsten: Der Konkursverwalter als Gesellschaftsorgan und als Repräsentant des Gemeinschuldners – Versuch einer Konkursverwaltertheorie für heute und morgen - , in: KTS 1984, 345 ff.

ders.: Anwendung von Handelsrecht auf Rechtshandlungen des Konkursverwalters. Zum Urteil des BGH vom 25.02. 1987 (NJW 1987, 1940 ff.), in: NJW 1987, 1905 ff.

ders.: Zwangsvollstreckung in anfechtbar veräußerte Gegenstände, in: JZ 1987, 889 ff.

ders.: Das Insolvenzrecht und seine Reform zwischen Prozeßrecht und Unternehmensrecht, in: KTS 1988, 1 ff.

ders.: Wege zum Insolvenzrecht der Unternehmen: Befunde, Kritik, Perspektiven, Köln 1990 (zitiert: *K. Schmidt*, Wege).

ders.: Konkursanfechtung und Drittwiderspruchsklage. Zugleich eine Kritik des BGH - Urteils vom 11.01. 1990, in: NJW 1990, 619 ff.

ders.: Der Konkursverwalter: Streitgenosse seiner selbst? Zu den Absonderlichkeiten der Amtstheorie, in: KTS 1991, 211 ff.

ders.: Unterbrechung und Fortsetzung von Prozessen im Konkurs einer Handelsgesellschaft – Fragen und Thesen zu §§ 240 ZPO, 10 ff. KO (96 ff. InsO), in: KTS 1994, 309 ff.

ders.: Klage und Rechtshängigkeit bei Konkurseröffnung vor Klagezustellung. Eine Bewährungsprobe für die Amtstheorie?, in: NJW 1995, 911 ff.

ders.: Gesellschaftsrecht, 3. Auflage; Köln, Berlin, Bonn, München 1997 (zitiert: *K. Schmidt*, GesellschaftsR).

Schmidt, Karsten / Schulz, Wolf: Konkursfreies Vermögen insolventer Handelsgesellschaften, in: ZIP 1982, 1015 ff.

Schmidt, Karsten / Uhlenbruck, Wilhelm (Hrsg.): Die GmbH in Krise, Sanierung und Insolvenz; Gesellschaftsrecht, Neues Insolvenzrecht, Steuerrecht, Arbeitsrecht, Bankrecht und Organisation bei Krisenvermeidung, Krisenbewältigung und Abwicklung, 2. Auflage, Köln 1999 (zitiert: *Bearbeiter*, in: K. Schmidt / Uhlenbruck (Hrsg.)).

Schneider, Alfred: Zu Fragen des Konkursabkommens der EWG – Staaten: KTS 1964, 88 ff.

Schrader, Peter: Übergangsregelungen zum Konkursrecht, in: NZA 1997, 70 ff.

Schröder, Jochen: Internationale Zuständigkeit, allgemeine Konkurswirkungen sowie Anerkennung und Vollstreckung, Stellungnahme zu den Artt. 3 – 14, 20 – 28 und 55 – 60 des Entwurfs von 1980, in: Kegel / Thieme, Vorschläge und Gutachten zum Entwurf eines EG – Konkursübereinkommens, hrsg. von Gerhard Kegel, bearbeitet von Jürgen Thieme, Tübingen 1988, S. 299 ff. (zitiert: *Schröder*, in: Kegel / Thieme, Vorschläge).

Schwerdling, Ingo: Die Stellung des Insolvenzverwalters nach neuem Insolvenz- und Handelsrecht unter besonderer Berücksichtigung des Firmenrechts, Frankfurt a. M. 2000.

Shearman, Jennifer: Reformvorschläge zum englischen Insolvenzrecht: ZIP 1995, 1129 ff.

Skotzki, Artur: Interessenkollision beim Konkursverwalter, in: KTS 1955 / 56, 111 ff.

Smid, Stefan: Die Abwicklung masseunzulänglicher Insolvenzverfahren nach neuem Recht, in: WM 1998, 1313 ff.

ders.: Grundzüge des neuen Insolvenzrechts, 3. Auflage, 1999 (zitiert: *Smid*, InsolvenzR).

ders.: Probleme der Verwertungsbefugnis des Insolvenzverwalters am Absonderungsgut, in: WM 1999, 1141 ff.

ders. (Hrsg.): Insolvenzordnung (InsO) mit insolvenzrechtlicher Vergütungsordnung (InsVV), Kommentar, 2. Auflage; Stuttgart, Berlin, Köln 2001 (zitiert: Smid / *Bearbeiter*).

Spahlinger, Andreas: Sekundäre Insolenzverfahren bei grenzüberschreitenden Insolvenzen, Tübingen 1998.

Spellenberg, Ulrich: Das Verhältnis eines EG – Konkursübereinkommens zum GVÜ und anderen Staatsverträgen, Stellungnahme zu den Artt. 56 und 67 sowie Artt. 76 und 78 des Entwurfs von 1980, in: Kegel / Thieme Vorschläge, S. 391 ff. (zitiert: *Spellenberg*, in: Kegel / Thieme, Vorschläge).

Staak, Kai Sebastian: Tagung der Europäischen Rechtsakademie Trier am 2. und 3. 11. 2000 – „Insolvenzrecht in der Europäischen Union“, in: NZI 2001, 186 f.

Stahlhacke, Eugen / Preis, Ulrich / Vossen, Reinhard: Kündigung und Kündigungsschutz im Arbeitsverhältnis, 7. Auflage, München 1999.

Staudinger, Julius von: Kommentar zum Bürgerlichen Gesetzbuch mit Einführungsgesetz und Nebengesetzen, Erstes Buch, Allgemeiner Teil, §§ 90 – 240, Redaktor: *Helmut Coing*, 12. Auflage; Berlin 1979 (zitiert: Staudinger / *Bearbeiter*).

Stein / Jonas: Kommentar zur Zivilprozeßordnung, Band 1, §§ 1 – 90, 21. Auflage, Tübingen 1993 (zitiert: *Stein / Jonas / Bearbeiter*).

Stieglitz, W.: Die Konkursordnung für das Deutsche Reich, Tübingen 1879.

Stoll, Hans (Hrsg.): Stellungnahmen und Gutachten zur Reform des deutschen Internationalen Insolvenzrechts, Im Auftrag der Sonderkommission „Internationales Insolvenzrecht" des Deutschen Rates für Internationales Privatrecht, vorgelegt von *Hans Stoll*, bearbeitet von *Fotios Karatzenis* und *Gerwin Janke*; Tübingen 1992 (zitiert: *Bearbeiter*, in: Stoll (Hrsg.), Stellungnahmen).

ders. (Hrsg.): Vorschläge und Gutachten zur Umsetzung des EU – Übereinkommens über Insolvenzverfahren im deutschen Recht, Im Auftrag der Sonderkommission „Internationales Insolvenzrecht" des Deutschen Rates für Internationales Privatrecht, vorgelegt von *Hans Stoll*; Tübingen 1997 (zitiert: *Bearbeiter*, in: Stoll (Hrsg.), Vorschläge).

Strub, Andreas: Das Europäische Konkursübereinkommen, in: EuZW 1994, 424 ff.

ders.: Das Europäische Konkursübereinkommen, in: EuZW 1996, 71 ff.

Stürner, Rolf: Aktuelle Probleme des Konkursrechts, in: ZZP 94 (1981), 263 ff.

Stummel, Dieter: Konkurs und Integration, Konventionsrechtliche Wege zur Bewältigung grenzüberschreitender Insolvenzverfahren; Frankfurt am Main, Bern, New York, Paris 1991.

Taupitz, Jochen: Das (zukünftige) europäische Internationale Insolvenzrecht – insbesondere aus international-privatrechtlicher Sicht - , in: ZZP 111 (1998), 315 ff.

Thieme, Jürgen: Der Entwurf eines Konkursübereinkommens der EG – Staaten von 1980. Überblick und allgemeine Kritik, in: RabelsZ 45 (1981), 459 ff.

ders.: Grundsätze des EG – Konkursübereinkommens, Allgemeine Stellungnahme zum Entwurf von 1980, in: Kegel / Thieme, S. 213 ff. (zitiert: *Thieme*, in: Kegel / Thieme).

ders.: Der revidierte Entwurf eines EG – Konkursübereinkommens von 1984, Allgemeine Stellungnahme zu den Vorschlägen zweiter Lesung der Arbeitsgruppe beim Rat der EG, in: Kegel / Thieme, S. 465 ff. (zitiert: *Thieme*, in: Kegel / Thieme).

ders.: Vermögensgerichtsstände, Inlandsbezug und Partikularkonkurs: Internationale Juristenvereinigung Osnabrück (IJVO), Jahresheft 1995 / 96, S. 44 ff. (zitiert: *Thieme*, IJVO 1995 / 96).

Thomas, Heinz / Putzo, Hans: Zivilprozeßordnung mit Gerichtsverfassungsgesetz, den Einführungsgesetzen und europarechtlichen Vorschriften (EuGVÜ, LGVÜ, EheVO, ZustellungsVO, AVAG), 23. Auflage, München 2001 (zitiert: *Bearbeiter*, in: Thomas / Putzo).

Tintelnot, Albrecht: Die gegenseitigen Verträge im neuen Insolvenzverfahren, in: ZIP 1995, 616 ff.

Trautman, Donald T. / Westbrook, Jay Lawrence / Gaillard, Emauel: Four Models for International Bankruptcy: Am JCL 41 (1993), 573 ff. (zitiert: *Trautman / Westbrook / Gaillard*, Am JCL 41 (1993), 573 ff.)

Trittin, Wolfgang / Backmeister, Thomas: Arbeitsgerichtsbeschleunigungsgesetz, in: DB 2000, 618 ff.

Trunk, Alexander: Internationale Aspekte von Insolvenzverfahren – International aspects of insolvency proceedings, in: Gilles (Hrsg.), Transnationales Prozeßrecht, Baden – Baden 1995 (zitiert: *Trunk*, in Gilles).

ders.: Regelungsschwerpunkte eines Ausführungsgesetzes zum Europäischen Insolvenzübereinkommen, in: Stoll (Hrsg.), Vorschläge und Gutachten zur Umsetzung des EU – Übereinkommens über Insolvenzverfahren im deutschen Recht, Tübingen 1997, S. 232 ff. (zitiert: *Trunk*, in: Stoll (Hrsg.), Vorschläge).

ders.: Internationales Insolvenzrecht, Systematische Darstellung des deutschen Rechts mit rechtsvergleichenden Bezügen, Tübingen 1998.

Tschöpe, Ulrich / Fleddermann, Christoph: Arbeitsvertraglich vereinbarte Kündigungsfristen in der Insolvenz, in: ZInsO 2001, 455 ff.

Uhlenbruck, Wilhelm: Das neue Insolvenzrecht. Insolvenzordnung und Einführungsgesetz nebst Materialien; Herne, Berlin 1994.

ders.: Probleme des Eröffnungsverfahrens nach dem Insolvenzrechts – Reformgesetz 1994, in: KTS 1994, 169 ff.

ders.: Die Verwertung einer freiberuflichen Praxis durch den Insolvenzverwalter, in: Festschrift für Wolfram Henckel, hrsg. von *Walter Gerhardt, Uwe Diederichsen, Bruno Rimmelspacher, Jürgen Costede*; Berlin, New York 1995 (zitiert: *Uhlenbruck.*, in: FS Henckel).

Uhlenbruck, Wilhelm / Delhaes, Karl: Konkurs- und Vergleichsverfahren, begr. von *Siegfried Schrader*, fortgef. von *Wilhelm Uhlenbruck* und *Karl Delhaes*, 5. Auflage, München 1990 (zitiert: *Uhlenbruck / K. Delhaes*).

Virgos, Miguel / Schmit, Etienne: Erläuternder Bericht zu dem EU – Übereinkommen über Insolvenzverfahren, in: Stoll (Hrsg.), Vorschläge und Gutachten zur Umsetzung des EU Übereinkommens über Insolvenzverfahren im deutschen Recht, Tübingen 1997, S. 32 ff. (zitiert: *Virgos / Schmit*, Erläuternder Bericht).

Voelderndorff, Otto Frhr. von: Die Konkursordnung für das Deutsche Reich, Bd. 1 und 2, 2. Auflage, Erlangen 1885.

Volken, Paul: Europäische Harmonisierung des Konkursrechts: frühe Staatsverträge, in: Beiträge zum schweizerischen und internationalen Zivilprozeßrecht, Festschrift für Oscar Vogel, hrsg. von *Ivo Schwander* und *Walter A. Stoffel*, Freiburg Schweiz 1991, S. 465 ff. (zitiert: *Volken*, in: FS Vogel).

Wallner, Jürgen: Sonstige Rechte in der Verwertung nach den §§ 166 ff. InsO, in: ZInsO 1999, 453 ff.

Warrikoff, Alexander: Die Stellung der Arbeitnehmer nach der neuen Insolvenzordnung, in: BB 1994, 2338 ff.

ders.: Die Möglichkeiten zum Unternehmenserhalt nach dem neuen Insolvenzrecht, in: KTS 1996, 489 ff.

Weber, Friedrich: Zur Problematik der Prozeßführung des Konkursverwalters, in: KTS 1955 / 56, 102 ff.

ders.: Besprechung von Mentzel, Franz / Kuhn, Georg, Kommentar zur Konkursordnung, 7. Auflage; Berlin, Frankfurt am Main 1962, in: BB 1962, 1207.

ders.: Zur Zulässigkeit eines Vergleichsverfahrens über das deutsche Vermögen eines ausländischen Schuldners. Zugleich ein Beitrag zum Wirkungsbereich von §§ 237, 238 KO, in: KTS 1965, 95 ff.

Weinbörner, Udo: Die neue Insolvenzordnung und das EU – Übereinkommen über Insolvenzverfahren, in: Rpfleger 1996, 494 ff.

ders.: Das neue Insolvenzrecht mit EU – Übereinkommen, Freiburg im Breisgau 1997.

Weisang, Andreas: Zur Rechnungslegung nach der neuen Insolvenzordnung, in: BB 1998, 1149 ff.

Weisemann, Ulrich / Smid, Stefan (Hrsg.): Handbuch Unternehmensinsolvenz, Köln 1999 (zitiert: *Bearbeiter*, in: Weisemann / Smid (Hrsg.)).

Wellensiek, Jobst: Die Aufgaben des Insolvenzverwalters nach der Insolvenzordnung, in: Arbeitskreis für Insolvenz- und Schiedsgerichtswesen e.V. Köln (Hrsg.): Kölner Schrift zur Insolvenzordnung, Das neue Insolvenzrecht in der Praxis, 2. Auflage; Herne, Berlin 2000, S. 403 ff. (zitiert: *Wellensiek*, in: KS zur InsO).

Wenner, Christian: Ausländisches Sanierungsverfahren, Inlandsarrest und § 238 KO, in: KTS 1990, 429 ff.

Wentzel, Frank: Die Rechtsstellung des Grundpfandgläubigers im Insolvenzverfahren, in: NZI 1999, 101 ff.

Wessels, Wilhelm: Begründet der Sitz des Insolvenzgerichts den allgemeinen Gerichtsstand eines Insolvenzverwalters auch für Aktivprozesse?, in: DZWiR 2000, 196 f.

Wiesbauer, Bruno: Die Arbeiten des Europarates zur Schaffung eines Europäischen Konkursübereinkommens, in: Wiesbauer, Bruno (Hrsg.) Neuerungen im Internationalen Insolvenzrecht, Deutschland, Liechtenstein, Schweiz, USA, Österreich, Europarat, Referate, und Diskussion des Wiener Symposiums vom Dezember 1986, Wien 1988, S. 64 ff. (zitiert: *Wiesbauer*, in: Neuerungen).

von Wilmowsky, Peter: Aufrechnung in internationalen Insolvenzfällen, in: KTS 1998, 343 ff.

Wimmer, Klaus: Die UNCITRAL – Modellbestimmungen über grenzüberschreitende Insolvenzverfahren: in: ZIP 1997, 2220 ff.

ders.: Die Besonderheiten von Sekundärinsolvenzverfahren unter besonderer Berücksichtigung des Europäischen Insolvenzübereinkommens: in: ZIP 1998, 982 ff.

ders.: Die Verordnung (EG) Nr. 1346 / 2000 über Insolvenzverfahren, in: ZInsO 2001, 97 ff.

Windel, Peter A.: Die Verteilung der Befugnisse zur Entscheidung über Vermögenserwerb zwischen (Gemein) Schuldner und Konkurs- (Insolvenz-) Verwalter bzw. Vollstreckungsschuldner nach geltendem und künftigem Haftungsrecht, in: KTS 1995, 367 ff.

Wunderer, Regina: Auswirkungen des Europäischen Übereinkommens über Insolvenzverfahren auf Bankgeschäfte, in: WM 1998, 793, 794.

Zeuner, Mark: Die Anfechtung in der Insolvenz, München 1999.

Ziegel, Jacob (Hrsg): Current Developments in International and Comparative Corporate Insolvency Law, 1994 (zitiert: *Bearbeiter*, in Ziegel (Hrsg.)).

Zimmermann, Steffen: Rechtsposition, Handlungsalternativen und Kostenbeiträge der absonderungsberechtigten Bank im Rahmen der InsO, in: NZI 1998, 57 ff.

Zöller: Zivilprozeßordnung mit Gerichtsverfassungsgesetz und den Einführungsgesetzen, mit Internationalem Zivilprozeßrecht, Kostenanmerkungen; Kommentar; begründet von *Richard Zöller*, bearbeitet von *Reinhold Geimer*, *Reinhard Greger*, *Peter Gummer*, *Kurt Herget*, *Peter Philippi*, *Kurt Stöber*, *Max Vollkommer*, 22. Auflage, Köln 2001 (zitiert: Zöller / *Bearbeiter*).

Zwanziger, Bertram: Das Arbeitsrecht in der Insolvenzordnung, Kommentar, 2. Auflage, München 2002.

Einleitung

Die Entwicklung im europäischen Insolvenzrecht hat nunmehr mit der Verabschiedung der Verordnung (EG) Nr. 1346 / 2000 über Insolvenzverfahren vom 29. Mai 2000 vorerst ihren Höhepunkt und somit ein überaus wichtiges Etappenziel erreicht. Vorausgegangen war ein jahrzehntelanges Ringen um ein einheitliches europäisches Regelwerk, welches grenzüberschreitende Insolvenzverfahren innerhalb der EG bzw. der EU erfasst. Die Notwendigkeit dieses Schrittes lässt allein ein Blick auf die Statistik der Insolvenzverfahren innerhalb der EU erkennen. Ließ die Entwicklung der Gesamtinsolvenzen ab dem Jahr 1997 bis zum Jahr 1999 einen leichten Rückwärtstrend erkennen, so stieg die Zahl der Insolvenzverfahren in den EU – Mitgliedstaaten im Jahr 2000 und auch im Jahr 2001 wieder an. Im Jahr 2001 betrug die Zahl der Insolvenzen innerhalb der EU 187.748.[1] Im Vergleich zum Vorjahr 2000 bedeutete dies einen Anstieg von 5,9 %. Im Rahmen der Globalisierung und des stetig fortschreitenden Zusammenwachsens des Europäischen Binnenmarktes werden die Intensivierung des Leistungsaustausches sowie die Komplexität rechtlicher und wirtschaftlicher Verhältnisse innerhalb der EU weiter zunehmen. Im Zuge dieser Entwicklung wird die Anzahl der Unternehmen, die ihr Tätigkeitsfeld unter Nutzung der europäischen Grundfreiheiten auf die Gebiete der EU – Mitgliedstaaten erstrecken, ebenfalls weiter steigen. Beinahe zwangsläufig geht mit dieser Entwicklung eine Erhöhung der grenzüberschreitenden Insolvenzverfahren innerhalb der EU einher.[2]

Eine besonders signifikante Zunahme der Insolvenzverfahren ist in den Mitgliedstaaten Dänemark (plus 32 % im Vergleich zum Jahr 2000), Irland (plus 33,1 %), Luxemburg (plus 26 %) und insbesondere in den Niederlanden (plus 49, 1 %) zu verzeichnen. Die übrigen Mitgliedstaaten weisen im Vergleich zum Jahr 2000 ebenfalls eine steigende Anzahl von Insolvenzverfahren auf, mit Ausnahme von Finnland (minus 3,7 %), Frankreich (minus 3,3 %), Österreich (minus 1,4 %) sowie Spanien (minus 7,0 %).

Mitentscheidend für die erneute Aufwärtsbewegung war auch die Entwicklung in der Bundesrepublik Deutschland[3] innerhalb der letzten Dekade Die Entwicklung in der BRD weist eine stetige Zunahme der Gesamtinsolvenzen auf, wobei lediglich im Jahr 1999 ein leichter Rückgang von insgesamt 0,3 % zu erkennen war. Im Jahr 2000 stieg die Zahl der Gesamtinsolvenzen in der BRD um insgesamt 23,4 % auf 41.780 Insolvenzen. Dieser enorme Anstieg der bundesdeutschen Insolvenzentwicklung ist erheblich von den Verbraucherinsolvenzverfahren verursacht worden, die im Vergleich zum Jahr 1999 einen Zuwachs von 322,9 % auf insgesamt 10.360 Verbraucherinsolvenzen zu verzeichnen hatten. Im Jahr 2001 erfolgte in der BRD wiederum ein erheblicher Anstieg der Gesamtinsolvenzen mit einer Steigerungsrate von 18,7 % auf nunmehr 49.600 Gesamtinsolvenzen. Dabei stieg die Anzahl der Unternehmensinsolvenzen von 27.930 im Jahr 2000 auf 32.400 Insolvenzen im Jahr 2001. Die Zahl der

1 Dies geht aus einer Presseinformation der Vereine Creditreform e.V. hervor, abrufbar im Internet unter www.creditreform.ch/news/form/d/presseinfo_ch_200202.pdf. Bei den hier angegebenen Zahlen sind bereits die auf die Nicht - Mitgliedstaaten Schweiz und Norwegen entfallenden Insolvenzverfahren abgerechnet.

2 Leider stehen diesbezüglich trotz mehrfacher Anfragen des Verfassers beim Statistischen Bundesamt und beim Verband der Vereine Creditreform e.V. keine aktuellen Erfahrungswerte zur Verfügung, wie viele der in der BRD eröffneten Insolvenzverfahren mit ihren Wirkungen tatsächlich in das EU – Ausland reichten.

3 Die folgenden statistischen Angaben resultieren – soweit nicht anders gekennzeichnet – aus einer Anfrage des Verfassers beim Verband der Vereine Creditreform e.V. im Dezember 2001.

Verbraucherinsolvenzverfahren erhöhte sich von 10.360 im Jahr 2000 auf nunmehr 13.600 im Jahr 2001.[4]

In der Bundesrepublik Deutschland liegt die Abwicklung eines Insolvenzverfahrens zu einem ganz wesentlichen Teil in den Händen des Insolvenzverwalters. Dabei hat der Insolvenzverwalter Eigenschaften wie Unabhängigkeit, Objektivität, Leistungsbereitschaft und Geschäftskunde aufzuweisen, um ein Insolvenzverfahren sachgerecht abwickeln zu können. Zugleich befindet sich der Insolvenzverwalter während des gesamten Verfahrens in einer Situation vielfältiger Interessenkonflikte, denen er im Laufe des Verfahrens gerecht werden muss. Insbesondere mit dem Inkrafttreten der InsO am 01. Januar 1999 erhielt der Insolvenzverwalter weitergehende Kompetenzen als er sie bisher im Geltungsbereich der Konkursordnung besaß. Infolge dessen erhöhten sich die speziellen Anforderungen im Hinblick auf die Sachkompetenz und die Verantwortung des Insolvenzverwalters. Insgesamt wurde verstärkt auf die unternehmerische Kompetenz des Insolvenzverwalters abgestellt. Mit dem Inkrafttreten der EuInsVO am 31. Mai 2002 wird sich der deutsche Insolvenzverwalter der Herausforderung stellen müssen bzw. dürfen, sich zunächst in der Sprache des Mitgliedstaates, mit dem ein in der BRD eröffnetes Insolvenzverfahren in Berührung bekommt, und darüber hinaus noch in Grundzügen des jeweiligen ausländischen Insolvenzsachrechts sowie des allgemeinen Zivilrechts, zu welchem das von ihm abzuwickelnde Verfahren Bezüge aufweist, auskennen zu müssen. Die Insolvenzsachrechte der EU – Mitgliedstaaten weichen bislang in nicht unerheblicher Weise voneinander ab. Zudem sehen einige mitgliedstaatliche Insolvenzrechtsordnungen für die Abwicklung von Insolvenzverfahren jeweils Personen vor, welche die Abwicklung der jeweiligen Verfahren übernehmen und welche sich von der Person des deutschen Insolvenzverwalters rechtlich und funktional unterscheiden. Die EuInsVO zählt in ihrem Anhang C die Personen abschließend auf, die in den jeweiligen Mitgliedstaaten als Verwalter i.S.d. EuInsVO anzusehen sind. In Zukunft wird es im Rahmen grenzüberschreitender Insolvenzverfahren innerhalb der EU – insbesondere im Hinblick auf eine effiziente Verfahrenskoordination – für einen deutschen Insolvenzverwalter erforderlich sein, sich mit den in den jeweiligen Mitgliedstaaten für die Abwicklung von Insolvenzverfahren vorgesehenen Personen bzw. Amtsträgern auseinanderzusetzen und sich – ausgehend von dem dogmatischen Verständnis des deutschen Insolvenzverwalters sowie seiner Rechte und Pflichten – die speziellen Rechte und Pflichten dieser Personen unter Berücksichtigung der jeweiligen Verfahrenszwecke vor Augen zu führen.[5]

Die vorliegende Arbeit konzentriert sich im wesentlichen auf die Person des deutschen Insolvenzverwalters. Eine Beschränkung musste dahingehend erfolgen, dass lediglich der endgültige Insolvenzverwalter zum Gegenstand der vorliegenden Arbeit gemacht worden ist und der vorläufige Insolvenzverwalter im Rahmen dieser Arbeit in den Hintergrund tritt. Zunächst soll in einem ersten Teil ein umfassender Überblick über die Entwicklung im Europäischen Insolvenzrecht bis hin zur Verabschiedung und dem Inkrafttreten der EuInsVO gegeben werden.

---

4 Zur Veranschaulichung der Situation in der BRD: im Jahr 2001 bestanden Forderungen privater Gläubiger in Höhe von 43 Mrd. DM gegenüber insolventen Unternehmen und Verbrauchern. Die Ausfälle der öffentlichen Hand betrugen für das Jahr 2001 etwa 20 Mrd. DM, woraus sich ein Gesamtschadensvolumen für das Jahr 2001 von insgesamt 63 Mrd. DM errechnet. Dies bedeutet im Vergleich zum Jahr 2000 eine Steigerung des Gesamtschadensvolumens um etwa 10 Mrd. DM.

5 Etwa auch in Form von Informationsveranstaltungen bzw. Seminaren wie z.B. nach der Verabschiedung der EuInsVO von der Europäischen Rechtsakademie (ERA) Trier im November 2000 durchgeführt, vgl. dazu den Bericht von *Staak*, NZI 2001, 186 ff.

Im Anschluss daran wird die EuInsVO mit ihren wesentlichen Regelungen und Grundsätzen dargestellt. In einem zweiten und dritten Teil erfolgt ein umfassender Überblick über die Rechtsstellung (II. Teil) sowie über die Rechte und Pflichten des Insolvenzverwalters nach deutschem Recht (III. Teil). In einem abschließenden IV. Teil werden insbesondere die Vorschriften der EuInsVO, welche den deutschen Insolvenzverwalter im Haupt- und im Sekundärverfahren betreffen, untersucht. Dabei wird besonderes Gewicht auf die Koordination des Haupt- mit dem Sekundärverfahren gelegt und auf mögliche Probleme, welche mit dem Inkrafttreten der EuInsVO entstehen können, hingewiesen. Angesichts dessen, dass die EuInsVO nahezu wortgleich mit dem Europäischen Insolvenzübereinkommen von 1995 (EuIÜ) übereinstimmt, wurde die zum EuIÜ erschienene Literatur – insbesondere auch der Erläuternde Bericht von Virgos / Schmit zum EuIÜ – zur Bearbeitung herangezogen.

I. Teil: Die Entwicklung des Europäischen Insolvenzrechts

Angesichts der zunehmenden wirtschaftlichen Konzentration innerhalb der EU – Mitgliedstaaten und der damit einher gehenden Zunahme an Insolvenzverfahren besteht ein sehr großes Interesse daran, gerade die Probleme grenzüberschreitender Insolvenzen zu lösen.[1] Im Jahr 1995 beispielsweise reichten von 20 000 Insolvenzen etwa 150 mit ihren Auswirkungen und Folgen über die Grenzen der Bundesrepublik Deutschland hinaus, da die Schuldner Niederlassungen oder sonstiges Vermögen im Ausland besaßen.[2] In Anbetracht der Tatsache, dass die Zahl der Gesamtinsolvenzen in der BRD im Jahr 2001 auf nunmehr 49.600 Verfahren angestiegen ist, ist gerade vor dem Hintergrund der wachsenden wirtschaftlichen Globalisierung und der zunehmenden europaweiten Tätigkeit von Unternehmen eine weitaus höhere Zahl grenzüberschreitender Insolvenzverfahren anzunehmen.[3]

Im Folgenden soll versucht werden, eine komprimierte Zusammenfassung der Entwicklungen im europäischen Insolvenzrecht zu geben. In einem gemeinsamen Wirtschaftsraum, wie er zwischen den Mitgliedstaaten der Europäischen Union besteht, liegt es nahe, einheitliche Regelungen darüber zu treffen, wie grenzüberschreitende Insolvenzen abzuwickeln sind. Dabei reichten derartige Bemühungen der europäischen Staaten um ein gemeinsames Abkommen bis in das vorherige Jahrhundert zurück.[4]

A. Entwürfe der Jahre 1970, 1980, 1984

Seit dem Jahr 1960 haben die Mitgliedstaaten der Europäischen Wirtschaftsgemeinschaft (EWG) bzw. der Europäischen Gemeinschaft (EG) ein gemeinsames Konkurs- bzw. Insolvenzübereinkommen angestrebt. Die gesamte Entwicklung im europäischen Insolvenzrecht wurde ausgelöst durch die Vorarbeiten zu dem Brüsseler EWG – Übereinkommen über die gerichtliche Zuständigkeit und die Vollstreckung gerichtlicher Entscheidungen in Zivil- und Handelssachen (EuGVÜ) vom 27. September 1968.[5] In dessen Art. 1 Abs. 2 Nr. 2 sind Konkurse, Vergleiche und ähnliche Verfahren ausdrücklich von dem Anwendungsbereich des EuGVÜ ausgenommen.[6] Für diese von dem Anwendungsbereich des EuGVÜ ausgenommenen Verfahren sollte ein eigenes Übereinkommen geschaffen werden.[7] Anfangs war die optimistische Vorstellung herrschend, ähnlich zügig wie bei der Schaffung des EuGVÜ zu einem respektablen Ergebnis kommen zu können.[8] Diese Hoffnung entstand dadurch, daß die Ausarbeitung eines Konkurs- bzw. Insolvenzübereinkommens und die Arbeiten zum EuGVÜ von ein und demselben Ausschuß von Regierungssachverständigen auf der Grundlage des Art. 220, 4. Spiegelstrich EWG – Vertrag

---

1 Vgl. *W. Habscheid*, in: FS Matscher, S. 163, 164: „Die Europäisierung des Konkursrechts ist das Gebot der Stunde."

2 Vgl. *Weinbörner*, A 425.

3 Aktuelle Zahlen diesbezüglich liegen trotz mehrfacher Anfragen des Verfassers beim Statistischen Bundesamt und beim Verband der Vereine Creditreform e.V. leider nicht vor, vgl. bereits in der Einleitung.

4 Vgl. die historische Darstellung bei *Aderhold*, S. 157 ff.

5 Vgl. den Abdruck des EuGVÜ in: *Jayme / Hausmann*, Nr. 72. Der Rat der Europäischen Union hat am 22. Dezember 2000 die Verordnung (EG) Nr. 44 / 2001 verabschiedet, welche das EuGVÜ in eine europäische Verordnung überführt. Vgl. den Abdruck der Verordnung in ABl. (EG) vom 16.01. 2001, Nr. L 12 , S. 1 ff., die zum 01. März 2002 in Kraft trat. Zu der Verordnung vgl. *Jayme / Kohler*, IPRax 2001, 501, 504 ff.

6 Insofern besteht kein Unterschied in dem neuen Art. 1 Abs. 2 EuGVVO.

7 Vgl. *Leipold*, in: FS Waseda University, 787, 811.

8 Vgl. *Kropholler*, 4. Aufl., Art. 1, Rdnr. 28, bezeichnete dieses Bestreben als „..einen für Vereinheitlichungsbemühungen typischen, naiven Optimismus."

(jetzt Art. 293 EGV in der Fassung des Vertrages von Amsterdam) vorgenommen werden sollten. Insbesondere die Arbeit an dem Insolvenzübereinkommen erwies sich als sehr schwierig.[9] Folgerichtig wurden angesichts der vorhandenen Schwierigkeiten die beiden Regelungsbereiche getrennt. Die Ausarbeitung eines Konkurs- bzw. Insolvenzübereinkommens wurde bei der Kommission der Europäischen Gemeinschaften von 1963 bis 1980 einem eigenständigen Sachverständigenausschuss übertragen. In der Folgezeit entstanden mehrere Entwürfe, die jedoch nicht veröffentlicht worden sind.[10] Erst am 16.2. 1970 wurde ein Vorentwurf[11] veröffentlicht, dem ein Entwurf[12] aus dem Jahr 1980 und im Jahr 1984 eine revidierte Fassung des Entwurfs[13] folgten.

I. Inhalt der Entwürfe

In allen drei Entwürfen bestand von Anfang an Einigkeit darüber, das Einheitsprinzip als Zielsetzung eines zukünftigen Regelwerkes festzulegen.[14] Dies wurde in allen Entwürfen inhaltlich übereinstimmend und fast wortgleich in dem jeweiligen Artikel 2 normiert.[15] Bereits in einem Entwurf einer „Gemeinsamen Erklärung" der EWG – Vertragsstaaten zum Vorentwurf von 1970[16] wurde diese Grundintention zum Ausdruck gebracht. Jedoch finden sich im Titel IV der jeweiligen Entwürfe – Allgemeine Wirkungen des Konkurses – Regelungen, die von dem Grundsatz der Einheitlichkeit abweichen.[17] Angesichts der zahlreichen Ausnahmen wird bisweilen in der Literatur der Charakter des Einheitsprinzips

9 Vgl. *Weber*, KTS 1965, 95; *Lemontey*, Bericht, S.2, in: Kegel / Thieme, S. 96 (= ZIP 1981, 547); *Leipold*, in: FS Waseda University, S. 787, 811.

10 Vgl. zur Entwicklungsgeschichte der Entwürfe *Houin*, KTS 1961, 177 ff., *Böhle – Stamschräder*, KTS 1964, 65 ff.

11 Kommission der Europäischen Gemeinschaften, Generaldirektion Binnenmarkt und Rechtsangleichung: „Vorentwurf eines Übereinkommens über den Konkurs, Vergleiche und ähnliche Verfahren, EG – Dok. – 3327/XIV/1/70-D Orig.: F-"; Abdruck des Entwurfes mit den Anlagen I und II und dem Protokoll in: Kegel / Thieme, S.3 ff.; KTS 1971, 167 ff.; RabelsZ 36 (1972), 734 ff.; der Bericht zum Vorentwurf von *Noel* und *Lemontey* ist – soweit ersichtlich – nicht in der Literatur veröffentlicht worden; vgl. zu diesem Vorentwurf jedoch ausführlich *Jahr*, RabelsZ 36 (1972), 620 ff.

12 Kommission der Europäischen Gemeinschaften, Generaldirektion Binnenmarkt und gewerbliche Wirtschaft, Direktion Rechtsangleichung, Niederlassungs- und Dienstleistungsrecht – II/D-1: „Entwurf eines Übereinkommens über den Konkurs, Vergleiche und ähnliche Verfahren, EG – Dok. – III/D/72/80-DE-"; veröffentlicht im Bulletin der Europäischen Gemeinschaften, Beilage 2 / 82; Abdruck des Entwurfs bei Kegel / Thieme, S. 45 ff.; auch abgedruckt in KTS 1981, 167 ff.; ZIP 1980, 811 ff.; vgl. auch den Bericht von *Lemontey*, in: Kegel / Thieme, Vorschläge, S. 93 ff., ebenfalls abgedruckt in: ZIP 1981, 547 ff., 673 ff., 791 ff.; in der Literatur wird für diesen Entwurf teilweise die – allerdings inoffizielle – Abkürzung E – EuKÜ verwendet.

13 Entwurf eines Übereinkommens der Mitgliedstaaten der Europäischen Gemeinschaften über den Konkurs, Vergleiche und ähnliche Verfahren, Text der Ad – hoc – Gruppe beim Rat der EG nach zweiter Lesung (1984); in der Fassung des Arbeitstextes des BMJ abgedruckt bei Kegel / Thieme, S. 417 ff.; *Hess / Goetsch*, KO, § 237, Rdnr. 36.

14 Vgl. *Houin*, KTS 1961, 177, 178; *Böhle-Stamschräder*, KTS 1964, 70; *Schneider*, KTS 1965, 88; *Charousset*, KTS 1965, 80.

15 Krit. zu Art. 2 des Entwurfs von 1980 *Thieme*, in: Kegel / Thieme, S. 93 ff.: krit. zu Art. 2 des Vorentwurfs von 1970 *Jahr*, RabelsZ 36 (1972), 630 f.

16 Vgl. bei Kegel / Thieme, S. 42.

17 Diese Abweichungen wurden ausdrücklich vorgesehen in Art. 19 Abs. 2 des Vorentwurfs von 1970 bzw. in Art. 18 Abs. 2 der Entwürfe von 1980 / 1984 (jeweils in Titel III); ausführlich zu den Ausnahmen *Spahlinger*, S. 166 ff.

als Grundsatz der Entwürfe in Frage gestellt.[18] Die Entwicklung dieser ersten Phase fand ihren Abschluss in einem Beschluss des Rates vom März 1985, demzufolge die Arbeiten an einem europäischen Regelwerk über grenzüberschreitende Insolvenzverfahren in Ermangelung eines hinreichenden Einvernehmens zunächst eingestellt werden sollten.[19]

II. Gründe für das Scheitern der Entwürfe

Wie sich alsbald zeigte, rief diese Zielsetzung stürmische Kritik – insbesondere von deutscher Seite - hervor. Die Kritik richtete sich zum einen gegen die einseitige Ausrichtung auf den traditionellen Konkurs[20] – sprich das Liquidationsverfahren - und zum anderen dagegen, daß sich die Entwürfe dem Grundsatz der Einheit des Insolvenzverfahrens verschrieben hatten, obgleich in den verschiedenen Rechtsordnungen der Vertragsstaaten wesentliche Unterschiede in den Insolvenzsachrechten bestehen. Zudem wurde insbesondere die außerordentliche Kompliziertheit der Entwürfe durch die Bildung rechnerischer Untermassen kritisiert.[21]

1. Die nationalen Rechtsunterschiede

Zunächst ist ein Grund für das Scheitern der Entwürfe darin zu sehen, daß die Rechtsordnungen der Mitgliedstaaten unterschiedlichen Rechtskreisen entstammen. Dies ist nicht nur in Abweichungen bei dem Verfahrensrecht, dem materiellen Recht und dem Kollisionsrecht der einzelnen Mitgliedstaaten zu erkennen, sondern auch in den unterschiedlichen Grundstrukturen. Grundsätzlich soll ein europäisches Regelwerk über grenzüberschreitende Insolvenzverfahren das Ziel verfolgen, die zahlreichen strukturellen und inhaltlichen Unterschiede der europäischen Rechtsordnungen, die im Einzelfall von Bedeutung sein können, ausreichend zu beachten.[22] So bestehen doch bisweilen erhebliche Unterschiede zwischen dem kontinentaleuropäischen Recht und dem englischen *Common Law*, sogar zwischen den kontinentaleuropäischen Insolvenzrechtsordnungen untereinander.[23] In den einzelnen Rechtsordnungen sind die Grundstrukturen und die Ziele eines Insolvenzverfahrens sehr verschieden.[24] In einigen Mitgliedstaaten besteht die Zielsetzung des Insolvenzverfahrens beispielsweise in der Befriedigung der Gläubiger des Insolvenzverfahrens, wobei die Steuerung des Verfahrens überwiegend in den Händen der Gläubiger liegt. Dagegen besitzt das Insolvenzverfahren insbesondere in Rechtsordnungen romanischen Ursprungs auch einen gewissen Strafcharakter und basiert demnach auf einer staatlichen Lenkung des Verfahrens.[25] Daher musste ein europäisches Regelwerk über

---

18 Vgl. MünchKomm / *Ebenroth*, 2. Aufl., Band 7, EGBGB, nach Art. 10, Rdnr. 365; *Lüer*, Rpfleger 1984, 209, 218; *ders.*, KTS 1981, 161, 163; *DAV – Insolvenzrechtsausschuß*, KTS 1975, 75; *Hanisch*, in: FS Waseda University, S. 787, 815.

19 Vgl. *Virgos / Schmit*, Erläuternder Bericht, Nr. 3.

20 Vgl. BMJ (Hrsg.), Die Arbeiten des Bundesministeriums der Justiz in der europäischen Gemeinschaft, 16. Bericht (1989 – 1990), Bundesanzeiger Nr. 180a vom 25.09.1991 (Beilage zu Nr. 180), S. 8; *Schack*, JZ 1989, 382, 383; *Flessner*, in: Kegel / Thieme, S. 403, 410.

21 Vgl. die eingehende Kritik bei *Thieme*, RabelsZ 45 (1981), 459, 482; *ders.*, in Kegel / Thieme, 213, 282 ff.; *Hanisch* in: FS Walder, S. 483, 488; *Funke*, InVo 1996, 171; *Habscheid*, ZaöRV 50 (1990), 282, 284;

22 Vgl. *Bleutge*, AWD 1971, 451, 452, *Berges*, KTS 1965, 77 ff.; *Nadelmann*, KTS 1974, 189; *Hanisch*, in: FS Bosch, S. 381, 383 f., 387; *Gottwald*, in: Beiträge für Karl Firsching, S. 18.

23 Vgl. *Strub*, EuZW 1994, 427.

24 Vgl. *Arnold*, ZIP 1984, 1144, 1146; *Volken*, in: FS Vogel, S. 479 f. Vgl. dazu auch den allgemeinen Überblick bei *Jahn*, S. 1 ff.

25 Vgl. *Habscheid*, in: FS Paulick, S. 229; *Thieme*, in: Kegel / Thieme, S. 213, 218.

grenzüberschreitende Insolvenzverfahren diesen Unterschieden Rechnung tragen und gemeinsame Prinzipien entwickeln.

2. Kompliziertheit der Entwürfe

Ein entscheidender Grund für das Scheitern der Entwürfe ist in deren außerordentlicher Kompliziertheit zu sehen.[26] Die strikte Nichtzulassung von Nebeninsolvenzverfahren führte dazu, daß rechnerische Untermassen gebildet werden mußten, deren Ermittlung nur in sehr komplizierten und umfangreichen Rechnungen geschehen konnte.[27] Die Kompliziertheit gilt ebenso für die Regelungen der Vorrechte, Sicherheiten und Masseansprüche.[28] Zudem werden die Entwürfe vereinzelt als zu umfangreich angesehen.[29]
Die Kompliziertheit der Entwürfe, die ihren Ursprung sicherlich in den erheblichen nationalen Rechtsunterschieden hat[30], hätte in der Praxis dazu geführt, daß ein Verlust an Praktikabilität[31] und an Rechtssicherheit[32] offenbar geworden wäre. Die Kompliziertheit der Entwürfe ist daher als Hauptgrund für deren Scheitern anzusehen.

3. Einseitige Ausrichtung am Liquidationsverfahren

Ein weiterer Grund für das Scheitern der Entwürfe ist darin zu sehen, daß die Ausrichtung der Entwürfe lediglich am Liquidationsverfahren erfolgt ist.[33] Dabei wurden jedoch die Möglichkeiten von Insolvenzverfahren, die eine Reorganisation oder eine Sanierung zum Ziel haben, nicht ausreichend berücksichtigt.[34]

4. Fehlende Konsequenz bei den Entwürfen

Des weiteren ist zu kritisieren, daß die Entwürfe keine klare Linie bezüglich einer Rechtsvereinheitlichung erkennen lassen. Es bestehen grundsätzlich zwei Möglichkeiten, das Einheits- und das Universalitätsprinzip europaweit durchzusetzen. Entweder es erfolgt eine Harmonisierung der im Insolvenzfall relevanten nationalen Rechte oder man läßt die Rechtsunterschiede unberührt und trifft kollisionsrechtliche Regelungen.[35] Bei den Entwürfen von 1970, 1980 und 1984 handelt es sich ausschließlich um Mischformen, wobei die Entwürfe der Jahre 1980, 1984 eher als schwerpunktmäßig kollisionsrechtlich einzu-

---

26 Vgl. *Bleutge*, AWD 1971, 451, 457; *Ebenroth*, ZZP 101 (1988), 121, 146; *MünchKomm / Ebenroth*, nach Art. 10, Rdnr. 366; *Leipold*, in: FS Waseda University, S. 811 f.; *Arnold*, Iprax 1986, 133, 134; *Deutscher Rat für IPR, Sonderkommission*, in: Kegel / Thieme, S. 411 ff.; *Lüer*, KTS 1981, 147, 163; *ders.*, Rpfleger 1984, 209, 218; *Flessner*, ZIP 1989, 749 f.; *Metzger*, S. 4.

27 Vgl. *Funke*, InVo 1996, 170, 171.

28 Vgl. *DAV – Insolvenzrechtsausschuss*, KTS 1975, 59, 64; *Thieme*, RabelsZ 45 (1981), 459, 485; *ders.*, in: Kegel / Thieme, S. 213, 282; *Trautman / Westbrook / Gaillard*, AmJCL 41 (1993), 573, 583.

29 Vgl. *Wiesbauer*, in: Neuerungen, S. 64, 65.

30 Vgl. *Nadelmann*, KTS 1974, 189, 190; *E. Habscheid*, KTS 1989, 593, 603, Fn. 52; *Gottwald*, in: Beiträge für Karl Firsching, S. 9, 18.

31 Vgl. *Lüer*, KTS 1981, 147, 163; *ders.*, Rpfleger 1984, 209, 218; *Flessner*, in: FS Heinsius, S. 113, *Ebenroth*, ZZP 101 (1988), 121, 146; *DAV – Insolvenzrechtsausschuß*, KTS 1975, 59, 75; *Deutscher Rat für IPR, Sonderkommission*, in: Kegel / Thieme, S. 411, 413; *Leipold*, in: FS Waseda University, S. 812.; *Hanisch*, in: FS Jahr, S. 475.

32 Vgl. *DAV – Insolvenzrechtsausschuß*, KTS 1975, 59, 75.

33 Vgl. *Funke*, InVo 1996, 170, 171; *Spahlinger*, S. 182.

34 Vgl. *Schack*, JZ 1989, 382, 383; *Thieme*, in: Kegel / Thieme, S. 213, 217; *Flessner*, in: Kegel / Thieme, S. 403, 410; *ders.*, in: Kegel / Thieme, S. 505, 508.

35 Vgl. *Spahlinger*, S. 179.

ordnen sind.[36] Diese Mischformen sind in der Literatur überwiegend kritisiert worden.[37] Vielfach wurde bemängelt, entweder die Vereinheitlichung des Insolvenzkollisionsrechts[38] oder die Sachrechtsvereinheitlichung sei zu zögerlich und zu bescheiden betrieben worden.[39] Die fehlende Konsequenz bei den Entwürfen zeigt sich auch darin, daß auf die zahlreichen nationalen Unterschiede in den Rechtsordnungen Rücksicht genommen werden muß.[40] Dies führte dazu, daß die Grundsätze der Einheit und der Universalität angesichts der Fülle von Einschränkungen nicht unerheblich entfremdet werden[41] und daß die Entwürfe folgerichtig als „rechtstheoretisch inkonsequent“ bezeichnet werden können.[42] In Folge dieser umfassenden und scharfen Kritik wurden die Arbeiten an dem Entwurf seit 1984 nicht mehr weiterbetrieben.

5. Ergebnis

Im Ergebnis bleibt festzuhalten, dass kaum ein Autor den Entwürfen uneingeschränkt – wenn überhaupt – zugestimmt hat. Gleichzeitig mit den ablehnenden Äußerungen gegenüber den Entwürfen haben manche Autoren vorzugswürdigere Alternativen präsentiert.[43] Eine Alternative bestand beispielsweise darin, für eine Übergangszeit die Konzeption eines sogenannten „kleinen Abkommens“, einer *convention simple*, anzustreben.[44] Eine andere Alternative wurde in der Aufgabe des Einheitsprinzips gesehen.[45] Diese beiden Alternativen wurden schließlich in neueren europäischen Regelwerken, d.h. zunächst in dem Istanbul – Übereinkommen des Europarates vom 5. Juni 1990, in dem nicht zustande gekommenen Europäischen Insolvenzübereinkommen (EuInsÜ oder EuIÜ) vom 25. November 1995 und schließlich in der vom Rat der EU am 29. Mai 2000 verabschiedeten Verordnung über Insolvenzverfahren Nr. 1346 / 2000 (EuInsVO) normiert.

III. Einsetzung einer Ad – hoc – Gruppe

Nunmehr sollten zunächst die Ergebnisse der Arbeiten zu einem Konkursabkommen des Europarates[46] abgewartet werden, um sodann die eigenen Arbeiten wieder aufzunehmen. Erst im Herbst des Jahres 1989 wurden die Verhandlungen über ein Konkursübereinkommen wieder aufgenommen mit dem Ziel, sich von dem tragenden Strukturprinzip einheitlicher Insolvenzverfahren zu lösen und die Möglichkeit sekundärer Insolvenzverfahren

---

36 Vgl. *Thieme*, RabelsZ 45 (1981), 459, 466.

37 Vgl. *Thieme*, in: Thieme / Kegel, S. 213, 232, 250 ff.; *Stummel*, S. 87, 365 ff.; *Leipold*, in: FS Waseda University, S. 787, 811.

38 Vgl. *Hanisch*, in: Probleme, S. 29, *Stummel*, S. 365 ff.

39 Vgl. *Thieme*, in: Thieme / Kegel, S. 213, 235; *Großfeld*, ZIP 1981, 925, 933.

40 Vgl. *Arnold*, ZIP 1984, 1144, 1146.

41 Vgl. *Leipold*, in: FS Waseda University, S. 787, 815; *Thieme*, in: Kegel / Thieme, S. 213, 232 f., 256; *Lüer*, Rpfleger 1984, 209, 218; *ders.*, KTS 1981, 147, 161.

42 Vgl. *Leipold*, in: FS Waseda University, S. 787, 812; *Lüer*, KTS 1981, 147, 163 m.w.N.

43 Vgl. *Thieme*, in Kegel / Thieme, S. 213, 214; *Deutscher Rat für IPR, Sonderkommission*, in: Kegel / Thieme, S. 411, 414.

44 Dafür z.B. *Thieme*, in: Kegel / Thieme, S. 213, 288 ff.; *ders.*, in: Kegel / Thieme, 465, 472 f.; *Stummel*, S. 302 ff.

45 Vgl. *Thieme*, in: Kegel / Thieme, S. 230 ff., 257; *Deutscher Rat für IPR, Sonderkommission*, in: Kegel / Thieme, S. 411 f., 414, zudem wurde vorgeschlagen, das Konkurskollisionsrecht zu vereinheitlichen; ebenso *Hanisch*, in: Probleme, S. 51, 54.

46 Vgl. dazu unter B.

zuzulassen.[47] Die Justizminister der Mitgliedstaaten sahen das Fehlen einer einheitlichen europäischen Regelung für grenzüberschreitende Insolvenzverfahren als Manko auf dem Weg zur Vollendung des Binnenmarktes an.[48] Infolgedessen haben die Justizminister auf ihrer informellen Tagung vom 25. Mai bis zum 27. Mai 1989 dem Wunsch nach einer Lösung dieses Problems dadurch Ausdruck verliehen, dass einer beim Rat der Europäischen Gemeinschaft eingesetzten Ad – hoc – Gruppe „Konkursübereinkommen" das Mandat zur Wiederbelebung der Übereinkommensbemühungen übertragen wurde. Die Ad – hoc – Gruppe begann ihre Arbeiten unter dem Vorsitz des Deutschen *Manfred Balz* im Jahr 1990.[49] *Balz* hat als Ständiger Vorsitzender dieser Arbeitsgruppe die Vorentwürfe erarbeitet und die Verhandlungen geführt. In der Folgezeit sind mehrere Vorschläge der Arbeitsgruppe ergangen. Abgesehen von dem Entwurf vom 3. April 1992 – dem sog. zweiten Vorentwurf - ist keiner der Vorschläge veröffentlicht worden.[50]

B. Das Istanbul – Abkommen des Europarates vom 5. Juni 1990

In Folge der - insbesondere von deutscher Seite hervorgebrachten - massiven Kritik wurde vorgeschlagen, zunächst einmal die Arbeiten zu einem Konkursübereinkommen des Europarats zu beobachten.[51] Anschließend sollten aufgrund der dadurch gewonnenen Erkenntnisse die Arbeiten zu dem EG – Übereinkommen wiederaufgenommen werden.[52] Angeregt durch eine Initiative der Schweiz befaßte sich der Europarat schließlich mit der Frage der Rechtsangleichung auf dem Gebiet des Internationalen Insolvenzrechts. Ende Mai 1984 sprach die 14. Europäische Justizministerkonferenz eine Empfehlung an das Ministerkomitee des Europarates aus, dieses möge den Europäischen Ausschuss für die juristische Zusammenarbeit mit der Harmonisierung bestimmter grundlegender Prinzipien der nationalen Gesetzgebungen sowie einer Lösung für die Probleme grenzüberschreitender Insolvenzverfahren beauftragen.[53] Dabei entwickelte sich das Selbstverständnis, das Konkurs – Übereinkommen des Europarates könne allenfalls eine „kleine Konkurskonvention" darstellen, welche lediglich eine Angleichung der wichtigsten praktischen Probleme zum Ziel habe.[54] In den Vorentwürfen zu dem Abkommen des Europarats waren lediglich zwei zentrale Ziele formuliert worden. Zum einen sollte der ausländische Konkursverwalter in anderen Vertragsstaaten mit gewissen Befugnissen ausgestattet werden. Zum anderen sollte sichergestellt sein, daß die Gläubiger eines anderen Vertragsstaates ihre Ansprüche in dem ausländischen Verfahren, d.h. in dem Verfahren des Eröffnungsstaates, anmelden können.[55] Dadurch wurde einem wichtigen Anliegen der internationalen Insolvenzpraxis entsprochen. Denn es gab bislang nur wenige Mitgliedstaaten, die einem

47 Vgl. *Funke*, InVo 1996, 170, 171; *Spahlinger*, 163.

48 Vgl. *Virgos / Schmit*, Erläuternder Bericht Nr. 1.

49 Vgl. ZIP 1990, ZIP – aktuell Nr. 177, S. A 52; *Strub*, EuZW 1996, 71.

50 Der Vorschlag vom 3. April 1992 ist in deutscher Sprache abgedruckt in: ZIP 1992, 1197 ff.; vgl. dazu *Hanisch*, ZIP 1994, 1. Vgl. auch *Spahlinger*, S. 247 ff. zu weiteren unveröffentlichten Vorschlägen.

51 Der Text des Istanbuler Übreinkommens ist in deutscher Sprache abgedruckt in: FK, Anhang I, Anlage 3, S. 2218 ff.

52 Vgl. *Thieme*, in: Kegel / Thieme, S. 465, 468 f.

53 Vgl. Conférence des Ministres européens de la justice, Résolution No. 1, VPB 48 (1984), 252; dazu *Metzger*, S. 4 ff.; vgl. auch die deutsche Übersetzung von *Arnold*, IPRax 1986, 133 f.

54 Das ehrgeizige Ziel eines EG - Übereinkommens nach einer möglichst lückenlosen Normierung grenzüberschreitender Insolvenzverfahren innerhalb der EG wurde damit im Rahmen dieser Arbeiten aufgegeben, vgl. *Metzger*, S. 4, 6.

55 Vgl. *Arnold*, ZIP 1984, 1144, 1147.

ausländischen Konkursverwalter gestatteten, Verwaltungs- und Verfügungshandlungen auf ihrem Hoheitsgebiet vorzunehmen.[56]
Dieser grundlegende Ansatz wurde im weiteren Verlauf der Arbeiten um Bestimmungen zum Sekundärinsolvenzverfahren in Kapitel III erweitert. In einem Sekundärinsolvenzverfahren nach dem Europarat – Abkommen sollten nur Gläubigergruppen Befriedigung erhalten können, zu denen insbesondere die Gläubiger mit bevorrechtigten oder dinglich gesicherten Forderungen oder mit Forderungen aus dem Betrieb einer schuldnerischen Niederlassung gehören.[57] Eine entscheidende Schwäche dieses Abkommens bestand darin, daß den Mitgliedstaaten in Art. 40 die Möglichkeit eingeräumt wurde, einen Vorbehalt dahingehend einzulegen, daß die Vorschriften über die Vollmachten des Liquidators und / oder die Vorschriften über das Sekundärinsolvenzverfahren keine Anwendung finden.[58] Dies führte dazu, daß einer der zentralen, wenn nicht sogar der zentrale Regelungsbereich zur Disposition der Vertragsstaaten steht.[59] Ein Umstand, welcher – wenn das Abkommen allgemein ratifiziert worden wäre - der Rechtssicherheit und der einheitlichen Lösung in Fragen des internationalen Insolvenzrechts sicher nicht sonderlich zuträglich gewesen wäre.
Dennoch hat die Bundesrepublik Deutschland das Abkommen auf dem Treffen der europäischen Justizminister im Juni 1990 in Istanbul gezeichnet. Die Ratifikation wurde jedoch zunächst bis zum Abschluß der Insolvenzrechtsreform[60] und anschließend unter Hinweis auf das EuIÜ[61] bzw. nunmehr auf die EuInsVO in die Zukunft verschoben. Es dürfte ausgeschlossen sein, daß die EU - Mitgliedstaaten das Istanbuler Abkommen in der Zukunft ratifizieren werden.[62] Die EuInsVO ersetzt nach Art. 44 Abs. 1 k) in ihrem sachlichen Anwendungsbereich das am 5. Juni 1990 in Istanbul unterzeichnete europäische Abkommen über bestimmte internationale Aspekte des Konkurses.

C. Das Europäische Insolvenzübereinkommen vom 23. November 1995

Der nächste und aus europäischer Sicht wichtigste Schritt, grenzüberschreitende Insolvenzen innerhalb der EU zu bewältigen, erfolgte durch die Ausarbeitung eines Europäischen Insolvenzrechtsübereinkommens (EuInsÜ oder EuIÜ).[63] Das Übereinkommen sollte rund 35 - jährige Bemühungen abschließen, eine gemeinschaftsrechtliche Regelung im Rahmen grenzüberschreitender Insolvenzverfahren zu erschaffen. Am 23. November 1995 wurde das EuIÜ von den Justizministern der Mitgliedstaaten verabschiedet und von allen Mitgliedstaaten mit Ausnahme Irlands, der Niederlande und des Vereinigten Königreichs sogleich gezeichnet.[64] Lediglich die Niederlande und Irland konnten innerhalb der Zeichnungsfrist bis zum 23. Mai 1996 zu der Unterzeichnung des EuIÜ bewogen werden.

56 Vgl. *Arnold*, ZIP 1984, 1144, 1147.
57 Vgl. FK – InsO / *Wimmer*, Art. 102 EGInsO, Anhang I, Rdnr. 66.
58 Vgl. FK – InsO / *Wimmer*, Art. 102 EGInsO, Anhang I, Rdnr. 67.
59 Vgl. *Hanisch*, ZIP 1994, 1, 8; *Leitner*, S. 173 f.; *Metzger*, S. 185 ff., 193 ff.
60 Vgl. BT – Drucks. 12 / 2443, S. 235.
61 Vgl. BT – Drucks. 13 / 5006, S. 2.
62 Vgl. *Balz*, Am Bankr. L. J. 70 (1996), 485, 494; *Rugullis*, S. 18.
63 Der Text des EuIÜ ist abgedruckt in: ZIP 1996, 976 ff.; umfangreiche Materialien bei *Stoll* (Hrsg.), S. 3; darin auch der offizielle „Erläuternde Bericht" von *Virgos* (Spanien) / *Schmit* (Luxemburg), EU Doc. 6500 / 1 / 96 / REV 1, abgedruckt in: Stoll, Vorschläge und Gutachten (1997), 32 ff.; weitere Literatur zum EuIÜ vgl. *Balz*, ZIP 1996, 948 ff.; *Strub*, EuZW 1996, 71 ff.; *Funke*, InVo 1996, 169 ff.; *Weinbörner*, Rpfleger 1996, 494 ff.; FK – InsO / *Wimmer*, Art. 102 EGInsO, Anhang I, Rdnr. 60 ff.
64 Vgl. *Balz*, ZIP 1996, 948.

Die Regierung des Vereinigten Königreichs lehnte jedoch eine Unterzeichnung des Übereinkommens ab, zum einen – offiziell - wohl wegen des Importverbots für britisches Rindfleisch.[65] Zum anderen – inoffiziell – wegen bestehender Schwierigkeiten und Unklarheiten hinsichtlich der Gibraltar - Frage[66], welche bereits bei den Arbeiten zum EuGVÜ thematisiert worden waren.[67] Die Weigerung des Vereinigten Königreiches erfolgte entgegen der wohlwollenden Haltung der britischen Fachwelt und des speziell eingesetzten Ausschusses des House of Lords hinsichtlich des EuIÜ.[68] Zunächst wurde allgemein mit einer Verlängerung der Zeichnungsfrist für Großbritannien gerechnet.[69] Diese Frist wurde Großbritannien schließlich nicht mehr gesetzt.

Das EuIÜ ist endgültig gescheitert, obschon es von allen Mitgliedstaaten paraphiert, jedoch nur von 14 Mitgliedstaaten gezeichnet worden ist. Nach Inkrafttreten des Amsterdamer Vertrages vom 2. Oktober 1997[70] kommt eine Zeichnung und anschließende Ratifikation nicht mehr in Betracht.[71] Obgleich das EuIÜ nie in Kraft getreten ist, wurde es in einigen Fragen bereits als Auslegungshilfe herangezogen.[72]

---

65 Vgl. *Balz*, ZIP 1996, 948; FK – InsO / *Wimmer*, Art. 102 EGInsO, Anhang I, Rdnr. 69.

66 Seit dem Vertrag von Utrecht aus dem Jahr 1713 werden die Interessen Gibraltars vom Vereinigten Königreich wahrgenommen.

67 Vgl. dazu *Kohler*, EuZW 1997, 303, 306 f.; strittig dürften im Rahmen des EuIÜ insbesondere die Regelung des Art. 299 EGV sowie die Ausführungen in dem Erläuternden Bericht von *Virgos / Schmit*, Nr. 300 bis 302 gewesen sein. Nach Art. 299 EGV findet der EG – Vertrag und damit alles auf ihn gestützte oder aus ihm abgeleitete Recht auf die europäischen Hoheitsgebiete Anwendung, deren auswärtige Beziehungen durch einen der Vertragsstaaten wahrgenommen werden. Die Interessen Gibraltars werden seit dem Vertrag von Utrecht von 1713 vom Vereinigten Königreich wahrgenommen. Dies würde den Schluss nahe legen, das EuIÜ finde auch auf Gibraltar Anwendung. Die Regierung des Vereinigten Königreiches könnte jedoch Anstoss an dem Erläuternden Bericht von *Virgos / Schmit*, Nr. 300 bis 302 genommen haben. *Virgos / Schmit* führen bezüglich des räumlichen Anwendungsbereiches des EuIÜ aus, dass das EuIÜ keine Anwendung finde in Gebieten, „...deren internationale Beziehungen durch einen der Vertragsstaaten wahrgenommen werden, die jedoch *nicht Bestandteil des Hoheitsgebietes* sind, sondern *eigenständige Gebilde* darstellen." Als solches „eigenstaatliches Gebilde" könnte Spanien Gibraltar auffassen, denn im Jahr 1964 hat Gibraltar eine neue Verfassung erhalten, welche der Bevölkerung von Gibraltar das Recht verleiht, seine inneren Angelegenheiten in einem größeren Maß selber zu regeln. Wünscht ein Vertragsstaat, der die Aufgaben für dieses Gebiet wahrnimmt, eine Einbeziehung dieses Gebietes in den Geltungsbereich des EuIÜ, so kann ein anderer Vertragsstaat dies ablehnen. Jedoch betont das Europäische Parlament (EP) in einem Bericht zum EuIÜ durch den Berichterstatter *Kurt Malangré* (A4 – 0234 / 99, Begründung 1.), daß in dem bisher einzigen Rechtsstreit vor dem EuGH, bei dem es um Gibraltar ging, von keinem Mitgliedstaat – auch nicht von Spanien – der Einwand erhoben worden ist, EU – Recht gelte nicht in Gibraltar. Vgl. dazu das Urteil in der Rechtssache C – 298 / 89, Government of Gibraltar gegen Rat, Slg. 1993, 3605: die Klage war gegen einen Artikel einer Richtlinie über den Flugverkehr gerichtet, mit dem Gibraltar von dem Anwendungsbereich der Richtlinie ausgenommen war. Die Klage wurde als unzulässig abgewiesen, weil die Kriterien des Art 173 Abs. 2 EGV, „Entscheidung", nicht erfüllt waren. *Malangré* ist jedoch der Auffassung, das Hauptproblem habe in der Blockade eines Textes bestanden, welcher bereits von vierzehn Mitgliedstaaten unterzeichnet worden ist. Nach dem Zustandekommen der Vereinbarung zwischen dem Vereinigten Königreich und Spanien am 20. April 2000 konnte in Bezug auf Gibraltar die Blockade anderer Rechtsinstrumente beseitigt werden.

68 Vgl. *Jayme / Kohler*, IPRax 1996, 377, 388 f.; *Balz*, ZIP 1996, 948.

69 Vgl. *Gottwald*, S. 15 f.; *Taupitz*, ZZP 11 (1998), 315, 319.

70 Vgl. BGBl. II 1998, 387.

71 Vgl. BT / Drucks. 13 / 9339.

72 So beispielsweise die Entscheidung des EuGH, Urt. v. 17.9.1997, Rs. C-117/96 – Danmarks Aktive Handelsrejsende, Slg. 1997, 5017, 5050, Rdnr. 23, in welcher der EuGH die im EuIÜ enthaltene Zuständigkeitsregelung zur Untermauerung des Auslegungsergebnisses bezüglich der Richtlinie 80/987/EWG über den Schutz der Arbeitnehmer bei Zahlungsunfähigkeit des Arbeitgebers heranzieht. Vgl. dazu *Jayme / Kohler*, IPRax 1998, 417, 429. Zu der gleichen Vorgehensweise des BGH vgl. *Wunderer*, WM 1998, 793, 794.

D. Die Europäische Insolvenzverordnung (EuInsVO) vom 29.Mai 2000[73]

Mit der Verabschiedung der Verordnung (EG) Nr. 1346 / 2000 als dem ersten wirksamen europäischen Insolvenzinstrumentarium hat der Rat der Europäischen Union am 29. Mai 2000 auf dem Justiz- und Innenrat die jahrzehntelangen Bemühungen um ein einheitliches Europäisches Insolvenzkollisionsrecht zu einem erfolgreichen Abschluss gebracht.

I. Entstehungsgeschichte der Verordnung

1. Gang der Verhandlungen

Trotz intensiver Bemühungen unter deutscher und österreichischer Präsidentschaft konnte das Vereinigte Königreich nicht mehr dazu bewogen werden, das EuIÜ zu unterzeichnen. Nach dem Inkrafttreten des Amsterdamer Vertrages vom 2. Oktober 1997 kommt eine Zeichnung und anschließende Ratifikation des EuIÜ ohnehin nicht mehr in Betracht.[74] Auf Ersuchen der Konferenz der verschiedenen Ausschussvorsitzenden des Europäischen Parlaments gab der Präsident des Europäischen Parlaments in der Sitzung vom 17. September 1997 bekannt, dass dem Ausschuß für Recht und Bürgerrechte die Erlaubnis erteilt werde, einen Bericht zum EuIÜ anzufertigen.[75] Dieser Bericht wurde am 23. April 1999 eingereicht, in der Parlamentssitzung vom 6. Mai 1999 vorgetragen bzw. diskutiert und äußerte sich insgesamt zufrieden über die Regelungen des EuIÜ.[76] Angesichts der dringenden Notwendigkeit wurden in der Sitzung vom 7. Mai 1999 die Kommission und hilfsweise die Mitgliedstaaten aufgefordert, auf der Grundlage des EuIÜ den Entwurf einer „Verordnung oder Richtlinie über grenzüberschreitende Insolvenzen" nach den Artikeln 65 (ex - Artikel 73 m) und Artikel 67 (ex – Artikel 73 o) des Vertrages von Amsterdam auszuarbeiten. Nach der Regelung des Art. 67 Abs. 1 EGV handelt der Rat einstimmig auf Vorschlag der Kommission oder eines Mitgliedstaates und nach Anhörung des Europäischen Parlaments während eines Übergangszeitraumes von 5 Jahren nach Inkrafttreten des Vertrages von Amsterdam.[77] Dies hatte zur Folge, dass auf dem JI – Rat vom 27. / 28. Mai 1999 die Mitgliedstaaten Bundesrepublik Deutschland und Finnland von ihrem Initiativrecht i.S.d. Art. 67 Abs. 1 EGV Gebrauch gemacht haben und dem Rat einen Verordnungsvorschlag unterbreitet haben, der den Wortlaut des EuIÜ nahezu wortgleich übernimmt.[78] Mit Schreiben vom 22. Juli 1999 konsultierte der Rat das Europäische Parlament gemäß Art. 61 c) und Artikel 67 Abs. 1 EGV zu diesem Verordnungsvorschlag. In der Sitzung vom 17. September 1999 gab die Präsidentin des Europäischen Parlaments bekannt, dass sie diesen Vorschlag an den Ausschuß für Recht und Binnenmarkt als federführenden Ausschuß[79] sowie an den Ausschuß für Freiheiten und Rechte der Bür-

---

73 Vgl. den Abdruck der EuInsVO in Abl. Nr. L 160 v. 30.06.2001 sowie im Anhang zu dieser Arbeit; ebenfalls abgedruckt in: NZI 2001, 407 ff., ZInsO 2001, 111 ff.

74 Vgl. BT – Drucks. 13 / 9339; vgl. dazu bereits oben unter III. 1.

75 Der Ausschuß für Recht und Bürgerrechte hatte bereits am 8. Juli 1997 Herrn *Malangré* als Berichterstatter benannt.

76 Vgl. den *Malangré* – Bericht, A4 – 0234 / 99, an dessen Schluß der Beichterstatter seine Auffassung kundtut, eine Regelung unionsweiter Insolvenzverfahren sei „überfällig und dringend vonnöten."

77 Der Vertrag von Amsterdam trat am 1. Mai 1999 in Kraft.

78 Vgl. den Abdruck der Initiative in: Abl. C 221 vom 03.08. 1999, S. 8 ff. Zu den Unterschieden zwischen EuInsVO und EuIÜ vgl. unter IV.

79 Dieser Ausschuß benannte in seiner Sitzung vom 23. September 1999 *Kurt Lechner* zu seinem Berichterstatter. Vgl. den *Lechner* - Bericht, A5 – 0039 / 2000.

ger, Justiz und innere Angelegenheiten als mitberatenden Ausschuß[80] überwiesen hat. Zudem wurde beschlossen, den Wirtschafts- und Sozialausschuss gemäß Art. 262 EGV um eine Stellungnahme zur Initiative Deutschlands und Finnlands zu ersuchen.[81] Der Wirtschafts- und Sozialausschuss äußerte sich in seiner Sitzung vom 26. Januar 2000 kritisch gegenüber der Verordnungsinitiative. Vornehmlich wurde bedauert, dass mit der geplanten Verordnung nicht „schlicht und einfach dem Grundsatz der einheitlichen und universalen Geltung des Konkursverfahrens in der Europäischen Union..." gefolgt werde.[82] Der Ausschuß für Recht und Binnenmarkt nahm in seiner Sitzung vom 21. Februar 2000 den Entwurf einer legislativen Entschließung des Europäischen Parlaments – unter Hinweis auf einige Korrekturen - an. Der Bericht des Ausschusses wurde am 23. Februar 2000 eingereicht. Der mitberatende Ausschuß für die Freiheiten und Rechte der Bürger, Justiz und innere Angelegenheiten nahm in seiner Sitzung vom 27. Februar 2000 Stellung zu der legislativen Entschließung und ersuchte den federführenden Ausschuß für Recht und Binnenmarkt, kleinere Änderungen vorzunehmen. Schließlich wurde am 29. Mai 2000 vom Rat der Europäischen Union auf der Grundlage der Art. 61 lit. c) und Art. 67 Abs. 1 EGV auf dem Justiz- und Innenrat die (EG -) Verordnung Nr. 1346 / 2000 erlassen, welche gemäß ihres Art. 47 am 31. Mai 2002 in Kraft getreten ist.[83]

2. Rechtsgrundlage der EuInsVO

Nach dem In-Kraft-Treten des Amsterdamer Vertrages war eine Zeichnung des EuIÜ nicht mehr möglich.[84] Dies hing damit zusammen, dass der juristische Dienst des Rates die Auffassung vertrat, Abkommen auf der Basis von Artikel K. 3 EUV (alt) bzw. Art. 220 EGV (alt), die seit dem 2. Oktober 1997 unter Art. 65 EGV (neu) fallen, könnten lediglich solange ratifiziert werden, bis entweder die Kommission oder einer der Mitgliedstaaten einen Vorschlag auf der Basis des Art. 65 EGV unterbreitet.[85] Daraus folgt, dass die in Art. 65 EGV im Bereich der justiziellen Zusammenarbeit vorgesehenen gemeinschaftsrechtlichen Instrumente den völkerrechtlichen Vereinbarungen auf der Grundlage von Art. 293 EGV vorgehen.[86] Nach Art. 67 Abs. 1 EGV (neu) kommt in einem Übergangszeitraum von fünf Jahren den Mitgliedstaaten ein Initiativrecht zu, von dem Deutschland und Finnland auf dem JI – Rat vom 27. / 28. Mai 1999 Gebrauch gemacht haben.[87] Im Zuge der Initiative sollte das EuIÜ nahezu wortlautidentisch in eine Verordnung als neues Rechtsinstrument transformiert werden.[88] Nach dem neuen Kompetenztitel

---

80 In seiner Sitzung vom 25. Oktober 1999 benannte dieser Ausschuß *Margot Keßler* zur Verfasserin seiner Stellungnahme. Vgl. auch die Stellungnahme im Anhang zu dem Bericht des Ausschusses für Recht und Binnenmarkt, A5 – 0039 / 2000.

81 Vgl. den Abdruck der Stellungnahme Abl. C 75 vom 15.03. 2000, S. 1 ff.

82 Vgl. Abl. C 75 vom 15.03. 2000, S. 3.

83 Lediglich Dänemark hat sich nicht an der Annahme dieser Verordnung beteiligt, vgl. Erwägungsgrund 33 zur EuInsVO. Aller Voraussicht nach wird Dänemark mit der EU ein bilaterales Abkommen auf der Grundlage dieser Verordnung schließen, vgl. auch *Eidenmüller*, ZZP 114 (2001), 3, 25, Fn. 44.

84 Vgl. oben unter IV.1.

85 Vgl. Juristischer Dienst des Rates, Dokument SN 1321 / 99, unter Punkt 3.

86 So *Kemper*, ZIP 2001, 1609, 1610; *Wimmer*, ZInsO 2001, 97.

87 Vgl. FK – InsO / *Wimmer*, Art. 102 EGInsO, Anhang I, Rdnr. 60; *Kemper*, ZIP 2001, 1609, 1610; die Initiative Deutschlands und Finnlands ist abgedruckt in: Abl. EG 1999, Nr. C 221 vom 3.8. 1999, S. 8 ff.

88 Vgl. *Wimmer*, ZInsO, 2001, 97. Dabei musste zunächst entschieden werden, ob als neues Rechtsinstrument eine Verordnung oder eine Richtlinie in Betracht kam. Eine Richtlinie ist für die Mitgliedstaaten hinsichtlich des Zieles verbindlich, jedoch verbleibt den Mitgliedstaaten ein Spielraum in der Wahl der Form und Mittel. Die Richtlinie hätte demnach insbesondere den Vorteil mit sich gebracht, dass Besonderheiten der jeweiligen nationalen Rechtsordnungen angesichts des verbleibenden Spielraumes auch unabhängig von

IV (Artt. 61 ff. EGV) des Amsterdamer Vertrages bestehen für bestimmte Mitgliedstaaten Sonderregeln. In den Protokollen (4)[89] und (5)[90] zum Amsterdamer Vertrag ist bestimmt, dass die Mitgliedstaaten Vereinigtes Königreich und Irland sowie Dänemark nicht an Maßnahmen teilnehmen, welche auf der Grundlage der Artt. 65, 67 EGV ergriffen worden sind. Für das Vereinige Königreich und Irland sind gemäß Art. 44 Abs. 3 lit. b) EuInsVO Sonderregelungen hinsichtlich etwaiger Verpflichtungen aus dem *Commonwealth* zu beachten. Nach Art. 3 Abs. 1 des Protokolls (4) bestand für die Regierungen Irlands und des Vereinigten Königreichs die Möglichkeit, innerhalb von drei Monaten nach der Vorlage einer Initiative i.S.d. Art. 67 EGV dem Rat schriftlich mitzuteilen, ob sie sich an der Annahme der betreffenden Maßnahme beteiligen möchten. Von diesem sogenannten „Opting in" haben das Vereinigte Königreich und Irland Gebrauch gemacht.[91] Dänemark hingegen hat sich gemäß Art. 1 und 2 des Protokolls (5) zum Amsterdamer Vertrag überhaupt nicht an der Annahme dieser Verordnung beteiligt.[92] Es besteht aber die Möglichkeit für Dänemark, ein bilaterales Abkommen mit der EU auf der Grundlage des Art. 293 EGV abzuschließen.[93]

II. Grundsätze und Ziele der EuInsVO

Die EuInsVO tritt neben das Brüsseler Gerichtsstands- und Vollstreckungsübereinkommen von 1968 (EuGVÜ) bzw. nunmehr die EuGVVO, welches sich mit der Anerkennung und Vollstreckung von Gerichtsentscheidungen in Zivil- und Handelssachen befaßt. Dabei sind jedoch nach Art. 1 Abs. 2 Nr. 2 EuGVVO „Konkurse, Vergleiche und ähnliche Verfahren" von dem Anwendungsbereich der EuGVVO ausgenommen.[94] Der Erlaß der EuInsVO verfolgt entsprechend dem Erwägungsgrund 2 zur EuInsVO das Ziel, durch eine effiziente und wirksame Abwicklung grenzüberschreitender Insolvenzverfahren ein reibungsloses Funktionieren des Binnenmarktes zu erreichen.[95] Gleichzeitig soll mit dem Erlaß der EuInsVO verhindert werden, dass es für die Parteien vorteilhafter ist, Vermögensgegenstände von einem in einen anderen Mitgliedstaat zu verlagern, um auf diese Weise eine verbesserte Rechtsposition zu erhalten. Ebenfalls soll damit unterbunden werden, dass die Parteien ihre individuellen Forderungen unabhängig von den Kosten bzw. Nachteilen befriedigen, die für die Gläubiger insgesamt oder den *„going – concern –*

Sonderanknüpfungen und Sekundär- bzw. Partikularinsolvenzverfahrenangemessen hätten berücksichtigt werden können. Insbesondere die Kommission sprach sich jedoch für eine Verordnung aus, da nur auf diesem Wege ein Höchstmaß an Rechtsvereinheitlichung innerhalb einer recht kurzen Zeit erreicht werden könnte. Durch den Zeitpunkt des In – Kraft – Tretens am 31. Mai 2002 wurde einem etwaigen Anpassungsbedarf Rechnung getragen.

89 In dem Protokoll (4) zum Vertrag von Amsterdam ist die Position des Vereinigten Königreiches und Irland festgehalten.

90 In dem Protokoll (5) zum Vertrag von Amsterdam ist die Position Dänemarks festgehalten.

91 Vgl. FK / *Wimmer*, Anhang I, Art. 102 EGInsO, Rdnr. 60; *Leible / Staudinger*, KTS 2000, 533, 537. Vgl. auch ausdrücklich zur Zustimmung des Vereinigten Königreiches und Irland Erwägungsgrund 32 zur EuInsVO.

92 Vgl. auch ausdrücklich Erwägungsgrund 33 zur EuInsVO. Dänemark beansprucht auch im Geltungsbereich der EuGVVO ein besondere Stellung. Entsprechend Erwägungsgrund 22 zur EuGVVO gilt zwischen Dänemark und den übrigen EU – Mitgliedstaaten weiterhin das EuGVÜ.

93 So *Leible / Staudinger*, KTS 2000, 533, 537.

94 Dies hatte der EuGH bereits für das EuGVÜ klargestellt, vgl. EuGH NJW 1979, 1772. Die EuInsVO geht jedoch insofern weiter als das EuGVÜ, als dass sie nicht nur Bestimmungen über die internationale gerichtliche Zuständigkeit und über die Anerkennung von Entscheidungen, sondern zusätzlich Kollisionsnormen für das auf das Verfahren und seine Wirkungen anwendbare Recht enthält.

95 Vgl. auch *Leible / Staudinger*, KTS 2000, 533, 537.

Wert" des schuldnerischen Unternehmens entstehen könnten.[96] Die EuInsVO orientiert sich insgesamt eng an den Bestimmungen, welche sich in den kollisionsrechtlichen Regelungen im Regierungsentwurf einer Insolvenzordnung vom 15. April 1992 finden.[97] Dies hängt damit zusammen, dass *Manfred Balz* sowohl an der Arbeitsgruppe „Konkursübereinkommen" der EU im BMJ als auch an der Abfassung des RegE – InsO maßgeblich beteiligt war.[98]

1. Keine Harmonisierung oder Angleichung

Zunächst ist festzustellen, was die EuInsVO nicht beabsichtigte. Im Einklang mit dem früheren EuIÜ besteht die Zielsetzung der EuInsVO nicht darin, eine Harmonisierung oder gar eine Angleichung der Rechtsvorschriften der 15 Mitgliedstaaten zu realisieren.[99] Vielmehr soll einem im Hoheitsgebiet der EU eröffneten Insolvenzverfahren grundsätzlich eine EU – weite Wirkung zukommen. Mit den Vorschriften der EuInsVO stehen Normen zur Verfügung, welche das Insolvenzkollisionsrecht der EU – Mitgliedstaaten untereinander materiell und prozessual vereinheitlichen, um Probleme, die zwischen den einzelstaatlichen Rechtsordnungen zwischen Gerichten verschiedener Vertragsstaaten entstehen können, zu lösen.[100]

2. Grundsatz der eingeschränkten Universalität

Die EuInsVO geht von dem Grundsatz der Universalität aus,[101] wird doch das Einheitsverfahren häufig als die Idealform oder die Ideallösung angesehen.[102] Es gibt grundsätzlich nur ein Hauptinsolvenzverfahren, von welchem das gesamte Vermögen des Schuldners ungeachtet seiner Belegenheit erfaßt wird.[103] Allgemein wird jedoch anerkannt, daß

---

96 Auf diese Gefahr des sogenannten *„forum shopping"* wird ausdrücklich in Erwägungsgrund 4 zur EuInsVO hingewiesen; vgl. auch *Virgos / Schmit*, Erläuternder Bericht, Nr. 7.

97 Vgl. BT / Drucks. 12 / 2443; die §§ 379 bis 399 sind abgedruckt in: Stoll (Hrsg.), Vorschläge, S. 137 ff. Der Rechtsausschuß des Bundestages ließ diese Regelungen zum aus dem RegE streichen, in der Hoffnung, dass das EuIÜ gezeichnet würde. Dies ist nicht geschehen und mit der Vorschrift des Art. 102 EGInsO wurde eine allzu dürftige Vorschrift zur Regelung des Internationalen Insolvenzrechts ausgearbeitet. Vgl. auch die Kritik bei *Prütting*, ZIP 1996, 1277, 1281 und bei *Lüer*, in: FS Uhlenbruck, S. 843, 844 ff., 857. Die vertane Chance wird noch offensichtlicher, wenn sich nach dem Inkrafttreten der EuInsVO am 312. Mai 2002 die Frage nach dem Verhältnis zu Drittstaaten stellt, die von dem Anwendungsbereich der EuInsVO nicht erfaßt sind.

98 Vgl. *Flessner*, IPRax 1997, 1, 2, Fn. 8.

99 Vgl. *Gottwald*, S. 16; *Großfeld*, S. 288; *Herchen*, S. 47; *Kolmann*, S. 265; *Funke*, InVo 1996, 170, 171.

100 Vgl. FK – InsO / *Wimmer*, Art. 102 EGInsO, Anhang I, Rdnr. 70; *Funke*, InVo 1996, 170, 171; vgl. *Virgos / Schmit*, Erläuternder Bericht, Nr. 12, die in dem EuIÜ bzw. der EuInsVO die Schaffung eines „neutralen Mechanismus für die internationale Zusammenarbeit" sehen, der „den grundlegenden Erwartungen der Parteien, unabhängig von dem Vertragsstaat, in dem sie sich befinden, Rechnung trägt."

101 Vgl. zur Rechtsgeschichte des Universalitätsgedankens *Hanisch*, in: FS Merz, S.159 ff., insbes. S. 167 ff.; *Meili*, Lehrbuch, S. 32 f., 55 ff.; in der Bundesrepublik Deutschland ist der BGH im Jahr 1985 auf das Universalitätsprinzip umgeschwenkt und hat sich somit der schon in der Literatur lange Zeit vertretenen Auffassung angeschlossen, vgl. BGHZ 95, 256, 263 ff. m. w. N., BGH NJW 1997, 524 ff.

102 Vgl. *Gottwald*, in: Gottwald (Hrsg.), InsRHdb., § 127, Rdnr. 5 f.; *Wimmer*, ZIP 1998, 982, 983, der die strikte Einheit und Universalität des Verfahrens als ein „Leuchten am Horizont" ansieht, „auf das wir zustreben, das wir aber vielleicht niemals ganz erreichen werden."; *Hanisch*, ZIP 1994, 1, 2; *Ebenroth*, ZZP 101 (1988), 121, Fn. 2, 151; *Leipold*, in: FS Waseda University, S. 787, 818

103 Vgl. *Huber*, ZZP 114 (2001), 133, 134; *Eidenmüller*, ZZP 114 (2001), 3, 25; *Kolmann*, S. 286; *Wimmer*, ZinsO 2001, 97, 99; *Funke*, InVo 1996, 170, 171; *Balz*, ZIP 1996, 948; FK – InsO / *Wimmer*, Art. 102 EG InsO, Anhang I, Rdnr. 70.

das Universalitätsprinzip nicht uneingeschränkt zur Anwendung kommen kann.[104]
Es sprechen nicht – wie früher teilweise vertreten worden ist[105] – ausschließlich Sprachbarrieren gegen eine uneingeschränkte Anwendung des Universalitätsprinzips. Vielmehr wird der Grund für eine einschränkende Anwendung des Universalitätsprinzips sowohl in der Verschiedenheit der Insolvenzsachrechte als auch in der Verschiedenheit der vom Insolvenzverfahren in Bezug genommenen privat-, arbeits-, sozial- und steuerrechtlichen Grundlagen gesehen.[106] Aus diesem Grund wird die universale Geltung des Insolvenzverfahrens durch die Zulassung von Territorialverfahren eingeschränkt. Dabei kennt das Übereinkommen zwei unterschiedliche Typen territorialer Verfahren: zum einen das Sekundärinsolvenzverfahren[107] und zum anderen das Partikularverfahren.
Als Sekundärinsolvenzverfahren bezeichnet man grundsätzlich ein territorial beschränktes Insolvenzverfahren, welches nach der Eröffnung des Hauptinsolvenzverfahrens eröffnet wurde.[108] Die Regeln der Artt. 27 bis 38 EuInsVO finden auch dann Anwendung, wenn zunächst ein territorial beschränktes Verfahren und erst anschließend ein Hauptinsolvenzverfahren eröffnet worden ist.[109]
Ein Partikularverfahren ist dagegen auch ohne Eröffnung eines Hauptinsolvenzverfahrens möglich, jedoch nur unter der Vorgabe, daß nach dem Recht des Staates, in dem der Schuldner den Mittelpunkt seiner hauptsächlichen Interessen hat, die Eröffnung eines (Haupt-) Insolvenzverfahrens nicht möglich ist[110] oder wenn die Eröffnung des Verfahrens von einem lokalen Gläubiger beantragt worden ist.[111] Voraussetzung für die Eröffnung eines territorial beschränkten Insolvenzverfahrens ist in jedem Fall, daß der Schuldner in dem betreffenden Mitgliedstaat eine Niederlassung besitzt.[112]

3. Grundsatz der Gläubigergleichbehandlung (*par condicio creditorum*)

Ein wichtiges Element sowohl des nationalen Insolvenzrechts als auch der EuInsVO sowie des gesamten internationalen Insolvenzrechts ist der Grundsatz der Gläubigergleichbehandlung (*par condicio creditorum*).[113] In sämtlichen Staaten der EU ist die Gläubigergleichbehandlung ein anerkanntes Verfahrensziel der jeweiligen nationalen Insolvenzrechtsordnungen.[114] Dieser Grundsatz ist auf die Gleichbehandlung inländischer und ausländischer Gläubiger, welche an Insolvenzverfahren grundsätzlich unabhängig von ihrer Staatsangehörigkeit, ihrem Wohnsitz bzw. Sitz oder gewöhnlichen Aufenthalt, von dem

104 Vgl. auch ausdrücklich in Erwägungsgrund 11 zur EuInsVO, in welchem klargestellt wird: „Diese Verordnung geht von der Tatsache aus, dass aufgrund der großen Unterschiede im materiellen Recht ein einziges Insolvenzverfahren mit universaler Geltung für die gesamte Gemeinschaft nicht realisierbar ist. Vgl. nur *Lüer*, in: FS Uhlenbruck, S. 843, 849.

105 Vgl. *Meili*, Grundlagen, S. 10 f. In der Sprachbarriere dürfte weiterhin ein wichtiger Grund für die Einschränkung des Universalitätsprinzips zu sehen sein, insbesondere wenn es sich um ein Insolvenzverfahren mit Berührung zum finnischen oder griechischen Wirtschaftsraum handelt. Grundlegende Kenntnisse in dem Insolvenzsachrecht sind dabei für einen deutschen Insolvenzverwalter nahezu unerläßlich.

106 Vgl. *Wimmer*, ZIP 1998, 982, 983; *Funke*, InVo 1996, 170, 171; *Hanisch*, ZIP 1994, 1, 2.

107 Vgl. Artt. 27 bis 38 EuInsVO.

108 Vgl. Artt. 3 Abs. 3, 27 ff. EuInsVO.

109 Vgl. Art. 36 EuInsVO.

110 Vgl. Art. 3 Abs. 4 a) EuInsVO.

111 Vgl. Art. 3 Abs. 4 b) EuInsVO.

112 Vgl. Art. 3 Abs. 2 EuInsVO.

113 Ausdrücklich ist in Erwägungsgrund 21 Satz 3 zur EuInsVO die Rede davon, dass die Verteilung des Erlöses *im Interesse der Gläubigergleichbehandlung* koordiniert werden müsse.

114 Vgl. *Hanisch*, KTS 1978, 193, 197 f.; *Herchen*, S. 46. Dies bedeutet nicht, dass der Grundsatz der Gläubigergleichbehandlung in sämtlichen Mitgliedstaaten gleich gewichtet wird.

auf ihre Forderung anwendbaren Recht, von Entstehungs- und Erfüllungsort ihrer Forderungen oder anderen Auslandsbezügen teilnehmen können, gerichtet.[115] Dabei bedeutet der Grundsatz der Gläubigergleichbehandlung nicht, dass alle Gläubiger in der Insolvenz des Schuldners gleichwertig befriedigt werden sollen. Eine Gleichbehandlung findet nur in Bezug auf Gläubiger mit gleichen Rechten statt.[116]
In der EuInsVO kommt der Grundsatz der Gläubigergleichbehandlung – abgesehen von der ausdrücklichen Erwähnung in Erwägungsgrund 21 Satz 3 zur EuInsVO – insbesondere in den Regelungen der Artt. 20 Abs. 1und 20 Abs. 2 EuInsVO zum Ausdruck. Zunächst soll mit der Vorschrift des Art. 20 Abs. 1 EuInsVO zur Ermöglichung einer kollektiven Befriedigung aller Gläubiger gewährleistet werden, dass sich kein Gläubiger nach der Eröffnung des Verfahrens aus zur Insolvenzmasse gehörenden und womöglich in anderen Mitgliedstaaten belegenen Vermögensgegenständen des Gemeinschuldners individuell befriedigen kann.[117] Befriedigt sich ein Gläubiger – abgesehen von den Sonderregelungen der Art. 5 ff. EuInsVO - dennoch individuell nach der Eröffnung des Insolvenzverfahrens, so hat der betreffende Gläubiger das Erlangte an den Insolvenzverwalter herauszugeben. In den Fällen der Artt. 5 ff. EuInsVO bereichert sich ein Gläubiger, dessen durch dingliche Rechte gesicherte Forderung durch die Verwertung des betreffenden Sicherungsgegenstandes befriedigt wird, nicht auf Kosten der Masse und verstößt demnach auch nicht gegen den Grundsatz der Gläubigergleichbehandlung.[118] Ein etwaiger Mehrerlös hat der betreffende Gläubiger an den Verwalter abzuführen. Des weiteren kann ein Gläubiger im Rahmen der EuInsVO sowohl an dem Haupt- als auch an dem oder den Sekundärverfahren teilnehmen. Um hierbei ebenfalls dem Gleichbehandlungsgrundsatz ausreichend Rechnung zu tragen, kann ein Gläubiger, der in dem einen Verfahren bereits eine Quote auf seine Forderung erhalten hat, gemäß Art. 20 Abs. 2 EuInsVO erst dann bei der Verteilung im Rahmen eines anderen Verfahrens berücksichtigt werden, wenn alle Gläubiger desselben Ranges oder derselben Gläubigergruppe eine in etwa vergleichbare Quote erhalten haben.[119]

III. Zentrale Bestimmungen der EuInsVO

Formal gliedert sich die EuInsVO in fünf Kapitel mit einer Gesamtanzahl von 47 Artikeln sowie den Anhängen A, B und C: Kapitel I (Art. 1 bis 15 EuInsVO) enthält „Allgemeine Vorschriften“; Kapitel II (Art. 16 bis 26 EuInsVO) Bestimmungen über die „Anerkennung von Insolvenzverfahren“, Kapitel III (Art. 27 bis 38 EuInsVO) Vorschriften über das „Sekundärinsolvenzverfahren“, Kapitel IV (Art. 39 bis 42 EuInsVO) Regelungen über die „Unterrichtung der Gläubiger und Anmeldung ihrer Forderungen“ und schließlich Kapitel V (Art. 43 bis 47 EuInsVO) „Übergangs- und Schlussbestimmungen“. Im Folgenden sollen die zentralen und wichtigsten Regelungen des EuInsVO dargestellt werden.

---

115 Vgl. *Nerlich / Römermann / Mincke*, Art. 102 EGInsO, Rdnr. 34; *Reithmann / Martiny / Hausmann*, Internationales Vertragsrecht, Rdnr. 1796; *Trunk*, in: Gilles (Hrsg.), 157, 169.

116 Vgl. *Liersch*, NZI 2002, 15, 18.

117 Vgl. *Virgos / Schmit*, Erläuternder Bericht, Nr. 172; *Leible / Staudinger*, KTS 2000, 533, 563.

118 Vgl. *Virgos / Schmit*, Erläuternder Bericht, Nr. 173; *Herchen*, S. 47 f.; *Leible / Staudinger*, KTS 2000, 533, 563.

119 Vgl. *Fritz / Bähr*, DZWiR 2001, 221, 232 f.; *Leible / Staudinger*, KTS 2000, 533, 564; *Virgos / Schmit*, Erläuternder Bericht, Nr. 174.

1. Anwendungsbereich der EuInsVO

a. Sachlicher Anwendungsbereich

Nach Art. 1 Abs. 1 EuInsVO findet das Übereinkommen auf Gesamtverfahren Anwendung, welche die Insolvenz des Schuldners voraussetzen und den vollständigen oder teilweisen Vermögensbeschlag gegen den Schuldner sowie die Bestellung eines Verwalters zur Folge haben. Die EuInsVO enthält keine Definition des Begriffs „Insolvenz", sondern verweist insoweit auf die nationalen Rechtsordnungen. Dabei besteht jedoch Einigkeit darüber, daß die Insolvenz des Schuldners in jedem Fall ein Element von Finanzkrise oder Vermögensinsuffizienz umfaßt.[120] Aufgrund der zahlreichen Unterschiede im Insolvenzsachrecht musste ein Konsens darüber gefunden werden, welche Verfahren in den Anwendungsbereich der EuInsVO fallen. In den Anhängen A, B und C zur EuInsVO – die nach Art. 45 EuInsVO ausschließlich der Rat auf Initiative eines seiner Mitglieder oder auf Vorschlag der Kommission mit qualifizierter Mehrheit ändern kann – sind schließlich die Insolvenzverfahren aufgeführt, die entweder Hauptverfahren (Anhang A: Liquidations- und Sanierungsverfahren) oder Sekundärverfahren (Anhang B: nur Liquidationsverfahren) sein können, sowie in Anhang C diejenigen Personen und Stellen, die das Amt eines Verwalters bekleiden können. Die Aufzählung macht deutlich, dass das Übereinkommen nicht nur Liquidationsverfahren, sondern auch Verfahren, bei denen eine Reorganisation des Schuldners im Vordergrund steht, erfasst.[121] Dagegen unterliegen die einer möglichen Insolvenz des Schuldners vorgeschalteten Verfahren, wie etwa das französische *règlement amiable*[122] oder das im deutschen Recht gängige Eröffnungsverfahren mit Sequestration, nicht dem Übereinkommen. Die sogenannten „freiwilligen" außergerichtlichen Insolvenzverfahren des *creditors' voluntary winding – up of a company*, die eine herausragende Rolle bei Gesellschaftsinsolvenzen in England und Irland spielen, fallen lediglich dann in den Anwendungsbereich der EuInsVO, wenn das Vorliegen einer Insolvenz für Zwecke der Verordnung durch eine gerichtliche Entscheidung festgestellt worden wird.[123] Die englische *receivership* ist dagegen nicht vom Anwendungsbereich der EuInsVO erfaßt.[124]

b. Persönlicher Anwendungsbereich

Die EuInsVO findet grundsätzlich auf alle Insolvenzverfahren i.S.d. Art. 1 Abs. 1 EuInsVO Anwendung, und zwar unabhängig davon, ob es sich bei dem Schuldner um eine natürliche oder juristische Person, einen Kaufmann oder eine Privatperson handelt.[125] Vollständig aus dem Anwendungsbereich der EuInsVO ausgeklammert sind entsprechend Art. 1 Abs. 2 EuInsVO und entsprechend Erwägungsgrund 9 Satz 2 zur EuInsVO Verfahren über das Vermögen von Versicherungsunternehmen und Kreditinstituten sowie von Wertpapierfirmen, „die Dienstleistungen erbringen, welche die Haltung von Geldern oder Wertpapieren Dritter umfassen" und von Organismen für gemeinsame Anlagen, d.h. beispielsweise Investmentfonds und Investmentgesellschaften.[126] Zwar wird man feststellen können, dass dadurch die Aushandlung

---

120 Vgl. *Virgos / Schmit*, Erläuternder Bericht, Ziffer 49; *Balz*, ZIP 1996, 948.

121 Vgl. *Balz*, 70 Am. Bankr. L. J. 485, 491 (1996), der aufzeigt, dass gerade hierin ein großes Problem bei der Abfassung des Übereinkommens bestand.

122 Vgl. *Balz*, ZIP 1996, 348; vgl. zum französischen Insolvenzrecht *Damann*, ZIP 1996, 300 ff.

123 Vgl. *Balz*, ZIP 1996, 948, 949; *Fritz / Bähr*, DZWiR 2001, 221, 223; vgl. zum englischen Insolvenzrecht *Shearman*, ZIP 1995, 1129 ff.

124 Vgl. *Balz*, ZIP 1996, 948, 949; *Fritz / Bähr*, DZWiR 2001, 221, 223.

125 So ausdrücklich Erwägungsgrund 9 zur EuInsVO.

126 Vgl. den Gemeinsamen Standpunkt des Rates vom 10. Oktober 2000 zu der Richtlinie über die Sanierung und Liquidation von Versicherungsunternehmen (Dok. 8975/3/00 REV 3) sowie Gemeinsamer Standpunkt

der EuInsVO vereinfacht worden ist, da die Insolvenz derartiger Unternehmen nicht selten auch öffentlich – rechtliche Bezüge aufweist und zudem die nationalen Aufsichtsbehörden zum Teil sehr weitgehende Eingriffsbefugnisse besitzen, welche dann zu berücksichtigen gewesen wären.[127] Gerade bei in diesen Bereichen tätigen Unternehmen traten jedoch insolvenzrechtliche Fragen mit internationalen Bezügen auf.[128] Der Ausschluß dieser Unternehmen war zunächst heftig umstritten und konnte lediglich im Wege eines Globalkompromisses erreicht werden. Namentlich die Bundesrepublik Deutschland hat nachdrücklich in einer protokollierten Erklärung zum Ausdruck gebracht, dass für diese Unternehmen in den noch zu erarbeitenden Richtlinien Vorschriften aufgenommen werden sollten, welche denen der EuInsVO zumindest gleichwertig sind.[129] Nunmehr ist hinsichtlich der Insolvenz von Versicherungsunternehmen am 19. März 2001 die Richtlinie 2001/17/EG des europäischen Parlaments und des Rates über die Sanierung und Liquidation von Versicherungsunternehmen erlassen worden.[130] Für die Sanierung und Liquidation von Kreditinstituten ist am 04. April 2001 die Richtlinie 2001/24/EG des Europäischen Parlamentes und des Rates erlassen worden.[131]

c. Räumlicher Anwendungsbereich

Die EuInsVO entfaltet grundsätzlich nur im Hoheitsgebiet der EU – mit Ausnahme Dänemarks – Wirkung. Die Zusammenarbeit mit Drittstaaten, d.h. Nicht – Mitgliedstaaten - auf dem Gebiet des Insolvenzrechts wird durch die EuInsVO nicht geregelt.[132] Zwingende Voraussetzung ist, dass der Gemeinschuldner im Zeitpunkt der Eröffnung des Insolvenzverfahrens den Mittelpunkt seiner hauptsächlichen Interessen in einem der EU – Mitgliedstaaten hat.[133] Das bedeutet, die EuInsVO kommt dann zur Anwendung, wenn in einem Mitgliedstaat ein Hauptinsolvenzverfahren grundsätzlich eröffnet werden kann, d.h. die Gerichte eines Mitgliedstaates zur Eröffnung eines Hauptinsolvenzverfahrens international zuständig sind.[134] Betreibt ein Gemeinschuldner zwar eine Niederlassung in einem außereuropäischen Staat, befindet sich jedoch der Mittelpunkt der hauptsächlichen Interessen in einem Mitgliedstaat, findet die EuInsVO gleichwohl Anwendung.[135] Allerdings regelt die EuInsVO in einem derartigen Fall nicht die Wirkun-

---

des Rates vom 7. Juli 2000 zu der Richtlinie über die Sanierung und Liquidation von Kreditinstituten (Dok. 7571/00).

127 Vgl. *Virgos / Schmit*, Erläuternder Bericht, Nr. 54; *Lehr*, KTS 2000, 577, 578; *Leipold*, in: Stoll (Hrsg.), Vorschläge, 1997, S. 185, 189; *Taupitz*, ZZP 111 (1998), 315, 321 f.

128 Vgl. *Gottwald*, S. 19, mit Beispielen für internationale Insolvenzen auf S. 8 ff.; *Leipold*, in: Stoll (Hrsg.), Vorschläge, S. 185, 189.

129 Vgl. *Funke*, InVo 1996, 170, 172.

130 Vgl. ABl. (EG) L 110 vom 20. April 2001, S. 28 ff. Die Richtlinie hat keine Harmonisierung zum Ziel, sondern sie zielt darauf ab, die gegenseitige Anerkennung der von den Mitgliedstaaten in Bezug auf Versicherungsunternehmen erlassenen Sanierungsmaßnahmen und Liquidationsvorschriften sowie die notwendige Zusammenarbeit sicherzustellen, vgl. Erwägungsgrund 9 zu dieser Richtlinie.

131 Vgl. ABl. (EG) L 125 vom 05. Mai 2001, S. 15 ff.

132 Der Ausschluß von Drittstaaten aus dem Anwendungsbereich der EuInsVO beruhte nach *Balz*, 70 Am. Bankr. L. J., 485, 498 insbesondere auf einem speziellen Interesse der Regierung des Vereinigten Königreiches. Diesbezüglich kann die Vermutung aufgestellt werden, dass in der Zukunft nahezu sämtliche EU – Staaten im Verhältnis zu Drittstaaten in einer mehr oder weniger intensiven Weise auf die Regelungen der EuInsVO zurückgreifen werden, wohingegen das Vereinigte Königreich im Verhältnis zu Drittstaaten seine traditionellen Prinzipien zur Anwendung kommen lassen möchte; aus dieser Überlegung heraus ließe sich das Interesse an einer Ausgrenzung von Drittstaaten aus dem Anwendungsbereich der EuInsVO ableiten.

133 Vgl. *Virgos / Schmit*, Erläuternder Bericht, Nr. 11, 44; *Huber*, ZZP 114 (2001), 133, 136. Vgl. auch den Erwägungsgrund 14 zur EuInsVO.

134 Vgl. *Kolmann*, S. 273.

135 Vgl. *Leible / Staudinger*, KTS 2000, 533, 538.

gen des eröffneten Hauptinsolvenzverfahrens gegenüber den außereuropäischen Staaten.[136] Das autonome Recht des Mitgliedstaates, in welchem das Hauptinsolvenzverfahren eröffnet worden ist, entscheidet dann über Behandlung der Sachverhalte mit Drittstaatenbezug. Für die Rechtslage in der Bundesrepublik Deutschland bedeutet dies, es verbleibt im Verhältnis zu Drittstaaten bis auf weiteres bei der allgemein – zurecht - für völlig unzureichend erachteten Regelung des Art. 102 EGInsO.[137]

2. Internationale Zuständigkeit gemäß Art. 3 EuInsVO

Die Zuständigkeitsvorschriften der EuInsVO legen lediglich die internationale Zuständigkeit fest, d.h. nach diesen Vorschriften wird der Mitgliedstaat ermittelt, dessen Gerichte für die Eröffnung des betreffenden Insolvenzverfahrens zuständig sind.[138] Die örtliche Zuständigkeit bestimmt sich im Anschluß daran nach dem Recht des Mitgliedstaates, dem nach Art. 3 EuInsVO die Internationale Zuständigkeit zugewiesen ist.

a. Hauptverfahren gemäß Art. 3 Abs. 1 EuInsVO

aa. Mittelpunkt der hauptsächlichen Interessen

Für die Eröffnung eines universal wirkenden (Haupt-) Insolvenzverfahrens sind gemäß Art. 3 Abs. 1 EuInsVO die Gerichte des Staates international zuständig, in dem der Schuldner den Mittelpunkt seiner hauptsächlichen Interessen besitzt.[139] Unter dem Begriff „Mittelpunkt der hauptsächlichen Interessen" des Schuldners versteht man den Ort, an dem der Schuldner üblicherweise und damit für Dritte erkennbar der Verwaltung seiner Interessen[140] nachgeht.[141] Durch die Abkehr von dem Begriff des „Geschäftszentrums" und der Verwendung des Begriffs der „Interessen" sind nun auch Privatpersonen zweifelsohne erfasst.[142] Dabei wurde der Begriff des „Mittelpunktes der hauptsächlichen Interessen" einschließlich der Vermutung, dass dies bei Gesellschaften und juristischen Per-

136 Vgl. *Virgos / Schmit*, Erläuternder Bericht, Nr. 11; *Leible / Staudinger*, KTS 2000, 533, 538 f. Die Mitgliedstaaten sind aber nicht daran gehindert, in Bezug auf Drittstaaten geeignete Vorschriften zu erlassen. Vgl. zu den Möglichkeiten einer Übernahme der Vorschriften des EuIÜ bzw. der EuInsVO im Verhältnis zu Drittstaaten *Taupitz*, ZZP 111 (1998), 320; *Trunk*, in: Stoll (Hrsg.), Vorschläge, S. 232 ff. Als weitere Möglichkeiten im Verhältnis zu Drittstaaten könnten beispielsweise ein Parallel – Übereinkommen – wie im Rahmen des EuGVÜ das Lugano-Übereinkommen – oder eine Orientierung an den UNCITRAL – Modellbestimmungen in Betracht kommen.

137 Vgl. die Kritik bei *Prütting*, ZIP 1996, 1277, 1284, der darauf hinweist, dass der deutsche Gesetzgeber ohne zwingende Notwendigkeit die Regelung dieses Sachverhalts dem europäischen Gesetzgeber überlassen wollte. Die zunächst in den §§ 379 bis 399 RegE InsO enthaltenen umfassenden Regelungen über das Internationale Insolvenzrecht wurden bekanntlich mit Blick auf die zum damaligen Zeitpunkt erhoffte vollständige Zeichnung des EuIÜ vom Rechtsausschuß des Bundestages gestrichen. Wie sich sodann mit der Nicht – Zeichnung des EuIÜ zeigte, waren diese Bedenken - mit Blick auf die nunmehr im Verhältnis zu Nicht-Mitgliedstaaten geltende Vorschrift des Art. 102 EGInsO - mehr als gerechtfertigt.

138 Vgl. *Virgos / Schmit*, Erläuternder Bericht, Nr. 72; FK – InsO / *Wimmer*, Art. 102 EGInsO, Anhang I, Rdnr. 76

139 Vgl. bereits *Schröder* in: Kegel (Hrsg.), Vorschläge, S. 300, zu dem in den Vorentwürfen enthaltenen Begriff des „Geschäftszentrums", der jedoch zum Teil als zu wenig konkretisiert angesehen wurde; vgl. auch *Thieme*, RabelsZ 45 (1981), 459, 471.

140 Als Interessen dürften vornehmlich die wirtschaftlichen Interessen des Schuldners ausschlaggebend sein, so auch *Kolmann*, S. 284.

141 Vgl. Erwägungsgrund 13 zur EuInsVO; *Virgos / Schmit*, Erläuternder Bericht, Nr. 75, in: Stoll, Vorschläge und Gutachten (1997), S. 60; *Fritz / Bähr*, DZWiR 2001, 221, 224; *Kemper*, ZIP 2001, 1609, 1612; *Funke*, InVo 1996, 170, 172, der insbesondere auf ein „möglichst eindeutiges Verhalten" des Schuldners abstellt.

142 Vgl. *Virgos / Schmit*, Erläuternder Bericht, Nr. 75, in: Stoll, Vorschläge, S. 60.

sonen grundsätzlich der Ort des satzungsmäßigen Sitzes ist[143], dem Art. 4 Abs. 1 des Istanbuler Übereinkommens entnommen. Vergleicht man die Regelung des Art. 3 Abs. 1 EuInsVO mit der Regelung über die örtliche Zuständigkeit in der Insolvenzordnung, stellt man fest, dass nach der InsO der allgemeine Gerichtsstand über die Zuständigkeit entscheidet. Jedoch soll es nach § 3 Abs. 1 InsO bei einer selbständigen wirtschaftlichen Tätigkeit außerhalb des allgemeinen Gerichtsstandes auf den Ort dieser Tätigkeit ankommen, so dass die Unterschiede wohl als eher gering zu beurteilen sein dürften.[144]
Ob nun bei Privatpersonen der Mittelpunkt der hauptsächlichen Interessen am Arbeitsort oder am Wohnort des Schuldners liegt, geht aus dem Erläuternden Bericht zum EuIÜ nicht ganz eindeutig hervor.[145] In Anbetracht der Tatsache, dass im deutschen Recht die örtliche Zuständigkeit gemäß § 3 Abs. 1 InsO auf den allgemeinen Gerichtsstand verweist, dürfte bei natürlichen Personen im Regelfall der Wohnsitz als Mittelpunkt der hauptsächlichen Interessen maßgebend sein.[146] Hierbei handelt es sich jedoch lediglich um einen Grundsatz. Sollte sich herausstellen, dass der Interessenmittelpunkt einer natürlichen Person an einem anderen Ort befindlich ist, kann dieser Grundsatz durchbrochen werden.[147] Eine Durchbrechung kann insbesondere dann erforderlich sein, wenn sich der gewöhnliche Aufenthalt des Schuldners in einem anderen Mitgliedstaat befindet als sein Wohnsitz.[148] Ebenso sind Durchbrechungen der Maßgeblichkeit des Wohnsitzes bei Kaufleuten und Einzelunternehmern zugunsten des Ortes der gewerblichen Niederlassung sowie bei Freiberuflern zugunsten des Ortes der beruflichen Betätigung, wie etwa Sitz der Kanzlei bzw. der Praxis, erforderlich.[149]
Bei juristischen Personen wird gemäß Art. 3 Abs. 1 Satz 2 EuInsVO bis zum Beweis des Gegenteils vermutet, dass sich der Mittelpunkt der hauptsächlichen Interessen am Ort des satzungsmäßigen Sitzes der jeweiligen juristischen Person befindet.[150] Für das seine Zuständigkeit prüfende Gericht bedeutet dies: es kann zwar grundsätzlich davon ausgehen, dass sich der Mittelpunkt der hauptsächlichen Interessen am Ort des satzungsmäßigen Sitzes des insolventen Unternehmens befindet. Gleichwohl hat das Gericht weiter zu prüfen, ob nicht der tatsächliche Mittelpunkt der hauptsächlichen Interessen, gewissermaßen als tatsächlicher oder effektiver Sitz der juristischen Person, in einem anderen Mitglied-

143 Vgl. FK – InsO / *Wimmer*, Art. 102 EGInsO, Anhang I, Rdnr. 76; *Fritz / Bähr*, DZWiR 2001, 221, 224.

144 So *Lüke*, ZZP 111 (1998), 275, 287 f.; *Flessner*, IPRax 1997, 1, 2; krit. gegen diese Regelung allerdings *Leipold*, in: Stoll, Vorschläge, S. 185, 190 f.; *Gottwald*, S. 19 – 21.

145 Vgl. *Virgos / Schmit*, Erläuternder Bericht, Nr. 75, denn danach ist der Mittelpunkt der hauptsächlichen Interessen von Privatpersonen „der Ort, an dem sie diese Tätigkeit ausüben, und bei natürlichen Personen generell der gewöhnliche Wohnsitz." Jedoch scheint Erwägungsgrund 13 zur EuInsVO das Anknüpfungskriterium des „gewöhnlichen Aufenthaltes" nicht auszuschließen.

146 Vgl. *Balz*, ZIP 1996, 948, 949; *Huber*, ZZP 114 (2001), 133, 140; *Herchen*, S. 39; FK – InsO / *Wimmer*, Art. 102 EGInsO, Anhang I, Rdnr. 76.

147 Vgl. *Huber*, ZZP 114 (2001), 133, 140.

148 Vgl. *Huber*, ZZP 114 (2001), 133, 140; im Ergebnis ebenso *Taupitz*, ZZP 111 (1998), 315, 326, der jedoch von vornherein nicht auf den Wohnsitz als Grundsatz zurückgreift, sondern den gewöhnlichen Aufenthalt als Anknüpfungskriterium bevorzugt.

149 Vgl. *Leible / Staudinger*, KTS 2000, 533, 543 f.; *Huber* ZZP 114 (2001), 133, 140; im Ergebnis ebenso *Taupitz*, ZZP 111 (1998), 315, 326 und *Kolmann*, S. 286, die jedoch beide von dem Grundsatz des „gewöhnlichen Aufenthalts" als dem entscheidenden Anknüpfungskriterium ausgehen.

150 Insoweit war für den Europäischen Gesetzgeber im Hinblick auf diese Vermutungsregelung offensichtlich die Gründungstheorie maßgebend. Die EuInsVO scheint im Grundsatz davon auszugehen, dass sich der satzungsmäßige Sitz und der tatsächliche effektive Verwaltungssitz einer juristischen Person in der Regel entsprechen werden.

staat belegen ist.[151] Praktische Bedeutung wird der Vermutungsregelung des Art. 3 Abs. 1 Satz 2 EuInsVO lediglich dann zukommen, wenn nicht mit Sicherheit feststellbar ist, dass sich der Mittelpunkt der hauptsächlichen Interessen in einem anderen als dem Staat des satzungsmäßigen Sitzes befindet.[152]

bb. Internationale Zuständigkeit für Annex -Entscheidungen

In Art. 3 Abs. 1 EuInsVO ist zwar die internationale Zuständigkeit der Gerichte für die Eröffnung eines Insolvenzverfahrens geregelt, es fehlt jedoch an einer Regelung über die sich aus einer Insolvenz ergebenden Klagen.[153] Es ergab sich folglich das Problem einer notwendigen Abgrenzung der Zuständigkeiten nach der EuInsVO im Verhältnis zu anderen Abkommen, insbesondere des EuGVÜ. Überwiegend bestand jedoch Einigkeit darüber, dass die Anwendungsbereiche der EuInsVO und des EuGVÜ harmonisiert werden müssten, um möglichst keine Zuständigkeitslücken entstehen zu lassen.[154] In Anlehnung an die Rechtsprechung des EuGH unterfallen nunmehr Entscheidungen, die sich auf ein Insolvenzverfahren beziehen, nur dann dem Anwendungsbereich der EuInsVO, wenn sie unmittelbar aus diesem Verfahren hervorgehen und sich eng innerhalb des Rahmens eines Insolvenzverfahrens halten.[155] Dies trifft im deutschen Recht beispielsweise für die im Rahmen eines Insolvenzverfahrens erhobenen Anfechtungsklagen zu, für welche die Gerichte desjenigen Mitgliedstaates, in dem das Insolvenzverfahren eröffnet worden ist, ausschließlich international zuständig sind, da die Regelungen über die Insolvenzanfechtung unmittelbar der InsO entstammen.[156] Der EuGH greift dabei zur Bestimmung des unmittelbaren Zusammenhangs bzw. des unmittelbaren Hervorgehens auf den nationalen Zusammenhang des jeweiligen Einzelverfahrens mit der Insolvenz zurück.[157] In der Regel werden demnach auch Streitigkeiten über die Zugehörigkeit zur Insolvenzmasse i.S.d. §§ 35, 36 InsO sowie deliktische oder sonstige Rückgewähransprüche des Insolvenzverwalters in den Anwendungsbereich der EuInsVO fallen.[158] Die Anerkennung und Vollstreckung von Entscheidungen aus den mit der Insolvenz in engem Zusammenhang stehenden Verfahren erfolgt hingegen im Ergebnis weitgehend nach den Vorschriften des EuGVÜ bzw. nunmehr der EuGVVO.[159]

b. Partikularverfahren

Für die Eröffnung eines Partikularverfahrens ist gemäß Art. 3 Abs. 2 EuInsVO das Gericht des Mitgliedstaates international zuständig, in welchem der Schuldner eine Nieder-

---

151 Vgl. *Huber*, ZZP 114 (2001), 133, 141; vgl. auch *Paulus*, ZIP 2002, 729, 731, der in Einzelfällen richtigerweise Schwierigkeiten bei der Bestimmung des Mittelpunktes der hauptsächlichen Interessen befürchtet.

152 Vgl. *Huber*, ZZP 114 (2001), 133, 141.

153 Vgl. *Leipold*, in: FS Ishikawa, S. 221, 224 f., der dies im Hinblick auf Entscheidungen i.S.d. Art. 25 Unterabsatz 2 EuInsVO feststellt; vgl. auch den Übereinkommensentwurf von 1982, nach dessen Art. 15 den Gerichten des Eröffnungsstaates die Zuständigkeit für eine ganze Reihe von sich aus der Insolvenz ergebenden Klagen übertragen wurde.

154 Vgl. FK – InsO / *Wimmer*, Art. 102 EGInsO, Anhang I, Rdnr. 76; *Haubold*, IPRax 2002, 157, 160.

155 Vgl. EuGH vom 22.02. 1979, Rechtssache 133 / 78 – *Gourdain / Nadler*, Slg. 1979 , 733 2. Leitsatz; kritisch dazu *Lüke*, in: FS Schütze, S. 467, 470 ff. Vgl. zur Abgrenzung des EuGVÜ zum Vorentwurf des EuIÜ, *Spellenberg*, in: Kegel / Thieme, S. 391 ff.

156 Vgl. §§ 129 ff. InsO; dazu unten III. Teil, A., V.

157 Krit. dazu *W. Lüke*, in: FS Schütze, S. 467, 470, 474 ff.

158 Vgl. auch *Trunk*, S. 116.

159 Vgl. *Haubold*, IPRax 2002, 157, 163.

lassung im Sinne des Art. 2 lit. h) EuInsVO besitzt.[160] Danach wird unter einer Niederlassung jeder Tätigkeitsort verstanden, an dem der Schuldner einer wirtschaftlichen Tätigkeit von nicht vorübergehender Art nachgeht, welche den Einsatz von Personal und Vermögenswerten voraussetzt.[161] Ist bereits in einem Vertragsstaat ein Hauptinsolvenzverfahren eröffnet worden, können die Gerichte der anderen Vertragsstaaten kein Hauptinsolvenzverfahren mehr eröffnen, da es in der Regel nur einen Mittelpunkt der hauptsächlichen Interessen gibt.[162] Den Gerichten dieser Mitgliedstaaten bleibt es jedoch unbenommen, bei Vorliegen einer Niederlassung des Schuldners ein territorial beschränktes Insolvenzverfahren zu eröffnen, von welchem lediglich das Vermögen des Schuldners in dem Eröffnungsstaat erfasst wird.[163] Je nachdem, ob bereits ein Hauptinsolvenzverfahren eröffnet worden ist oder nicht, handelt es sich um ein Sekundärverfahren gemäß Art. 3 Abs. 3 EuInsVO oder um ein unabhängiges Partikularverfahren gemäß Art. 3 Abs. 4 EuInsVO.

c. Probleme bei der Verfahrenseröffnung

Grundsätzlich bleibt es den Gerichten jedes einzelnen Mitgliedstaates überlassen, ihre Kompetenzen sachgerecht auszuüben, um mögliche Konflikte zu vermeiden.[164] Hinsichtlich der internationalen Zuständigkeit der Gerichte kann es bei der Verfahrenseröffnung insbesondere zu zwei Problemen kommen. Einerseits können in parallelen Verfahren Eröffnungsbeschlüsse ergehen, die sich in ihrem Wirkungsanspruch widersprechen. Andererseits muß die Frage der Zuständigkeit im Hinblick auf mögliche Kompetenzkonflikte gelöst werden.

aa. Einander widersprechende Eröffnungsbeschlüsse

Einander widersprechende Eröffnungsbeschlüsse können vornehmlich dann ergehen, wenn ein Informationsmangel zu parallelen Verfahrenseröffnungen mit kollidierendem Wirkungsanspruch zwischen den verschiedenen Gerichten besteht.[165] Nach Art. 21 Abs. 1 EuInsVO ist der wesentliche Inhalt der Entscheidung über die Verfahrenseröffnung in jedem Mitgliedstaat auf Antrag des Insolvenzverwalters bekannt zu machen. Daher wird man für jeden Eröffnungsbeschluß verlangen müssen, dass er seinen Wirkungsanspruch, d.h. entweder seine Erstreckung auch auf das ausländische Vermögen oder seine Beschränkung auf das inländische Vermögen, erkennen lässt.[166]

bb. Kompetenzkonflikte

Problematischer ist dagegen die Zuständigkeit für die Entscheidung über Kompetenzkon-

---

160 Der Begriff der Niederlassung war bei den Beratungen heftig umstritten. Ein Teil der Mitgliedstaaten hatte für die Zulassung von territorialen Verfahren lediglich das Vorliegen von Vermögenswerten in dem betreffenden Vertragsstaat gefordert. Andere Mitgliedstaaten wiederum wollten den strikten Einheitskonkurs verwirklicht sehen. Im Ergebnis wurde ein Kompromiß gefunden, d.h. ein von Art. 5 Nr. 5 EuGVÜ bzw. EuGVVO abweichender, eigener Niederlassungsbegriff, der weit genug formuliert worden ist, um auch die Interessen der Staaten zu erfassen, die das Vorliegen von Vermögenswerten als ausreichend erachtet hatten.

161 Dies bedeutet zugleich, dass allein das Vorhandensein von Vermögenswerten in einem anderen Mitgliedstaat keine internationale Zuständigkeit von Gerichten eines Mitgliedstaates begründen kann, vgl. *Leible / Staudinger*, KTS 2000, 533, 547, Fn. 98; *Virgos / Schmit*, Erläuternder Bericht, Nr. 70.

162 Vgl. *Virgos / Schmit*, Erläuternder Bericht, Nr. 80 ff.

163 Vgl. *Virgos / Schmit*, Erläuternder Bericht, Nr. 80.

164 Vgl. *Kolmann*, S. 287.

165 Vgl. insbesondere *Lüke*, ZZP 111 (1998), 275, 289; *Herchen*, S. 39 ff.

166 Vgl. *Lüke*, ZZP 111 (1998), 275, 289. Zum Vorschlag eines Einheitlichen Europäischen Insolvenzregisters, vgl. IV. Teil, A. V. 1. b. cc. sowie IV. Teil, B. III. 2. a. bb.

flikte, denn hierzu schweigt die EuInsVO.[167] In den Bestimmungen des EuIÜ war in den Artt. 43 ff. nicht nur eine Zuständigkeit des EuGH zur Auslegung vorgesehen, sondern auch ein besonderes Vorabentscheidungsverfahren gemäß Art. 44 EuIÜ normiert.[168] Nunmehr, nach dem Erlaß der EuInsVO, sind diese Bestimmungen obsolet geworden, da sich vergleichbare Regelungen unmittelbar aus dem Primärrecht der EU ergeben.[169] Nun scheint es nahe zu liegen, die zeitliche Reihenfolge der Anrufung der Gerichte über den Kompetenzkonflikt entscheiden zu lassen, wie es beispielsweise in den Artt. 21 bis 23 EuGVÜ bzw. nunmehr Artt. 27 ff. EuGVVO und in § 3 Abs. 2 InsO geregelt ist.[170] Überwiegend wird zurecht auf den Zeitpunkt der Eröffnung des Verfahrens und nicht auf den Zeitpunkt des Antrags abgestellt.[171] Mit der Eröffnung des Verfahrens wird das gesamte Vermögen des Schuldners im In- und Ausland in Beschlag genommen und – vorbehaltlich der Regeln über ein eventuelles Sekundärverfahren – der Insolvenzmasse einverleibt.[172] Als Folge der Beschlagnahmewirkung ist das Vermögen des Schuldners einer weiteren Verfahrenseröffnung mit universalem Wirkungsanspruch entzogen. Auch der europäische Gesetzgeber geht von einem Vorrang des zuerst eröffneten Verfahrens aus. Gemäß Erwägungsgrund 22 Satz 4 und 5 zur EuInsVO soll im Rahmen von Kompetenzkonflikten die Entscheidung des zuerst *eröffnenden* Gerichts in den anderen Mitgliedstaaten anerkannt werden. Zudem läßt sich der Vorrang des zuerst eröffnenden Gerichts aus der Regelung des Art. 16 Abs. 2 EuInsVO, nach welcher die Eröffnung eines Hauptinsolvenzverfahrens der Eröffnung eines Partikular- bzw. dann Sekundärverfahrens nicht entgegen steht, herleiten. Daraus folgt, daß offensichtlich die Eröffnung eines Hauptin-

---

167 Vgl. aber die früheren Entwürfe von 1970, 1980, 1984, z.B. Art. 15 f. des Entwurfs von 1970; sämtliche Entwürfe sind abgedruckt in: Kegel / Thieme, S. 3 ff., 45 ff., 417 ff.; nach *Virgos / Schmit*, Erläuternder Bericht, Nr. 79 können derartige Konfliktfälle lediglich einen Ausnahmefall darstellen.

168 Vgl. *Virgos / Schmit*, Erläuternder Bericht, Nr. 79 Nr. 2, die explizit auf die Möglichkeit eines Vorabentscheidungsverfahrens hinweisen.

169 Mit Blick auf die Artt. 68, 234 EGV *Leible / Staudinger*, KTS 2000, 533, 571 ff., die von einer Vorlagepflicht der zur Anrufung befugten Gerichte zu Recht lediglich dann ausgehen wollen, wenn die Vorlagefrage eine „hinreichende Bedeutung für das Gemeinschaftsrecht" aufweist und ihre Beantwortung nach Ansicht des letztinstanzlichen Gerichts Raum für einen „vernünftigen Zweifel" lässt. Würde man von einer grundsätzlichen Vorlagepflicht ausgehen, liefe dies dem Gebot einer raschen und effizienten Abwicklung der Insolvenzverfahren zuwider. Ein Vorabentscheidungsverfahren kann mitunter bis zu drei Jahre in Anspruch nehmen. Insofern korrespondiert dies mit Art. 44 EuIÜ, der ebenfalls ein Vorlagerecht und keine Vorlagepflicht vorsah.

170 Im Rahmen der EuGVVO setzt nach Art. 27 Abs. 1 das später angerufene Gericht das Verfahren so lange von Amts wegen aus, bis die Zuständigkeit des zuerst angerufenen Gerichts geklärt ist. Nach Art. 29 EuGVVO hat sich das später angerufene Gericht für unzuständig zu erklären, wenn für die Klage die ausschließliche Zuständigkeit mehrerer Gerichte gegeben ist.

171 Vgl. *Virgos / Schmit*, Erläuternder Bericht, Nr. 79; *Fritz / Bähr*, DZWiR 2001, 221, 224; *Huber*, ZZP 114 (2001), 133, 144; *Lüke*, ZZP 111 (1998), 275, 290; *Balz*, ZIP 1996, 948, 949; *Herchen*, S. 39. A.A. *Kolmann*, S. 287 f., der mit Blick auf etwaige im Rahmen eines vorläufigen Verfahren i.S.d. Artt. 38, 25 EuInsVO erlassene relevante Maßnahmen den Zeitpunkt der Antragstellung entscheiden lassen will. Jedoch entstehen Wirkungen wie der gesamte und vollständige Vermögensbeschlag erst mit dem Zeitpunkt der Eröffnung des Verfahrens. Erst mit zwei wirksamen Eröffnungsbeschlüssen, welche beide einen universalistischen Geltungsanspruch besitzen, stellt sich überhaupt erst das Problem, welchem Eröffnungsbeschluß der Vorzug zu geben ist. Hierbei gibt die größere Klarheit und Bestimmtheit den Ausschlag zugunsten des Zeitpunktes der Verfahrenseröffnung. Die Gerichte selber haben schon ab dem Zeitpunkt der Antragstellung exakt zu prüfen, ob sie für die Durchführung des Verfahrens mit dem beabsichtigten Wirkungsanspruch zuständig sind. Erst nach dem Abschluss des Eröffnungsverfahrens steht regelmäßig fest, ob es überhaupt zu einer Eröffnung kommen wird und welchen Geltungsanspruch der Eröffnungsbeschluß haben wird. Im übrigen geht die EuInsVO selber von dem Vorrang des zuerst eröffneten Verfahrens aus, vgl. Erwägungsgrund 22 Satz 5 zur EuInsVO.

172 Vgl. *Virgos / Schmit*, Erläuternder Bericht, Nr. 151; *Lüke*, ZZP 111 (1998), 275, 290.

solvenzverfahrens die Eröffnung eines weiteren *Haupt*insolvenzverfahrens blockiert. Mit der zeitlichen Reihenfolge der Verfahrenseröffnungen ist nunmehr ein ausreichend klares Abgrenzungskriterium bei parallel eröffneten Verfahren mit universalem Wirkungsanspruch vorhanden. Den anderen Mitgliedstaaten ist es – bis an die Grenze des *Ordre Public* - nicht gestattet, die internationale Zuständigkeit des Staates der Verfahrenseröffnung nachzuprüfen.[173]

3. Grundsatz der automatischen Anerkennung i.S.d. Artt. 16, 17, 25 EuInsVO

a. Grundsatz des Art. 16 EuInsVO

Die EuInsVO geht von dem Grundsatz der automatischen Anerkennung aus.[174] Aus Art. 16 Abs. 1 EuInsVO ergibt sich, dass die Eröffnung eines Insolvenzverfahrens durch ein international zuständiges Gericht in allen übrigen Vertragsstaaten anerkannt wird, sobald die Entscheidung in dem Staat der Verfahrenseröffnung wirksam geworden ist[175] und ohne daß in einem anderen Mitgliedstaat eine eigene gerichtliche Entscheidung erforderlich ist.[176] Dies bedeutet, dass weder ein eigenes Anerkennungsverfahren, z.B. ein Exequaturverfahren, noch die Veröffentlichung in einem anderen Mitgliedstaat erforderlich sind. Die Mitgliedstaaten sind vielmehr daran gehindert, ein solches Verfahren durchzuführen.[177] Allerdings erstreckt sich die automatische Anerkennung nur auf die im Anhang ausdrücklich aufgeführten Verfahren.[178] Dabei werden von der automatischen Anerkennung sowohl Hauptinsolvenzverfahren als auch territorial beschränkte Insolvenzverfahren umfasst.[179]

b. Wirkungen der Anerkennung gemäß Art. 17 EuInsVO

aa. Hauptverfahren gemäß Art. 17 Abs. 1 EuInsVO

Der Grundsatz der Anerkennung will keine Gleichstellung der Wirkungen des eröffneten Hauptinsolvenzverfahrens mit einem inländischen Verfahren erreichen. Vielmehr sollen sich gemäß Art. 17 Abs. 1 EuInsVO lediglich die unmittelbaren Wirkungen des eröffneten Hauptinsolvenzverfahrens auf sämtliche anderen Mitgliedstaaten erstrecken, ohne dass es hierzu irgendeiner Förmlichkeit bedürfte.[180] Dies sind für die Bundesrepublik Deutschland beispielsweise der universale Vermögensbeschlag gegen den Schuldner sowie die Ernennung eines Verwalters und die Sperre einer individuellen Rechtsverfolgung.[181] Die automatische Anerkennung hat zur Folge, dass beispielsweise in Frankreich ein in der BRD über das Vermögen einer Privatperson eröffnetes Insolvenzverfahren anzuerkennen

---

173 Dieser Grundsatz kommt auch in Artt. 33 f. EuGVVO zum Ausdruck; vgl. zum EuGVÜ *Virgos / Schmit*, Erläuternder Bericht, Nrn. 79, 202; *Balz*, ZIP 1996, 948, 949; *Fritz / Bähr*, DZWiR 2001, 221, 224.

174 Vgl. bereits Erwägungsgrund 22 zur EuInsVO, in dessen Satz 2 angeraten wird, dass sich die Anerkennung insbesondere auf den Grundsatz des gegenseitigen Vertrauens der Mitgliedstaaten untereinander stützen sollte.

175 Es kommt hingegen nicht auf die Unanfechtbarkeit der Entscheidung an, vgl. *Virgos / Schmitt*, Erläuternder Bericht, Nr. 147; *Kübler / Prütting / Kemper*, Art. 102 EGInsO, Rdnr. 90; *Kemper*, ZIP 2001, 1609, 1614.

176 Vgl. *Fritz / Bähr*, DZWiR 2001, 221, 225; FK – InsO / *Wimmer*, Art. 102 EGInsO, Anhang I, Rdnr. 78.

177 Vgl. *Fritz / Bähr*, DZWiR 2001, 221, 225; *Balz*, ZIP 1996, 948, 951; FK – InsO / *Wimmer*, Art. 102 EGInsO, Anhang I, Rdnr. 78; *Funke*, InVO 1996, 170, 172.

178 Vgl. *Funke*, InVo 1996, 170, 172.

179 Vgl. *Virgos / Schmit*, Erläuternder Bericht, Nr. 146; *Balz*, ZIP 1996, 948, 951.

180 Vgl. FK – InsO / *Wimmer*, Art. 102 EGInsO, Anhang I, Rdnr. 78; *Balz*, ZIP 1996, 948, 951; *Kemper*, ZIP 2001, 1609, 1614.

181 So *Kemper*, ZIP 2001, 1609, 1613; ausführlicher *Kolmann*, S. 302 ff.

ist, obwohl in Frankreich der persönliche Anwendungsbereich ausschließlich auf Kaufleute und juristische Personen beschränkt ist.[182] Eine automatische Erstreckung der unmittelbaren Wirkungen auf sämtliche Mitgliedstaaten endet dann, wenn in einem anderen Mitgliedstaat ein territorial beschränktes Verfahren nach Art. 3 Abs. 2 EuInsVO eröffnet worden ist oder sofern die EuInsVO nichts anderes bestimmt.[183] Mit der Formulierung „sofern die Verordnung nichts anderes bestimmt" in Art. 17 Abs. 1 EuInsVO sind insbesondere die Sonderanknüpfungen der Artt. 4 ff. EuInsVO gemeint, welche durch die Artt. 16 ff. EuInsVO ergänzt werden.[184]

bb. Partikularverfahren gemäß Art. 17 Abs. 2 EuInsVO

Aufgrund der Tatsache, dass ein Partikularverfahren nach Art. 3 Abs. 2 EuInsVO lediglich auf das Vermögen des Schuldners in dem Eröffnungsstaat beschränkt bleibt, würde eine Wirkungserstreckung auf sämtliche Mitgliedstaaten wie bei einem Hauptinsolvenzverfahren i.S.d. Art. 3 Abs. 1 EuInsVO keinen Sinn ergeben. Daher dürfen gemäß Art. 17 Abs. 2 EuInsVO die Wirkungen eines Partikularverfahrens im Sinne des Art. 3 Abs. 2 EuInsVO nicht in Frage gestellt werden. Für den Insolvenzverwalter des Partikularverfahrens hat dies zur Folge, dass er gemäß Art. 18 Abs. 2 Satz 1 EuInsVO Gegenstände, die nach der Eröffnung des Partikularverfahrens in einen anderen Mitgliedstaat verbracht worden sind, gerichtlich und außergerichtlich zur Masse des Partikularverfahrens ziehen und gemäß Art. 18 Abs. 2 Satz 2 EuInsVO eine den Interessen der Gläubiger dienende Anfechtungsklage erheben kann.[185] Zudem beschränkt gemäß Art. 17 Abs. 1 letzter Halbsatz EuInsVO die Eröffnung eines Partikularverfahrens die Wirkungen eines Hauptinsolvenzverfahrens.[186] Eine etwaige Stundung oder eine Schuldbefreiung, welche in einem Verfahren nach Art. 3 Abs. 2 EuInsVO gewährt worden sind, wirken gegenüber Gläubigern hinsichtlich des in anderen Mitgliedstaaten belegenen Vermögens gemäß Art. 17 Abs. 2 Satz 2 EuInsVO lediglich dann, wenn die Gläubiger hierzu ihre Zustimmung erteilt haben.

c. Anerkennung und Vollstreckung sonstiger Entscheidungen gemäß Art. 25 EuInsVO

Sämtliche insolvenzgerichtlichen Entscheidungen, welche zur Durchführung und Beendigung eines Insolvenzverfahrens ergangen sind, sowie ein von dem Insolvenzgericht bestätigter Vergleich, und damit auch ein Insolvenzplan i.S.d. §§ 217 ff. InsO, werden in den Mitgliedstaaten gemäß Art. 25 Abs. 1 Unterabsatz 1 EuInsVO ohne besondere Förmlichkeiten anerkannt.[187] Ebenfalls werden gemäß Art. 25 Abs. 1 Unterabsatz 3 EuInsVO un-

---

182 Vgl. *Paulus*, NZI 2001, 505, 506 unter Hinweis auf die Artt. 4 Abs. 2 lit. a), 16 Abs. 1 Unterabsatz 2 EuInsVO; *Kemper*, ZIP 2001, 1609, 1611; *Jahn*, S. 107. Im umgekehrten Verhältnis wird sich die Frage stellen, inwieweit Entscheidungen eines französischen *„Juge Consulaire"* anerkennungsfähig sind. Es handelt sich nämlich bei dem französischen *„Juge Consulaire"* nicht um einen Berufsrichter, sondern um wirtschaftlich erfahrene Praktiker, wie etwa Führungskräfte von Unternehmen. Diese Form der Besetzung von Handelsgerichten mit Laienrichtern gibt es im Geltungsbereich der EuInsVO neben Frankreich noch in Belgien.

183 Vgl. Art. 17 Abs. 1 a.E. EUInsVO; *Huber*, ZZP 114 (2001), 133, 147. Bei einem zunächst eröffneten Partikularverfahren, welches nach der Eröffnung eines Hauptinsolvenzverfahrens zu einem Sekundärinsolvenzverfahren wird, entfaltet das Hauptinsolvenzverfahren von vorne herein keine Wirkungen.

184 So *Huber*, ZZP 114 (2001), 133, 148; *Kolmann*, S. 301 ff.

185 Vgl. *Virgos / Schmit*, Erläuternder Bericht, Nr. 156; *Balz*, ZIP 1996, 948, 951.

186 Vgl. *Kolmann*, S. 277; *Wimmer*, ZInsO 2001, 97, 99.

187 Bereits in Erwägungsgrund 22 Satz 1 zur EuInsVO findet sich der Hinweis, dass die EuInsVO die unmittelbare Anerkennung von Entscheidungen über die Eröffnung, die Abwicklung und die Beendigung der in

mittelbar insolvenzbezogene Entscheidungen sowie nach dem Antrag auf Eröffnung des Insolvenzverfahrens getroffene Sicherungsmaßnahmen gemäß Art. 25 Abs. 1 Unterabsatz 4 EuInsVO vollstreckt. Der Anwendungsbereich des Art. 25 EuInsVO ergibt sich hierbei aus dem logischen Umkehrschluß zu Art. 1 Abs. 2 EuGVVO.[188] Die Vollstreckung der genannten Entscheidungen richtet sich – mit Ausnahme des Art. 34 Abs. 2 EuInsVO - gemäß Art. 25 Abs. 1 Unterabsatz 2 EuInsVO nach den Artt. 38 bis 52 EuGVÜ. Zur Vermeidung nicht vertretbarer Rechtslücken stellt Art. 25 Abs. 2 EuInsVO ausdrücklich klar, dass sonstige als in Art. 25 Abs. 1 EuInsVO genannte Entscheidungen, der Anwendung des EuGVÜ bzw. nunmehr der EuGVVO unterliegen, sofern der Anwendungsbereich der EuGVVO eröffnet ist.

d. Grenzen der Wirkungserstreckung

aa. Grenze des Art. 25 Abs. 3 EuInsVO

Zunächst sind von der grundsätzlichen Verpflichtung zur Anerkennung und Vollstreckung von Entscheidungen i.S.d. Art. 25 EuInsVO diejenigen Entscheidungen ausgenommen, welche eine Einschränkung der persönlichen Freiheit oder des Postgeheimnisses zur Folge hätten. Die Mitgliedstaaten haben es hierbei vorgezogen, bei dieser die Grundfreiheiten tangierenden Frage ihren Ermessensspielraum in Bezug auf die Anerkennung und Vollstreckung derartiger Entscheidungen zu wahren.[189]

bb. Vorbehalt des Ordre – Public gemäß Art 26 EuInsVO

Jeder Mitgliedstaat kann die Anerkennung einer Entscheidung verweigern, wenn die Wirkungen der Anerkennung oder der Vollstreckung gemäß Art 26 EuInsVO zu einem Ergebnis führen würden, welches gegen den *Ordre – Public* des anerkennenden Mitgliedstaates verstößt. Es wird überprüft, ob und, wenn ja, inwieweit die Anerkennung oder Vollstreckung mit der öffentlichen Ordnung, den Grundprinzipien des jeweiligen Mitgliedstaates oder den verfassungsmäßig garantierten Rechten und Freiheiten des Einzelnen offensichtlich nicht zu vereinbaren ist.[190] Dagegen wird nicht die ausländische Entscheidung selbst, sondern das Ergebnis ihrer Anerkennung einer Überprüfung am Maßstab des Ordre Public unterzogen.[191] Hinsichtlich der internationalen Zuständigkeit prüft das anerkennende Gericht lediglich, ob die Verfahrenseröffnung durch ein Gericht erfolgt ist, das seine Zuständigkeit nach Art. 3 Abs. 1 EuInsVO beansprucht.[192] Innerhalb der EU wird es als erstrebenswert angesehen, die Ordre – Public – Vorbehalte entweder vollstän-

---

ihren Geltungsbereich fallenden Insolvenzverfahren sowie von Entscheidungen, welche in unmittelbarem Zusammenhang mit diesen Insolvenzverfahren ergehen, vorsehen sollte.

188 Vgl. auch die Entscheidung des EuGH, Rechtssache 133/78, *Gourdain / Nadler*, Slg. 1979, 733 zum Anwendungsbereich des EuGVÜ. Darin führte der EuGH aus, dass Klagen, die unmittelbar aus der Insolvenz hervorgehen und in einem engen Zusammenhang mit dem Insolvenzverfahren stehen, von dem Anwendungsbereich des EuGVÜ ausgenommen sind. Die Vorschrift des Art. 25 Abs. 1 Unterabsatz 2 EuInsVO soll demnach ein möglichst lückenloses Ineinandergreifen mit den Vorschriften des EuGVÜ – nunmehr mit denen der EuGVVO - gewährleisten.

189 Vgl. *Virgos / Schmit*, Erläuternder Bericht, Nr. 193.

190 Vgl. hierzu auch die Erklärung Portugals zur Anwendung des Art. 26 EuInsVO, ABl. EG 2000, C 183, 1.

191 Es findet keine Überprüfung der Entscheidung dem Grunde nach (*revision au fond*) statt; vgl. FK – InsO / *Wimmer*, Art. 102 EGInsO, Anhang I, Rdnr. 79, 125; *Leible / Staudinger*, KTS 2000, 533, 568; *Kropholler*, Art. 27, Rdnr. 3; ebenso wird im Rahmen des Art. 6 EGBGB darauf abgestellt, dass das Ergebnis der Anwendung einer ausländischen Norm gegen den Ordre Public verstoßen muß, nicht dagegen die Norm selbst; vgl. zum Art. 6 EGBGB, *von Hoffmann*, Internationales Privatrecht, 6. Aufl. 1999, § 6, Rdnr. 138 ff.

192 Vgl. FK / *Wimmer*, Art. 102 EGInsO, Anhang I, Rdnr. 127.

dig abzuschaffen oder sie zumindest sehr stark zu reduzieren.[193] Durch das Erfordernis einer „offensichtlichen Unvereinbarkeit" und das damit beabsichtigte enge Verständnis des Ordre – Public – Vorbehalts wird verhindert, dass überzogene Anforderungen an den Ordre Public die Funktionsfähigkeit des Übereinkommens beeinträchtigen können.[194] Keinen Versagungsgrund stellt entsprechend Art. 16 Abs. 1 Unterabsatz 2 EuInsVO die fehlende Insolvenzfähigkeit des Schuldners dar. Eine Verletzung des Art. 26 EuInsVO kann gegebenenfalls auch zu einer Unwirksamkeit einzelner Teile des Verfahrens oder einzelner materiell – rechtlicher Wirkungen führen.[195]

4. Anwendbares Recht

a. Grundsatz

Soweit die EuInsVO nichts anderes bestimmt, findet für das Insolvenzverfahren und seine Wirkungen das Recht des Eröffnungsstaates Anwendung.[196] Die EuInsVO stellt somit Kollisionsvorschriften zur Verfügung, welche die jeweiligen nationalen IZPR – und die nationalen IPR – Vorschriften verdrängen.[197] Danach bestimmt das Insolvenzsachrecht des Eröffnungsstaates, die *lex fori concursus*, sowohl über das Verfahrensrecht als auch über das materielle Recht des Insolvenzverfahrens.[198] Insbesondere wird durch die *lex fori concursus* geregelt, unter welchen Voraussetzungen das Insolvenzverfahren eröffnet wird, wie es durchzuführen ist und wie es schließlich beendet wird.[199] Die Vorschrift des Art. 4 Abs. 1 EuInsVO gilt sowohl für das Haupt- als auch für Partikularverfahren.[200] In Art. 4 Abs. 2 Satz 2 lit. a) – m) EuInsVO sind zur Veranschaulichung beispielhaft Sachverhalte aufgeführt, die sich nach dem Recht des Eröffnungsstaates beurteilen.[201] Hierzu zählen insbesondere die jeweiligen Befugnisse des Schuldners und des Insolvenzverwalters, die Auswirkungen der Verfahrenseröffnung auf laufende Verträge des Schuldners, die Vorschriften in Bezug auf die Forderungsanmeldungen, die Voraussetzungen der Verfahrensbeendigung, die Verteilung des Verwertungserlöses und die Rechte der Gläubiger nach Verfahrensbeendigung.

b. Ausnahmen i.S.d. Artt. 5 bis 15 EuInsVO

Von der grundsätzlichen Entscheidung für die Anwendbarkeit des Rechts des Eröffnungsstaates werden im Hinblick auf den Verkehrsschutz einige bedeutsame Ausnahmen gemacht.[202] Diese Regelungsgegenstände bleiben entweder von den Wirkungen der Verfah-

193 Vgl. nur *Kropholler*, Art. 27 EuGVÜ, Rdnr. 2.

194 So FK – InsO / *Wimmer*, Art. 102 EGInsO, Anhang I, Rdnr. 80, 125. Zudem muss ein hinreichender Inlandsbezug vorhanden sein. Ein solcher Bezug könnte für die BRD beispielsweise durch die deutsche Staatsangehörigkeit, durch den gewöhnlichen Aufenthalt oder durch die Lage von Vermögensgegenständen im Bundesgebiet gegeben sein.

195 Wegen der Formulierung „...soweit" in Art. 26 EuInsVO Vgl. FK / *Wimmer*, Art. 102 EGInsO, Anhang I, Rdnr. 126; *Kolmann*, S. 288.

196 Vgl. die grundlegende Kollisionsnorm der EuInsVO, Art. 4 Abs. 1 EuInsVO.

197 Vgl. FK – InsO / *Wimmer*, Art. 102 EGInsO, Anhang I, Rdnr. 84; *Funke*, InVO 1996, 170, 173.

198 Vgl. *Virgos / Schmit*, Erläuternder Bericht, Nr. 88, 90.

199 Vgl. Art. 4 Abs. 2 Satz 1 EuInsVO.

200 Vgl. *Leible / Staudinger*, KTS 2000, 533, 549.

201 Aufgrund der Formulierung „...insbesondere..." ist diese Aufzählung nicht abschließend zu verstehen.

202 Eine undifferenzierende und ausschließliche Anwendung der *lex fori concursus* würde aufgrund der engen Verzahnung des Insolvenzrechts mit dem materiellen Recht in der BRD und wohl auch in der Mehrzahl der anderen Mitgliedstaaten auf Schwierigkeiten stoßen. Andererseits bringt eine solche Zulassung von Sonderanknüpfungen für den Insolvenzverwalter nicht unerhebliche Mehrbelastungen mit sich. *Paulus*, ZIP

renseröffnung völlig unberührt (Artt. 5 bis 7 EuInsVO) oder sie werden dem Recht des Mitgliedstaates unterstellt, zu welchem sie die größte Nähebeziehung besitzen (Artt. 9 bis 15 EuInsVO).[203] Die Ausnahmen der Artt. 5 bis 15 EuInsVO wurden in die EuInsVO aufgenommen, um den Besonderheiten der verschiedenen nationalen Rechtsordnungen gerecht zu werden und um Wirtschaftssubjekte nicht zu enttäuschen, die bei dem Abschluß gewisser Geschäfte von der Anwendung ihres Heimatrechts ausgegangen sind.[204] Mit den Ausnahmen der Artt. 5 bis 15 EuInsVO beginnen nunmehr die eigentlichen Herausforderungen für den juristischen Kenntnisstand des deutschen Insolvenzverwalter. Hat er dem Grunde nach entsprechend den Vorschriften der InsO zu handeln, ergibt sich aus den Artt. 5 ff. EuInsVO in bestimmten Fallkonstellationen die Anwendung eines anderen Rechts als der *lex fori concursus*.

aa. Dingliche Rechte gemäß Art. 5 EuInsVO

Eine der wichtigsten Ausnahmen stellt die Behandlung der dinglichen Rechte gemäß Art. 5 EuInsVO dar, welche insbesondere für die Gewährung von Krediten von großer Bedeutung sind.[205] Um die Kreditversorgung der Wirtschaft nicht zu gefährden, werden die inländischen dinglichen Rechte daher umfassend gegen die Auswirkungen eines ausländischen Insolvenzverfahrens geschützt.[206] Die EuInsVO spricht insoweit davon, dass die dinglichen Rechte eines Gläubigers oder eines Dritten von der Eröffnung des Verfahrens „nicht berührt" werden.[207] Wenn es nach dem Recht des Belegenheitsstaates zulässig ist, in irgendeiner Form auf diese Rechte zuzugreifen, kann der Insolvenzverwalter die Eröffnung eines Sekundärinsolvenzverfahrens in dem betreffenden Staat beantragen, sofern der Schuldner dort eine Niederlassung besitzt.[208] Als problematisch und sanierungshemmend erweisen sich die Artt. 5 und 7 EuInsVO, wenn Gegenstände, an denen ein Sicherungsrecht besteht und welche im Ausland belegen sind, für eine Sanierung erforderlich wären und in dem betreffenden Mitgliedstaat kein Sekundärinsolvenzverfahren eröffnet werden kann.[209] Der Schutz i.S.d. Art. 5 EuInsVO erstreckt sich auf die Sicherungsrechte in ihrem formalen Bestand vor allen insolvenzrechtlichen, spezifisch sicherungsrechtsbezogenen, Einschränkungen sowie vor wesentlichen Beeinträchtigungen ihres wirtschaftlichen Wertes.[210]

2002, 729, 735 sieht in den Artt. 5 bis 14 EuInsVO „...die eigentlichen Herausforderungen für den juristischen Kenntnisstand des hiesigen Verwalters..."

203 Vgl. *Leible / Staudinger*, KTS 2000, 533, 551. Die vollständige Befreiung der dinglichen Sicherheiten von den Wirkungen der Verfahrenseröffnung wird künftig vermutlich dazu führen, dass die Attraktivität dieser Sicherungen für die Gläubiger enorm an Bedeutung gewinnen wird.

204 Vgl. aber *Leipold*, in: FS Henckel, 1995, 533, 543 f., der die Berechtigung dieser Vertrauensschutzgesichtspunkte mit teilweise beachtlichen Argumenten in Zweifel zieht.

205 Vgl. *Fritz / Bähr*, DZWiR 2001, 221, 227; zur Behandlung dinglicher Sicherungsrechte ausführlich *Flessner*, in: FS Drobnig, 277; *Herchen*, S. 55 ff.; sowie zur EuInsVO kürzlich *Huber*, ZZP 114 (2001), 133, 153 ff.; *Liersch*, S. 39 ff., S. 51 ff.

206 Vgl. *Virgos / Schmit*, Erläuternder Bericht, Nr. 97; FK – InsO / *Wimmer*, Art. 102 EGInsO, Anhang I, Rdnr. 85; *Fritz / Bähr*, DZWiR 2001, 221, 227.

207 Vgl. Art. 5 Abs. 1 EuInsVO, welcher dem Grunde nach keine kollisionsrechtliche Vorschrift darstellt, da keine bestimmte Rechtsordnung zur Anwendung berufen wird. Vielmehr wird von der grundsätzlichen Berufung des Rechts des Hauptverfahrensstaates i.S.d. Art. 4 EuInsVO von vorne eine Ausnahme gemacht. Insoweit ist darin eine sachliche Änderung des grundsätzlich anwendbaren Rechts zu sehen.

208 Vgl. *Virgos / Schmit*, Erläuternder Bericht, Nr. 98; FK – InsO / *Wimmer*, Art. 102 EGInsO, Anhang I, Rdnr. 85; *Funke*, InVo 1996, 170, 173.

209 Vgl. *Liersch*, SicherungsR, S. 39 ff., 51 ff.; *ders.*, NZI 2002, 15, 16.

210 Vgl. *Herchen*, ZInsO 2002, 345, 348.

In Art. 5 Abs. 2 EuInsVO werden beispielhaft einige Rechte aufgezählt, welche nach Auffassung der Mitgliedstaaten als dingliche Rechte zu werten sind. Der Katalog verdeutlicht, dass der Begriff der dinglichen Rechte eher extensiv auszulegen ist.[211] Von besonderem Interesse für Deutschland war insbesondere die Tatsache, dass sowohl das Institut der Sicherungsübereignung als auch die Vormerkung den Wirkungen eines ausländischen Insolvenzverfahrens entzogen sind.[212] Ebenfalls wurde die im Vereinigten Königreich, in Irland und in den skandinavischen Staaten weit verbreitete *„floating charge"* in allgemeiner Übereinstimmung als dingliches Recht angesehen.[213]

bb. Eigentumsvorbehalt gemäß Art. 7 EuInsVO

Eine ähnliche Regelung wie die dinglichen Rechte in Art. 5 EuInsVO hat der Eigentumsvorbehalt in Art. 7 EuInsVO erhalten. Während Art. 7 Abs. 1 EuInsVO die Insolvenz des Käufers regelt, hat die Vorschrift des Art. 7 Abs. 2 die Insolvenz des Verkäufers zum Regelungsgegenstand.[214] In beiden Fällen ist lediglich der einfache Eigentumsvorbehalt umfasst.[215] Nach Art. 7 Abs. 1 EuInsVO lässt die Eröffnung eines Insolvenzverfahrens die Rechte des Verkäufers aus einem Eigentumsvorbehalt unberührt, wenn sich die Sache zum Zeitpunkt der Verfahrenseröffnung in einem anderen Mitgliedstaat als dem der Verfahrenseröffnung befindet.

Nach der Vorschrift des Art. 7 Abs. 2 EuInsVO kann der Käufer trotz der Insolvenz des Verkäufers Eigentum an der Sache erwerben. Voraussetzung ist jedoch ebenfalls, dass sich die Sache im Zeitpunkt der Verfahrenseröffnung in einem anderen Mitgliedstaat als dem der Verfahrenseröffnung befunden haben muß. Zusätzlich muss die Sache dem Käufer bereits vor der Eröffnung des Verfahrens geliefert worden sein.

cc. Weitere Ausnahmen

Eine weitere Ausnahme hat der europäische Gesetzgeber beispielsweise in Art. 6 EuInsVO für den Regelungsgegenstand der Aufrechnung getroffen. Nach Art. 6 EuInsVO wird die Befugnis eines Gläubigers zur Aufrechnung von der Eröffnung des Verfahrens nicht berührt, wenn die Aufrechnung nach dem auf die Forderung des insolventen Schuldners maßgeblichen Recht zulässig ist. Die Zulässigkeit und die Bedingungen der Aufrechnung richten sich gemäß Art. 4 Abs. 2 Satz 2 lit. d) EuInsVO grundsätzlich nach der *lex fori concursus*. Ist nach der *lex fori concursus* eine Aufrechnung zulässig, verbleibt es bei der Anwendung des Art. 4 Abs. 2 Satz 2 lit. d) EuInsVO. Erst wenn eine Aufrechnung nach der *lex fori concursus* unzulässig wäre, käme aufgrund der Ausnahmevorschrift des Art. 6 EuInsVO das Recht des Mitgliedstaates zur Anwendung, welches auf

---

211 Vgl. *Leible / Staudinger*, KTS 2001, 533, 551.

212 Vgl. *Taupitz*, ZZP 111 (1998), 315, 333, 342; *Gottwald*, S. 33; *Leible / Staudinger*, KTS 2000, 533, 552; *Paulus*, ZIP 2002, 729, 735.

213 Vgl. *Funke*, InVo 1996, 170, 173; *Fritz / Bähr*, DZWiR 2001, 221, 227; *Paulus*, ZIP 2002, 729, 735.

214 Die Vorschrift des Art. 7 EuInsVO mit der Unterscheidung nach der Insolvenz des Käufers und der Insolvenz des Verkäufers findet im deutschen Insolvenzrecht eine Entsprechung in § 107 InsO, vgl. *Fritz / Bähr*, DZWiR 2001, 221, 228; *Paulus*, ZIP 2001, 505, 513.

215 Die Vielzahl der Erweiterungs- und Verlängerungsmöglichkeiten des Eigentumsvorbehaltes stellt eine Besonderheit des deutschen Rechts dar. Insofern kann davon ausgegangen werden, dass ein Konsens lediglich in Bezug auf den einfachen Eigentumsvorbehalt gefunden worden ist; so auch *Herchen*, S. 120 f.; *Leible / Staudinger*, KTS 2000, 533, 553. *Lehr*, KTS 2000, 577, 580 f. sieht hingegen – mit Einschränkungen – auch den verlängerten Eigentumsvorbehalt unter Vorausabtretung gegenüber dem Zweitkäufer als in der EU weitgehend anerkannt an, da in vielen Mitgliedstaaten die vorherige Kaufpreisabtretung zulässig sei. Diese fast „automatische" Erstreckung auch auf den verlängerten Eigentumsvorbehalt ginge jedoch zu weit.

die Forderung des Schuldners, also die Gegenforderung, anwendbar ist. Für den Gläubiger bringt dies die Garantie mit sich, dass er sich auf die Rechtsvorschriften verlassen kann, die zum Zeitpunkt des Entstehens der Forderung anwendbar waren.[216]
Weitere Ausnahmen von der grundsätzlichen Anwendung der *lex fori concursus* finden sich in den Artt. 8 ff. EuInsVO. In der Vorschrift des Art. 8 EuInsVO ist geregelt, inwieweit ein Insolvenzverfahren Einfluß auf Verträge über den Erwerb oder die Nutzung von unbeweglichen Gegenständen hat. Maßgebend für derartige Verträge ist das Recht des Mitgliedstaates, in dessen Gebiet der betreffende Gegenstand belegen ist.[217] Nach der Vorschrift des Art. 9 EuInsVO sollen sich die Wirkungen des Insolvenzverfahrens auf die Rechte und Pflichten der Teilnehmer bzw. Mitglieder eines Zahlungssystems oder Finanzmarktes aus dem Recht des Mitgliedstaates ergeben, in welchem das Zahlungssystem bzw. der Finanzmarkt angesiedelt ist.[218] Für Arbeitsverträge gilt gemäß Art. 10 EuInsVO ausschließlich das Recht des Staates, das auf den Arbeitsvertrag anzuwenden ist.[219] Etwaige Rechte des Schuldners an unbeweglichen Gegenständen, Schiffen und Luftfahrzeugen unterliegen gemäß Art. 11 EuInsVO dem Recht des Mitgliedstaates, unter dessen Aufsicht das Register geführt wird.[220] Das Recht des Registerstaates ist gemäß Art. 14 EuInsVO ebenfalls für die Beurteilung eines Gutglaubenserwerbs registerpflichtiger Rechte eines Dritten von dem Schuldner maßgeblich.
Die Regelung der Anfechtung war im Laufe der Beratungen heftig umstritten.[221] Hinsichtlich der Anfechtung hatte sich insbesondere in Deutschland eine starke Strömung für die Anwendung des Wirkungsstatuts (*lex causae*) ausgesprochen.[222] Im Grundsatz geht die EuInsVO nunmehr in Art. 4 Abs. 2 Satz 2 lit. m) von der Geltung der *lex fori concursus* aus. Die Voraussetzungen, der Inhalt und die Wirkungen der Anfechtung bestimmen sich demnach grundsätzlich nach dem Recht des Staates der Verfahrenseröffnung. Die Vorschrift des Art. 4 Abs. 2 Satz 2 lit. m) EuInsVO findet jedoch dann keine Anwendung, wenn der Anfechtungsgegner nachweisen kann, dass für die angefochtene Handlung das Recht eines anderen Staates als dem der Verfahrenseröffnung maßgeblich ist

216 Dies kommt auch schon in Erwägungsgrund 26 zur EuInsVO zum Ausdruck. Vgl. *Virgos / Schmit*, Erläuternder Bericht, Nr. 109; FK / *Wimmer*, Art. 102 EGInsO, Anhang I, Rdnr. 86; *Herchen*, S. 135 f.; *v. Wilmowsky*, KTS 1998, 343, 360 ff.

217 Die *lex rei sitae* gilt sowohl für Nutzungs- als auch für Kaufverträge, vgl. *Balz*, ZIP 1996, 948, 950 f.; *Fritz / Bähr*, DZWiR 2001, 221, 228.

218 Damit soll verhindert werden, dass die in den jeweiligen Zahlungssystemen und Finanzmärkten vorgesehenen Mechanismen zur Zahlung und Abwicklung der Transaktionen im Falle der Insolvenz des einen Geschäftspartners unter Anwendung der gegebenenfalls abweichenden *lex fori concursus* geändert werden können, vgl. *Virgos / Schmit*, Erläuternder Bericht, Nr. 120 ff.

219 Aufgrund der in Erwägungsgrund 28 zur EuInsVO zum Ausdruck gebrachten besonderen Schutzwürdigkeit der Arbeitnehmer und der Arbeitsverhältnisse sollten sich Wirkungen des eröffneten Verfahrens auf die Fortsetzung, die Beendigung und die sonstigen Verpflichtungen aus dem Arbeitsverhältnis nach dem auf den Arbeitsvertrag anwendbaren Recht beurteilen. Sonstige insolvenzrechtliche Fragen, wie etwa Schutz der Arbeitnehmerforderungen durch ein Vorrecht und ein etwaiger Rang eines Vorrechts, sollten sich hingegen nach der *lex fori concursus* richten.

220 Vgl. zur Zielsetzung des Art. 11 EuInsVO vgl. FK – InsO / *Wimmer*, Art. 102 EGInsO, Anhang I, Rdnr. 94; *Wimmer*, ZinsO 2001, 97, 100, der dessen Zielsetzung mit der des § 390 RegE InsO gleichsetzt, die wiederum darin besteht, dass Insolvenzverfahren auf unbewegliche Gegenstände, die dem deutschen Recht fremd sind, keine Wirkung entfalten.

221 Zwar sind - auf die römische *actio pauliana* zurückgehend - in sämtlichen mitgliedstaatlichen Rechtsordnungen Anfechtungstatbestände enthalten. Die Unterschiede sind gleichwohl im Hinblick auf die konkreten Tatbestandsvoraussetzungen und den zeitlichen Anwendungsbereich erheblich, vgl. nur den Hinweis von *Gottwald*, S. 38.

222 Insbesondere angeführt von *Henckel*, in: Festschrift Nagel, 1987, S. 93; *ders.* in: Stoll, Stellungnahmen und Gutachten (1992), S. 167.

(Art. 13, 1. Spiegelstrich EuInsVO) oder dass die betreffende Handlung nach dem auf sie anwendbaren Recht in keiner Weise anfechtbar ist (Art. 13, 2. Spiegelstrich EuInsVO).[223] Die Vorschrift des Art. 15 EuInsVO legt schließlich fest, dass sich die Folgen der Insolvenzeröffnung auf die laufenden Masseverfahren nach dem Prozessrecht des Staates richten, in dem die betreffenden Rechtsstreitigkeiten anhängig sind.[224]

5. Sekundärinsolvenzverfahren[225]

a. Allgemeines

Die Regelungen über die Sekundärinsolvenzverfahren finden sich in Kapitel III (Art. 27 bis 38 EuInsVO). Gemäß Art. 3 Abs. 2 EuInsVO sind die Gerichte der Vertragsstaaten, in denen sich eine Niederlassung des Schuldners befindet, zur Eröffnung eines Partikularverfahrens befugt. Nach der Eröffnung eines Hauptinsolvenzverfahrens in einem Vertragsstaat kann dieses Partikularverfahren nur ein Sekundärinsolvenzverfahren – d.h. gemäß Art. 3 Abs. 3 Satz 2 EuInsVO ein Liquidationsverfahren - sein, dessen Wirkungen auf das schuldnerische Vermögen im Eröffnungsstaat beschränkt ist.[226] Damit besteht eine wesentliche Abweichung der Regelung in der EuInsVO zu früheren Vorschlägen[227] darin, dass nun eine Möglichkeit zur Eröffnung eines Sekundärverfahrens besteht, ohne dies allerdings – wie etwa im Schweizer Recht[228] - zwingend zu erfordern. Bei den Beratungen wurde auch erwogen, ein in seinen Wirkungen freieres Verfahren einzuführen, welches sich am Vorbild der *Equity* – Verfahren orientieren sollte.[229] Eine solche Regelung, die dem Insolvenzrichter bei der Ausgestaltung des Verfahrens ein Ermessen einräumt, steht jedoch im Widerspruch zu den wichtigsten Vorstellungen und Erwartungen von Rechtssicherheit in den EU – Mitgliedstaaten.[230]

b. Funktionen des Sekundärverfahrens nach der EuInsVO

Nach der EuInsVO erfüllt das Sekundärinsolvenzverfahren vornehmlich zwei Funktionen. Zum einen sollen durch die Möglichkeit der Sekundärinsolvenzverfahren die inländischen Interessen geschützt werden, da diese als rein inländische Verfahren nach der jeweiligen nationalen Rechtsordnung abgewickelt werden. Damit können die inländischen Gläubiger vor den Folgen, welche aus den Rechtsvorschriften eines anderen Vertragsstaates resultie-

223 Vgl. zu dieser recht ungewöhnlichen eingeschränkten Kumulation von Insolvenz- und Wirkungsstatut *Balz*, ZIP 1996, 948, 951, von dem dieser Vorschlag stammt.

224 Hingegen unterliegen die Auswirkungen des Insolvenzverfahrens auf Rechtsverfolgungsmaßnahmen einzelner Gläubiger der *lex fori concursus*, vgl. Art. 4 Abs. 2 Satz 2 lit. f) EuInsVO, der ausdrücklich anhängige Rechtsstreitigkeiten davon ausnimmt.

225 Vgl. ausführlicher zum Sekundärverfahren und dessen Koordination mit dem Hauptverfahren IV. Teil, B. und C.

226 Vgl. Art. 3 Abs. 3 EuInsVO; *Virgos / Schmit*, Erläuternder Bericht, Nr. 211.

227 Vgl. zu früheren Vorschlägen etwa Art. 34 des Entwurfs von 1980; *Leipold*, in FS Waseda University, S. 787, 811 f.; *Gottwald*, S. 14 ff.; krit. aber *Thieme*, in: Kegel / Thieme, S. 213, 230 ff.

228 Vgl. Grundzüge bei *Bloching*, S. 62 ff.; *Baur / Stürner*, Rdnr. 37.1 ff., 38.1 ff.; Einzelheiten zum Schweizer Recht bei *Nussbaum*, S. 9, 11 ff.

229 Vgl. ein Muster in: ZIP 1998, 1013 ff.; ausführlich dazu *Paulus*, ZIP 1998, 977 ff.; *Göpfert*, ZZP Int. 1 (1996), 269 ff.; *Trautmann / Westbrook / Gaillard*, 41 Am. J. Comp. L., 573, 610, 623.

230 Vgl. *Virgos / Schmit*, Erläuternder Bericht, Nrn. 12 – 14, 26, 34 – 39; *Balz*, 70 Am. Bankr. L. J., 1996, 485, 489, der feststellt, dass das durch die *Equity* – Vorbilder geförderte Fallrecht in den meisten Rechtsordnungen der Mitgliedstaaten einen „Fremdkörper" darstellen würde.

ren, bewahrt werden.[231] Daraus folgt, dass diese Gläubiger genauso gestellt werden wie bei einem inländischen Verfahren, obwohl der Schuldner den Mittelpunkt seiner hauptsächlichen Interessen in einem anderen Vertragsstaat hat.
Zum anderen besitzt das Sekundärverfahren eine unterstützende Funktion hinsichtlich des Hauptinsolvenzverfahrens.[232] Danach besitzt der Insolvenzverwalter die Möglichkeit, ein Sekundärverfahren zu beantragen, wenn dies für die effiziente Verwaltung der Masse erforderlich ist. Dies kann geboten sein, um insbesondere die Insolvenz eines Großunternehmens mit zahlreichen Niederlassungen in den verschiedenen Mitgliedstaaten relativ überschaubar abwickeln zu können.[233]

c. Begriff der Niederlassung

Bereits im Zuge der Beratungen zum EuIÜ war der Begriff der Niederlassung heftig umstritten.[234] Ein Teil der Mitgliedstaaten hatte sich nachdrücklich dafür eingesetzt, territoriale Insolvenzverfahren bereits beim Vorliegen von Vermögenswerten – ohne dass eine Niederlassung vorhanden ist - in dem betreffenden Vertragsstaat zu ermöglichen. Im Interesse einer generellen Einigung haben sich diese Staaten bereit erklärt, auf das Vorhandensein von Vermögenswerten als Kriterium zu verzichten, unter der Voraussetzung, dass der Begriff der Niederlassung weit gefasst wird.[235] Aus diesem Kompromiß heraus erklärt sich die Definition der Niederlassung in Art. 2 lit. h) EuInsVO. Danach versteht man unter einer Niederlassung jeden Tätigkeitsort, an dem der Schuldner einer wirtschaftlichen Tätigkeit nicht vorübergehender Art, die den Einsatz von Personal und Vermögenswerten erfordert, nachgeht. Im Interesse der Rechtssicherheit und um die Eröffnung von Sekundärinsolvenzverfahren nicht zu restriktiv handhaben zu müssen, wurde ein vom damaligen EuGVÜ abweichender Begriff der Niederlassung erarbeitet.[236] Die nunmehr in die EuInsVO übernommene Definition des Niederlassungsbegriffs hat – trotz einiger Kritik hinsichtlich der Unbestimmtheit des Begriffs – Akzeptanz erfahren, so dass sie beispielsweise in die Modellbestimmungen der UNCITRAL[237] über grenzüberschreitende Insolvenzen vom 15. Dezember 1997 übernommen worden ist.[238] Nach der Einführung des

231 Vgl. *Virgos / Schmit*, Erläuternder Bericht, Nr. 32; *Fritz / Bähr*, DZWiR 2001, 221, 230; *Lüer*, in: FS Uhlenbruck, S. 843, 848, 850; *Wimmer*, ZInsO 2001, 97, 101.

232 Vgl. *Virgos / Schmit*, Erläuternder Bericht, Nr. 33; *Fritz / Bähr*, DZWiR 2001, 221, 230; *Hanisch*, ZIP 1994, 1, 3 f.; *Lüke*, ZZP 111 (1998), 275, 298; *Wimmer*, ZIP 1998, 982, 985; *ders.*, ZInsO 2001, 97, 101.

233 Vgl. bereits Erwägungsgrund 19 Satz 2 zur EuInsVO; *Wimmer*, ZIP 1998, 982, 985.

234 Vgl. zu dem Niederlassungsbegriff der Vorentwürfe *Schröder*, in: Kegel / Thieme, S. 299, 300 f.; *Thieme*, RabelsZ 1981, 459, 471.

235 Vgl. *Virgos / Schmit*, Erläuternder Bericht, Nr. 70.

236 Vgl. FK – InsO / *Wimmer*, Art. 102 EGInsO, Anhang I, Rdnr. 130; *Virgos / Schmit*, Erläuternder Bericht, Nr. 70. In der Literatur wird zum Teil bezweifelt, ob der Niederlassungsbegriff des EuIÜ bzw. der EuInsVO in materieller Hinsicht von dem des EuGVÜ bzw. der EuGVVO so gravierend abweicht, vgl. *Thieme*, IJVO 1995 / 1996, 83 f., der im Ergebnis die Definition des Art. 2 lit. h) EuInsVO aufgrund der Kumulation von Personal und Vermögen sogar für noch enger hält, als die Definition des EuGH in Art. 5 Nr. 5 EuGVÜ bzw. EuGVVO.

237 UNCITRAL = *United Nations Commission on International Trade Law*.

238 Die Annahme durch die UNCITRAL erfolgte bereits in der Sitzung vom 12 – 30. Mai 1997 in Wien. Die UN – Vollversammlung hat dieses Modellgesetz am 15 Dezember 1997 schließlich gebilligt. Vgl. den Abdruck der UNCITRAL – Modellbestimmungen in englischer Sprache entweder unter http://www.uncitral.org/english/texts/insolven/index.html im Internet oder in: ZIP 1997, 2224 ff.; eine Vorauskopie des deutschen Übersetzungsdienstes findet sich in FK, Art. 102 EGInsO, Anhang I, Anlage 5, S. 2661 ff.; zu den Modellbestimmungen eingehend *Benning / Wehling*, EuZW 1997, 618 ff.; *Wimmer*, ZIP 1997, 2220 ff., der im Wesentlichen die Verhandlungen für die Bundesrepublik Deutschland geführt hat.

Niederlassungsbegriffs in die EuInsVO konnte nunmehr darauf verzichtet werden, von den Gläubigern ein besonderes Interesse für die Eröffnung eines solchen Verfahrens zu verlangen.[239] Insofern diente die Einführung des Niederlassungsbegriffs der Kompensation für das nicht in das EuInsVO aufgenommene „besondere Interesse" der Gläubiger.[240] Man wird es ausreichen lassen müssen, wenn eine Niederlassung des Schuldners einstmals bestanden hat und im Zeitpunkt der Verfahrenseröffnung vollständig aufgelöst ist, so dass eigentlich die Voraussetzungen des Niederlassungsbegriffs im Zeitpunkt der Verfahrenseröffnung nicht mehr erfüllt sind.[241]

d. Insolvenzgründe im Sekundärverfahren[242]

Nach Art. 27 Abs. 1 EuInsVO kann ein Sekundärinsolvenzverfahren in einem anderen Mitgliedstaat eröffnet werden, ohne dass es einer Nachprüfung der Insolvenz des Schuldners bedarf.[243] Wird beispielsweise in Deutschland ein Hauptinsolvenzverfahren auf Antrag des Schuldners bei drohender Zahlungsunfähigkeit i.S.d. § 18 InsO eröffnet, so kann in einem anderen Mitgliedstaat, in dem der Schuldner eine Niederlassung besitzt, ein Sekundärverfahren durchgeführt werden, obwohl der Insolvenzgrund des Hauptinsolvenzverfahrens dort nicht bekannt ist.[244]

e. Antragsrecht

Der Antrag auf Eröffnung eines Sekundärinsolvenzverfahrens kann entweder gemäß Art. 29 lit. a) EuInsVO von dem Verwalter des Hauptinsolvenzverfahrens oder gemäß Art. 29 lit. b) EuInsVO von allen Personen und Stellen, die nach dem Recht des Vertragsstaates, in dem das Sekundärverfahren eröffnet werden soll, antragsberechtigt sind, gestellt werden. Es zeigt sich, dass letztendlich das Antragsrecht nicht durch das Erfordernis eines besonderen Interesses beschränkt worden ist. Zunächst war vorgesehen, nur den Gläubigern, die im Sekundärverfahren eine günstigere rechtliche Position erreichen können als im Hauptverfahren, eine Antragsberechtigung zuzugestehen.[245]

Inwiefern sich aus den UNCITRAL – Modellbestimmungen Anstöße für einen eventuellen Ergänzungsbedarf der EuInsVO ergeben, dazu unter IV. Teil, C, II. 4.

239 Vgl. § 396 Abs. 2 RegE InsO, abgedruckt in *Kübler / Prütting*, Das neue Insolvenzrecht, Bd. 1; BT – Drucks. 12 / 2443, S. 70.

240 Vgl. FK – InsO / *Wimmer*, Art. 102 EGInsO, Anhang I, Rdnr. 130.

241 Vgl. dazu *Fritz / Bähr*, DZWiR 2001, 221, 231 f.

242 Die folgenden Ausführungen beziehen sich nur auf das Sekundärinsolvenzverfahren i.S.d. Art. 3 Abs. 2 und 3 EuInsVO; vgl. zu den Problemen eines Eröffnungsgrundes bei autonomen Partikularverfahren i.S.d. Art. 3 Abs. 4 EuInsVO, FK – InsO / *Wimmer*, Art. 102 EGInsO, Anhang I, Rdnr. 133 f.; *ders.*, ZIP 1998, 982, 986 f.; *Mankowsky*, ZIP 1995, 1650 ff.

243 Vgl. bereits die Vorschriften des § 238 Abs. 3 KO, des § 396 Abs. 3 RegE InsO sowie des Art. 102 Abs. 3 Satz 2 EGInsO, demzufolge es bei einem bereits im Ausland eröffneten Verfahren für die Eröffnung eines inländischen Verfahrens nicht mehr des Nachweises der Zahlungsunfähigkeit oder der Überschuldung bedarf.

244 Vgl. *Leible / Staudinger*, KTS 2000, 533, 568 f.; FK – InsO / *Wimmer*, Art. 102 EGInsO, Anhang I, Rdnr. 131.

245 Vgl. *Balz*, ZIP 1996, 948, 953, Fn. 35; *Eidenmüller*, IPRax 2001, 1, 12; *Hanisch*, in: Stoll (Hrsg.), Vorschläge, 202, 213; *Virgos / Schmit*, Erläuternder Bericht, Nr. 227.

6. Forderungsanmeldung gemäß Artt. 32, 39 EuInsVO

a. Allgemeines

Nach Art. 39 i.V.m. Art. 32 Abs. 1 EuInsVO sind die Gläubiger, die ihren gewöhnlichen Aufenthalt, Wohnsitz oder Sitz in einem der Vertragsstaaten haben, grundsätzlich berechtigt, ihre Forderungen in einem Insolvenzverfahren schriftlich anzumelden.[246] Dies gilt sowohl für das Hauptinsolvenzverfahren als auch für jedes eventuelle Sekundärinsolvenzverfahren, Art. 32 Abs. 1 EuInsVO.[247] Die Einzelheiten der Forderungsanmeldung bestimmen sich gemäß Art. 4 Abs. 2 lit. h) EuInsVO grundsätzlich nach der *lex fori concursus*.[248] Während der Wortlaut des Art. 39 EuInsVO lediglich von einem Anmelderecht der Gläubiger spricht, ist davon auszugehen, dass damit gleichzeitig ein Recht auf Teilnahme am Verfahren und auch auf Berücksichtigung in der Verteilung einher geht, sofern die Berechtigung der Forderung von dem Verwalter anerkannt wird.[249] Die Befürchtung einer Diskriminierung ist jedoch im Bereich der EuInsVO nicht angebracht, denn die Inländergleichbehandlung ergibt sich unmittelbar aus der Vorschrift des Art. 4 EuInsVO.[250] Im deutschen Recht ist im Gegensatz zur Konkurs- und Vergleichsordnung keine Regelung mehr vorhanden, die eine ausdrückliche Gleichstellung der ausländischen mit den inländischen Gläubigern vorsieht. Das Teilnahmerecht der ausländischen Gläubiger an inländischen Verfahren ergibt sich jedoch alleine daraus, dass die InsO keine Vorschriften für inländische bzw. ausländische Gläubiger, sondern für Gläubiger ganz allgemein enthält.[251]

Aus Art. 32 Abs. 2 EuInsVO folgt, dass unter Umständen die Verwalter des Haupt- und der Sekundärverfahren verpflichtet sind, die Forderungen, die in ihren jeweiligen Verfahren bereits angemeldet sind, in den anderen Verfahren anzumelden, soweit dies für die Gläubiger zweckmäßig erscheint. Bereits in den Beratungen zum EuIÜ wurde intensiv diskutiert, ob durch diese Verpflichtung des Insolvenzverwalters die Verwaltung erschwert, unnötige Verzögerungen und damit zusätzliche Kosten herbeigeführt würden, wenn der Verwalter für jede Forderung die Zweckmäßigkeit ihrer Anmeldung beurteilen müßte.[252] Die Regelung des Art. 32 Abs. 2 EuInsVO ist lediglich dann als – insbesondere verfahrensökonomisch - sinnvoll anzusehen, wenn sich die Aufgabe des Verwalters, Forderungen anzumelden, abstrakt auf alle Gläubiger des Verfahrens oder zumindest auf eine bestimmte Kategorie von Gläubigern bezieht, sofern dies zweckmäßig ist.[253]

---

246 Dieses Recht steht ebenfalls den Steuerbehörden und den Sozialversicherungsträgern der Mitgliedstaaten zu.

247 Vgl. *Kemper*, ZIP 2001, 1609, 1619.

248 Vgl. FK – InsO / *Wimmer*, Art. 102 EGInsO, Anhang I, Rdnr. 145; *Kemper*, ZIP 2001, 1609, 1619; *Virgos / Schmit*, Erläuternder Bericht, Nr. 235.

249 So FK – InsO / *Wimmer*, Art. 102 EGInsO, Anhang I, Rdnr. 175, der darauf hinweist, dass die Befürchtungen vor einer Diskriminierung im Verteilungsverfahren dazu geführt hat, dass in die UNCITRAL – Modellbestimmungen mit Art. 13 Abs. 2 eine Vorschrift aufgenommen worden ist, nach welcher nicht nachrangige Verbindlichkeiten ausländischer Gläubiger wie inländische allgemeine Konkursforderungen behandelt werden müssen; der Text der UNCITRAL – Modellbestimmungen ist in der englischen Fassung abgedruckt in: ZIP 1997, 2224 ff.; dazu eingehend *Wimmer*, ZIP 1997, 2220 ff.

250 So FK / *Wimmer*, Art. 102 EGInsO, Anhang I, Rdnr. 175.

251 Vgl. BT / Drucks. 12 / 2443, S. 236.

252 Vgl. FK – InsO / *Wimmer*, Art. 102 EGInsO, Anhang I, Rdnr. 147; *Kemper*, ZIP 2001, 1609, 1620.

253 Vgl. *Virgos / Schmit*, Erläuternder Bericht, Nr. 239; FK – InsO / *Wimmer*, Art. 102 EGInsO, Anhang I, Rdnr. 147; *Kemper*, ZIP 2001, 1609, 1620.

b. Unterrichtung der Gläubiger gemäß Art. 40 EuInsVO

Interessant im Zusammenhang mit der Anmeldung einer Forderung ist sicherlich die Vorschrift des Art. 40 Abs. 1 EuInsVO, nach welcher sämtliche Gläubiger von dem Gericht des Eröffnungsstaates oder von dem Verwalter durch die individuelle Übersendung eines Vermerks gemäß Art. 40 Abs. 2 EuInsVO über die Verfahrenseröffnung informiert werden. Dabei geht es vornehmlich um die Information über die zu wahrenden Fristen und über die Folgen ihrer Säumnis.[254] Zudem ist in dem Vermerk anzugeben, ob und in welcher Weise die bevorrechtigten oder dinglich gesicherten Gläubiger ihre Forderungen anmelden müssen. Durch die nach Art. 40 Abs. 2 EuInsVO zwingend erforderlichen Angaben in dem gläubigerbenachrichtigenden Vermerk wird vornehmlich der Schutz der Gläubiger bezweckt.[255]
Grundsätzlich hat die Unterrichtung der Gläubiger i.S.d. Art. 40 i.V.m. Art. 42 Abs. 1 Satz 2 EuInsVO in der Amtssprache des Eröffnungsstaates zu erfolgen. Im Interesse und zur Erleichterung der Forderungsanmeldung derjenigen nicht sprachkundigen ausländischen Gläubiger ist ein Formblatt zu verwenden, welches in sämtlichen Amtssprachen der Europäischen Union mit den Worten „Aufforderung zur Anmeldung einer Forderung. Etwaige Fristen beachten!“ überschrieben ist.[256]

c. Inhalt einer Forderungsanmeldung gemäß Art. 41 EuInsVO

Der Inhalt einer Forderungsanmeldung bestimmt sich nach Art. 41 EuInsVO und stellt somit eine Sondervorschrift zu Art. 4 Abs. 2 lit. h) EuInsVO dar, demzufolge sich die Anmeldung, die Prüfung und die Feststellung der Forderungen nach der *lex fori concursus* bestimmen. Dies bedeutet, dass im Interesse der ausländischen Gläubiger der Inhalt einer Forderungsanmeldung abschließend und eindeutig feststeht.[257] Als Mindestvoraussetzung hat eine Forderungsanmeldung eines Gläubigers schriftlich zu erfolgen i.S.d. Art. 39 EuInsVO und muss entsprechend Art. 41 EuInsVO Angaben hinsichtlich des Forderungsgrundes, des Entstehungszeitpunktes und des Forderungsbetrages enthalten.[258] Zudem hat ein Gläubiger etwa vorhandene Belege in Kopie beizufügen. Eine Forderung ist von einem Gläubiger in jedem Fall fristgerecht angemeldet, wenn er die Forderung gemäß Art. 42 Abs. 2 Satz 1 EuInsVO in einer der Amtssprachen seines Heimatlandes anmeldet. Gleichwohl kann von dem Gläubiger eine Übersetzung der Forderungsanmeldung in eine der Amtssprachen des Eröffnungsstaates verlangt werden.[259] Die Forderungsanmeldung muss gemäß Art. 42 Abs. 2 Satz 2 EuInsVO lediglich die Überschrift „Anmeldung einer Forderung“ in einer der Amtssprachen des Eröffnungsstaates tragen.[260]

---

254 In der InsO sind diese Informationen durch die Vorschrift des § 30 Abs. 2 gewährleistet, nach welcher allen Gläubigern, den Schuldnern des Schuldners und dem Schuldner selbst der Eröffnungsbeschluß besonders zugestellt wird, auch wenn im Eröffnungsbeschluß i.S.d. § 27 Abs. 2 keine Informationen über die Säumnisfolgen enthalten ist.

255 Vgl. *Virgos / Schmit*, Erläuternder Bericht, Nr. 272; allerdings kann das einzelstaatliche Recht im Interesse der Gläubiger zusätzliche Angaben hinsichtlich des Vermerks verlangen.

256 Vgl. Art. 42 Abs. 1 Satz 2 EuInsVO.

257 Vgl. FK – InsO / *Wimmer*, Art. 102 EGInsO, Anhang I, Rdnr. 180; *Virgos / Schmit*, Erläuternder Bericht, Nr. 273.

258 Gleichzeitig hat der Gläubiger zu erklären, ob ein Vorrecht, eine dingliche Sicherheit oder ein Eigentumsvorbehalt beansprucht wird und welche Gegenstände von der Sicherheit erfasst sind, vgl. Art. 41 EuInsVO.

259 Vgl. Art. 42 Abs. 2 Satz 3 EuInsVO. Dadurch wird jedoch keinesfalls die form- und fristgerechte Anmeldung des Gläubigers in einer der Amtssprachen seines Heimatstaates beeinträchtigt.

260 Vgl. nur *Leible / Staudinger*, KTS 2000, 533, 571.

7. Zuständigkeit des EuGH

Im Unterschied zum EuGVÜ[261] war die Zuständigkeit des EuGH im EuIÜ zunächst selbst und unmittelbar geregelt in den Artt. 43 ff. EuIÜ. Dadurch sollte die enge Beziehung zwischen dem Übereinkommen und der gemeinschaftlichen Rechtsordnung sowie die Bedeutung einer einheitlichen Auslegung durch den EuGH zum Ausdruck kommen.[262] Durch den Wechsel des Rechtsinstruments von einem Übereinkommen zu einer Verordnung sind nunmehr die Vorschriften über die Zuständigkeit des EuGH, die lediglich bei einem völkerrechtlichen Vertrag erforderlich sind, entfallen. Die Zuständigkeit des EuGH ergibt sich bei einer Verordnung zu deren verbindlicher Auslegung bereits unmittelbar aus den Artt. 220 ff. EGV.[263] Anstelle der Zuständigkeitsregeln im Kapitel V des EuIÜ sind nunmehr in Kapitel V (Artt. 43 bis 47 EuInsVO) die Übergangs- und Schlußbestimmungen geregelt.

IV. Unterschiede zum EuIÜ

Überwiegend sind sowohl der Wortlaut als auch die Nummern der Artikel in der EuInsVO mit denen des EuIÜ nahezu identisch. Gezwungenermaßen mußten aufgrund des Wechsels von einem Übereinkommen zu einer Verordnung Anpassungen vorgenommen werden. Zum Teil wurden jedoch auch Empfehlungen des Europäischen Parlamentes bei der Abfassung der Bestimmungen noch mitberücksichtigt.

1. Erfordernis der Erwägungsgründe

Zunächst enthält die EuInsVO die für eine Verordnung erforderlichen Erwägungsgründe, die sich vor dem eigentlichen Text der Verordnung befinden. Die Existenz der 33 Erwägungsgründe zur EuInsVO ergibt sich zwingend aus der Vorschrift des Art. 253 EGV, demzufolge Gemeinschaftsmaßnahmen zu begründen sind.[264] Redaktionelle Änderungen, welche aufgrund der Änderung von einem Übereinkommen zu einer Verordnung vorzunehmen waren[265], sind hierbei zu vernachlässigen. Den Erwägungsgründe zur EuInsVO wird mit dem Inkrafttreten der EuInsVO eine auslegungsunterstützende Funktion zukommen.

2. Entfallen der Vorschriften über die Zuständigkeit des EuGH

Durch den Wechsel des Rechtsinstruments von einem Übereinkommen zu einer Verordnung sind die Vorschriften über die Zuständigkeit des EuGH, die lediglich bei einem völkerrechtlichen Vertrag erforderlich sind, entfallen. Die Zuständigkeit des EuGH ergibt sich nunmehr unmittelbar aus den Artt. 220 ff. EGV.[266]

---

261 Vgl. beim EuGVÜ das Luxemburger Auslegungsprotokoll vom 3.6. 1971, BGBl. 1972 II, 846; in der Fassung des 4. Beitrittsübereinkommens (BGBl. 1998 II, 1411), abgedruckt in: *Kropholler*, Anhang III.

262 Vgl. *Virgos / Schmit*, Erläuternder Bericht, Nr. 281.

263 Vgl. *Eidenmüller*, IPRax 2001, 1, 7; *Wimmer*, ZinsO 2001, 97, 98.

264 Vgl. *Wimmer*, ZinsO 2001, 97, 98.

265 Beispielsweise die Ersetzung des Begriffs „Vertragsstaat" durch den Begriff „Mitgliedstaat".

266 Vgl. oben unter III.7.

3. Änderung der Anhänge

Zudem haben einige Hinweise der Ausschüsse des Europäischen Parlaments Eingang in den endgültigen Verordnungstext gefunden. Beispielsweise findet sich nunmehr in Artikel 45 der Verordnung eine Regelung, nach welcher der Rat auf Initiative eines Mitgliedstaates oder der Kommission die Anhänge mit qualifizierter Mehrheit ändern kann.[267] Die Vorschrift des Art. 54 EuIÜ sah dagegen vor, dass jeder Mitgliedstaat die Anhänge A, B und C zur EuInsVO ändern kann. Das Änderungsbegehren müßte gegenüber dem Verwahrer des EuIÜ – dem Generalsekretär des Rates der Europäischen Union – erklärt worden sein. Der Verwahrer hätte im Anschluß daran den Vertragsstaaten den Inhalt des Änderungsbegehrens mitgeteilt. Wären dann von keinem Vertragsstaat innerhalb von drei Monaten nach der Notifizierung Einwände dagegen erhoben worden, hätte das Änderungsbegehren – auch ohne ausdrückliche Zustimmung der Vertragsstaaten – als angenommen gegolten.[268] Zwar ist die Möglichkeit einer Änderung der Anhänge zur EuInsVO erforderlich, um den Entwicklungen und Änderungen des innerstaatlichen Rechts der Mitgliedstaaten Rechnung tragen zu können. Wäre es den Mitgliedstaaten jedoch überlassen, Verfahren zu notifizieren, die im Anschluß daran Eingang in die Anhänge zur EuInsVO finden würden, bestünde zumindest die theoretische Gefahr, dass der Anwendungsbereich der EuInsVO verschoben würde.[269]

4. Erfahrungsbericht über die Anwendung der EuInsVO

Bedeutsamer ist jedoch sicherlich die Regelung des Art. 46 EuInsVO. Danach legt die Kommission dem Europäischen Parlament, dem Rat und dem Wirtschafts- und Sozialausschuß bis zum 1. Juni 2012 und danach alle fünf Jahre einen Bericht über die Anwendung dieser Verordnung vor, in dem gegebenenfalls Vorschläge und Ideen zur Anpassung dieser Verordnung enthalten sind. Dies geht auf die Stellungnahme des Ausschusses für Freiheiten und Rechte der Bürger, Justiz und innere Angelegenheiten sowie des Wirtschafts- und Sozialausschusses[270] zurück, in der es für sinnvoll und als in der Praxis sehr bewährt[271] erachtet wurde, regelmäßig eine gewisse Bestandsaufnahme durch die Kommission vornehmen zu lassen. Diese Pflicht der Kommission sollte aus Art. 211 EGV re-

267 In einer umfangreichen Stellungnahme hat der juristische Dienst des Rates seine Auffassung zu dem Verfahren über die Änderung der Anhänge dargelegt, vgl. Dok. 9586/99, S. 4 ff. Im Ergebnis gelangte der juristische Dienst des Rates dazu, die Anhänge nicht als wesentliche Bestandteile der Verordnung, sondern als Durchführungsbestimmungen zu verstehen. Grundsätzlich ist die Kommission für die Durchführung zuständig. Angesichts der Bedeutung der Anhänge für den Anwendungsbereich der EuInsVO haben sich die Mitgliedstaaten jedoch dazu – abweichend von der grundsätzlichen Zuständigkeit der Kommission - entschieden, den Rat mit der Zuständigkeit für die Änderung der Anhänge zur EuInsVO zu betrauen. Nach Auffassung des juristischen Dienstes des Rates ist diese Abweichung in einem Erwägungsgrund festzuhalten. Dies ist in Erwägungsgrund 31 zur EuInsVO geschehen. Vgl. dazu *Wimmer*, ZInsO 2001, 97, 98.

268 Vgl. noch zu Art. 54 EuIÜ *Virgos / Schmit*, Erläuternder Bericht, Nr. 319 ff.; vgl. auch *Wimmer*, ZInsO 2001, 97, 98.

269 So *Wimmer*, ZinsO 2001, 97, 98. Ob sich nun tatsächlich die Gefahr, dass Verfahren Eingang in die Anhänge hätten finden können, welche eher ein Enteignungs- als ein Insolvenzverfahren darstellen – wie *Wimmer* sie beschreibt – realisiert hätte, kann nunmehr angesichts der Regelung des Art. 45 EuInsVO dahinstehen. Es ist jedoch anzunehmen, dass es den Mitgliedstaaten innerhalb der drei – Wochen – Frist gelungen wäre, sich im eigenen Interesse Informationen darüber zu verschaffen, ob ein bestimmtes Verfahren das Ziel einer Enteignung verfolgt.

270 Vgl. Abl. C 75 vom 15.03. 2000, S. 4.

271 Verwiesen wurde in diesem Zusammenhang insbesondere auf die Verordnungsvorschläge zu „Brüssel I" (Abl. C 376 vom 28.12. 1999, 1) und zu „Brüssel II" (KOM / 99 / 0220 end.-CNS 99 / 0110).

sultieren.[272] Der Empfehlung des Ausschusses, die erste Überprüfung bereits nach sieben Jahren vorzunehmen, ist gleichwohl nicht entsprochen worden. In Art. 53 EuIÜ war hingegen lediglich eine Revisionskonferenz vorgesehen, welche spätestens zehn Jahre nach dem Inkrafttreten des EuIÜ auf Veranlassung des Präsidenten des Rates der Europäischen Union einzuberufen gewesen wäre, es sei denn ein Vertragsstaat hätte eine solche Konferenz vorher einberufen.

5. Sonstige Abweichungen

Sonstige Abweichungen der EuInsVO vom EuIÜ finden sich beispielsweise in den Artt. 5 Abs. 1 und 36 EuInsVO. In Art. 5 Abs. 1 ist nunmehr ergänzend klargestellt worden, dass die nach Art. 5 EuInsVO geschützten dinglichen Rechte „...sowohl an bestimmten Gegenständen des Gemeinschuldners als auch an einer Mehrheit von nicht bestimmten Gegenständen mit wechselnder Zusammensetzung..." bestehen können.[273] Ein derartiger Zusatz war in dem EuIÜ nicht enthalten.

Die Regelung des Art. 36 EuInsVO bestimmt für den Fall, dass nach der Eröffnung eines Partikularverfahrens ein Hauptinsolvenzverfahren eröffnet wird, eine Anwendung der Vorschriften über die Verfahrenskoordination i.S.d. Artt. 31 bis 35 EuInsVO, soweit dies nach dem Stand des zuerst eröffneten Verfahrens „*möglich*" ist. Gemäß Art. 36 EuIÜ war eine Anwendung der Artt. 31 bis 35 EuIÜ lediglich dann erlaubt, wenn deren Anwendung nach dem Stand des zuerst eröffneten Verfahrens „*erforderlich*" war. Schließlich wurde auf Bitte der Regierung Belgiens in Art. 42 Abs. 2 Satz 3 EuInsVO ein Zusatz aufgenommen, dass von dem Gläubiger eine Übersetzung der Anmeldung in „...die Amtssprache oder einer der Amtssprachen..." verlangt werden kann.[274]

---

272 Vgl. die Stellungnahme des Ausschusses für Freiheiten und Rechte der Bürger, Justiz und innere Angelegenheiten, A5 – 0039 / 2000.

273 Dieser Änderung ist vornehmlich auf Bitte der irischen Regierung und der Regierung des Vereinigten Königreiches entsprochen worden, insbesondere im Hinblick auf die *floating charges*. Allerdings haben bereits *Virgos / Schmit* in dem Erläuternden Bericht zum EuIÜ, Nr. 104 auf die mögliche Einbeziehung der *floating charge* nach der Fassung des EuIÜ hingewiesen.

274 Überwiegend wurde der Zusatz „eine der Amtssprachen" von der Mehrheit der Mitgliedstaaten bereits aus der Regelung des Art. 42 Abs. 2 Satz 3 EuIÜ herausgelesen, vgl. *Wimmer*, ZInsO 2001, 97, 99.

II. Teil: Die Rechtsstellung des Insolvenzverwalters nach der InsO

Im Zuge der Neuregelung des Insolvenzrechts durch die am 1. Januar 1999 in Kraft getretene InsO hat sich mit Einführung des § 80 InsO, welcher sinngemäß dem § 6 KO entspricht, der Streit um die Rechtsstellung des Insolvenzverwalters nicht erledigt. Der deutsche Insolvenzverwalter ist im Rahmen seiner Tätigkeit intensiv mit weiten Teilen der materiellen Rechtsgebiete beschäftigt. Betroffen sind dabei insbesondere das Gesellschaftsrecht, das Handelsrecht, das Bilanzrecht, das Bürgerliche Recht, das Arbeitsrecht, das Verwaltungsrecht, das Steuerrecht sowie das Sozialrecht. Gleichzeitig muss der deutsche Insolvenzverwalter den kaufmännischen Bereich des insolventen Unternehmens ebenfalls zumindest überblicken können und betriebswirtschaftliche Grundkenntnisse besitzen. Angesichts der damit einher gehenden umfangreichen und zahlreichen Einzelaufgaben des Insolvenzverwalters ist in der Bundesrepublik Deutschland im Jahr 1999 eigens der Titel „Fachanwalt für Insolvenzrecht“[1] eingeführt worden. Im folgenden soll ein ausführlicher Überblick über die Rechtsnatur des Insolvenzverwalteramtes (II. Teil) sowie über die wichtigsten Rechte und Pflichten des Insolvenzverwalters nach der InsO (III. Teil) gegeben werden. Insbesondere im Rahmen der Koordination eines Haupt- mit einem Sekundärinsolvenzverfahren i.S.d. Artt. 31 ff. EuInsVO wird das gegenseitige dogmatische Verständnis von der Person des jeweiligen Verwalters, mit welchem zusammengearbeitet werden muß, eine ausreichende Grundlage für eine effiziente Verfahrenskoordination darstellen.

A. Die Theorien über die Rechtsstellung des Insolvenzverwalters

Die Rechtsnatur des Insolvenzverwalteramtes ist seit jeher eine im deutschen Insolvenz- bzw. Konkursrecht umstrittene Frage.[2] Diese Streitfrage hat sich auch mit der Einführung des § 80 Abs. 1 InsO, der sinngemäß dem früheren Art. 6 KO entspricht, nicht erledigt. Nach § 80 Abs. 1 InsO geht mit der Eröffnung des Insolvenzverfahrens das Recht des Schuldners, das zur Insolvenzmasse gehörende Vermögen zu verwalten und über es zu verfügen, auf den Insolvenzverwalter über. Insbesondere vor dem Hintergrund eines neuen einheitlichen Insolvenzverfahrens durch die InsO, welches nunmehr Liquidation und Sanierung vereint und somit den Dualismus von KO und VglO beseitigt[3], und des Inkrafttretens der EuInsVO ist eine einheitliche Qualifizierung des Insolvenzverwalteramtes erforderlich.[4] Im wesentlichen werden hinsichtlich der Rechtsnatur des Insolvenzverwalteramtes fünf Theorien vertreten.[5] Im folgenden gilt es, die Theorien mit ih-

1 Die Bezeichnung „Fachanwalt für Insolvenzrecht“ spiegelt angesichts der in nahezu sämtliche materiellen Rechtsgebiete reichenden Berührungspunkte den wahren Umfang der Aufgaben des Insolvenzverwalters nur recht unzureichend wieder.

2 Die Bedeutung dieser Streitfrage wird heute allgemein nicht überbewertet; ganz vereinzelt wird sogar vertreten, der Theorienstreit habe sich durch die Strukturänderungen der InsO erledigt, vgl. *Kluth*, NZI 2000, 351 ff., der insoweit prägnant von der „Insolvenz“ der Verwaltertheorien spricht. Angesichts des Inkrafttretens der EuInsVO erscheint es jedoch absolut notwendig, sich mit der Rechtsstellung des deutschen Insolvenzverwalters zu beschäftigen, um eine optimale Ausgangsbasis für eine Auseinandersetzung mit den in den anderen Mitgliedstaaten zur Abwicklung von Insolvenzverfahren vorgesehenen Personen zu bekommen. Eine derartige Auseinandersetzung ist erst dann möglich, wenn die Rechtsstellung des Insolvenzverwalters im deutschen Insolvenzrecht geklärt ist.

3 Vgl. *Hess*, in: Hess,/ Weis / Wienberg, , InsO, vor § 56, Rdnr. 3.

4 Vgl. nur als Vertreter der h.M. *Kuhn / Uhlenbruck*, KO, § 6, Rdnr. 16; *Jaeger / Henckel*, KO, § 6, Rdnr. 168 m.w.N., die den Konkursverwalter als Partei kraft Amtes und den Vergleichsverwalter als Vertreter des Schuldners ansah.

5 Vgl. ausf. zur Bedeutung der Theorienbildung *Stürner*, ZZP 94 (1981), 263, 286 ff.

ren Kernaussagen darzustellen, um anschließend anhand einiger Beispiele auf deren materiell- und prozessrechtliche Folgen Bezug zu nehmen.

I. Amtstheorie

Die seit jeher herrschende Amtstheorie[6] geht davon aus, dass der Insolvenzverwalter im eigenen Namen als Inhaber eines ihm übertragenen privaten Amtes mit unmittelbarer Wirkung für und gegen den Schuldner als Träger der den Gläubigern als Haftungsobjekt zugewiesenen Insolvenzmasse handelt. Der Insolvenzverwalter handelt nicht im Namen und im Interesse eines oder mehrerer, sondern im Interesse aller Beteiligten.[7]

II. Organtheorie

Bereits im 19. Jahrhundert wurde der Grundstein für die sogenannte Organtheorie gelegt, nach welcher der Konkurs- bzw. Insolvenzmasse unmittelbar eigene Rechtspersönlichkeit und die Qualität eines Rechtssubjekts zukommen soll.[8] Diene das Insolvenzverfahren den Interessen aller Beteiligten und bilde die Insolvenzmasse gewissermaßen das Substrat für die Verwirklichung der gesetzlichen Haftungsordnung, dann sei die Masse rechtlich verselbständigt und die Rechtsmacht des Insolvenzverwalters folge aus ihm kraft Gesetz verliehener Vertretungsmacht.[9] Nach dieser Auffassung fungiert der Konkursverwalter demnach nicht als gesetzlicher Vertreter des Gemeinschuldners oder der Gläubiger, sondern er tritt vielmehr als Organ einer zu einem eigenen Rechtssubjekt verselbständigten Insolvenzmasse auf und hat als solches Organ lediglich die Stellung eines gesetzlichen Vertreters i.S.d. § 26 Abs. 2 Satz 1 Halbsatz 2 BGB.[10]

III. Vertretertheorie

Nach der Vertreter- oder Vertretungstheorie handelt der Konkurs- bzw. Insolvenzverwalter als gesetzlicher Vertreter des Gemeinschuldners.[11] Im Gegensatz zu anderen

6 St. Rspr. seit RG, Urt. v. 30.3. 1892, RGZ 29, 29; vgl. etwa BGHZ 24, 393; BGHZ 44, 1, 4; BGHZ 88, 331, 334; BGHZ 100, 346, 351; BGHZ 127, 156 m. w. N.; BGH ZIP 1996, 1307; BGH NJW 1986, 3206, 3207; BFH ZIP 1997, 797, 798; aus der Literatur vgl. *Baur / Stürner*, § 10, 104 f.; *Blomeyer*, ZPR, § 6 I; *Häsemeyer*, InsR, Rdnr. 15.06; *Jaeger / Henckel*, KO, § 6, Rdnr. 55 ff., 165 ff.; *ders.* Parteilehre und Streitgegenstand (1961), S. 118 ff.; *Jauernig*, § 43 VIII 1.; *Kuhn / Uhlenbruck*, KO, § 6, Rdnr. 17; *H. Mohrbutter*, in: Mohrbutter / Mohrbutter, II.46, S. 46; MünchKomm / *Hefermehl*, InsO, § 56, Rdnr. 103 ff.; *Pohlmann*, Rdnr. 546 ff.; *Schwerdling*, S. 24 ff; *Smid*, in: Weisemann / Smid (Hrsg.), S. 96 f., Rdnr. 32 ff.; *Stein / Jonas / Bork*, vor § 50, Rdnr. 31 ff., 32 a; *Stürner*, ZZP 94 (1981), 263, 286 ff.; *Uhlenbruck*, in: Braun / Uhlenbruck (Hrsg.), Rdnr. 777; *Zöller / Vollkommer*, ZPO, vor § 50, Rdnr. 21, 34; *F. Weber*, KTS 1955, 102, 103 ff.

7 Dies wird auch von *Baur / Stürner*, Rdnr. 10.1. klargestellt und betont; *Schwerdling*, S. 16.

8 Vgl. zu den Begründern dieser Theorie *v. Völderndorff*, S. 40 f.; *Stieglitz*, § 5 IV; *Leonhard*, BGB AT, S. 110; *Hellwig*, Lehrbuch, § 44, 46, 47, *ders.*: System, § 69; *Graßhoff*, FS für E. Heinitz, S. 124 ff.; in neuerer Zeit haben sich insbesondere *Bötticher*, ZZP 71 (1958), 314 ff.; *ders.*: ZZP 77 (1964), 55, 60 f.; *ders.*: JZ 1963, 582 ff.; *Erdmann*, KTS 1967, 87 ff. (krit. dazu *Papke*, KTS 1968, 49 ff.); *Hanisch*, Rechtszuständigkeit, S. 275 ff.; *Pawlowski*, JuS 1990, 378, 380; *Stürner*, ZZP 94 (1981), 263, 288 ff. dieser Theorie angenommen und weiter vertieft.

9 Vgl. *Bötticher*, ZZP 71 (1958), 318 ff.; *ders.*: ZZP 77 (1964), 55 ff.; *Hanisch*, Rechtszuständigkeit, 1973, 275 ff.

10 Vgl. *Bötticher*, ZZP 77 (1964), 55, 57.

11 Vgl. die Begründer der Vertretertheorie *Jaeger*, KO, 6. / 7. Auflage, § 6, 5 ff.; *Petersen / Kleinfeller*, KO, § 6, Anm. 11 f.; ebenfalls vertreten von *Bernhardt*, § 19 I 3; *Jaeger / Lent*, KO, 8. Aufl., Vorbem. zu §§ 6 –

Konstellationen der gesetzlichen Vertretung soll die Vertretungsmacht des Konkurs- bzw. Insolvenzverwalters jedoch gegenständlich auf die Masse beschränkt sein.[12]

IV. Theorie des neutralen Handelns

Nach der Theorie des neutralen Handelns[13] tritt der Konkurs- bzw. Insolvenzverwalter weder im eigenen noch in fremdem Namen auf. Der Verwalter handelt demnach nicht für eine bestimmte Person, sondern für ein bestimmtes Vermögen. Mit der Einführung des Begriffs des „Neutralen Handelns" soll zum einen ausgedrückt werden, dass objektbezogenes – d.h. kein subjektbezogenes – Handeln vorliegt. Zum anderen soll mit Hilfe dieses Begriffes deutlich gemacht werden, dass der Verwalter für kein Rechtssubjekt tätig wird, sondern mit seiner Einwirkung auf das ihm anvertraute Objekt kollidierende Interessen auszugleichen hat, d.h., neutral tätig wird.[14]

V. Neue Organ- oder neue Vertretertheorie[15]

Nach dieser insbesondere von *Karsten Schmidt*[16] vertretenen Theorie wird eine Unterscheidung zwischen der Insolvenz einer Handelsgesellschaft bzw. eines Vereins und der Insolvenz einer natürlichen Person vorgenommen. In der Insolvenz einer Handelsgesellschaft und eines Vereins ist der Insolvenzverwalter als deren obligatorischer Fremdliquidator und damit als ihr Vertretungsorgan anzusehen.[17] Zudem bestehe – wenn man den Konkurs einer Gesellschaft als Zwangs – Liquidation begreife – eine Kongruenz bzw. Deckungsgleichheit zwischen Gesellschaftsvermögen, Unternehmensvermögen und Masse.[18] Aus diesem Grund gebe es kein konkursfreies Gesellschaftsvermögen und die Insolvenzmasse sei ungeteilt abzuwickeln. In der Insolvenz der natürlichen Person ist der Insolvenzverwalter deren gesetzlicher Vertreter mit Beschränkung auf die Insolvenzmasse.[19] Der möglicherweise zu erhebende Einwand, dieser Methodendualismus führe zu einer unsachgemäßen Aufspaltung, ist dieser Auffassung zufolge nicht haltbar, da er lediglich eine hinlänglich bekannte Unterscheidung zwischen den Organen als den gesetzlichen Vertretern eines Verbandes und den natürlichen Personen wiedergebe.[20] Diese Auffassung basiert auf der vermeintlichen Erkenntnis, dass die Amtstheorie gegen das Gebot und die Ökonomie einer Rechtskonstruktionen verstößt.

9; *ders.:* RG – Praxis, S. 275 ff.; *ders.:* ZZP 62 (1941), 129 ff.; *Bley*, ZZP 62 (1941), 111 ff., 113; MünchKomm / *Schramm*, BGB, vor § 164, Rdnr. 10 ff.

12 Vgl. *Jaeger / Lent*, KO, 8. Aufl., Vorb. zu §§ 6 – 9.

13 Vgl. *Dölle*, in FS Schulz, S. 268 ff.; *Staudinger / Dilcher*, BGB, vor § 164, Anm. 58.

14 Vgl. *Dölle*, in: FS Schulz, S. 268, 272 f.

15 Wobei auch Benennungen wie „Modifizierte Organtheorie und modifizierte Vertretertheorie" oder „Neue Repräsentationstheorie" für diese Theorie erfolgt sind.

16 Vgl. *K. Schmidt*, KTS 1984, 345 ff.; *ders.:* KTS 1991, 211 ff.; *ders.:* NJW 1995, 911 ff.; *Kilger / K. Schmidt*, KO, § 6, Anm. 1 ff.; insbesondere im Hinblick auf das Prozessrecht folgend MünchKomm / *Lindacher*, ZPO, Vorb. zu § 50, Rdnr. 36 f.; *Thomas / Putzo*, § 51, Rdnr. 29; *Rosenberg / Schwab / Gottwald*, ZivilprozeßR, 15. Aufl. (1993), § 40 II 1 d.

17 Vgl. *K. Schmidt*, KTS 1984, 345, 362 ff., 364; *ders.:* NJW 1995, 911, 913; *ders.:* Wege, S. 106 ff.

18 Vgl. *K. Schmidt / Schulz*, ZIP 1982, 1015 ff.; *K. Schmidt*, KTS 1988, 1, 12; *ders.:* GesellschaftsR, S. 264 f.

19 Vgl. *K. Schmidt*, NJW 1995, 911, 913; *ders.:* KTS 1984, 345, 370; *Kilger / K. Schmidt*, KO, § 6, Anm. 2a;

20 Vgl. *K. Schmidt*, KTS 1984, 345, 371.

B. Materiellrechtliche Folgen der Verwaltertheorien

Anhand einiger wichtiger Beispiele sollen nunmehr abstrakt die materiellrechtlichen Folgen der verschiedenen Verwaltertheorien aufgezeigt werden.

I. Verfügungsgeschäfte

1. Amtstheorie

Mit der Verfahrenseröffnung tritt der Insolvenzverwalter in die Rechte und Pflichten des Schuldners ein.[21] Der Schuldner bleibt zwar Rechtsträger seines Vermögens, er verliert jedoch die Befugnis, dieses zu verwalten und darüber zu verfügen. Der Insolvenzverwalter handelt dabei jedoch weder in seinem Namen als Privatperson noch im Namen des Schuldners oder der Gläubiger, sondern ausschließlich in seiner Eigenschaft als Verwalter, d.h. er verfügt im eigenen Namen über die dem Schuldner gehörenden Massegegenstände.[22] Verfügt der Insolvenzverwalter über Gegenstände, welche er zwar zur Masse gezogen hat, die aber nicht dem Gemeinschuldner gehören, ist ein gutgläubiger Erwerb durch einen Dritten möglich gemäß §§ 932, 892 BGB, sofern der Dritte gutgläubig ist bzw. der Gemeinschuldner im Grundbuch als Eigentümer eingetragen ist, der Dritte die Unrichtigkeit der Eintragung nicht kennt und zudem kein Widerspruch eingetragen ist.[23]

2. Vertretertheorie

Nach der Vertretertheorie nimmt der Insolvenzverwalter eine Verfügung im Namen des Gemeinschuldners vor. Der Wortlaut des § 80 Abs. 1 InsO steht dieser Auffassung nicht entgegen.[24] Dabei ist die Vertretungsmacht des Insolvenzverwalters in Bezug auf Verfügungen gegenständlich auf die Masse beschränkt.[25] Ein gutgläubiger Erwerb eines Dritten ist gemäß §§ 932, 892 - ebenso wie nach der Amtstheorie - möglich, wenn der Dritte gutgläubig war, der Gemeinschuldner im Grundbuch eingetragen und der Dritte die Unrichtigkeit der Eintragung nicht kennt bzw. kein Widerspruch im Grundbuch eingetragen ist. Dagegen scheidet ein gutgläubiger Erwerb dann aus, wenn der Insolvenzverwalter über einen Gegenstand des Gemeinschuldners verfügt, welcher nach § 35 InsO nicht zur Insolvenzmasse gehört und dieser auch nicht vom Gemeinschuldner freiwillig zugeführt worden ist. Dann fehlt es an der erforderlichen Vertretungsmacht des Insolvenzverwalters, deren Fehlen durch den guten Glauben des Erwerbers nicht geheilt werden kann, § 177 BGB.[26] Wenn eine freiwillige Zuführung durch den Gemeinschuldner stattgefunden hat, findet ein Erwerb durch den Dritten statt, ohne dass es auf einen guten Glauben ankommt.

3. Organtheorie

Nach der Organtheorie verfügt der Insolvenzverwalter als Vertretungsorgan der Insol-

21 So bereits für die Konkursordnung RGZ 52, 405, 407; *Kuhn / Uhlenbruck*, KO, § 6, Rdnr. 23.
22 Vgl. *Jaeger / Henckel*, KO, § 6, Rdnr. 14; *Hess / Obermüller*, Rdnr. 677.
23 Vgl. *Jaeger / Henckel*, KO, § 6, Rdnr. 14.
24 Vgl. *Jaeger / Henckel*, KO, § 6, Rdnr. 11.
25 Vgl. *Jeager / Lent*, § 1, Anm. 18.
26 Vgl. *Jaeger / Henckel*, KO, § 6, Rdnr. 12; zur Behandlung des Missbrauchs der Vertretungsmacht durch den Insolvenzverwalter vgl. *K. Schmidt*, KTS 1984, 345, 389 ff.

venzmasse. Die Insolvenzmasse entsteht mit der Eröffnung des Insolvenzverfahrens und stellt ein selbständiges Rechtssubjekt dar.[27] Ein gutgläubiger Erwerb eines Dritten soll dann möglich sein, wenn der Insolvenzverwalter über einen nicht zur Insolvenzmasse gehörenden Gegenstand verfügt.

4. Theorie des neutralen Handelns

Nach der Theorie des neutralen Handelns braucht der Insolvenzverwalter, um wirksam über einzelne Gegenstände aus dem Vermögen des Gemeinschuldners verfügen zu können, seine Stellung als Verwalter nicht offenkundig zu machen. Insbesondere braucht er nicht erkennen zu lassen, dass nicht er selbst als Rechtsträger des Verfügungsgegenstandes, sondern einzig und allein der Gemeinschuldner in Betracht kommt.[28]

5. Neue Organ- oder neue Vertretertheorie

In der Insolvenz einer Handelsgesellschaft bleibt der Gemeinschuldner – d.h. die Handelsgesellschaft – nach der neuen Organtheorie Rechtsträger der Masse.[29] Dies führt dazu, dass bei Verfügungsgeschäften der Insolvenzverwalter als Vertretungsorgan oder als obligatorischer Fremdliquidator der insolventen Handelsgesellschaft agiert.[30] Somit treffen die unmittelbaren Folgen einer Verfügung durch den Gemeinschuldner die Handelsgesellschaft als Rechtsträgerin der Insolvenzmasse.
Hinsichtlich der Insolvenz einer natürlichen Person bleibt es – entsprechend der als Repräsentationsmodell modifizierten neuen Vertretertheorie - ebenfalls bei der Rechtsträgerschaft des Gemeinschuldners.[31] Die Folgen einer Verfügung durch den Insolvenzverwalter treffen mithin unmittelbar den Gemeinschuldner, d.h. die natürliche Person.

II. Freigabe

1. Allgemeines

Eine Freigabe einzelner Vermögensgegenstände kommt vornehmlich dann in Betracht, wenn der Gegenstand für die Insolvenzmasse mehr Belastungen als Vorteile mit sich bringt und eine Verwertung nicht lohnt, wie etwa bei über den eigentlichen Wert belasteten Grundstücken, bei unverwertbaren Versicherungsrechten, bei Streitgegenständen aussichtsloser Prozesse und bei der Veräußerung beweglicher Sachen, wenn diese Mehrwertsteuerverpflichtungen mit sich bringen, die den Erlös für die Insolvenzmasse übersteigen.[32] Der freigegebene Gegenstand gelangt – losgelöst vom Insolvenzbeschlag - in das insolvenzfreie Vermögen des Gemeinschuldners, der somit wieder unbeschränkt darüber verfügen kann, sog. echte Freigabe.[33] Als unechte Freigabe wird hingegen die Herausgabe eines Gegenstandes unter Anerkennung eines bestehenden Aussonderungs-

---

27 Vgl. *Bötticher*, ZZP 77 (1964), 55, 56 f., 60 f.; *Erdmann*, KTS 1967, 87, 88 f., 98 ff.
28 Vgl. *Dölle*, in: FS Schulz, S. 268, 276.
29 Vgl. *K. Schmidt*, KTS 1984, 345, 372.
30 Vgl. *K. Schmidt*, NJW 1995, 911, 913; *ders.*: Wege, S. 106 ff.; *ders.*: KTS 1984, 345, 364 ff.
31 Vgl. *K. Schmidt*, KTS 1984, 345, 370 f., 373.
32 Vgl. *Smid*, InsolvenzR, § 6, Rdnr. 23; *Jaeger / Henckel*, KO, § 6, Rdnr. 17; *Kuhn / Uhlenbruck*, KO, § 3, Rdnr. 34.
33 Vgl. für den Fall einer OHG hinsichtlich einer freigegebenen Forderung, BGH, WM 1964, 551, 552, wonach der Gegenstand bzw. die Forderung wieder in die gemeinsame Zuständigkeit der Gesellschafter fällt.

rechts verstanden.[34] Die echte Freigabe setzt zunächst voraus, dass der betreffende Gegenstand zu der Insolvenzmasse gehörte.[35] Die Zugehörigkeit zur Insolvenzmasse ist auch dann gegeben, wenn es sich um einen unverwertbaren Gegenstand handelt.[36]
Eine positiv – rechtliche Regelung, aus welcher sich die Befugnis des Insolvenzverwalters zur Freigabe ergibt, wird allgemein darin gesehen, dass die Vorschrift des § 32 Abs. 3 Satz 2 InsO[37] von einer solchen Befugnis schlechthin auszugehen scheint.[38] Das Freigaberecht des Insolvenzverwalters selber resultiert dabei aus dem Übergang des Verwaltungs- und Verfügungsrechts auf den Insolvenzverwalter gemäß § 80 Abs. 1 InsO.[39] Zwar ist § 32 Abs. 3 Satz 2 InsO nicht ausdrücklich eine Befugnis des Insolvenzverwalters zur Freigabe statuiert. Der Insolvenzverwalter wird jedoch als befugt angesehen, im Falle einer von ihm vorgenommenen Grundstücksfreigabe beim Grundbuchamt einen Antrag auf Löschung des Insolvenzvermerks zu stellen.[40] Die Befugnis des Insolvenzverwalters zur Freigabe eines Gegenstandes aus der Insolvenzmasse kann sich jedoch dann in eine Pflicht zur Freigabe wandeln, wenn der Aufwand den zu erwartenden Verwertungserlös übersteigen oder der Verbleib in der Insolvenzmasse zu einer Masseminderung führen würde.[41]

2. Gegenstand der Freigabe

Die Freigabe muss sich auf einen bestimmten Gegenstand beziehen. Als Objekt der Freigabe kommt nicht nur ein körperlicher beweglicher oder unbeweglicher Gegenstand, sondern auch eine Forderung, deren Durchsetzung mit erheblichen Risiken verbunden ist, in Betracht.[42] Die uneingeschränkte Freigabe eines Grundstücks bedeutet zugleich die Freigabe der künftigen Früchte (wie etwa Miet- oder Pachtzinsen), nicht aber bereits angefallener Früchte.[43] Jedoch erstreckt sich die Freigabe eines zur Insolvenzmasse gehörenden Grundstücks regelmäßig nicht auf eine darauf ruhende Eigentümergrundschuld.[44]

3. Freigabeerklärung

Die Erklärung der Freigabe ist eine an den Gemeinschuldner gerichtete empfangsbedürftige, nicht widerrufliche Willenserklärung[45] und bedarf zunächst der bestimmten, unzweideutigen und endgültigen Erklärung des Freigabewillens durch den Insolvenzverwalter.[46] Die Zugehörigkeit des Gegenstandes zur Insolvenzmasse endet erst dann, wenn

34 Vgl. *Baur / Stürner*, Bd. II, Rz. 12.2; *Kübler / Prütting / Lüke*, InsO, § 80, Rdnr. 58; *Jaeger / Henckel*, KO, § 6, Rdnr. 19.

35 Vgl. BGH NJW 1982, 768; *Kilger / K. Schmidt*, KO, § 6, Anm. 4 d) aa.

36 Vgl. *Jaeger / Henckel*, KO, § 6, Rdnr. 17.

37 Im Geltungsbereich der KO wurde eine solche Befugnis entweder aus § 114 KO oder aus der übergeleiteten Verfügungsmacht gemäß § 6 KO gefolgert.

38 Vgl. *Nerlich / Römermann / Wittkowski*, InsO, § 80, Rdnr. 95; *Smid*, InsolvenzR, § 6, Rdnr. 21; so auch schon die h.M. für die Konkursordnung, z.B. BGHZ 35, 180; BGH ZIP 1982, 189; *Kuhn / Uhlenbruck*, KO, § 1, Rz. 5.

39 Vgl. BGH WM 1961, 747; *Kübler / Prütting / Lüke*, InsO, § 80, Rdnr. 20; *Hess / Obermüller*, Rdnr. 863.

40 Vgl. *Smid*, InsolvenzR, § 6, Rdnr. 21.

41 Vgl. *Kübler / Prütting / Lüke*, InsO; Band I, § 80, Rdnr. 58; *Jaeger / Henckel*, KO, § 6, Rdnr. 17.

42 Vgl. RGZ 122, 51, 57; RGZ 127, 197, 200; *Kübler / Prütting / Lüke*, InsO, § 80, Rdnr. 58.

43 Vgl. RGZ 138, 69, 72.

44 Vgl. LG München, KTS 1976, 247, 250; *Kuhn / Uhlenbruck*, § 1, Anm. 5 l.

45 Vgl. OLG Nürnberg, MDR 1957, 683; *Haarmeyer / Wutzke / Förster*, InsRHdb., S. 705, Rdnr. 475.

46 Vgl. BGHZ 35, 180; *Jaeger / Henckel*, KO, § 6, Rdnr. 27.

der Wille zu einem dauernden Verzicht bekundet worden ist.[47] Die Freigabe kann ebenfalls durch eine konkludente Willensbetätigung erklären werden.[48]

4. Die Freigabe im Streit der Verwaltertheorien

Die juristische Deutung der Freigabe hängt entscheidend von der eingenommenen Position hinsichtlich der verschiedenen Verwaltertheorien ab. Daher sollen im folgenden die rechtlichen Folgen der einzelnen Verwaltertheorien in Bezug auf die Freigabe aufgezeigt werden. Einigkeit besteht lediglich insoweit, als die Freigabe von allen Auffassungen als eine Verfügung angesehen wird, mit welcher der Konkurs- bzw. Insolvenzverwalter den Gegenstand aus der Insolvenzmasse in das freie Vermögen des Gemeinschuldners überleitet.[49]

a. Amtstheorie, Vertretertheorie und Theorie des neutralen Handelns

Sowohl nach der Amts-, nach der Vertretertheorie als auch nach der Theorie des neutralen Handelns wird für eine Freigabe eine einseitige empfangsbedürftige Willenserklärung verlangt, welche gegenüber dem Gemeinschuldner oder gegenüber dessen gesetzlichem Vertreter abgegeben werden muß und mit ihrem Zugang gemäß § 130 I BGB wirksam wird.[50] Die Einhaltung einer Form ist hierbei nicht erforderlich.[51] Bei der Freigabe von Grundstücken bedarf es keiner Umschreibung im Grundbuch, da der Gemeinschuldner bei der Eröffnung des Insolvenzverfahrens weiterhin Rechtsinhaber und somit im Grundbuch eingetragen war. Es wird lediglich der Insolvenzvermerk auf Antrag des Insolvenzverwalters oder Ersuchen des Insolvenzgerichts gemäß § 32 Abs. 3 InsO durch eine berichtigende Eintragung gelöscht.

b. Organtheorie

Anders verhält es sich dagegen nach der Organtheorie. Nach dieser Auffassung kann die Freigabe – entgegen der h.M. – nicht durch eine einseitige empfangsbedürftige Willenserklärung des Insolvenzverwalters erfolgen. Eine Freigabe kann nur durch eine entsprechende Übertragung des jeweiligen dinglichen Rechts vollzogen werden.[52] Die einseitige Freigabeerklärung ist dieser Auffassung zufolge lediglich die causa für das anschließende dingliche Rechtsgeschäft. Ein gutgläubiger Erwerb vom Nichtberechtigten kommt nach dieser Meinung nicht in Betracht, da es sich nicht um ein Verkehrsgeschäft handelt. Rechtlich sei zwar eine Verschiedenheit von Verfügendem (d.h. Konkursmasse) und Erwerbendem (d.h. Gemeinschuldner) vorhanden. Wirtschaftlich weise das Geschäft aber angesichts der Tatsache, dass der Gemeinschuldner wieder als Berechtigter in den Vordergrund rückt, nicht den für ein Verkehrsgeschäft notwendigen materiellrechtlichen Charakter auf.[53]

---

47 Vgl. RGZ 60, 107, 109; RGZ 56, 396, 398.

48 Vgl. zur stillschweigenden Freigabe von Forderungen, RG JW 1888, 288, Nr. 10; zur stillschweigenden Freigabe einer Lebensversicherung, OLG Celle, OLGRspr. 23, 310 f.; RG LZ 1912, Sp. 934.

49 Vgl. *Jaeger / Henckel*, KO, § 6, Rdnr. 21.

50 Vgl. RG LZ 1912, Sp. 934; RG LZ 1914, Sp. 1720, Nr.6; RGZ 94, 55, 56; OLG Celle, OLGRspr. 23, 310.

51 Vgl. *Kübler / Prütting / Lüke*, InsO, Bd. I, § 80, Rdnr. 59; *Jaeger / Henckel*, KO, § 6, Rdnr. 22.

52 Vgl. *Erdmann*, KTS 1967, 87, 111.

53 Vgl. *Erdmann*, KTS 1967, 87, 111 f.

c. Neue Organ- oder neue Vertretertheorie

Nach der neuen Organ- oder neuen Vertretertheorie ist eine Freigabe von Massegegenständen durch den Insolvenzverwalter einer Handelsgesellschaft generell abzulehnen.[54] Die Möglichkeit einer Freigabe durch den Insolvenzverwalter könne beispielsweise dazu führen, dass die Allgemeinheit in der Person der Steuerzahler etwaige mit der Freigabe verbundene Kosten zu tragen habe.[55] Zudem würde in der Zukunft jeder Insolvenzverwalter in dieser Weise handeln. Ansonsten mache er sich schadensersatzpflichtig gemäß § 82 KO.[56]

IV. Erwerbsgeschäfte

1. Amtstheorie

Die Vertreter der Amtstheorie stehen vor der Schwierigkeit, eine Begründung dafür geben zu müssen, dass der Verwalter – im eigenen Namen handelnd – Rechte für ein ihm nicht gehörendes Sondervermögen begründen kann. Einen Ansatzpunkt für eine Begründung stellt nach dieser Auffassung eine Übertragung der zu den Surrogationsregeln für Liquidationsvermögen gewonnenen Erkenntnisse, also zu §§ 1473 Abs. 1 und 2041 Satz 1 BGB, dar.[57] Nach der sogenannten Beziehungssurrogation muss das Rechtsgeschäft durch den Insolvenzverwalter demnach subjektiv mit Beziehung auf das verwaltete Sondervermögen abgeschlossen worden sein und objektiv mit dem Sondervermögen in einen inneren Zusammenhang gebracht werden können.[58] Eine solche objektive Beziehung soll bereits dann gegeben sein, wenn der Insolvenzverwalter mit Mitteln der Masse erwirbt.[59]

2. Vertretertheorie

Die Anhänger der Vertretertheorie haben mit der Erklärung der Fremdwirkung des Verwalterhandelns keine Schwierigkeiten. Nach dieser Auffassung ist es nicht möglich, dass der Insolvenzverwalter für die Masse erwirbt und dabei im eigenen Namen handelt.[60] Sobald man annimmt, dass der Insolvenzverwalter als gesetzlicher Vertreter des Gemeinschuldner mit einer gegenständlich auf die Insolvenzmasse beschränkten Vertretungsmacht agiert, lasse sich die Fremdwirkung hinsichtlich des Schuldners erklären.[61] Entscheidend ist die Massebezogenheit des Erwerbsvorganges, welche sich gerade aus der auf die Masse beschränkten Vertretungsmacht ergebe.[62] Die Wirkungen des Verwalterhandelns treffen unmittelbar den Gemeinschuldner als Vertretenen und berühren den Insolvenzverwalter selbst nicht. Diejenigen Forderungen und Gegenstände, welche der

---

54 Vgl. *K. Schmidt*, Wege, S. 73 f.; *ders.*: KTS 1988, 1, 12 f.; *ders.*; KTS 1994, 309 ff.; bei einer Handelsgesellschaft dürfe es kein massefreies Vermögen geben, denn die Insolvenz einer Gesellschaft sei nicht nur Gesamtvollstreckungsverfahren, sondern auch zugleich ein insolvenzrechtliches und gesellschaftsrechtliches Liquidationsverfahren. Dabei habe der Insolvenzverwalter zusätzlich zu der Verwertung des Gesellschaftsvermögens die Gesellschaft bis zur Löschungsreife vollständig abzuwickeln.

55 Vgl. *K. Schmidt*, Wege, S. 74, der auf einen vom Bundesverwaltungsgericht entschiedenen Fall aus dem Jahr 1984 (BGH ZIP 1984, 772), in dem der Konkursverwalter in Fässern lagernde Lösungsmittelabfälle aus der Masse freigegeben hatte und die Entsorgung auf Kosten der Verwaltung erfolgte.

56 Nunmehr ist die Haftung des Insolvenzverwalters für die ihm nach diesem Gesetz obliegenden Pflichten in § 60 InsO geregelt.

57 Vgl. *Jaeger / Henckel*, KO, § 6, Rdnr. 37; *Kübler / Prütting/ Lüke*, InsO, § 80, Rdnr. 55.

58 Vgl. KG JW 1937, 2199; OLG Köln, OLGZ 1965, 117, OGH NJW 1949, 784.

59 Vgl. *Kübler / Prütting / Lüke*, InsO, § 80, Rdnr. 55; *Jaeger / Henckel*, KO, § 6, Rdnr. 37.

60 Vgl. *Jaeger / Lent*, KO, 8. Aufl., Vorbem. z. §§ 6 – 9, Anm. X, 3.

61 Vgl. *Lent*, in : RG - Praxis, 275, 302 f.; *ders.*: ZZP 62 (1941), 129, 181.

62 Vgl. *Jaeger / Lent*, KO, § 1, Anm. 18; *Jaeger / Henckel*, KO, § 6, Rdnr. 35 a. E.

Insolvenzverwalter für die Masse erwirbt, werden demnach unmittelbar Bestandteil des Schuldnervermögens.

3. Organtheorie

Die Vertreter der Organtheorie kritisieren die Argumentation der Vertretertheorie, nach der ein rechtsgeschäftlicher Erwerb für die Masse durch den Insolvenzverwalter damit begründet wird, der Insolvenzverwalter vertrete den Gemeinschuldner lediglich in Bezug auf die Insolvenzmasse und wolle nur für die Insolvenzmasse erwerben. Eine gegenständliche Beschränkung der Vertretungsmacht sei zwar grundsätzlich möglich, jedoch handele es sich nicht um eine Frage nach der Beschränkung der Vertretungsmacht, sondern vielmehr um die richtige Beantwortung der Frage nach dem vertretenen Rechtssubjekt.[63] Auch die Absicht des Insolvenzverwalters, lediglich für die Insolvenzmasse und nicht für das konkursfreie Vermögen erwerben zu wollen, müsse unerheblich bleiben. Es sei ein vom Gemeinschuldner getrennt zu haltender Bezugspunkt erforderlich, wie ihn nur die Subjekteigenschaft der Insolvenzmasse zu liefern vermag.[64]

4. Theorie des neutralen Handelns

Nach der Theorie des neutralen Handelns ist der Verwalter vom Gesetz mit der Rechtsmacht ausgestattet worden, durch sein Handeln in der ihm anvertrauten Vermögenssphäre die erforderlichen Rechtswirkungen hervorzurufen, als wenn er selbst das Subjekt dieses Vermögens wäre.[65] Lasse der Verwalter bei dem Erwerbsgeschäft erkennen, dass er in Ausübung seiner Verwalterstellung tätig wird, so finde – ohne dass der Verwalter als Vertreter des Gemeinschuldners anzusehen ist – ein unmittelbarer Erwerb für das verwaltete Vermögen ebenso statt wie wenn der Verwalter von dem Gemeinschuldner rechtsgeschäftlich ermächtigt worden sei, im eigenen Namen für diesen zu erwerben.[66] Ein Erwerb des Insolvenzverwalters im eigenen Namen für den Gemeinschuldner sei lediglich dann möglich, wenn dem Veräußerer die Person des Erwerbers gleichgültig ist, der Verwalter den inneren Willen besitze, für den Gemeinschuldner zu erwerben, und wenn das Gesetz die Ausnahme erlaubt, dass der Verwalter unter solchen Umständen zu dem Erwerb für das verwaltete Vermögen ermächtigt sein soll.[67] Die Zulässigkeit einer Ermächtigung ergebe sich aus einer Analogie zu § 185 BGB.[68]

5. Neue Organ- und neue Vertretertheorie

Ebenfalls keine Schwierigkeiten bereitet der Rechtserwerb für die Anhänger der neuen Vertreter- und Organtheorie, nach welcher der Insolvenzverwalter zum einen Vertretungsorgan der Handelsgesellschaft und zum anderen gesetzlicher Vertreter der natürlichen Person ist. Die Ergebnisse sind denen der Organ- und der Vertretertheorie gleich. Kritisch wird dabei angemerkt, dass sich selbst das Reichsgericht[69] unzugestandenermaßen der Vertretertheorie bediene.[70]

---

63 Vgl. *Erdmann*, KTS 1967, 87, 98 f.
64 Vgl. *Erdmann*, KTS 1967, 87, 98.
65 Vgl. *Dölle*, FS Schulz, S. 268, 275 f.
66 Vgl. *Dölle*. FS Schulz, S. 268, 276.
67 Vgl. *Dölle*, FS Schulz, S. 268, 276 f.
68 Vgl. *Dölle*, FS Schulz, S. 268, 276.
69 Vgl. RGZ, 350, 352, wo das RG hinsichtlich des vertragsgemäßen Neuerwerbs durch den Konkursverwalter ausführt, dass „...er *(der Verwalter)* kraft seines öffentlichen Amtes vor allem den Gemeinschuldner vertritt..."
70 Vgl. *K. Schmidt*, KTS 1984, 345, 388 f.

IV. Verpflichtungsgeschäfte

1. Amtstheorie

Hinsichtlich der Verpflichtungsgeschäfte offenbart die Amtstheorie gewisse Schwächen.[71] Ausgangspunkt der Überlegungen hinsichtlich der verpflichtenden Rechtsgeschäfte muss zunächst der Grundsatz sein, dass derjenige, der über einen Gegenstand verfügen darf, auch dessen Haftung muss begründen dürfen.[72] Dies stellt nach Ansicht der Vertreter der Amtstheorie das notwendige schuldrechtliche Gegenstück zur Verfügungsbefugnis dar.[73] Ist es demnach grundsätzlich möglich, dass der Insolvenzverwalter im eigenen Namen die Haftung der Masse begründen kann, stellt sich im Anschluß daran die Frage, wer der Schuldner der von dem Insolvenzverwalter begründeten Verbindlichkeit ist bzw. warum sich der Insolvenzverwalter – trotz Handelns im eigenen Namen – nicht persönlich verpflichtet. Der Grund gegen eine persönliche Haftung des Insolvenzverwalters wird von den Vertretern der Amtstheorie in der Vermögensbezogenheit des Verwalterhandelns gesehen. Schließe der Verwalter in Ausübung seines Amtes verpflichtende Verträge, so handelt er im eigenen Namen mit der Masse und nehme die in der Masse begründeten Verbindlichkeiten wahr. Die Masse sei dann das sogenannte „Interessevermögen".[74]
Schließlich muss geklärt werden, wer diese Verpflichtungen zu erfüllen hat. Der Gemeinschuldner kommt für die Vornahme der Erfüllungshandlungen nicht in Betracht, denn die durch den Insolvenzverwalter begründeten Verbindlichkeiten können sich nur auf die Masse beziehen, auf welche der Gemeinschuldner jedoch für die Dauer des Insolvenzverfahrens wegen der Regelung des § 80 Abs. 1 InsO nicht einwirken kann.[75] Grundsätzlich sind vermögensbezogene Handlungspflichten von demjenigen zu erfüllen, der das Vermögen zu verwalten hat, d.h. bei natürlichen Personen in der Regel der Rechtsträger selbst und bei juristischen Personen das zuständige Organ.[76] Jedoch ist bei der Insolvenz sowohl einer juristischen als auch einer natürlichen Person der Insolvenzverwalter diejenige Person, welche die vermögensbezogenen Handlungen vorzunehmen hat, d.h. der Insolvenzverwalter ist Schuldner mit der Masse.[77]

2. Vertretertheorie

Die Befürworter der Vertretertheorie stellen zunächst fest, dass es eine Eingehung einer Verpflichtung durch den Insolvenzverwalters im eigenen Namen ohne sich selbst zu verpflichten, nicht geben kann. Dies käme einem Vertrag zu Lasten Dritter gleich, obwohl es lediglich Verträge zugunsten Dritter geben kann.[78] Der Erklärungsgegner wäre in seinem Interesse schwer bedroht, wenn das Gesetz eine Verpflichtung eines Dritten durch Erklärungen im eigenen Namen zuließe und den Erklärenden von der Verpflichtung entbinde.[79] Zudem würde die Verkehrssicherheit in einem nicht unerheblichem Ausmaß erschüttert. Mithin kann nach dieser Auffassung eine Verpflichtung eines Dritten niemals ohne den erklärten Willen des Erklä-

71 Selbst das RG gestand ein, dass bei Verpflichtungsgeschäften die Wirkung des Verwalterhandelns eher der Wirkung der unmittelbaren Stellvertretung entspreche, vgl. RGZ 29, 29, 30 a. E.; RGZ 80, 416, 418.
72 Vgl. *Jahr*, in: FS Weber, S. 275, 293, 296.
73 Vgl. *Jaeger / Henckel*, KO, § 6, Rdnr. 32; *Jahr*, in: FS Weber, S. 275, 296.
74 Vgl. *Henckel*, Parteilehre, S. 106 f., 123 ff.; *Jaeger / Henckel*, KO, § 6, Rdnr. 32.
75 Vgl. für die KO *Jaeger / Henckel*, KO, § 6, Rdnr. 33.
76 Vgl. *Jaeger / Henckel*, KO, § 6, Rdnr. 33.
77 Vgl. *Jaeger / Henckel*, KO, § 6, Rdnr. 33.
78 Vgl. *Lent*, ZZP 62 (1941), 129, 183; *Jaeger / Lent*, KO, Vorbem. zu §§ 6 – 9, Anm. X 3.
79 Vgl. *Lent*, ZZP 62 (1941), 129, 184.

renden, den Dritten zu verpflichten und selber nicht Schuldner zu werden, begründet werden.[80] Wenn aber die Verwalter ihre Erklärungen mit dem Hinweis auf die Verwalterstellung und somit auf eine gewollte Fremdwirkung abgeben und empfangen, so müsse sich die Amtstheorie in diesem Punkt fragen, ob dieses Handeln noch als Handeln im eigenen Namen angesehen werden kann.
Kann die durch den Insolvenzverwalter eingegangene Verpflichtung lediglich mit dem insolvenzfreien Vermögen des Gemeinschuldners erfüllt werden, soll nach der Vertretertheorie der Gemeinschuldner nur dann selbst verpflichtet werden, wenn er den Vertragsschluß durch den Insolvenzverwalter genehmigt hat.[81] Anderenfalls müsse der Insolvenzverwalter gemäß § 179 BGB persönlich haften.[82]

3. Organtheorie

Die Behandlung der durch den Insolvenzverwalter eingegangenen Verbindlichkeiten fällt den Vertretern der Organtheorie nicht schwer. Der Insolvenzverwalter handelt als Vertreter der Insolvenzmasse, welche als eigenständiges Rechtssubjekt verpflichtet wird. Eine Verpflichtung des Gemeinschuldners folge weder daraus, dass der Gemeinschuldner das Eigentum an den Massegegenständen behält, noch daraus, dass er nach Beendigung des Insolvenzverfahrens für die Masseverbindlichkeiten hafte.[83]

4. Theorie des neutralen Handelns

Nach der Theorie des neutralen Handelns sollen Verpflichtungsgeschäfte des Insolvenzverwalters mit verhaftender Wirkung für das verwaltete Vermögen kraft seiner gesetzlichen Rechtsmacht grundsätzlich möglich sein.[84] Es sei zwar richtig, dass dem rechtsgeschäftlichen Gläubiger keine andere Person als der Schuldner aufgedrängt werden darf. Es sei jedoch zu erwägen, ob neben dem Insolvenzverwalter als indirektem Vertreter nicht auch der Vertretene haftbar gemacht werden sollte.[85] Positivrechtlich spreche die Vorschrift des § 185 BGB im Wege einer Analogie für die grundsätzliche Zulässigkeit einer Verpflichtungsermächtigung. Lasse der Verwalter seine Stellung erkennen, handele er neutral und begründe lediglich eine Haftung des verwalteten Vermögens neben den von ihm selbst vorzunehmenden Erfüllungshandlungen.[86] Handele der Verwalter dagegen im eigenen Namen, so würde er in jedem Fall selbst verpflichtet. Eine Haftung des verwalteten Vermögens trete zusätzlich ein, wenn der Verwalter die Verpflichtung im Rahmen einer ordnungsgemäßen Verwaltung eingegangen sei.[87]

5. Neue Organ- und neue Vertretertheorie

Die neue Organ- oder neue Vertretertheorie kommt hinsichtlich der Verpflichtungsgeschäfte des Insolvenzverwalters wieder zu den gleichen Ergebnissen wie die Vertretertheorie. Demnach werden grundsätzlich die vertretene Gesellschaft bzw. die vertretene natürliche Person

---

80 Vgl. *Lent*, ZZP 62 (1941), 129, 185.
81 Vgl. *Jaeger / Lent*, KO, Vorbem. zu §§ 6 – 9, Anm. 24.
82 Vgl. *Jaeger / Henckel*, KO, § 6, Rdnr. 29.
83 Vgl. *Bötticher*, ZZP 77 (1964), 55, 64 f.; *Hanisch*, Rechtszuständigkeit, S. 148 ff., 313.
84 Vgl. *Dölle*, FS Schulz, S. 268, 277 ff.
85 Vgl. *Dölle*, FS Schulz, S. 268, 277.
86 Vgl. *Dölle*, FS Schulz, S. 268, 278 f.
87 Vgl. *Dölle*, FS Schulz, S. 268, 279.

durch die Handlungen des Insolvenzverwalters verpflichtet. Bei Verpflichtungen, welche nur mit dem insolvenzfreien Vermögen des Gemeinschuldners erfüllt werden können, ist eine Genehmigung des Gemeinschuldners erforderlich, ansonsten trifft den Insolvenzverwalter die persönliche Haftung des § 179 BGB.[88]

C. Prozeß - rechtliche Folgen der Verwaltertheorien

I. Stellung des Insolvenzverwalters im Prozeß

Hinsichtlich der prozessrechtlichen Stellung des Insolvenzverwalters besteht ebenfalls Uneinigkeit. Teilweise wird der Insolvenzverwalter selbst, teilweise die Masse und schließlich auch der Gemeinschuldner als Partei angesehen.

1. Amtstheorie

Nach Ansicht der Amtstheorie tritt der Insolvenzverwalter in Masseprozessen als Partei kraft Amtes auf.[89] Dieser Ansicht liegt der formelle Parteibegriff[90] zugrunde, denn der Insolvenzverwalter kann in keinem Fall als Subjekt des streitigen Rechtsverhältnisses, wie es für den materiellen Parteibegriff erforderlich wäre, abgesehen werden. Der Insolvenzverwalter führe die Prozesse im eigenen Namen für fremdes Vermögen, jedoch nicht in Vertretung der Insolvenzgläubiger oder des Gemeinschuldners. Die Möglichkeit, Partei kraft Amtes zu sein, ergibt sich aus § 116 ZPO.[91] Die Parteistellung im Prozeß besitze der Insolvenzverwalter nicht als Person, sondern als Träger der Prozessführungsgewalt über die Insolvenzmasse.[92] Die Vorschriften der ZPO seien mithin in diesem Sinne zu verstehen, wenn sie mit dem Begriff der „Partei" das behauptete Subjekt des streitigen Rechtsverhältnisses bezeichnen. In diesen Fällen seien die Vorschriften der ZPO auf den Gemeinschuldner zu beziehen, vgl. nur § 383 ZPO.[93]

2. Vertretertheorie

Die Befürworter der Vertretertheorie machen demgegenüber geltend, dass den Insolvenzverwalter keine unmittelbaren Wirkungen der Prozessführung treffen und sprechen die Parteistellung dem Gemeinschuldner zu. Den Verwalter berühre weder die Kostenlast noch die Vollstreckung und er sei zudem über die Dauer seiner Verwalterstellung hinaus an der sachlichen Rechtskraft nicht interessiert. Gerade anhand dieser Folgen könne man erkennen, ob jemand gesetzlicher Vertreter oder Prozesspartei ist.[94] Der Insolvenzverwalter sei nach der Amtstheorie Partei des Prozesses, ohne jedoch auch das

88 Vgl. oben unter II 4.b).
89 Vgl. BGH WM 1969, 36, 37.
90 Vgl. *Oetker*, JurLitBl. 1890, 188 f., welcher den formellen Parteibegriff erstmals zu dem Zweck aufstellte, dem Konkursverwalter die Parteistellung zu ermöglichen.
91 Vgl. *Kuhn / Uhlenbruck*, KO, §, 6, Rdnr. 24.
92 Vgl. *Weber*, KTS 1955 / 56, 102, 106.
93 Vgl. *Jaeger / Henckel*, KO, § 6, Rdnr. 57
94 Vgl. *Lent*, ZZP 62 (1941), 129, 170 ff. *Lent* gesteht zwar ein, dass wenn man den Verwalter als staatliches Organ betrachtet, ihn in prozessualer Hinsicht mit den anderen Parteinen kraft Amtes vergleichen kann. Dies dürfe jedoch keinesfalls dazu dienen, mit einem solchen Vergleich die Auffassung der Partei kraft Amtes zu begründen, vgl. *Lent*, FS zum 50-jährigen Bestehen des RG, S. 275, 291.

Risiko für den Ausgang tragen zu müssen.[95]

3. Organtheorie

Nach der Organtheorie kommt als Partei lediglich die mit der Eröffnung des Insolvenzverfahrens verselbständigte Insolvenzmasse in Betracht.[96] Durch diese Betrachtungsweise werde auch der Gedanke vermieden, bei einem Verwalterwechsel einen Parteiwechsel annehmen zu müssen.

4. Theorie vom neutralen Handeln

Dieser Auffassung zufolge führt der Insolvenzverwalter die Rechtsstreitigkeiten weder als Vertreter des Vermögensinhabers noch im eigenen Namen. Vielmehr werde der Insolvenzverwalter in seiner Eigenschaft als Träger eines privaten Amtes und somit als Partei kraft Amtes tätig.[97] Die prozessualen Handlungen sind jedoch nach dieser Auffassung ebenfalls neutral. Der Insolvenzverwalter vermöge allein anhand der ihm durch das Gesetz eingeräumten Rechtsmacht durch sein prozessuales Handeln Rechtsfolgen in der ihm zur Wahrung divergierender Interessen anvertrauten Vermögensmasse hervorzurufen.[98] Mithin sei das Handeln des Insolvenzverwalters im Rechtsstreit ebenfalls nicht subjekt- sondern objektbezogen.

5. Neue Organ- und neue Vertretertheorie

Die neue Organ- und neue Vertretertheorie kommt hinsichtlich der Insolvenz einer natürlichen Person zu den gleichen Ergebnissen wie die Vertretertheorie, d.h. der Gemeinschuldner wird als Partei von dem Insolvenzverwalter im Prozeß vertreten. In der Insolvenz einer juristischen Person, in welcher der Insolvenzverwalter dieser Auffassung nach als Organ der Gesellschaft fungiert, trete er in die Stellung des vertretungsberechtigten Organs als dessen Vertreter ein und sei insoweit Organ des Rechtsträgers selbst, nicht der Insolvenzmasse.[99] Partei sei jedoch die unter Konkursverwaltung stehende Gesellschaft bzw. der Gemeinschuldner selbst.[100]

II. Allgemeiner Gerichtsstand

Nunmehr ist mit der Einführung des § 19a ZPO am 01.01. 1999 geregelt, dass der allgemeine Gerichtsstand des Insolvenzverwalters für Klagen, die sich auf die Insolvenzmasse beziehen, durch den Sitz des Insolvenzgerichts bestimmt wird.[101] Zur Verdeutli-

---

95 Vgl. *Lent*, ZZP 62 (1941), 129, 170 f.

96 Vgl. *Bötticher*, ZZP 77 (1964), 55, 61 f.; *Erdmann*, KTS 1967, 87, 101.

97 Vgl. *Dölle*, FS Schulz, S. 268, 284 ff.

98 Vgl. *Dölle*, FS Schulz, S. 268, 285.

99 Vgl. *K. Schmidt*, KTS 1984, 345, 381 ff.; *ders.*: NJW 1987, 1905, 1906; *Rosenberg / Schwab / Gottwald*, Zivilprozessrecht, § 40 II 1d; *Putzo*, in: Thomas / Putzo, ZPO, § 51, Rdnr. 29.

100 Vgl. *K. Schmidt*, KTS 1984, 345, 382.

101 Hierbei bestehen Unklarheiten hinsichtlich der Formulierung „...für Klagen, die sich auf die Insolvenzmasse beziehen, ...“ Diese Formulierung trifft keine Differenzierung in Aktiv- und Passivprozesse. *Wessels*, DZWiR 2000, 196 geht von einer Einbeziehung der Aktivprozesse aus. Als Grund führt *Wessels* die Streichung der Formulierung „Klagen *gegen* den Insolvenzverwalter...“ aus dem Regierungsentwurf zur Änderung der ZPO an. Die neue Formulierung zeige mit der fehlenden Differenzierung in Aktiv- und Passivprozesse, dass eine Einbeziehung der Aktivprozesse gewollt sei. A.A. *Herbst*, DZWiR 2001, 190, 190 f.: sys-

chung der verschiedenen Theorienansätze im prozessualen Bereich, soll kurz auf die verschiedenen Sichtweisen vor der Einführung des § 19a ZPO eingegangen werden.
Der allgemeine Gerichtsstand einer natürlichen Person wird gemäß § 13 ZPO grundsätzlich durch deren Wohnsitz bestimmt, der einer juristischen Person durch deren Sitz, vgl. § 17 ZPO. Der Grund für diese Regelungen besteht darin, dass in der Regel die natürliche Person an ihrem Wohnort bzw. die juristische Person an ihrem Sitz die rechtlich relevanten Angelegenheiten wahrnehmen wird.[102] Dem Vorteil des Klägers, Ort, Zeit und Art der Klageerhebung bestimmen zu können, entspricht die Vergünstigung des Beklagten, den Rechtsstreit nicht an einem auswärtigen Gericht führen zu müssen.[103] Als allgemeiner Gerichtsstand kamen für Klagen, die sich auf die Insolvenzmasse beziehen, vor der Einführung des § 19a ZPO der Wohnsitz des Insolvenzverwalters, der Wohnsitz bzw. Sitz des Gemeinschuldners und schließlich der Verwaltungssitz der Insolvenzmasse in Betracht. Die Ausrichtung nach dem Sitz des Insolvenzgerichts hatte keine der Auffassungen in Erwägung gezogen.

1. Amtstheorie

Nach Auffassung der Amtstheorie ist für die gerichtliche Zuständigkeit auf den Verwaltungssitz der Insolvenzmasse abzustellen.[104] Entgegen der Auffassung des BGH[105], nach welcher der Wohnsitz des Insolvenzverwalters den allgemeinen Gerichtsstand begründen soll, lege der Mittelpunkt der geschäftlichen Tätigkeit des Gemeinschuldners zugleich auch den Gerichtsstand für Prozesse gegen den Insolvenzverwalter als Partei kraft Amtes fest. Insbesondere in Großverfahren würden häufig Insolvenzverwalter aus anderen Regionen bestellt, deren Wohnsitz einige hundert Kilometer von dem Verwaltungsmittelpunkt der Insolvenzmasse entfernt sind.[106] Die Gläubiger müssten somit immer vor dem Gericht am Wohnort des Insolvenzverwalters Klage erheben. Zudem wären im Falle einer Beweisaufnahme des Gerichts zwecks Augenscheinseinnahme gegebenenfalls kostenträchtige Reisen erforderlich.

2. Vertretertheorie

Nach der Vertretertheorie wird auf den Wohnsitz bzw. den Sitz des Gemeinschuldners abgestellt.[107] Dies ergibt sich bereits daraus, dass der Gemeinschuldner als Partei des Rechtsstreites angesehen wird.

---

tematisch betrachtet stehe die Vorschrift des § 19a ZPO zwischen den Vorschriften über den allgemeinen Gerichtsstand (§§ 12 bis 19 ZPO) und den Vorschriften über den besonderen Gerichtsstand (§§ 20 bis 34, 35a ZPO). Der Sinn und Zweck der Regelungen über die Zuständigkeit bestehe vornehmlich in dem Schutz des Beklagten. Gewichtige Gründe, ausnahmsweise den Kläger zu privilegieren (vgl. §§ 23a, 29a, 32a ZPO), seien nicht ersichtlich.

102 So hatte schon das Reichsgericht statuiert, dass der Angreifer den Angegriffenen an dessen Ort aufsuchen müsse, *„actor sequitur forum rei"*, vgl. RGZ 27, 386; BGHZ 115, 92; vgl. auch ausführlich zum allgemeinen Gerichtsstand Zöller / *Vollkommer*, ZPO, § 12, Rdnr. 1 ff.

103 In diesem Zusammenhang fallen Wendungen wie *„favor defensionis"* oder „Heimspielvorteil", vgl. BGHZ 88, 335; BGH NJW 86, 3209; OLG Hamm,. OLGZ 87, 338.

104 Vgl. *Kuhn / Uhlenbruck*, KO, § 6, Rdnr. 30 b; *Jaeger / Henckel*, KO, § 6, Rdnr. 63.

105 Vgl. BGHZ 88, 331, in der sich der BGH auf die Urteile des OLG Celle, KTS 1974, 238, und des LG Hildesheim, BB 1974, 904, bezieht.

106 Vgl. *Kuhn / Uhlenbruck*, KO, § 6, Rdnr. 32 b.

107 Vgl. *Lent*, ZZP 66 (1941), 129, 133.

3. Organtheorie

Nach Ansicht der Vertreter der Organtheorie wird es als absurd und undenkbar empfunden, den allgemeinen Gerichtsstand nach dem Wohnsitz des Insolvenzverwalters zu bestimmen.[108] Vielmehr müsse die verselbständigte Insolvenzmasse selber als Partei angesehen werden, nach welcher sich dann auch der allgemeine Gerichtsstand bestimmen lässt. Mithin sei gemäß § 17 ZPO der Ort maßgeblich, an dem sich der Sitz der Insolvenzmasse befindet.

4. Theorie vom neutralen Handeln

Die Vertreter der Theorie vom neutralen Handeln geht davon aus, dass der Gerichtsstand sich nicht nach der Person der Partei – also dieser Theorie folgend nicht nach dem allgemeinen Gerichtsstand des Insolvenzverwalters - bestimmt. Dies wird damit begründet, dass die Partei – d.h. der Insolvenzverwalter – im Prozeß erkennen lasse, dass es sich in dem Prozeß nicht um sie selbst, sondern um das Vermögen, auf welches sich der Rechtsstreit bezieht, handele.[109] Mithin ist nach dieser Auffassung der allgemeine Gerichtsstand am Ort des verwalteten Vermögens ausschlaggebend.

5. Neue Organ- und neue Vertretertheorie

Der neuen Organ- und neuen Vertretertheorie zufolge wird der Insolvenzverwalter als Gesellschaftsorgan angesehen. Infolge dessen sei es auch zweifelsfrei, dass der Insolvenzverwalter in demselben allgemeinen Gerichtsstand die Prozesse führen müsse wie das von ihm abgelöste Management. Dies bedeutet, dass sich der allgemeine Gerichtsstand unter Zugrundelegung dieser Auffassung nach dem Sitz der Gesellschaft bestimmt.[110]

D. Stellungnahme

Im Streit um die Rechtsnatur des Insolvenzverwalteramtes kann eine Beantwortung der Frage über die Rechtsstellung des Insolvenzverwalters in der Bundesrepublik Deutschland– gerade auch im Hinblick auf das Inkrafttreten der EuInsVO am 31. Mai 2002 - nicht dahinstehen. Eine Entscheidung über die Rechtsstellung des deutschen Insolvenzverwalters erscheint insbesondere vor dem Hintergrund der am 29. Mai 2000 verabschiedeten EuInsVO erforderlich, insbesondere als Ausgangspunkt für das Verständnis der Person des Insolvenzverwalters in anderen europäischen Insolvenzsachrechten. Im Vordergrund der Diskussion über die Rechtsnatur des Insolvenzverwalteramtes haben die Zwecke und Ziele des eigentlichen Insolvenzverfahrens zu stehen. Die Zielsetzung einer Theorie zur Rechtsnatur des Insolvenzverwalteramtes muss grundsätzlich darin bestehen, die spezifische Interessenlage des Insolvenzfalles ausreichend und richtig zu erfassen. Dazu gehört insbesondere die Beachtung des Grundsatzes der gleichmäßigen und bestmöglichen Befriedigung der Gläubiger des Gemeinschuldners.

---

108 Vgl. *Bötticher*, ZZP 77 (1964), 55, 61, der in Frage stellt, „...wer ernstlich auf den Gedanken komme, den Gerichtsstand oder das Armenrecht nach dem privaten Wohnsitz oder nach der Vermögenslage des Konkursverwalters zu bestimmen..."

109 Vgl. *Dölle*, FS Schulz, 268, 286.

110 Vgl. *K. Schmidt*, KTS 1984, 345, 384; *ders.*: Wege, S. 109 ff.

I. Zur Theorie vom neutralen Handeln

Die von *Dölle*[111] begründete Theorie vom neutralen Handeln überzeugt nicht. Richtigerweise hebt diese Auffassung hervor, dass der Insolvenzverwalter nicht ausschließlich im Lager eines Verfahrensbeteiligten steht. Jedoch vermag diese Auffassung die Frage nach der Rechtsträgerschaft, welche im System des geltenden deutschen Rechts grundsätzlich nicht unbeantwortet bleiben darf, nicht zu klären. Im geltenden Recht ist eine derartige Konstruktion, nach welcher eine Willenserklärung weder im eigenen noch im fremden Namen abgegeben wird, unbekannt.[112] Somit ist diese Auffassung abzulehnen.

II. Zur Vertretertheorie

Gegen die Vertretertheorie spricht zunächst in dogmatischer Hinsicht, dass diese Auffassung von einer objektbezogenen Vertretung hinsichtlich der Insolvenzmasse ausgeht. Eine solche objektbezogene Vertretung infolge fehlender Kongruenz zwischen dem Gemeinschuldner als Zurechnungssubjekt und der Insolvenzmasse als Zurechnungsobjekt ist dem deutschen Zivilrecht bislang unbekannt. Grundsätzlich ist die Insolvenzmasse den Gläubigern des Gemeinschuldners als Haftungsobjekt zur gleichmäßigen Befriedigung zugewiesen. Die Hauptaufgabe des Insolvenzverwalters besteht somit in der Verwirklichung der gemeinschaftlichen Haftung der Insolvenzmasse. Der Insolvenzverwalter würde somit den Gemeinschuldner vertreten zu dem Zweck, dessen Gläubigern zur anteiligen Befriedigung ihrer gegen den Schuldner bestehenden Ansprüche zu verhelfen. Dadurch „täuscht"[113] die Vertretertheorie in gewisser Weise vor, der Insolvenzverwalter erfülle mit der Befriedigung der Gläubiger lediglich eine Pflicht, welcher der Gemeinschuldner ohnehin nachkommen müsse. Jedoch realisiert der Insolvenzverwalter die Haftung der Insolvenzmasse - und zwar gegen den Gemeinschuldner und nicht an dessen Stelle -, um den Gläubigern einen geordneten und gleichmäßigen Zugriff auf das Schuldnervermögen zu ermöglichen. Zudem hat der Insolvenzverwalter sein Handeln ausschließlich nach den ihm aufgetragenen Aufgaben und Pflichten auszurichten[114] und unterliegt auch nicht den Weisungen des Gemeinschuldners als des Vertretenen. Die Konstruktion der gesetzlichen Vertretung erscheint hier nicht anwendbar, da der Insolvenzverwalter entsprechend den Zielsetzungen der InsO insbesondere die Interessen der Gläubiger des Gemeinschuldners zu beachten hat.[115] Insofern kann auch der Begründung von *Lent*[116], das Handeln des Verwalters unterscheide sich nicht von der gesetzlich geregelten Vertretung, sondern es stimme damit völlig überein, nicht gefolgt werden.[117] Die Vertretertheorie steht zudem vor der Schwierigkeit, erklären zu müssen, wie der Insol-

---

111 Vgl. *Dölle*, FS Schulz, S. 273.

112 Arg. aus §§ 164 Abs. 2, 185 Abs. 1 BGB.

113 So *Jaeger / Henckel*, KO, § 6, Rdnr. 166.

114 Und damit gerade nicht nach den Interessen des Gemeinschuldners als Vertretenem.

115 Wobei der Insolvenzverwalter natürlich auch nicht als Vertreter der Gläubiger agiert. Selbstverständlich hat der Insolvenzverwalter auch Interessen des Gemeinschuldners zu beachten, jedoch lediglich insoweit, wie es durch die Regelungen der InsO vorgesehen ist.

116 Vgl. *Jaeger / Lent*, KO, 8. Aufl., 1958, Vorb. zu §§ 6-9, XIV, 2., S. 113; *Lent*, ZZP 62 (1941), 129, 209.

117 Ein Argument gegen die Übereinstimmung mit den Regeln der Stellvertretung kann darin gesehen werden, dass einem Vertreter, dessen Handeln lediglich für und gegen ein bestimmtes Sondervermögen des Vertretenen wirken soll, zusätzlich Pflichten hinsichtlich des zu beachtenden Offenkundigkeitsgrundsatzes aufzuerlegen sind. Das bedeutet, der Vertreter hat neben der Identität des Rechtsträgers auch die Grenzen des Sondervermögens, auf welches sich die Vertretergeschäfte beziehen, offenzulegen. Vgl. dazu *K. Schmidt*, KTS 1984, 345, 352 f.

venzverwalter Rechtshandlungen des Gemeinschuldners anfechten kann.[118] Widersinnige Ergebnisse würde man z.B. auch im Rahmen der Planüberwachung erhalten. Unter Zugrundelegung dieser Auffassung wäre hierbei eine gewisse Insich- oder Selbstüberwachung anzunehmen.

III. Zur Organtheorie

Zweifelsohne stellt die Organtheorie eine Konstruktion zur Verfügung, welche zahlreiche Rechtsfolgen des Insolvenzfalles anschaulich und nachvollziehbar erklären kann. Besitzt die Insolvenzmasse eigene Rechtssubjektsqualität, dann ist die – bei der Vertretertheorie[119] fehlende – Kongruenz zwischen subjektbezogenem und objektbezogenem Verwalterhandeln gegeben. Es fehlt jedoch allgemein an einer gesetzlichen Bestimmung, nach welcher eine juristische Person bzw. eine Vermögensmasse allein durch den Akt der Eröffnung eines Insolvenzverfahrens entstehen kann.[120] Bereits das RG[121] hat mehrfach klargestellt, dass die Masse kein Rechtsträger ist und der Gemeinschuldner somit als Träger der zur Masse gehörenden Rechte und Pflichten angesehen werden muß. Mit der Eröffnung des Insolvenzverfahrens verliert der Gemeinschuldner lediglich das Recht, sein Vermögen zu verwalten und darüber zu verfügen. Eine juristische Person, welche nur die Befugnis zur Verfügung über fremdes Vermögen besitzt, gibt es nicht. Das Ziel, Einwirkungen des Gemeinschuldners auf die Insolvenzmasse auszuschließen und Beeinträchtigungen der Haftungsfunktion des Schuldnervermögens zu verhindern, macht es nicht erforderlich, das Schuldnervermögen auf einen selbständigen Vermögensträger zu übertragen bzw. es selbst zu verselbständigen. Es verwundert nicht, dass innerhalb der Organtheorie insbesondere die Frage der Haftung umstritten ist. Während *Erdmann*[122] auch die neuen Schulden auf den neu entstandenen Vermögensträger übergehen lassen will, verneint *Hanisch*[123] einen Übergang der Schulden des Gemeinschuldners auf den Rechtsträger Masse und betrachtet nur den Gemeinschuldner als Schuldner der Forderung. Zusätzlich stellt sich bei Zuerkennung der Rechtssubjektivität[124] das Problem der – vornehmlich sachenrechtlichen Publizität. Nur aus einer hinreichenden Publizität der Rechtssubjekte kann sich die vom Gesetzgeber gewollte Publizität der Rechtsobjekte und damit schließlich die Publizität der gesamten Rechtsordnung

---

118 Der Insolvenzverwalter kann nach dieser Theorie nicht mehr Rechte geltend machen als dem Gemeinschuldners bei der Eröffnung des Verfahrens zugestanden haben, vgl. dazu auch *H. Mohrbutter*, in: Mohrbutter / Mohrbutter, II.46, S. 46.

119 Der wesentliche Unterschied zwischen Vertretertheorie und Organtheorie besteht darin, dass die Organtheorie den Zurechnungspunkt für die Rechte und Pflichten in der Insolvenzmasse selber sieht, wohingegen die Anhänger der Vertretertheorie noch auf einen Masseträger – den Gemeinschuldner – zurückgreifen. Durch die sodann vorgenommene Konstruktion der Vertretung nur hinsichtlich der Insolvenzmasse entsteht erst die fehlende Kongruenz bei der Vertretertheorie.

120 Dies hätte beispielsweise zur Folge, dass bei dem Erwerb eines Grundstücks für die Masse durch den Insolvenzverwalter die Masse im Grundstück als Eigentümerin eingetragen werden müsste (Bspl. nach *Bork*, Rdnr. 65, Fn. 14). Das Grundstück ist jedoch Bestandteil der Insolvenzmasse und nicht deren Rechtsobjekt. Hingegen besteht die Möglichkeit, dass eine Vermögensmasse Rechtssubjekt sein kann, z.B. in Schweden, vgl. BGHZ 134, 116, 118.

121 Vgl. in Fortführung von RGZ 29, 29, 30 f. klarstellend RGZ 52, 330, 332 f.

122 Vgl. *Erdmann*, KTS 1967, 116 f.

123 Vgl. *Hanisch*, Rechtszuständigkeit, S. 107, 235 ff.

124 Rechtssubjektivität verstanden als Zuerkennung rechtlicher Individualität und Rechtsträgerschaft, vgl. *K. Schmidt*, KTS 1984, 345, 354.

ergeben.[125] Aufgrund ihrer systematischen Schwächen ist diese Auffassung daher im Ergebnis abzulehnen.

IV. Zur neuen Organ- oder Neuen Vertretertheorie

Zunächst ist bei der neuen Organ- oder Vertretertheorie zu kritisieren, dass die Befürworter nicht in der Lage waren, eine stimmige und eindeutige Bezeichnung ihrer Theorie zu finden.[126] Zudem ist auch hier wieder darauf abzustellen, dass der Insolvenzverwalter die Interessen aller am Verfahren Beteiligten wahrzunehmen hat und nicht nur die Interessen des Gemeinschuldners, gleichgültig, ob es sich um eine natürliche Person, ein Unternehmen oder einen Verein handelt. Insofern kommen hier im wesentlichen die zur Vertretertheorie hervorgebrachten Bedenken zur Geltung, so dass vornehmlich wiederum zivilrechtlich – systematische Gesichtspunkte entgegenstehen. Die Zielsetzung dieser Auffassung, den Insolvenzverwalter in der Insolvenz einer Handelsgesellschaft als deren Fremdorgan bzw. –liquidator einzusetzen, widerspricht dem zentralen Ziel der InsO, welches vornehmlich in einer optimalen Befriedigung der Gläubiger besteht. Ebenso ist diese Auffassung mit der grundsätzlichen Unterscheidung zwischen dem Unternehmen als Rechtssubjekt und Gegenstand der Insolvenzmasse und seinem Rechtsträger unvereinbar. Schließlich treten durch die dreigeteilte Differenzierung zwischen der Insolvenz von Handelsgesellschaften, Vereinen und natürlichen Personen insbesondere im prozessualen Bereich Schwierigkeiten auf, so dass diese Auffassung im Ergebnis abzulehnen ist.

V. Zur Amtstheorie

Im Ergebnis zu der Rechtsstellung des Insolvenzverwalters ist grundsätzlich der Amtstheorie zu folgen. Es kann jedoch nicht ohne Weiteres eine vollständige Übertragung der Grundsätze zur KO vorgenommen werden, da die KO ausschließlich auf Zerschlagung und Verwertung des Schuldnervermögens zugeschnitten war. Insofern sind die zur KO erfolgten Aussagen auch vor dem Hintergrund zu beurteilen, dass nunmehr auch die Sanierung bzw. die übertragende Sanierung als ein der Liquidierung gleichwertiges Verfahrensziel anzusehen sind. Zweifelsohne steht die Amtstheorie vor dem Problem der Zuordnung von Rechtsobjekt, Rechtsträger und Handlungsträger. Obwohl ein Handeln des Insolvenzverwalters im eigenen Namen gegeben ist, treffen nicht den Insolvenzverwalter die Folgen seines Handelns, sondern grundsätzlich den Gemeinschuldner. Dadurch soll nur ein Unterschied zur Stellvertretung zum Ausdruck gebracht werden, wenn von einem Handeln des Insolvenzverwalters kraft eigenen Rechts und im eigenen Namen gesprochen wird. Dennoch führt auch die strikte Anwendung der Amtstheorie zugestandenermaßen nicht immer zu systematisch einwandfreien Ergebnissen.[127]

---

125 Vgl. *K. Schmidt*, KTS 1984, 345, 354.

126 Zum „Benennungs – Wirrwarr" vgl. *K. Schmidt*, KTS 1984, 345 ff.; *ders.:* NJW 1987, 1905 ff.; *ders.:* KTS 1991, 211 ff.; *ders.:* NJW 1995, 911 ff.

127 Vgl. noch die Entscheidung des BGH, BGHZ 88, 331 bzgl. des allgemeinen Gerichtsstandes am Ort des Verwaltersitzes, wobei nunmehr seit dem 01.01. 1999 die Regelung des § 19 a ZPO in Kraft ist, nach welcher der allgemeine Gerichtsstand des Insolvenzverwalters für insolvenzbezogene Klagen durch den Sitz des Insolvenzgerichtes bestimmt wird; BGH NJW 1987, 1940 bzgl. der Erklärung des Konkursverwalters zu einem Scheinkaufmann.

Andererseits trägt die Amtstheorie der Eigenart des Insolvenzfalles am besten Rechnung, indem die Insolvenzmasse als ein haftungsrechtliches Sondervermögen ohne eigene Rechtspersönlichkeit angesehen wird. Der Gemeinschuldner bleibt demnach Inhaber seines Vermögens, welches nunmehr für seine Schulden haftet und den Gläubigern des Gemeinschuldners haftungsrechtlich zugewiesen ist. Mit dieser funktionalen Trennung der Verwaltungs- und Verfügungsbefugnis sind einige Vorteile verbunden. Zu denken ist dabei beispielsweise an die recht einfach zu bewerkstelligenden Eintragungen und Löschungen des Insolvenzvermerks i.S.d. §§ 32, 33 InsO. Zudem hat diese Auffassung in der Vorschrift des § 116 Satz 1 Nr. 1 ZPO ihren gesetzlichen Niederschlag gefunden, nach welcher eine Partei kraft Amtes auf Antrag Prozesskostenhilfe verlangen kann. Ferner sprechen die Regelungen der §§ 56 Abs. 2 Satz 2, 57 Satz 3, 59 Abs. 1 Satz 1, 66 Abs. 1 InsO ausdrücklich von einem Amt des Insolvenzverwalters. Der Insolvenzverwalter ist somit funktionsbezogen für ein Sondervermögen des Gemeinschuldners zuständig, welches er als unabhängiges Organ der Rechtspflege zu verwalten und zu verwerten hat. Die Amtstheorie stellt somit nach wie vor die überzeugendste Konstruktion hinsichtlich der Rechtsstellung des Insolvenzverwalters dar, da sie zum einen den Versuch unternimmt, eine Lösung sämtlicher einschlägiger Einzelfragen in ein übersichtliches System zu bringen und damit der besonderen Interessenlage des Insolvenzfalles am besten Rechnung trägt. Gleichzeitig ist die Amtstheorie offen für die Einbeziehung von Lösungen hinsichtlich neuer auftretender Rechtsfragen.

III. Teil: Rechte und Pflichten des Insolvenzverwalters nach der InsO

Der Insolvenzverwalter hat bei der Erfüllung seiner Aufgaben während des gesamten Verfahrens verschiedene Interessen – insbesondere die der Gläubiger - zu berücksichtigen. Zu diesem Zweck stellt die InsO dem Insolvenzverwalter eine Vielzahl von Befugnissen und Rechten zur Verfügung, um diesen Ansprüchen gerecht zu werden. Andererseits soll eine umfangreiche, vollständige und möglichst zügige Abwicklung des Insolvenzverfahrens unter Wahrung des Grundsatzes der gleichmäßigen und bestmöglichen Befriedigung der Insolvenzgläubiger gewährleistet sein. Zur Erreichung dieses Zieles treffen den Insolvenzverwalter zahlreiche Pflichten, welche gewissermaßen das Pendant zu den ihm durch die InsO verliehenen Rechte darstellen.

A. Rechte und Befugnisse des Insolvenzverwalters

I. Verwaltungs- und Verfügungsrecht i.S.d. § 80 Abs. 1 InsO

1. Allgemeines

Nach der Vorschrift des § 80 Abs. 1 InsO geht das Recht des Gemeinschuldners, über sein zur Insolvenzmasse gehörendes Vermögen zu verfügen und dasselbe zu verwalten, durch die Eröffnung des Insolvenzverfahrens auf den Insolvenzverwalter über. Die Regelung des § 80 Abs. 1 entspricht § 6 KO, § 80 Abs. 2 InsO ist der Vorschrift § 13 KO nachgebildet.[1] Der Zweck dieser Regelung besteht vornehmlich darin, den Gläubigern das als Haftungsmasse zugewiesene Schuldnervermögen zu sichern, um das dem Insolvenzverfahren zugrundeliegende Prinzip der größtmöglichen und gleichmäßigen Befriedigung aller Gläubiger zu verwirklichen.[2] Mit dem Entzug des Verwaltungs- und Verfügungsrechts geht der Gedanke einher, dass masseschädigende Verfügungen oder sonstige die Insolvenzmasse vermindernde Handlungen des Gemeinschuldners vollständig vermieden werden sollen.[3] Durch den Übergang des Verwaltungs- und Verfügungsrechts verliert der Gemeinschuldner keineswegs seine Position als Rechtsinhaber. Er bleibt vielmehr Inhaber seines gesamten Vermögens, d.h. er behält sowohl seine Eigentümerstellung hinsichtlich beweglicher und unbeweglicher körperlicher Gegenstände als auch seine Forderungsinhaberschaft.[4] Die Regelung des § 80 Abs. 1 InsO bildet sozusagen den Ausgangspunkt für alle weiteren Rechte und auch Pflichten des Insolvenzverwalters, welche sich aus der InsO oder auch zum Teil aus Spezialgesetzen ergeben.

2. Inhalt des Verwaltungs- und Verfügungsrechts

Die in § 80 Abs. 1 InsO getroffene Regelung ermächtigt den Insolvenzverwalter gegenüber der Gläubigergemeinschaft zu allen Maßnahmen, welche dem Zweck des Insolvenzverfahrens – größtmögliche und gleichmäßige Befriedigung aller Insolvenzgläubi-

---

1 Vgl. FK / *App*, InsO, § 80, Rdnr. 1.

2 Vgl. *Hess, Weis / Wienberg*, § 80, Rdnr. 3; FK / *App*, InsO, § 80 Rdnr. 2; *Kübler / Prütting / Lüke*, InsO, § 80, Rdnr. 2; *Kilger / K. Schmidt*, KO, § 6, Anm. 4 a.

3 Vgl. *Hess / Obermüller*, Rechtsstellung, Rdnr. 858.

4 Vgl. BGHZ 49, 13; OLG Celle, Urt. v. 20.6. 1904, OLGE 9, 378; FK / *App*, InsO, § 80, Rdnr. 5; *Bork*, Rdnr. 125.

ger – dienen oder sich sonst auf die Insolvenzmasse beziehen.[5] Diese Maßnahmen kann der Insolvenzverwalter gemäß § 27 InsO ab dem Zeitpunkt der Verfahrenseröffnung ausüben.[6] Grundsätzlich kann der Insolvenzverwalter keine anderen und nicht mehr Rechte bezüglich der Insolvenzmasse ausüben als der Gemeinschuldner selbst.[7] Gegenständlich sind seine Befugnisse auf die Insolvenzmasse beschränkt, vgl. § 35 InsO.

a. Abgabe rechtsgeschäftlicher Erklärungen

Hinsichtlich der Abgabe rechtsgeschäftlicher Erklärungen gibt der Verwalter Willenserklärungen im eigenen Namen ab und sollte – zwecks Haftungsvermeidung – zu erkennen geben, dass er als Verwalter und damit nicht in eigenen Angelegenheiten auftritt. Dabei handelt es sich jedoch nicht um die Einhaltung des Offenkundigkeitsprinzips i.S.d. § 164 BGB, da es sich nicht um eine Stellvertretung des Schuldners handelt[8] und der Verwalter angesichts der dem Gemeinschuldner entzogenen Verwaltungs- und Verfügungsbefugnis selbst für die Erfüllung sorgen muß.[9] In Ansehung von Willensmängeln kommt lediglich die Person des Insolvenzverwalters in Betracht, da der Gemeinschuldner während der Dauer des Insolvenzverfahrens keinerlei unmittelbare rechtliche Einwirkungsmöglichkeit besitzt.[10] Im Zusammenhang mit der Anfechtung gemäß §§ 119 ff. BGB ist ebenfalls auf die Person des Insolvenzverwalters abzustellen, wobei der Gemeinschuldner im Rahmen des § 123 Abs. 2 BGB nicht im Lager des Verwalters steht – d.h. Dritter im Sinne dieser Vorschrift ist - und der Tatbestand des § 123 Abs. 2 BGB somit bei einer Täuschung durch den Gemeinschuldner als erfüllt anzusehen ist.[11] Gleiches hat für die Kenntnis oder das Kennen - müssen bezüglich eines gutgläubigen Erwerbs gemäß §§ 932, 892, 1138 BGB zu gelten, so dass auch hierbei auf die Person des Insolvenzverwalters abzustellen ist.[12]

b. Selbstkontrahieren gemäß § 181 BGB

Der Insolvenzverwalter kann nach herrschender Auffassung grundsätzlich nicht zwischen sich als Person und dem Gemeinschuldner, dessen Verwaltungs- und Verfügungsrecht mit der ihn übergegangen ist, Rechtsgeschäfte wirksam vornehmen.[13] Dies entspricht der Rechtsprechung des Bundesgerichtshofs zu ebensolchen Geschäften des Testamentsvollstreckers.[14] Die unmittelbare Anwendung des § 181 BGB ist zweifelhaft, denn der Insolvenzverwalter ist gerade nicht als Vertreter des Gemeinschuldners anzu-

5 Vgl. *Kilger / K. Schmidt*, KO, § 6, Anm. 4 a; FK / *App*, InsO, § 80, Rdnr. 10;

6 Vgl. BGH, Beschl. v. 27.9. 1956, WM 1956, 1473; *Kübler / Prütting / Lüke*, InsO, Bd. I, § 80, Rdnr. 20.

7 Vgl. BGH NJW 1971, 1750; FK / *App*, InsO, § 80, Rdnr. 11; *Kilger / K. Schmidt*, KO, § 6, Anm. 4 b.

8 Vgl. oben unter II. Teil, D.

9 Vgl. *Kübler / Prütting / Lüke*, InsO, Bd. I, § 80; Rdnr. 23.

10 Vgl. *Hess / Obermüller*, Rdnr. 682; *Kübler / Prütting / Lüke*, InsO, § 80, Rdnr. 24.

11 Vgl. schon das RG, Urt. v. 8.7. 1914, WarnRspr. 1914, Nr. 271; *Jaeger / Henckel*, KO, § 6, Rdnr. 51; *Kübler / Prütting / Lüke*, InsO, § 80, Rdnr. 24.

12 Vgl. *Kuhn / Uhlenbruck*, KO, § 6, Rdnr. 19; *Kübler / Prütting / Lüke*, InsO, § 80, Rdnr. 25.

13 Vgl. *Kübler / Prütting / Lüke*, InsO, § 80, Rdnr. 26; *Jaeger / Weber*, , KO, 8. Aufl., § 126, Anm. 3; *F. Weber*, BB 1962, 1207; zust. OLG Frankfurt, MDR 1976, 675; teilweise wird vertreten, dass Insichgeschäfte des Insolvenzverwalters überwiegend wirksam sind – die Vorschrift des § 181 BGB demnach keine, auch keine entsprechende Anwendung finden soll - und lediglich der Aufsicht des Insolvenzgerichts unterliegen sollen, *Skrotzki*, KTS 1955, 111. Dem ist jedoch entgegenzuhalten, dass das Insolvenzgericht im Zweifel selten rechtzeitig von solchen Geschäften des Insolvenzverwalters Kenntnis erhalten dürfte. Aus diesem Grund sind Insichgeschäfte des Insolvenzverwalters grundsätzlich als unwirksam anzusehen.

14 Vgl. dazu BGHZ 30, 67, 69; BGHZ 51, 209, 213.

sehen.[15] Aus dem allgemeinen Rechtsgedanken des § 181 BGB[16] ergibt sich, dass ein etwaiger Interessenkonflikt zu vermeiden ist.[17] Die Vorschrift ist insoweit entsprechend anzuwenden, als Geschäfte des Insolvenzverwalters mit sich selbst in der Erfüllung einer Verbindlichkeit bestehen.[18] Damit besteht die Möglichkeit, dass der Insolvenzverwalter eine von ihm selbst geschuldete Leistung in die Masse erbringen kann. Dies gereicht somit im Ergebnis der Gläubigergesamtheit zum Vorteil. Eine Gestattung des Selbstkontrahierens kann dagegen bei Insichgeschäften des Insolvenzverwalters weder durch den Gemeinschuldner[19] noch durch den Gläubigerausschuß bzw. die Gläubigerversammlung - allenfalls in den Fällen des § 160 Abs. 1 und 2 InsO[20] - erfolgen. Grundsätzlich wird für die Genehmigung von Insichgeschäften des Insolvenzverwalters die Bestellung eines Sonderverwalters verlangt.[21]

3. Begrenzung des Verwaltungs- und Verfügungsrechts

Der Übergang des Verwaltungs- und Verfügungsrechts auf den Insolvenzverwalter gemäß § 80 Abs. 1 Satz 1 InsO darf nicht zur Folge haben, dass dieser willkürlich und ohne Einschränkung Rechtshandlungen vornehmen darf.

a. Herrschende Auffassung

Aus diesem Grund wird das Verwaltungs- und Verfügungsrecht des Insolvenzverwalters von der herrschenden Meinung[22] inhaltlich durch das Abstellen auf den Insolvenzzweck begrenzt. Zum Schutz des Rechtsverkehrs und zur Berücksichtigung von Drittinteressen kann nicht jede insolvenzzweckwidrige oder für die Insolvenzmasse nachteilige Rechtshandlung des Insolvenzverwalters nichtig sein. Vielmehr muss es sich um einen beson-

---

15 Vgl. nur *Kuhn / Uhlenbruck*, KO, § 6, Rdnr. 20. Zu dem Meinungsstreit über die Rechtsstellung des Insolvenzverwalters vgl. oben Teil II.

16 Ein solcher Rechtsgedanke findet sich ebenfalls in §§ 34, 450 f., 1629 Abs. 2, 1795 BGB; 136 Abs. 1 AktG; § 47 Abs. 4 GmbHG; § 43 Abs. 3 GenG.

17 Vgl. BGHZ 30, 67, 70; BGHZ 51, 209, 215; *Jaeger / Weber*, KO, § 126, Rdnr. 3; *Kilger / K. Schmidt*, KO, § 6, Anm. 6 a bb; *Kuhn / Uhlenbruck*, KO, § 6, Rdnr. 20; RGRK / *Steffen*, BGB, § 181, Rdnr. 8.

18 Vgl. RG, Urt. v. 15.11. 1912, RGZ 80, 407, 416; *Böhle – Stamschräder / Kilger*, § 6, Anm. 4; *Hess / Obermüller*, Rechtsstellung, Rdnr. 685; *Jaeger / Henckel*, KO, § 6, Rdnr. 149; *Kuhn / Uhlenbruck*, KO, § 6, Rdnr. 20.

19 Vgl. § 80 Abs. 1 InsO, nach welchem dem Gemeinschuldner mit der Verfahrenseröffnung das Verwaltungs- und Verfügungsrecht entzogen ist und eine Zustimmung demzufolge ausscheidet.

20 Danach ist eine Zustimmung durch den Gläubigerausschuß bzw. die Gläubigerversammlung bei Rechtshandlungen des Insolvenzverwalters erforderlich, die für das Insolvenzverfahren eine besondere Bedeutung besitzen, § 160 Abs. 1 InsO. In § 160 Abs. 2 Nr. 1 – 3 InsO folgt eine nicht abschließende Aufzählung von Fällen, in denen eine besondere Bedeutung anzunehmen ist. Man müsste dann das Selbstkontrahieren des Insolvenzverwalters als eine für das Insolvenzverfahren besondere Rechtshandlung begreifen, um zu einer erforderlichen Zustimmung durch den Gläubigerausschuß bzw. der Gläubigerversammlung zu gelangen. Dies wird im Einzelfall vermutlich von dem Inhalt des Insichgeschäfts abhängig sein.

21 Für die Konkursordnung folgte dies aus der Vorschrift des § 78 KO, vgl. OLG Frankfurt, MDR 1976, 675; *Kuhn / Uhlenbruck*, KO, § 6, Rdnr. 20; *Jaeger / Weber*, KO, § 126, Rdnr. 3; *Weber*, BB 1962, 1207; die weiterhin bestehende Möglichkeit der Bestellung eines Sonderverwalters könnte nunmehr im Geltungsbereich der InsO auf die Vorschrift des § 56 Abs. 1 InsO gestützt werden, der insoweit von der Bestellung einer „...für den Einzelfall geeigneten Person..." spricht.

22 Vgl. RGZ 23, 54, 62; RGZ 29, 82; RGZ 53, 190, 192 f.; RGZ 57, 195, 199 f.; RGZ 63, 203, 213; RGZ 76, 244, 249 f.; BGH JZ 1955, 337; BGH NJW 1971, 701; LG Aachen, BB 1951, 766; BGH, Urt. v. 10.2. 1958, NJW 1958, 670; OLG Schleswig, SchlHA 1956, 239; *Bork*, Rdnr. 127; *Nerlich / Römermann / Wittkowski*, InsO, § 80, Rdnr. 132; *Kuhn / Uhlenbruck*, KO, § 6, Rdnr. 37; *Böhle-Stamschräder / Kilger*, § 6, Anm. 7.

ders schwerwiegenden Verstoß gegen den Insolvenzzweck handeln.[23] Ein besonders schwerwiegender Verstoß ist insbesondere dann anzunehmen, wenn eine Schenkung des Insolvenzverwalters vorliegt[24], wenn eine Abtretung einer massezugehörigen Forderungen an einen Gläubiger erfolgt, um diesem eine höhere Deckung zu verschaffen[25] und wenn der Insolvenzverwalter trotz des Nichtbestehens Aus- und Absonderungsrechte anerkennt.[26] Dagegen ist eine Insolvenzzweckwidrigkeit grundsätzlich abzulehnen, wenn eine Rechtshandlung lediglich unzweckmäßig ist.[27]

b. Die Auffassung von *Lent*

Lent[28] nimmt lediglich dann eine – über die gesetzlichen Schutzvorschriften hinausgehende - Beschränkung des Verwaltungs- und Verfügungsrechts des Insolvenzverwalters an, wenn es sich um eine Schenkung handelt. Zudem könne es für eine wirksame Rechtshandlung des Insolvenzverwalters an den materiellrechtlichen Voraussetzungen fehlen. Ansonsten seien Rechtshandlungen des Insolvenzverwalters lediglich dann unwirksam, wenn er seine Vertretungsmacht missbrauche. Aus diesem Grund seien die Regeln über den Missbrauch der Vertretungsmacht entsprechend anzuwenden. Ein Missbrauch der Vertretungsmacht sei etwa bei der bewussten Anerkennung nicht bestehender Rechte zum Schaden der Masse im Zusammenwirken mit dem Gegner gegeben.[29]

c. Die Auffassung von *Weber*

Weber[30] geht wie *Lent* von einer grundsätzlich unbeschränkten Verfügungsmacht des Insolvenzverwalters aus, welche nur die Befugnis zur Schenkung nicht einschließe. Nach seiner Auffassung sind Rechtsgeschäfte des Insolvenzverwalters dann als nichtig anzusehen, wenn sie einem Berechtigten eine Befriedigung oder Sicherung verschaffen, welche einem in der InsO enthaltenen gesetzlichen Verbot i.S.d. § 134 BGB widersprechen.

d. Stellungnahme

Zunächst ist der herrschenden Auffassung entgegenzuhalten, dass mit dem Begriff der offensichtlichen Zweckwidrigkeit ein unbestimmtes Charakteristikum gewählt worden ist, welches keine eindeutige Grenzziehung erlaubt. Andererseits lässt die herrschende Auffassung damit ihre Absicht erkennen, nach welcher lediglich objektiv schwerwiegende Verstöße gegen den Insolvenzzweck von einer Beschränkung der Verwaltungs- und Verfügungsbefugnis erfasst sein sollen. Durch das Abstellen auf eine objektive Beurteilung der Insolvenzzweckwidrigkeit ist es gerechtfertigt, den Schutz der Masse ausnahmsweise dem Vertrauensschutz des Rechtsverkehrs vorzuziehen.[31] Damit ist der

---

23 Insoweit gewinnt die Vorschrift des § 1 InsO an Bedeutung, in welcher eines der Hauptziele des Insolvenzverfahrens – möglichst weitgehende und gleichmäßige Befriedigung sämtlicher Gläubiger – postuliert wird.

24 Vgl. RGZ 29, 80 ff.; RGZ 153, 190, 193.

25 Vgl. RGZ 57, 195, 199 f.; BGH JZ 1955, 337.

26 Vgl. BGH ZZP, 68, 35, 37.

27 Vgl. RGZ 53, 190, 192; *Jaeger / Henckel*, § 6, Rdnr. 150.

28 Vgl. *Lent*, KTS 1965, 161 ff.; *ders.*: KTS 1957, 27 ff.; kritisch hierzu *Berges*, KTS 1957, 49 ff.

29 Vgl. *Lent*, KTS 1965, 161, 162.

30 Vgl. *Jaeger / Weber*, §§ 207, 208, Anm. 50; *Weber*, BB 1962, 1207; in diesem Sinne auch *Lippok*, S. 61 ff..

31 Dem scheint auch die Haltung der Rechtsprechung zu entsprechen, die entweder „schnurstracks dem Verfahrenszweck zuwiderlaufende Rechtshandlungen" (vgl. RGZ 57, 195, 199) oder „Rechtshandlungen, die schlechterdings mit dem Verfahrenszweck unvereinbar sind" (so RGZ 76, 250) verlangt.

herrschenden Auffassung zu folgen, nach welcher die Verwaltungs- und Verfügungsbefugnis des Insolvenzverwalters durch Maßnahmen beschränkt ist, welche offensichtlich dem Zweck des Insolvenzverfahrens zuwiderlaufen.

II. Prozessführungsbefugnis des Insolvenzverwalters

1. Allgemeines

Im Falle der Eröffnung eines Insolvenzverfahrens findet gemäß § 240 ZPO eine Unterbrechung der Prozesse statt, welche der Schuldner zur Zeit der Verfahrenseröffnung in Bezug auf zur Insolvenzmasse gehörendes Vermögen geführt hat. Zugleich verliert der Gemeinschuldner gemäß § 80 Abs. 1 InsO das Recht, sein eigenes Vermögen zu verwalten und über dasselbe zu verfügen. Dies führt im Prozess dazu, dass der Gemeinschuldner nicht mehr selber die Prozesse für und gegen sein Vermögen führen kann. Der Insolvenzverwalter sieht sich mithin bei der Aufnahme seiner Aufgaben oftmals mit der Situation konfrontiert, dass gegen den Gemeinschuldner – dieser wird sich in der Regel schon seit längerer Zeit in einer Krise befinden – Prozesse laufen oder der Gemeinschuldner selber aktiv Prozesse gegen vermeintliche Gläubiger führt. Das Recht des Insolvenzverwalters, den laufenden Prozess zu übernehmen, ergibt sich für Aktivprozesse aus § 85 Abs. 1 InsO und für Passivprozesse aus der Vorschrift des § 86 Abs. 1 InsO. Der Zweck dieser Regelung besteht zum einen darin, dem Übergang des Verwaltungs- und Verfügungsrechts auf den Insolvenzverwalter Rechnung zu tragen und dem Insolvenzverwalter damit eine ausreichende Bedenkzeit über die Fortführung des Prozesses zu gewähren.[32] Zum anderen verfolgt die Prozessunterbrechung den Sinn, das Insolvenzverfahren prozessual zu sichern und dadurch Störungen durch laufende Prozesse zu vermeiden.[33]

2. Aktive Prozessführungsbefugnis gemäß § 85 InsO

Nach der Regelung des § 85 Abs. 1 InsO kann der Insolvenzverwalter Rechtsstreitigkeiten, welche das zur Insolvenzmasse gehörende Vermögen des Gemeinschuldners betreffen und welche im Zeitpunkt der Eröffnung des Insolvenzverfahrens anhängig sind, in der Lage, in der sie sich befinden, aufnehmen. Ist das Interesse für die Insolvenzmasse aus der Sicht des Insolvenzverwalters nicht von besonderer Bedeutung, kann der Insolvenzverwalter die Ablehnung der Aufnahme gemäß § 85 Abs. 2 InsO erklären. Infolge der Ablehnung des Insolvenzverwalters steht es gemäß sowohl dem Gemeinschuldner als auch dem Streitgegner frei, den Prozess ihrerseits aufzunehmen. Nehmen weder der Schuldner noch der Gegner den Prozess wieder auf, wird der Prozess nach der Beendigung des Verfahrens zwischen den alten Parteien fortgesetzt.

a. Unterbrechung des Rechtsstreits gemäß § 240 ZPO

Begriffsnotwendig erfordert das Prozessaufnahmerecht des Insolvenzverwalters i. S. d. § 85 Abs. 1 InsO zunächst, dass ein vom oder gegen den Gemeinschuldner angestrengter Prozess – gleichgültig, ob sich dieser in der Ausgangs-, Berufungs- oder Revisionsinstanz befindet[34] - unterbrochen worden ist. Aus § 240 ZPO ergibt sich, dass Prozesse, welche das zur Insolvenzmasse gehörende Vermögen des Gemeinschuldners betreffen,

---

32 Vgl. *Kübler / Prütting / Lüke*, InsO, § 85, Rdnr. 2; *Nerlich / Römermann / Wittkowski*, InsO, § 85, Rdnr. 2; Zöller / *Greger*, ZPO, § 240, Rdnr. 1.

33 Vgl. MünchKomm / *Feiber*, ZPO, § 240, Rdnr. 1.

34 Vgl. BGH NJW 1977, 443; *Kübler / Prütting / Lüke*, InsO, § 85, Rdnr. 11.

durch die Eröffnung des Insolvenzverfahrens unterbrochen werden, bis sie nach den Vorschriften der InsO wieder aufgenommen worden sind. Die Unterbrechung des Prozesses tritt mithin kraft Gesetzes – d.h. ohne Antrag oder Anordnung und unabhängig von der Kenntnis des Gerichts oder der Parteien von der Eröffnung des Insolvenzverfahrens[35] - ein und ist von Amts wegen zu berücksichtigen.[36] Es reicht aus, wenn lediglich Teile des Streitgegenstandes in die Insolvenzmasse fallen.[37] Wird dennoch ein Urteil erlassen, ist das erlassene Urteil nicht nichtig, sondern kann grundsätzlich von jeder Partei mit dem gegen das Urteil zulässigen Rechtsmittel angefochten werden.[38] Der Insolvenzverwalter besitzt zudem die Möglichkeit, das Urteil unter dem Vorbehalt der Aufnahme des Verfahrens anfechten zu können.[39]

aa. Anhängigkeit des Prozesses

Der Prozess, der sich auf die zur Insolvenzmasse gehörenden Gegenstände bezieht, muss zumindest anhängig sein.[40] Dabei erfasst die Vorschrift des § 240 ZPO grundsätzlich jedes anhängige Klageverfahren, auf das die ZPO Anwendung findet.[41] Die Anhängigkeit setzt allgemein voraus, dass ein den Erfordernissen des § 253 Abs. 2 – 4 ZPO entsprechender Schriftsatz bei dem Gericht eingereicht worden ist.[42]

bb. Eröffnung des Insolvenzverfahrens

Grundsätzlich setzt die Unterbrechung i.S.d. § 240 Satz 1 ZPO die Eröffnung des Insolvenzverfahrens voraus. Das zuständige Insolvenzgericht eröffnet das Verfahren durch einen Eröffnungsbeschluss, welcher gemäß § 30 Abs. 1 InsO öffentlich bekanntzumachen und gemäß § 30 Abs. 2 InsO dem Gemeinschuldner, seinen Gläubigern und seinen Schuldnern zuzustellen ist.[43] Nach § 240 Satz 2 ZPO tritt jedoch eine Unterbrechung bereits bei dem Übergang der Verwaltungs- und Verfügungsbefugnis auf einen vorläufigen Insolvenzverwalter ein. Dann wird der Prozess in dem Zeitpunkt unterbrochen, in dem der betreffende Beschluss des Insolvenzgerichts seine Wirkung entfaltet.

---

35 Vgl. *Gerhardt*, in: Gottwald (Hrsg.), § 32, Rdnr. 1; MünchKomm / *Feiber*, ZPO, § 240, Rdnr. 7; *Putzo*, in: Thomas / Putzo, ZPO, Vorbem. § 239, Rdnr. 7.

36 Vgl. FK / *App*, InsO, § 85, Rdnr. 3; MünchKomm / *Feiber*, ZPO, § 240, Rdnr. 7; Zöller / *Greger*, ZPO, § 240, Rdnr. 3.

37 Vgl. RGZ 151, 279; BGH NJW 1966, 51.

38 Vgl. BGHZ 43, 136; BGHZ 66, 61; BGH NJW 1995, 2563.

39 Vgl. RGZ 88, 207 f.; BGH NJW 1997, 1445.

40 In der Regel sind die Verfahren bereits rechtshängig; vgl. zur Vorwirkung des § 240 ZPO *K. Schmidt*, NJW 1995, 911.

41 Vgl. *Jaeger / Henckel*, KO, § 10, Rdnr. 2 ff.; *Kübler / Prütting / Wittkowski*, InsO, § 85, Rdnr. 3: *Putzo*,in: *Thomas / Putzo*, ZPO, Vorbem. zu § 239, Anm. I 2 a.

42 Vgl. MünchKomm / *Lüke*, ZPO, § 253, Rdnr. 13; Zöller / *Greger*, ZPO, § 253, Rdnr. 4.

43 Vgl. *Bork*, Rdnr. 112 f.; der notwendige Inhalt des Eröffnungsbeschlusses ergibt sich aus den §§ 27 ff. InsO. Selbst ein fehlerhafter Eröffnungsbeschluss ist gleichwohl zunächst wirksam, z.B. bei fehlender örtlicher Zuständigkeit (vgl. BGH NJW 1998, 1318, 1319) oder bei mangelnder Insolvenzfähigkeit des Gemeinschuldners (vgl. BGHZ 113, 216, 218). Etwas anderes gilt dann, wenn ein Fehler vorliegt, welcher dem Beschluss schon äußerlich den Charakter einer richterlichen Entscheidung nimmt, beispielsweise bei einer fehlenden Unterschrift des Richters, vgl. BGH NJW 1998, 609. Ein fehlerhafter Eröffnungsbeschluss kann mit der sofortigen Beschwerde angefochten werden gemäß § 34 Abs. 2 InsO, allerdings lediglich vom Gemeinschuldner und von diesem auch nur dann, wenn er nicht selber den Antrag gestellt hat, vgl. OLG *Karlsruhe*, ZIP 1992, 417, 418; *Pape*, ZIP 1989, 1029 ff.; krit. dazu *Häsemeyer*, Rdnr. 7.55; *Kilger / K. Schmidt*, KO, § 109, Anm. 3.

cc. Bezug zur Insolvenzmasse

Eine Unterbrechung des Verfahrens kommt lediglich in Betracht, wenn der zugrundeliegende Rechtsstreit die Insolvenzmasse betrifft. Das bedeutet, dass es sich um Vermögenswerte handeln muss, welche der Zwangsvollstreckung unterliegen, d.h. welche nicht in den Katalog des § 36 InsO fallen[44] oder vom Insolvenzverwalter vor der Klageerhebung freigegeben worden sind.[45] Betrifft nur einer von mehreren geltend gemachten Ansprüchen die Insolvenzmasse, wird dennoch einheitlich der gesamte Rechtsstreit unterbrochen.[46]

dd. Dauer und Ende der Unterbrechung

Die Unterbrechung beginnt mit der Stunde der Eröffnung des Insolvenzverfahrnes, welche in dem Eröffnungsbeschluss des Insolvenzgerichts enthalten ist.[47] Fehlt die Angabe der Verfahrenseröffnung im Eröffnungsbeschluss, gilt als Zeitpunkt der Verfahrenseröffnung die Mittagsstunde des Tages, an welchem der Beschluss erlassen worden ist.[48] Das Ende der Unterbrechung tritt mit der Aufnahme des unterbrochenen Verfahrens nach den Vorschriften der InsO ein. Lehnt der Insolvenzverwalter die Aufnahme des unterbrochenen Verfahrens ab, endet die Unterbrechung mit der Beendigung des Insolvenzverfahrens oder dann, wenn der Gemeinschuldner oder sein Gegner von der in § 85 Abs. 2 InsO vorgesehenen Möglichkeit, den Prozess ihrerseits aufzunehmen, Gebrauch gemacht haben.[49]

ee. Unterbrechung durch ein ausländisches Insolvenzverfahren

Im Falle der Eröffnung eines Insolvenzverfahrens in einem ausländischen Staat kann der nach diesem Recht eingesetzte Insolvenzverwalter – vorausgesetzt, ihm steht nach ausländischem Recht die Verwaltungs- und Verfügungsbefugnis zu – auch das in Deutschland befindliche Vermögen zur Masse ziehen.[50] Ist für diese Maßnahmen des ausländischen Insolvenzverwalters ein Prozess erforderlich, so wird der ausländische Verwalter als prozessführungsbefugt angesehen.[51] In der Konsequenz dieser Annahme wird man entgegen einer teilweise vertretenen Auffassung[52] annehmen müssen, dass ein inländischer Rechtsstreit durch die Eröffnung eines ausländischen Insolvenzverfahrens gemäß § 240 ZPO dann unterbrochen wird, wenn dem Gemeinschuldner nach dem ausländischen Recht durch die Eröffnung des Insolvenzverfahrens seine Prozessführungsbefugnis entzogen wird.[53]

---

44 Vgl. *Kübler / Prütting / Lüke*, InsO, § 85, Rdnr. 13; Zöller / *Greger*, ZPO, § 240, Rdnr. 8.

45 Vgl. *Hartmann*, in: Baumbach / Lauterbach / Albers / Hartmann, ZPO, § 240, Rdnr. 6.

46 Vgl. RGZ 64, 361; RGZ 151, 279; BGH NJW 1961, 51.

47 Vgl. § 27 Abs. 2 Nr. 3 InsO.

48 Vgl. § 27 Abs. 3 InsO.

49 Vgl. BGHZ 36, 258, 261 ff.; BGH ZIP 1989, 1411; OLG *Köln*, Urt. v. 19.1. 1960, MDR 1960, 684.

50 Vgl. BGHZ 95, 256, 263.

51 Vgl. BGHZ 95, 256, 271.

52 Vgl. hierzu BGH NJW 1988, 3096; *Hohloch*, JuS 1989, 577.

53 Vgl. BGH ZIP 1998, 659, 663 unter Aufgabe seiner bis 1997 vertretenen Rechtsprechung (zu der Entwicklung der Rspr- ausführlich *Rugullis*, S. 70 ff.); OLG Karlsruhe, ZIP 1990, 665; OLG Karlsruhe, MDR 1992, 707; OLG München, ZIP 1996, 385, 386; *Prütting*, ZIP 1996, 1277, 1281 f.; *Baur / Stürner*, Rdnr. 37.32; *Bork*, Rdnr. 444; *Ebenroth / Wilke*, JZ 1991, 1061, 1063 f.; *Leipold*, in: FS Schwab, 1990, 289 ff.; MünchKomm / *Feiber*, ZPO, § 240, Rdnr. 11; *Roth*, IPRax 1996, 324, 326; in § 391 des Regierungsentwurfs zur InsO war dies ausdrücklich in dem vorstehenden Sinne geregelt worden, vgl. BT - Drucks. 12 / 2443, S. 69. Diese Regelung ist jedoch bekanntlich nicht Gesetz geworden, vgl. BT – Drucks. 12 / 7302 S. 154 und BT – Drucks. 12 / 7303 S. 117 (Beschlussempfehlung und Bericht des Rechtsausschusses zur InsO und zum E-

b. Inhalt des Prozessführungsrechts

Die Vorschrift des § 85 Abs. 1 InsO regelt die Aufnahme von sogenannten Aktivprozessen durch den Insolvenzverwalter. Unter einem Aktivprozess versteht man gemeinhin diejenigen Verfahren, in denen der Gemeinschuldner einen Anspruch verfolgt, der – bei Obsiegen – zum Massevermögen gehört.[54] Es kommt für die Einordnung eines Streits als Aktivprozess nicht auf die konkrete Parteirolle des Gemeinschuldners an. Dieser wird in einem Aktivprozess in der Regel Kläger sein.[55]

aa. Ausübung des Prozessführungsrechts

Grundsätzlich nimmt der Insolvenzverwalter den Prozess auf, indem er seine Aufnahmeerklärung durch einen Schriftsatz dem Insolvenzgericht zukommen lässt.[56] Der Schriftsatz muss nicht notwendig eine ausdrückliche Erklärung der Prozessaufnahme enthalten. Er ist vielmehr auszulegen.[57] Eine stillschweigende Aufnahme des Prozesses ist dann anzunehmen, wenn die entscheidenden Tatsachen zugestanden werden und sich in der mündlichen Verhandlung zur Sache geäußert wird.[58] Im Interesse aller Prozessbeteiligten hat der Insolvenzverwalter seine Entscheidung über die Aufnahme des Verfahrens innerhalb einer angemessenen Zeit mitzuteilen, um eventuelle Verzögerungen zu vermeiden. Die Feststellung einer Verzögerung bemisst sich danach, ob seit der Eröffnung des Insolvenzverfahrens eine Frist verstrichen ist, die für die Entscheidung des Insolvenzverwalters über die Fortführung des Prozesses angemessen erscheint.[59] Hierbei ist auf die Umstände des Einzelfalls abzustellen, aus welchen sich die jeweilige Einschätzung der Prozessaussichten durch den Insolvenzverwalter ergibt. Wird eine durch den Insolvenzverwalter veranlasste Verzögerung der Prozessaufnahme festgestellt, hat der Prozessgegner die Möglichkeit, den Insolvenzverwalter auf Antrag gemäß § 85 Abs. 1 Satz 2 i. V. m. § 239 Abs. 4 ZPO zur Aufnahme des Prozesses und zugleich zur mündlichen Verhandlung zu laden.[60]

bb. Wirkungen des Prozessführungsrechts

Mit der Aufnahme des Verfahrens führt der Insolvenzverwalter den Prozess des Gemeinschuldners als Prozessstandschafter fort. Er ist an die bisherige Prozessführung durch den Gemeinschuldners ebenso gebunden wie der Gemeinschuldner nach der Beendigung des Verfahrens an die Verfahrensführung des Insolvenzverwalters.[61] Ein vom Insolvenzverwalter in dem von ihm aufgenommenen Verfahren erstrittenes Urteil erwächst in Rechtskraft für und gegen den Gemeinschuldner.

GInsO). In der EuInsVO regelt die Vorschrift des Art. 15, dass sich die Wirkungen eines Insolvenzverfahrens auf anhängige Rechtsstreitigkeiten nach dem Recht des Mitgliedstaates richten, in welchem der Rechtsstreit anhängig ist.

54 Vgl. *Nerlich / Römermann / Wittkowski*, InsO, § 85, Rdnr. 16; *Kübler / Prütting / Lüke*, InsO, § 85, Rdnr. 51..

55 Vgl. RGZ 134, 379; BGH NJW 1995, 1750; *Jaeger / Henckel*, KO, § 10, Rdnr. 106; der Gemeinschuldner kann jedoch auch Beklagter eines solchen Rechtstreits sein, vgl. RGZ 45, 376; RGZ 134, 377, 379.

56 Vgl. § 250 ZPO: dieser Schriftsatz ist der Gegenpartei gemäß § 270 ZPO zuzustellen.

57 Vgl. RGZ 140, 348, 353; BGHZ 23, 172, 175; BGH ZIP 1983, 592.

58 Vgl. RGZ 140, 348, 352; *Jaeger / Henckel*, KO, § 10, Rdnr. 115: *Kilger / K. Schmidt*, KO, § 10, Anm. 5 b.

59 Vgl. *Kübler / Prütting / Lüke*, InsO, § 85, Rdnr. 60.

60 Vgl. FK / *App*, InsO, § 85, Rdnr. 13; *Kübler / Prütting / Lüke*, InsO, § 85, Rdnr. 60; *Nerlich / Römermann / Wittkowski*, InsO, § 85, Rdnr. 20.

61 Vgl. *Kübler / Prütting / Lüke*, InsO, § 85, Rdnr. 57; *Nerlich / Römermann / Wittkowski*, InsO, § 85, Rdnr. 18.

c. Ablehnung der Verfahrensaufnahme gemäß § 85 Abs. 2 InsO

Die Ablehnung der Verfahrensaufnahme durch den Insolvenzverwalter gibt dem Gemeinschuldner und dessen Streitgegner gemäß § 85 Abs. 2 InsO die Möglichkeit, selber das unterbrochene Verfahren wiederaufzunehmen. Die Erklärung der Ablehnung kann gegenüber dem Schuldner zu erfolgen und bedarf keiner Form.[62] Gemeinhin wird die Ablehnung der Verfahrensaufnahme zu Recht als Freigabe des streitbefangenen Gegenstandes angesehen, da der Insolvenzverwalter mit der Ablehnung zum Ausdruck bringt, dass er den streitbefangenen Gegenstand gerade nicht für die Insolvenzmasse in Anspruch nehmen, sondern dem Gemeinschuldner zu dessen freier Verfügung überlassen will.[63] Die Unterbrechungswirkung des § 240 ZPO endet erst dann, wenn entweder der Gemeinschuldner oder der Streitgegner den Prozess gemäß § 85 Abs. 2 InsO wiederaufnehmen. Unterlassen sowohl der Gemeinschuldner als auch der Streitgegner die Aufnahme des Verfahrens i. S. d. § 85 Abs. 2 InsO, wird das Verfahren nach der Beendigung des Insolvenzverfahrens zwischen den alten Parteien fortgeführt.[64]

3. Passive Prozessführungsbefugnis gemäß § 86 InsO

Die Vorschrift des § 86 Abs. 1 InsO erfasst lediglich diejenigen Passivprozesse, die entweder auf Aussonderung, Absonderung oder als Masseansprüche i. S. d. § 55 InsO gegen die Masse gerichtet sind[65] und bildet somit das Gegenstück zu § 85 InsO.[66] Bei den unterbrochenen Verfahren muß es sich um Verfahren handeln, welche unmittelbar eine Minderung der Insolvenzmasse zur Folge haben. Im Interesse aller Beteiligten, Ansprüche dieser Art möglichst zügig zu klären, steht das Recht, ein nach § 240 ZPO unterbrochenes Verfahren wiederaufzunehmen, neben dem Insolvenzverwalter auch dem Streitgegner des Gemeinschuldners zu.[67] Wie in den Fällen des § 85 InsO werden die Verfahren bei der Eröffnung eines Insolvenzverfahrens nur dann unterbrochen, wenn ein Bezug zur Insolvenzmasse besteht. Um eine unnötige Belastung der Insolvenzmasse mit den Kosten des Wiederaufnahmeprozesses zu vermeiden, hat der Insolvenzverwalter die Möglichkeit, gemäß § 86 Abs. 2 InsO den Anspruch des Streitgegners sofort anzuerkennen.[68]

a. Erfasste Streitigkeiten

aa. Aussonderungsansprüche (§ 86 Abs. 1 Nr. 1 InsO)

Zunächst werden Streitigkeiten hinsichtlich bestehender Aussonderungsansprüche erfasst. Ein typischer Fall für einen Aussonderungsanspruch i. S. d. § 86 Abs. 1 Nr. 1 InsO ist beispielsweise die Geltendmachung des Herausgabeanspruchs gegen den Schuldner aus § 985 BGB. Weitere Beispiele für einen Aussonderungsanspruch i. S. d. § 86 Abs. 1 Nr. 1 InsO sind Strei-

---

62 Vgl. *Hess / Obermüller*, Rechtsstellung, Rdnr. 919; *Hess*, in: Hess, Weis / Wienberg: § 85, Rdnr. 66; HK / *Eickmann*, InsO, § 85, Rdnr. 12; *Kübler / Prütting / Lüke*, InsO, § 85, Rdnr. 67. A.A. BGH NJW 1966, 51; BGH WM 1969, 97, 98; *Jaeger / Henckel*, KO, § 10, Rdnr. 122; *Kuhn / Uhlenbruck*, KO, § 10, Rdnr. 9; die eine Ablehnung auch gegenüber dem Streitgegner für zulässig halten.

63 Vgl. RGZ 73, 277; RGZ 94, 55; RGZ 122, 51, 53, 56; BGH NJW 1966, 51; KTS 1969, 97, 98; LG Osnabrück, ZIP 1994, 384; *Kuhn / Uhlenbruck*, KO, § 10, Rdnr. 9 ff.; *K. Schmidt*, KTS 1994, 309, 312.

64 Vgl. § 240 Satz 1 2. Alt. ZPO, woraus folgt, dass die Unterbrechung bei nicht erfolgter Aufnahme bis zur Beendigung des Insolvenzverfahrens dauert; vgl. BGHZ 64, 1.

65 Vgl. *Jaeger / Henckel*, KO, § 11, Rdnr. 1.

66 Vgl. *Kübler / Prütting / Lüke*, InsO, § 86, Rdnr. 2.

67 Vgl. *Nerlich / Römermann / Wittkowski*, InsO, § 86, Rdnr. 2.

68 Vgl. MünchKomm / *Feiber*, ZPO, § 240, Rdnr. 33.

tigkeiten über Herausgabe- oder Räumungsansprüche[69] oder über die Feststellung des Eigentums oder einer Dienstbarkeit. Ebenfalls unter § 86 Abs. 1 Nr. 1 InsO fällt ein Streit zwischen dem Kommissionär und dem Schuldner über die Abtretung der Forderung aus dem ausgeführten Geschäft gemäß §§ 384, 392 HGB[70] und eine Streitigkeit über einen Grundbuchberichtigungsanspruch.[71]

bb. Absonderungsansprüche (§ 86 Abs. 1 Nr. 2 InsO)

Die Vorschrift des § 86 InsO findet ebenfalls auf Rechtsstreitigkeiten Anwendung, welche die abgesonderte Befriedigung i. S. d. §§ 49 ff. InsO zum Gegenstand haben. Zu den absonderungsrechtlichen Streitigkeiten zählen etwa die Klage auf Duldung der Zwangsvollstreckung aufgrund eines dinglichen Rechts[72] sowie eine vom Gemeinschuldner erhobene Vollstreckungsgegenklage gegen einen von einem Gläubiger behaupteten Absonderungsanspruch.[73] Aufgrund des Verwertungsrechts des Insolvenzverwalters i. S. d. § 166 InsO muß der Sicherungsnehmer seinen Klageantrag auf Herausgabe nach der Wiederaufnahme des unterbrochenen Verfahrens umstellen und auf Feststellung des Bestehens seines Sicherungsrechts klagen.[74]

cc. Masseverbindlichkeiten (§ 86 Abs. 1 Nr. 3 InsO)

Unter dem Begriff der Masseverbindlichkeiten sind grundsätzlich die durch das Verfahren begründeten Kosten und die während des Verfahrens, d.h. nach dessen Eröffnung, neu entstandenen Ansprüche zu verstehen.[75] Die Behandlung der Massekosten ist in den §§ 53 – 55 InsO geregelt. Masseverbindlichkeiten, welche von der Regelung in § 86 Abs. 1 Nr. 3 InsO erfasst werden, sind beispielsweise Rechtsstreitigkeiten über Ansprüche aus Handlungen des Insolvenzverwalters i. S. d. § 103 InsO, Streitigkeiten über gegenseitige Verträge, die unabhängig vom Verhalten des Insolvenzverwalters zu erfüllen sind i. S. d. §§ 108 ff. InsO und Rechtsstreite wegen gegenseitiger Verträge, welche in der Zeit nach der Verfahrenseröffnung zu erfüllen sind.[76]

b. Ausübung des Wahlrechts

Über die Aufnahme von Rechtsstreitigkeiten i. S. d. § 86 Abs. 1 InsO ist neben dem Insolvenzverwalter auch der Streitgegner – nicht jedoch der Gemeinschuldner[77] - befugt. Das Wahlrecht des Streitgegners kann dazu führen, dass der Insolvenzverwalter verpflichtet ist, die Prüfung des Prozesskostenrisikos sehr zügig vorzunehmen. Denn die Ausübung dieses Rechts durch den Streitgegner ist nicht an eine aufschiebende Frist gebunden.[78] Die Ausübung des Wahlrechts ist – ebenso wie in den Fällen des § 85 InsO – durch Zustellung eines Schriftsatzes an den Gegner gemäß § 250 ZPO möglich. Bei Zustellungen seitens des Streitgegners ist zu bedenken, dass der Schriftsatz dem Insolvenzverwalter selbst zuzustellen ist,

---

69 Vgl. AG Düsseldorf, KTS 1963, 126.
70 Vgl. *Kübler / Prütting / Lüke*, InsO, § 86, Rdnr. 8.
71 Vgl. RGZ 86, 235, 240; *Kuhn / Uhlenbruck*, KO, § 11, Rdnr. 3.
72 Vgl. *Gerhardt*, in: Gottwald (Hrsg.), InsRHdb., § 32, Rdnr. 38; HK / *Eickmann*, InsO, § 86, Rdnr. 4 f.; *Jaeger / Henckel*, KO, § 11, Rdnr. 5.
73 Vgl. BGH NJW 1973, 2065; *Nerlich / Römermann / Wittkowski*, InsO, § 86, Rdnr. 7.
74 Vgl. *Landfermann*, in: KS zur InsO, S. 159, 167, Rdnr. 28; *Kuhn / Uhlenbruck*, KO, § 11, Rdnr. 4 m. w. N.
75 Vgl. *Bork*, Rdnr. 71; *Haarmeyer / Wutzke / Förster*, InsRHdb., S. 6.
76 Vgl. *Jaeger / Henckel*, KO, § 11, Rdnr. 7; *Nerlich / Römermann / Wittkowski*, InsO, § 86, Rdnr. 8.
77 Vgl. *Jaeger / Henckel*, KO, § 11, Rdnr. 15.
78 Vgl. *Kübler / Prütting / Lüke*, InsO, § 86, Rdnr. 14.

weil die von dem Gemeinschuldner an einen Anwalt erteilte Prozessvollmacht mit der Eröffnung des Insolvenzverfahrens erlischt. Die Zustellung an einen Anwalt setzt eine entsprechende Bevollmächtigung durch den Insolvenzverwalter voraus.[79]
Nach einer Freigabe des streitbefangenen Gegenstandes vor der Wideraufnahme des Verfahrens durch den Insolvenzverwalter trifft das Prozessrisiko allein das insolvenzfreie Vermögen des Gemeinschuldners und dieser erlangt somit wieder das Verwaltungs- und Verfügungsbefugnis in Bezug auf den betreffenden Gegenstand zurück.[80] Erfolgt die Freigabe durch den Insolvenzverwalter erst nach der Wiederaufnahme des Verfahrens, findet die Vorschrift des § 256 ZPO entsprechende Anwendung.[81]

c. Kosten des Verfahrens

Allgemein ist im Fall des Obsiegens der Anspruch auf Kostenerstattung vom Streitgegner an die Insolvenzmasse zu erfüllen, unabhängig davon, ob die Kosten vor oder nach der Verfahrenseröffnung entstanden sind.[82] Unterliegt der Insolvenzverwalter in dem streitigen Verfahren, sind die entstandenen Kosten Masseverbindlichkeiten, soweit sie auf die Zeit nach der Verfahrenseröffnung entfallen.[83] Um jegliche Kosten für die Insolvenzmasse auszuschließen, kann der Insolvenzverwalter gemäß § 86 Abs. 2 InsO den vom Streitgegner geltend gemachten Anspruch sofort anerkennen. Ein sofortiges Anerkenntnis liegt grundsätzlich vor, wenn es ohne jede Verzögerung erfolgt[84], spätestens aber dann, wenn dies in der ersten mündlichen Verhandlung vor dem endgültig zuständigen Gericht geschieht.[85] In der Konsequenz des sofortigen Anerkenntnisses durch den Insolvenzverwalter und seiner Verurteilung gemäß § 307 ZPO wird aus dem prozessualen Kostenerstattungsanspruch aufgrund des Abs. 2 - vormals Masseschuld - gemäß § 55 Abs. 1 Nr. 1 InsO eine einfache Insolvenzforderung, welche zur Tabelle anzumelden ist.[86]

III. Wahlrecht des Insolvenzverwalters gemäß §§ 103 ff. InsO

1. Allgemeines zu den §§ 103 ff. InsO

Mit der Eröffnung des Insolvenzverfahrens verliert der Gemeinschuldner gemäß § 80 Abs. 1 InsO seine Verwaltungs- und Verfügungsbefugnis über sein Vermögen. Dies kann dazu führen, dass der Gemeinschuldner bestehenden Verpflichtungen aus vertraglichen Beziehungen, deren Eingehung aus der Zeit vor der Eröffnung des Insolvenzverfahrens entstammt, nicht nachkommen kann. Dem Wahlrecht des Insolvenzverwalters i.S.d. §§ 103 ff. InsO unterliegen lediglich gegenseitige synallagmatische Verträge, die von beiden Seiten nicht oder nicht voll-

---

79 Vgl. *Jaeger / Henckel*, KO, § 11, Rdnr. 19; *Kübler / Prütting / Lüke*, InsO, § 86, Rdnr. 16; insofern reicht eine Zustellung an einen Prozessbevollmächtigten nicht aus, wenn dieser erst später von dem Insolvenzverwalter beauftragt wird, vgl. BGH ZIP 1999, 75.

80 Vgl. BGH NJW 66, 51; BGH, Beschl. v. 10.10. 1973, NJW 1973, 2065.

81 Vgl. *Kübler / Prütting / Lüke*, InsO, § 86, Rdnr. 17; *Nerlich / Römermann / Wittkowski*, InsO, § 86, Rdnr. 11.

82 Vgl. *Gerhardt*, in: Gottwald (Hrsg.), InsRHdb., § 32, Rdnr. 42, *Jaeger / Henckel*, KO, § 11, Rdnr. 20.

83 Vgl. *Kübler / Prütting / Lüke*, InsO, § 86, Rdnr. 18.

84 Vgl. *Jaeger / Henckel*, KO, § 11, Rdnr. 22; es wird als noch rechtzeitig angesehen, wenn der Insolvenzverwalter zunächst Prozessrügen begründet vorbringt und erst in der Verhandlung zur Hauptsache seine Anerkenntniserklärung abgibt, vgl. RGZ 137, 71, 73.

85 Vgl. OLG Düsseldorf, ZIP 1990, 1423; FK / *App*, InsO, § 86, Rdnr. 15.

86 Vgl. BGH NJW - RR 1994, 1213; FK / *App*, InsO, § 86, Rdnr. 16; *Gerhardt*, in: Gottwald (Hrsg.), InsRHdb., § 32, Rdnr. 43; Smid / *Smid*, § 86, Rdnr. 8; *Jaeger / Henckel*, KO, § 11, Rdnr. 22; *Kuhn / Uhlenbruck*, KO, § 11, Rdnr. 8.

ständig erfüllt worden sind. Das ist dann der Fall, wenn beide Seiten ihre Leistungen noch nicht vollständig in das Vermögen der anderen Partei überführt haben.[87] Nunmehr stellt sich nach der Eröffnung des Verfahrens die Frage nach dem Schicksal dieser laufenden Vertragsbeziehungen. Grundsätzlich bestehen drei Möglichkeiten, wie sich die Verfahrenseröffnung auf die bestehenden Vertragsverhältnisse auswirken kann: die Vertragsverhältnisse können erlöschen, sie können bestehen bleiben oder ihr Schicksal kann von der Entscheidung des Insolvenzverwalters abhängig sein. Die Regelungen hinsichtlich bestehender Vertragsbeziehungen des Gemeinschuldners in den §§ 103 ff. InsO lassen erkennen, dass von allen drei Auswirkungsmöglichkeiten Gebrauch gemacht worden ist. Das Schicksal laufender Verträge während des Insolvenzverfahrens ist dabei überwiegend von der grundsätzlich freien Entscheidung des Insolvenzverwalters abhängig.[88] Dabei findet auf Schuldverhältnisse, welche vor dem Inkrafttreten des BGB - Schuldrechtsmodernisierungsgesetzes zum 01.01. 2002 entstanden sind, grundsätzlich das bisherige Recht Anwendung. Ausnahmen von diesem Grundsatz bestehen zum einen für Dauerschuldverhältnisse in Art. 229 § 5 Satz 2 EGBGB sowie zum anderen beispielsweise in besonderen Überleistungsvorschriften für Verjährungs- und Zinsvorschriften in Art. 229 §§ 6 und 7 EGBGB. Im folgenden soll insbesondere die allgemeine Regelung des § 103 InsO untersucht werden.

2. Die allgemeine Regelung des § 103 InsO

Systematisch betrachtet muß bei dem Wahlrecht des Insolvenzverwalters hinsichtlich gegenseitiger Verträge zunächst eine Prüfung der §§ 104 ff. InsO stattfinden. Trifft keine der in den §§ 104 ff. InsO aufgeführten Auswirkungen für die dort erwähnten besonderen Vertragstypen zu, gilt für gegenseitige Verträge § 103 InsO, welcher im wesentlichen dem früheren § 17 KO entspricht. Nach der Regelung des § 103 Abs. 1 InsO kann der Insolvenzverwalter bei zum Zeitpunkt der Verfahrenseröffnung nicht oder nicht vollständig erfüllten Verträgen anstelle des Gemeinschuldners den Vertrag erfüllen und von dem Vertragspartner ebenfalls Erfüllung des Vertrages verlangen.[89] Entscheidet sich der Insolvenzverwalter für die Erfüllung des Vertrages, müssen grundsätzlich beide Vertragsparteien die ihnen obliegenden Leistungen erbringen. Dabei sind die Ansprüche des Vertragspartners nicht nur einfache Insolvenzforderungen, sondern Masseansprüche gemäß § 55 Abs. 1 Nr. 2 InsO.[90] Die Vorschrift des § 103 Abs. 1 InsO verfolgt grundsätzlich zwei Zielsetzungen. Zum einen soll es dem Insolvenzverwalter ermöglicht werden, für die Insolvenzmasse vorteilhafte Verträge im Interesse der Gläubigergesamtheit zu erfüllen bzw. deren Erfüllung zu verlangen.[91] Zum anderen wird durch dieses Wahlrecht des Insolvenzverwalters der Vertragspartner davor geschützt, seine Leistung zur Insolvenzmasse vollständig erbringen zu müssen, wenn er hinsichtlich der ihm zustehenden Gegenleistung lediglich auf die Insolvenzquote verwiesen werden kann.[92] Nach § 119 InsO

---

87 Vgl. *Häsemeyer*, Rdnr. 20.14; *Jaeger / Henckel*, KO, § 17, Rdnr. 8, 40.

88 Zu den Ausnahmen von einem freien Wahlrecht des Insolvenzverwalters bei Austauschverträgen, vgl. *Pape*, in: KS zur InsO, S. 531, 558 ff.

89 Die Vorschrift des § 103 Abs. 1 InsO entspricht dem früheren § 17 Abs. 1 KO. Im Gegensatz zum § 17 KO gilt das Wahlrecht des § 103 InsO auch für Miet-, Pacht- und Leasingverhältnisse über bewegliche Sachen, vgl. *Bien*, ZIP 1998, 1017 ff.; *Schmidt - Burgk*, ZIP1998, 1022, 1023. Dies gilt dann nicht, wenn der vom Gemeinschuldner vermietete bzw. verpachtete Gegenstand einem Dritten, welcher die Anschaffung des betreffenden Gegenstandes finanziert hat, zur Sicherung übertragen worden war (vgl. § 108 Abs. 1 Satz 2 InsO). Der Miet- bzw. Pachtvertrag besteht dann mit Wirkung für und gegen die Insolvenzmasse fort, vgl. *Bien*, ZIP 1998, 1017 ff.

90 Vgl. *Bork*, InsR, Rdnr. 155; FK / *Wegener*, InsO, § 103, Rdnr. 2.

91 Vgl. BGH NJW 1983, 1619; BGHZ 135, 25; *Bork*, InsR, Rdnr. 155.

92 Vgl. RGZ 84, 229, 234; RGZ 142, 296, 300; FK / *Wegener*, InsO, § 103, Rdnr. 2.

sind Vereinbarungen, welche im voraus die Anwendung der §§ 103 ff. InsO ausschließen, unwirksam. Die Regelungen der §§ 103 ff. InsO stellen demnach zwingendes Recht dar und können durch Vereinbarung weder beschränkt noch abbedungen werden.[93]

3. Inhalt des Wahlrechts

Der konkrete Inhalt des Wahlrechts ist abhängig von dem dogmatischen Verständnis des § 103 Abs. 1 InsO. Mithin ist zu klären, wie sich die Eröffnung des Insolvenzverfahrens auf die laufenden Vertragsbeziehungen, insbesondere auf die Erfüllungsansprüche beider Vertragsparteien auswirkt.[94]

a. Auswirkungen der Verfahrenseröffnung auf laufende Verträge

Praktisch bedeutsam auch im Hinblick auf die EuInsVO ist die Frage, wie sich ein in der BRD eröffnetes Insolvenzverfahren auf laufende Verträge des Schuldners auswirkt. In Art. 4 Abs. 2 Satz 2 lit. e EuInsVO wird für die Auswirkungen der Verfahrenseröffnung auf laufende Verträge des Schuldners die *lex fori concursus* zur Anwendung berufen. Dies bedeutet – unabhängig davon ob ein deutscher Verwalter als Haupt- oder Sekundärinsolvenzverwalter fungiert - eine Anwendung der §§ 103 ff. InsO. Die Auswirkungen der Verfahrenseröffnung auf laufende Verträge wird indes im deutschen Recht nicht einheitlich beurteilt.

aa. Rechtsprechung bis zum Jahr 1988

Bis zum Jahr 1988 gingen die Rechtsprechung und der überwiegende Teil der Literatur davon aus, dass von der Eröffnung des Konkursverfahrens keine Auswirkungen auf beidseitig nicht erfüllte Verträge ausgehen und die Erfüllungsansprüche nicht mit der Verfahrenseröffnung erlöschen.[95] Eine rechtsgestaltende Wirkung wurde lediglich der Erfüllungsablehnung durch den Insolvenzverwalter beigemessen. Entscheide sich der Insolvenzverwalter für die Erfüllung des Vertrages, bringe dies zum Ausdruck, dass es bei der unveränderten Rechtslage bleiben solle. Lehne der Insolvenzverwalter hingegen die Erfüllung des Vertrages ab, trete an die Stelle der wechselseitigen Erfüllungsansprüche eine Schadensersatzforderung des Vertragspartners wegen Nichterfüllung.

bb. Rechtsprechung nach 1988

In zwei Entscheidungen aus dem Jahr 1988[96] nahm der BGH von seiner bis dahin in ständiger Rechtsprechung vertretenen Auffassung Abstand.[97] Seitdem kam als Akt der Rechtsgestaltung

---

93 Vgl. *Haarmeyer / Wutzke / Förster*, InsRHdb.; S. 553, Rdnr. 187.

94 Vgl. dazu die Übersicht zu § 17 KO von *Gerhardt*, in: FS Merz, S. 117, 118 ff. und ebenfalls zum Meinungsstand allgemein *Kübler / Prütting / Tintelnot*, InsO, § 103, Rdn. 8 ff.

95 Vgl. RGZ 11, 49, 51; RGZ 135, 166, 170; BGHZ 48, 203, 205; BGHZ 68, 379, 380; BGHZ 89, 189, 195; BGHZ 96, 392, 394; BGHZ 98, 160, 169; in der Literatur *Baur / Stürner*, Rdnr. 9.3; *Bork*, FS Zeuner, 1994, S. 297, 302 ff.; *Häsemeyer*, NJW 1977, 737 f.; *Jaeger / Lent*, 8. Aufl., KO, § 17, Rdnr. 41, 49a.

96 Vgl. BGHZ 103, 250, 252 ff.; BGHZ 106, 236, 241 ff.; bereits in einer Entscheidung aus dem Jahr 1983, BGHZ 89, 189, 194 („Panzerbrücken – Entscheidung"), zeichnete sich eine derartige Entwicklung ab. Vgl. ausführlich zur Rechtsprechung *Kreft*, ZIP 1997, 865 ff.

97 Vgl. die im Anschluss daran ergangenen Entscheidungen des BGH, die jene Linie aus dem Jahr 1988 bestätigen, BGHZ 116, 156, 158 ff.; BGHZ 135, 25, 26 f.; BGH WM 1993, 1057; BGH ZIP 1989, 1413, 1415; der Auffassung des BGH folgend OLG Frankfurt, ZIP 1995, 369, 371 sowie in der Literatur u.a. FK / *Wegener*, InsO, § 103, Rdnr. 3; *Heilmann*, KTS 1985, 639, 640 ff.; *Henckel*, JZ 1987, 360; *Kreft*, ZIP 1997, 865 ff.; *Kuhn / Uhlenbruck*, KO, § 17, Rdnr. 1, 19, 36; *Pape*, in: Kölner Schrift zur InsO, S. 531, 540, Rdnr. 10 ff.; *Stürner*, ZZP 94 (1981), 263, 298.

bereits die Eröffnung des Insolvenzverfahrens in Betracht und nicht erst die Entscheidung des Insolvenzverwalters. Die Eröffnung des Insolvenzverfahrens hatte zur Folge, dass sämtliche aus dem gegenseitigen Vertrag resultierenden Erfüllungsansprüche erlöschen (Erlöschenstheorie). Verweigere der Insolvenzverwalter die Erfüllung, stelle dies lediglich eine Bestätigung der gegebenen Rechtslage dar. Mit dem Erfüllungsverlangen des Insolvenzverwalters leben die erloschenen Erfüllungsansprüche mit ex – nunc – Wirkung und gleichem Inhalt wieder auf.[98]

cc. Reaktion der Literatur

Die Auffassung des BGH hinsichtlich der Auswirkungen der Verfahrenseröffnung auf bestehende Erfüllungsansprüche ist in der Literatur auf zum Teil heftige Kritik gestoßen.[99] Die Kritik stützt sich vornehmlich auf systematische Gesichtspunkte und Wertungswidersprüche, welche die Auffassung der Rechtsprechung aufwerfe.
Hinsichtlich der Systematik wird zum einen kritisiert, dass der Gesetzgeber ein Erlöschen von Rechtsverhältnissen oder Ansprüchen im Gesetz ausdrücklich an den Stellen vorgesehen hat, an denen eine derartige Rechtsfolge beabsichtigt war.[100] Lasse jedoch bereits die Eröffnung des Insolvenzverfahrens die Erfüllungsansprüche erlöschen, hätte es gesonderter Regelungen über Erlöschenstatbestände – wie in den §§ 115 ff. InsO - nicht bedurft. Zum anderen sei die Auffassung der Rechtsprechung nicht mit dem in § 201 InsO geregelten Nachforderungsrecht der Gläubiger vereinbar. Es sei nicht ersichtlich, inwiefern die Gläubiger gegen den Gemeinschuldner vorgehen können, wenn ihre Ansprüche bereits mit der Eröffnung des Insolvenzverfahrens erlöschen.[101] Zudem begegne die Auffassung der Rechtsprechung nicht unerheblichen Wertungswidersprüchen. Diese werden darin gesehen, dass nach der Auffassung der Rechtsprechung vor der Insolvenz begründete akzessorische Sicherheiten Dritter zum Erlöschen gebracht und bestehende Aufrechnungslagen hinfällig würden.[102]

dd. Stellungnahme

Mit Urteil vom 25.04. 2002 hat der BGH seine bis dato vertretene Erlöschenstheorie aufgegeben und seine Rechtsprechung dahin gehend verändert, dass die Verfahrenseröffnung kein Erlöschen der gegenseitigen Erfüllungsansprüche bewirkt. Stattdessen verlieren die noch offenen Ansprüche im Insolvenzverfahren lediglich ihre Durchsetzbarkeit, soweit sie nicht auf die anteiligen Gegenleistungen für vor Verfahrenseröffnung erbrachte Leistungen gerichtet sind.[103]
Die Zielsetzung der Erlöschenstheorie bestand darin, eine Anreicherung der Insolvenzmasse

---

98 Vgl. BGHZ 103, 250, 252 ff.; BGHZ 106, 236, 241 ff.; BGHZ 116, 156, 158 ff.; BGH ZIP 1993, 600; BGH ZIP 1997, 1072.

99 Vgl. *Bork*, in: FS Zeuner, S. 297, 302 ff.; *ders.*, JZ 1996, 51; *ders.*, InsR, Rdnr. 160; *Gerhardt*, in: FS Merz, S. 117; *Henckel*, in: FS Lücke, S. 237, 252 f.; *Marotzke*, Rdnr. 3.42 ff., 4.17 ff., 4.59 ff.; *Obermüller*, in: KS zur InsO, S. 751 ff.; *Tintelnot*, ZIP 1995, 616, 618 f. Unter Zugrundlegung des zum 01.01. 2002 in Kraft getretenen neuen Schuldrechts will insbesondere *Marotzke*, KTS 2002, 1, 41 ff. im Hinblick auf die Rspr. des BGH ab 1988 vermeiden, dass die Regelung des § 103 InsO zum „Einfallstor des neuen Schuldrechts" wird. Aufgrund dessen, dass die Rspr. die gegenseitigen Erfüllungsansprüche mit der Eröffnung des Verfahrens erlöschen lässt, stellt sich gerade die Frage, ob durch das Erfüllungsverlangen des Insolvenzverwalters, welches nach dem Inkrafttreten des neuen Schuldrechts geäußert worden ist, auf den Altvertrag neues Schuldrecht anzuwenden ist.

100 Vgl. nur die Regelungen in den § 115 ff. InsO.

101 Vgl. dazu *Bork*, in: FS Zeuner, S. 297, 305 f.; *ders.*: InsR, Rdnr. 160.

102 Vgl. *Bork*, InsR, Rdnr. 160; *Nerlich / Römermann / Balthasar*, InsO, § 103, Rdnr. 59.

103 Vgl. BGHZ 150, 353 =BGH ZIP 2002, 1093.

zu erreichen. Dieses Vorhaben ist grundsätzlich wünschenswert, denn das Insolvenzverfahren soll zu einer gleichmäßigen Befriedigung aller Gläubiger führen, was durch eine möglichst werthaltige Insolvenzmasse gefördert wird. Gleichwohl begegnet die Erlöschenstheorie der Rechtsprechung gravierenden Bedenken. Zunächst ist nicht einzusehen, dass einer gerichtlichen Entscheidung wie dem Eröffnungsbeschluß eine derart gestaltende Wirkung zukommen soll, nach welcher alle bestehenden zweiseitigen Erfüllungsansprüche zum Erlöschen gebracht werden. Zu Recht wird in der Literatur kritisiert, dass der Gesetzgeber in den §§ 115 ff. InsO das Erlöschen von Erfüllungsansprüchen bei bestimmten Vertragstypen geregelt hat. Dies zeigt gerade, dass grundsätzlich von einem Fortbestand der gegenseitigen Erfüllungsansprüche auszugehen ist und die Regelungen in den §§ 115 ff. InsO lediglich Ausnahmen darstellen sollen. Zudem würden akzessorische Sicherungsrechte Dritter konsequenterweise bei der Eröffnung des Insolvenzverfahrens gemeinsam mit der zu sichernden Forderung erlöschen. Einem Wiederaufleben der akzessorischen Sicherheit stünde dann die Regelung des § 91 Abs. 1 InsO entgegen, nach welcher ein Rechtserwerb an Gegenständen der Insolvenzmasse nach der Verfahrenseröffnung nicht wirksam stattfinden kann. Diese systematischen Bedenken gegen die Auffassung der Rechtsprechung vermögen deren wünschenswerte Zielsetzung der Masseanreicherung zu verdrängen. Die Erlöschenstheorie der Rechtsprechung war daher abzulehnen. Die Eröffnung des Insolvenzverfahrens hat mithin auf beidseitig nicht erfüllte Verträge nicht die Wirkung, dass die Erfüllungsansprüche erlöschen, sondern sie bleiben bestehen. Überzeugender erscheint es, nun mit der erst kürzlich geänderten Rechtsprechung des BGH zu § 103 InsO das Fortbestehen und die fehlende Durchsetzbarkeit der betroffenen Erfüllungsansprüche anzunehmen.

b. Ausübung des Wahlrechts

Von einem Wahlrecht des Insolenzverwalters könnte man nicht sprechen, wenn man der Auffassung der nunmehr überholten Rechtsprechung folgen würde. Führt die Verfahrenseröffnung die Erfüllungsansprüche zum Erlöschen, hat lediglich das Erfüllungsverlangen des Verwalters gestaltende Wirkung, nicht hingegen die Erfüllungsablehnung.[104] Lediglich nach der Auffassung der Literatur bzw. nun auch nach neuerer Rechtsprechung befindet sich der Vertrag bis zur Entscheidung des Insolvenzverwalters in einer Art Schwebezustand, so dass von einem echten Wahlrecht gesprochen werden kann.

aa. Inhaber des Wahlrechts

Als Inhaber des Wahlrechts kommt ausschließlich der Insolvenzverwalter – nicht jedoch der vorläufige Insolvenzverwalter[105] - selber in Betracht. Das bedeutet zum einen, es besteht keine Möglichkeit für den Insolvenzverwalter, das Wahlrecht auf dritte Personen zu delegieren.[106] Zum anderen ist zu beachten, dass es sich bei diesem Wahlrecht des Insolvenzverwalters um ein Recht handelt, welches dem Gemeinschuldner selber nicht zusteht.[107] Mithin steht das Wahlrecht ab dem Zeitpunkt der Verfahrenseröffnung allein dem Verwalter zu.

---

104 Vgl. *Huber*, in: Gottwald (Hrsg.), InsRHdb., § 35, Rdnr. 1; *Nerlich / Römermann / Balthasar*, InsO, § 103, Rdnr. 36.

105 Dies ergibt sich aus § 21 Abs. 2 Nr. 1 InsO, nach welchem für den vorläufigen Insolvenzverwalter die Vorschriften der §§ 56, 58 bis 66 entsprechend gelten.

106 Vgl. OLG Düsseldorf, ZIP 1996, 337, 339; *Kübler / Prütting / Tintelnot*, InsO, § 103, Rdnr. 51; *Nerlich / Römermann / Balthasar*, InsO, § 103, Rdnr. 37.

107 Vgl. *Haarmeyer / Wutzke / Förster*, InsRHdb., S. 556, Rdnr. 192; *Kilger / K. Schmidt*, KO, § 17, Anm. 4 a.

bb. Art und Weise der Ausübung

Das Wahlrecht wird vom Insolvenzverwalter durch eine einseitige, empfangsbedürftige Willenserklärung ausgeübt[108], welche keiner besonderen Form bedarf.[109] Es ist für den Insolvenzverwalter nicht möglich, die Ausübung des Wahlrechts mit einer Bedingung zu versehen[110] oder die Erklärung zu widerrufen.[111] Nach allgemeiner Ansicht kann der Insolvenzverwalter sein Wahlrecht auch konkludent ausüben.[112] Dabei ist ein konkludentes Erfüllungsverlangen jedoch nicht in einer bloßen Weiterveräußerung oder einer Verarbeitung von Vorbehaltswaren zu sehen. Dann fehlt es an dem Merkmal der Empfangsbedürftigkeit der Erklärung.[113]

cc. Frist für die Ausübung

Grundsätzlich ist der Insolvenzverwalter hinsichtlich der Ausübung des Wahlrechts – mit Ausnahme des § 103 Abs. 2 Satz 2 InsO - an keine Frist gebunden.[114] Der Insolvenzverwalter kann auch noch lange nach der Eröffnung des Verfahrens von diesem Recht Gebrauch machen, damit er eine gewisse Zeit für Überlegungen besitzt.[115] Der Gesetzgeber hat keine ausdrückliche Fristenregelung vorgesehen.[116] Um der Gefahr einer erheblichen Rechtsunsicherheit zu begegnen[117] gewährt die Vorschrift des § 103 Abs. 2 InsO dem Vertragspartner das Recht, den Insolvenzverwalter zu der Abgabe einer Entscheidung aufzufordern. Nach der Aufforderung durch den Vertragspartner hat der Insolvenzverwalter seine Entscheidung unverzüglich mitzuteilen. Unverzüglich ist hierbei im Sinne des § 121 Abs. 1 Satz 1 BGB zu verstehen und bedeutet ohne schuldhaftes Zögern.[118] Jedoch ist dem Verwalter eine angemessene Überlegungsfrist zuzugestehen, um die Auswirkungen seiner Wahlrechtsausübung auf die Insolvenzmasse prüfen.[119] Benötigt der Insolvenzverwalter wegen der besonderen Bedeutung des Vertrages i.S.d. § 160 InsO die Zustimmung des Gläubigerausschusses, verlängert sich der Überlegungszeitraum um die für die Einholung der Zustimmung notwendige Zeitspanne.[120] Klagt der Insolvenzverwalter die Gegenleistung ein und hält der Vertragspartner

---

108 Vgl. BGHZ 35, 333, 334; *Häsemeyer*, InsR, Rdnr. 20.17; *Jaeger / Henckel*, KO, § 17, Rdnr. 116; *Kilger / K. Schmidt*, KO, § 17, Anm. 4 a; *Smid*, InsR, § 11, Rdnr. 4.

109 Vgl. *Häsemeyer*, InsR, Rdnr. 20.17; *Jaeger / Henckel*, KO, § 17, Rdnr. 116; die Formfreiheit der Verwalterentscheidung ist selbst dann anzunehmen, wenn der beiderseits nicht erfüllte Vertrag seinerseits formbedürftig i.S.d. § 311 b Abs. 1 BGB gewesen ist, vgl. FK / *Wegener*, InsO, § 103, Rdnr. 58; *Bork*, FS Zeuner, S. 297, 314 f.; HK / *Marotzke*, InsO, § 103, Rdnr. 62; *Jaeger / Henckel*, KO, § 17, Rdnr. 116; *Kuhn / Uhlenbruck*, KO, § 17, Rdnr. 23.

110 Vgl. BGH WM 1958, 430, 432; OLG Hamburg MDR 1952, 754, 755. Eine Erfüllungswahl unter einer veränderten Bedingung käme einer Ablehnung der Erfüllung verbunden mit einem neuen Vertragsangebot gleich, vgl. FK / *Wegener*, InsO, § 103, Rdnr. 61.

111 Vgl. OLG Hamburg, MDR 1952, 754, 755.

112 Vgl. BGHZ 81, 90, 92; *Huber*, in: Gottwald (Hrsg.), InsRHdb., § 35, Rdnr. 4.

113 Vgl. BGH ZIP 1998, 298; *Huber*, in: Gottwald (Hrsg.), InsRHdb., § 35, Rdnr. 4; a.A., d.h. in diesen Handlungen des Insolvenzverwalters ein Erfüllungsverlangen erblickend, *Kilger / K. Schmidt*, KO, § 17, Anm. 4 a.

114 Vgl. *Kübler / Prütting*, *Tintelnot*, InsO, § 103, Rdnr. 69; *Pape*, in: KS zur InsO, 531, 548, Rdnr. 24.

115 Vgl. BGHZ 81, 90, 91; *Gottwald / Huber*, InsRHdb., § 35, Rdnr. 9; *Pape*, in: KS zur InsO, S. 550, Rdnr. 27.

116 Lediglich in § 107 Abs. 2 InsO ist im Falle der Aufforderung durch den Eigentumsvorbehaltsverkäufer bestimmt, dass der Insolvenzverwalter seine Erklärung nach § 103 Abs. 2 InsO erst unverzüglich nach dem Berichtstermin abzugeben hat Dadurch hat der Insolvenzverwalter die Möglichkeit, zunächst die Entscheidung der Gläubiger über die weitere Vorgehensweise abzuwarten.

117 Vgl. *Tintelnot*, ZIP 1995, 616, 617; Begr. zu § 117 RegE, BT – Drucks. 12 / 2443, S. 145.

118 Vgl. *Huber*, in: Gottwald (Hrsg.), InsRHdb., § 35, Rdnr. 9.

119 Vgl. *Nerlich / Römermann / Balthasar*, InsO, § 103, Rdnr. 46.

120 Vgl. *Jaeger / Henckel*, KO, § 17, Rdnr. 207; *Kuhn / Uhlenbruck*, KO, § 17, Rdnr. 21.

dieses Vorgehen für verspätet, so obliegt dem Vertragspartner hierfür die Beweislast.[121] Ebenso wie die Ausübung des Wahlrechts kann auch die Aufforderung konkludent erfolgen. Eine konkludente Aufforderung ist beispielsweise dann anzunehmen, wenn der Vertragspartner den Insolvenzverwalter mehrfach auf die Vertragserfüllung angesprochen hat.[122]

c. Widerruf und Anfechtung der Erklärung

Ein Widerruf der Erklärung i.S.d. § 103 InsO ist nicht möglich.[123] Hinsichtlich der Anfechtung ist bislang noch nicht abschließend geklärt, welche Irrtümer zur Anfechtung berechtigen sollen.[124] Einigkeit besteht insoweit, als dass Motivirrtümer des Insolvenzverwalters diesen nicht zur Anfechtung berechtigen sollen. Ein Motivirrtum ist beispielsweise dann anzunehmen, wenn der Insolvenzverwalter zwar von dem beiderseits noch nicht erfüllten Vertrag weiß, jedoch über die Rechtsfolge seines Erfüllungsverlangens irrt oder wenn der Verwalter bewusst in Unkenntnis über den Stand der beiderseitigen Vertragserfüllung handelt.[125] Von dem Insolvenzverwalter ist zu erwarten, dass er die Rechtsfolgen seines Handelns übersehen kann.[126] Umstritten sind hingegen die Konstellationen, in welchen der Insolvenzverwalter glaubt, der Gemeinschuldner habe bereits voll geleistet oder wenn der Verwalter über den Umfang der wechselseitig erbrachten Leistungen irrt. In beiden Fällen ist wohl eine Anfechtungsmöglichkeit nach § 119 Abs. 1 BGB zuzugestehen.[127]

4. Rechtsfolgen der Verwalterentscheidung

Wird somit angenommen, dass die Erfüllungsansprüche bei beidseitig nicht oder nicht ganz erfüllten Verträgen durch die Eröffnung des Insolvenzverfahrens nicht erlöschen, sondern weiterhin bestehen bleiben, stellt sich anschließend die Frage, wie sich das Verhalten des Insolvenzverwalters – Erfüllungsverlangen i.S.d. § 103 Abs. 1 InsO oder Erfüllungsablehnung i.S.d. § 103 Abs. 2 InsO – auf die bestehenden Verträge auswirkt.

a. Erfüllungsverlangen gemäß § 103 Abs. 1 InsO

aa. Allgemeines

Entscheidet sich der Insolvenzverwalter für die Erfüllung des Vertrages, so hat er nach dem Wortlaut des § 103 Abs. 1 „anstelle des Schuldners" den Vertrag zu erfüllen. Die Verbindlichkeiten des Gemeinschuldners, d.h. die Forderungen des Vertragspartners, werden – soweit keine teilbare Leistung im Sinne des § 105 InsO vorliegt – Masseverbindlichkeiten i.S.d. § 55 Abs. 1 Nr. 2 InsO.[128] Dadurch ist für den Vertragspartner des Gemeinschuldners gewährleistet, dass er für Leistungen, welche er nach Verfahrenseröffnung erbringt, einen vollwertigen Gegenanspruch erhält. Beide Vertragsparteien sind an den ursprünglichen Vertrag gebunden,

---

121 Vgl. *Jaeger / Henckel*, KO, § 17, Rdnr. 207; *Kilger / K. Schmidt*, KO, § 17, Anm. 7.
122 Vgl. BGH WM 1971, 1478.
123 Vgl. OLG Hamburg, MDR 1952, 754; *Kuhn / Uhlenbruck*, KO, § 17, Rdnr. 20, 24.
124 Vgl. eine ausführliche Übersicht zum Meinungsstand bei *Jaeger / Henckel*, KO, § 17, Rdnr. 120 ff.
125 Vgl. *Nerlich / Römermann / Balthasar*, InsO, § 103, Rdnr. 49.
126 Vgl. RGZ 51, 281, 283; RGZ 62, 201 f.; RGZ 98, 136, 138 f.; *Häsemeyer*, InsR, Rdnr. 20.17.
127 Vgl. *Nerlich / Römermann / Balthasar*, InsO, § 103, Rdnr. 48 ff.; ausführlich auch zur KO, vgl. *Jaeger / Henckel*, KO, § 17, Rdnr. 122 ff.; *Kuhn / Uhlenbruck*, KO, § 17, Rdnr. 25; danach handelt der Insolvenzverwalter im ersten Fall ohne das erforderliche Erklärungsbewußtsein, im zweiten Fall unterliegt er einem Inhaltsirrtum.
128 Vgl. *Nerlich / Römermann / Balthasar*, InsO, § 103, Rdnr. 51; *Bork*, InsR, Rdnr. 163; *Haarmeyer / Wutzke / Förster*, InsRHdb., S. 558 f., Rdnr. 197; *Smid*, InsR, § 11, Rdnr. 5.

d.h. der Vertrag ist so zu erfüllen, wie er bei Verfahrenseröffnung bestand.[129] Hinsichtlich bestehender Dauerschuldverhältnisse tritt der Insolvenzverwalter vorbehaltlich besonderer Kündigungsrechte i.S.d. §§ 109, 113 Abs. 1 InsO in deren Laufzeit und Kündigungsfristen ein und muß mithin auch diesbezüglich die bestehende Situation annehmen.[130]

bb. Möglichkeit der Aufrechnung

Wählt der Insolvenzverwalter die Erfüllung des Vertrages, stellt sich die Frage, ob der Gläubiger des Gemeinschuldners mit seiner Forderung aufrechnen darf. Nach Auffassung der Literatur entstehen hierbei keine Probleme, denn die Eröffnung des Insolvenzverfahrens hat auf den Bestand der Erfüllungsansprüche kein Auswirkung. Die Rechtsprechung hingegen versagt dem Vertragspartner in derartigen Fällen die Möglichkeit der Aufrechnung.[131] Eine Einschränkung des strikten Aufrechungsverbotes wird dann angenommen, wenn der Gemeinschuldner bereits vor der Eröffnung des Insolvenzverfahrens eine teilweise Vorleistung erbracht hat. In Höhe der erfolgten Vorleistung soll der Vertragspartner trotz der Erfüllungswahl des Insolvenzverwalters zur Aufrechnung berechtigt sein.[132]

cc. Rechte Dritter

Nach der Erlöschenstheorie der jüngst überholten Rspr. erlosch mit der Eröffnung des Insolvenzverfahrens der Zahlungsanspruch aus dem beiderseits noch nicht erfüllten Vertrag und entsteht infolge der Erfüllungswahl durch den Insolvenzverwalter neu. Demnach stand Rechten Dritter die Vorschrift des § 91 Abs. 1 InsO entgegen, nach welcher Rechte an Gegenständen der Insolvenzmasse nach Verfahrenseröffnung nicht wirksam begründet werden können.[133]

b. Erfüllungsablehnung gemäß § 103 Abs. 2 InsO

aa. Allgemeines

Die Ablehnung der Erfüllung durch den Insolvenzverwalter hat zunächst zur Folge, dass keine der beiden Vertragsparteien mehr Erfüllung verlangen kann, denn die gegenseitigen Erfüllungsansprüche sind nunmehr endgültig erloschen. Für die Erlöschenstheorie der überholten Rechtsprechung stellte die Ablehnungsentscheidung des Insolvenzverwalters eine Bestätigung der Rechtslage dar, wie sie mit der Eröffnung des Verfahrens entsteht und entfaltet demnach keine rechtsgestaltende Wirkung.[134] Nach der nunmehr neueren Rechtsprechung und den überwiegenden Teilen der Literatur hat die Erfüllungsablehnung des Insolvenzverwalters konstitutive Wirkung.
Als Folge der Erfüllungsablehnung bestimmt die Vorschrift des § 103 Abs. 2 Satz 1 InsO, dass an die Stelle des Erfüllungsanspruches eine Forderung des Vertragspartners wegen Nichterfüllung tritt, die der Vertragspartner lediglich als Insolvenzgläubiger geltend machen kann. Die Rechtsnatur dieses Anspruchs wegen Nichterfüllung war bereits im Geltungsbe-

129 Vgl. BGH KTS 1959, 172, 173 f.
130 Vgl. zu der Problematik *Eckert*, ZIP 1996, 897, 900 f.
131 Vgl. die seit der Wende aus dem Jahr 1988 in der Rechtsprechung ergangenen Entscheidungen, z.B. BGHZ 103, 250, 254; BGHZ 116, 156, 159 ff. Dabei stützt sich die Rechtsprechung insbesondere darauf, dass mit der Erfüllungswahl durch den Insolvenzverwalter die Erfüllungsansprüche neu entstehen und somit das Aufrechnungsverbot des § 96 Nr. 1 InsO eingreift.
132 Vgl. BGHZ 129, 336; diese Einschränkung des Aufrechnungsverbotes wurde bestätigt in BGHZ 135, 25, 28.
133 Vgl. BGHZ 106, 236, 240 f.
134 Vgl. *Huber*, in: Gottwald (Hrsg.), InsRHdb., § 35, Rdnr. 26.

reich der KO äußerst umstritten. Die ganz überwiegende Auffassung sieht im Anspruch des Vertragspartners einen Schadensersatzanspruch.[135] Dabei ist es im Ergebnis praktisch ohne Belang, ob dieser Schadensersatzanspruch mit den bürgerlich – rechtlichen Vorschriften zu gegenseitigen Verträgen[136] oder mit den Regelungen des Insolvenzrechts selbst[137] begründet wird.[138] Eine neuere Auffassung geht dagegen davon aus, dass es sich bei dem Anspruch des Vertragspartners nicht um einen Schadensersatzanspruch sondern um einen Ausgleichsanspruch handelt, dessen Grundlage sich aus den §§ 45, 103 InsO unmittelbar ergibt.[139]

bb. Herausgabeansprüche

Der Vertragspartner hat einen Anspruch auf Herausgabe, wenn er aufgrund eines noch nicht vollständig erfüllten Vertrages einen Gegenstand in die Insolvenzmasse eingebracht hat, ohne diesen dem Gemeinschuldner übereignet zu haben. Mit Erlöschen der Erfüllungsansprüche erlischt auch das Recht zum Besitz.[140] Sonstige Teilleistungen werden ebenfalls rückabgewickelt, falls der Rechtsgrund durch die Erfüllungsablehnung entfallen ist. Wurde dem Gemeinschuldner für den nunmehr – durch die Erfüllungsablehnung des Insolvenzverwalters - erloschenen Übereignungsanspruch eine Vormerkung erteilt, so muß der Insolvenzverwalter eine Löschungsbewilligung erteilen, nachdem der Verwalter die Erfüllung abgelehnt hat.[141]

cc. Vorleistungen des Gemeinschuldners

Hat der Gemeinschuldner vor der eingetretenen Insolvenz an den Vertragspartner vorgeleistet, findet sich im Gesetz keine Regelung, die diese Konstellation erfasst. Im Ergebnis besteht allgemein Einigkeit, dass ein Ausgleich dann stattzufinden hat, wenn der Wert der Vorleistungen des Gemeinschuldners den Anspruch des Vertragspartners aus § 103 Abs. 2 Satz 1 InsO übersteigt. Streitig ist hingegen, wie, d.h. nach welchen Rechtsgrundlagen und Vorschriften dieser Ausgleich vorzunehmen ist.[142]

---

135 Vgl. RGZ 86, 247, 250; RGZ 135, 167, 170; BGHZ 17, 127, 129; BGHZ 68, 379, 380; BGHZ 96, 392, 395 f.; *Huber*, in: Gottwald (Hrsg.), InsRHdb, § 35, Rdnr. 32; *Jaeger / Henckel*, KO, § 17, Rdnr. 70; *Kuhn / Uhlenbruck*, KO, § 17, Rdnr. 37; *Jauernig*, § 78 II; *Pape*, in KS zur InsO, Rdnr. 29.

136 Vgl. zu dieser Argumentation RGZ 135, 167, 170; BGHZ 17, 127, 129; *Baur / Stürner*, Rdnr. 9.9; *Kuhn / Uhlenbruck*, KO, § 17, Rdnr. 37; *Musielak*, AcP 179 (1979), 189, 203 ff. noch zu §§ 325, 326 BGB a. F. oder pVV; nunmehr käme für beides §§ 281 ff. BGB n.F. in Betracht. In späteren Entscheidungen hat die Rechtsprechung diese Frage offengelassen, vgl. BGHZ 68, 379, 380; BGHZ 96, 392, 395; BGHZ 106, 236, 242.

137 So etwa *Bork*, InsR, Rdnr. 166 (§ 103 Abs. 2 Satz 1 InsO als Anspruchsgrundlage); *Kübler / Prütting / Tintelnot*, InsO, § 103, Rdnr. 98 (§§ 38, 45, 103 Abs. 2 Satz 1 InsO als Anspruchsgrundlage); zum gleichlautenden § 26 Satz 2 KO vgl. *Jaeger / Henckel*, KO, § 17, Rdnr. 171; weiter *Oetker*, ZZP 14 (1890), 1, 49; *Pletzsch*, S. 89.

138 Die Beantwortung dieser Frage hat lediglich in Bezug auf die Höhe des als Insolvenzforderung geltend zu machenden Schadens Bedeutung, vgl. dazu *Huber*, in: Gottwald (Hrsg.), InsRHdb., § 35, Rdnr. 33 ff.; *Nerlich / Römermann / Balthasar*, InsO, § 103, Rdnr. 62 f.; *Smid*, InsR, S. 201 f., Rdnr. 7 f.

139 Vgl. ausführlich dazu *Marotzke*, Rdnr. 5.64 ff.; in ähnlicher Richtung *Häsemeyer*, InsolvenzR, Rdnr. 20.24.

140 Vgl. RGZ 90, 218, 220; *Jaeger / Henckel*, KO, § 17, Rdnr. 166; *Pape*, in: KS zur InsO, Rdnr. 33.

141 Vgl. BGH NJW 1982, 768; *Pape*, in: KS zur InsO, Rdnr. 33.

142 Vgl. zum Meinungsstand ausführlich *Jaeger / Henckel*, KO, § 17, Rdnr. 71 ff.; *Marotzke*, Rdnr. 9.1 ff. Teilweise wird vertreten, dass der Verwalter vom Vertragspartner lediglich verlangen kann, dass dieser seine Gegenleistung soweit anteilig erbringt, wie der Gemeinschuldner vorgeleistet hat, vgl. grundlegend *Henckel*, ZZP 99 (1986), weiterhin *Jaeger / Henckel*, KO, § 17, Rdnr. 70 f. Nach anderer - insbesondere von der Rechtsprechung vertretener - Ansicht ist mit dem Erlöschen der Erfüllungsansprüche der Rechtsgrund für die empfangenen Teilleistungen entfallen und es müsse mithin ein Ausgleich gem. § 812 Abs. 1 Satz 2 1. Alt. BGB erfolgen, vgl. in RGZ 135, 167, 172; BGHZ 15, 330, 335; BGHZ 68, 379, 381. Teile der Literatur sahen – unter Zugrundelegung des bis zum 01.01. 2002 anwendbaren Schuldrechts - den Rechtsgrund für

IV. Verwertungsrecht gemäß §§ 159, 160, 165 ff. InsO

1. Das allgemeine Verwertungsrecht gemäß § 159 InsO

a. Entstehungsgeschichte

Der Gesetzgeber hat mit der Regelung des § 159 InsO an die Verwertungspflicht des Verwalters aus dem früheren § 117 Abs. 1 KO angeknüpft. Im Gegensatz zur KO ist der Insolvenzverwalter nicht mehr zur sofortigen Verwertung verpflichtet. Dies ist als Ausdruck des Grundsatzes der Gläubigerautonomie anzusehen, welcher seit dem Diskussionsentwurf des Bundesministeriums der Justiz die Insolvenzrechtsreform beherrschte.[143] Durch die Vorschrift des § 159 i.V.m. §§ 156, 157 InsO wird die Gläubigerautonomie verfahrensrechtlich abgesichert und bindet den Verwalter, indem sie ihn zum ausführenden Organ der Gläubigerentscheidung macht. Verstößt der Insolvenzverwalter gegen die Weisungen der Gläubigerversammlung, macht er sich gemäß § 60 Abs. 1 InsO gegenüber den Gläubigern schadensersatzpflichtig.[144]

b. Inhalt des Verwertungsrechts

Gemäß § 159 InsO hat der Insolvenzverwalter nach dem Berichtstermin unverzüglich das zur Insolvenzmasse gehörende Vermögen zu verwerten, soweit nicht Beschlüsse der Gläubigerversammlung entgegenstehen. Dabei bedeutet der Begriff der Verwertung nicht die Zerschlagung des Unternehmens, sondern es geht insgesamt darum, den Vermögenswert des Unternehmens am Markt zu realisieren.[145] Hat die Gläubigerversammlung keinen Beschluß über die Verwertung gefasst, entscheidet der Insolvenzverwalter nach pflichtgemäßem Ermessen über die Möglichkeiten, den Unternehmenswert zu realisieren.[146] Der Insolvenzverwalter kann sich insbesondere für die vollständige oder teilweise – zumindest kurzfristige - Fortführung des Unternehmens entscheiden, wenn dies höhere Erlöse erwarten lässt.[147] Eine dauerhafte Fortführung des Unternehmens ohne einen Beschluß der Gläubigerschaft ist dem Insolvenzverwalter grundsätzlich nicht zuzugestehen, denn die Gläubiger sind diejenigen, die im Falle einer fehlgeschlagenen Sanierung das Risiko tragen müssen. Ohne einen Beschluß der Gläubigerschaft wird im Zweifel immer davon auszugehen sein, dass das objektive Interesse der Gläubiger in der Insolvenz auf eine Haftungsverwirklichung mittels einer vollständigen

---

den Ausgleichanspruch in der Natur des Abrechnungsverhältnisses analog § 326, denn der Rechtsgrund für die Vorleistung bleibe erhalten, vgl. *Häsemeyer*, KTS 1973, 2, 7; *Kilger / K. Schmidt*, KO, § 17, Anm. 7 c.

143 Vgl. *Balz*, in: KS zur InsO, S. 3, Rdnr. 1 ff., der insoweit durch die Rückbesinnung auf diesen Grundsatz von einem „Paradigmenwechsel" spricht, nachdem in den zunächst vorhandenen Vorschlägen der Kommission für Insolvenzrecht Abweichendes beabsichtigt war. Demnach stünde eine sofortige Verwertung im Widerspruch zu der alleinigen Kompetenz der Gläubiger, über den Fortgang und das Schicksal des Unternehmens zu entscheiden. Bereits nach § 168 DiskE des BMJ sollte die Verwertung erst nach der Entscheidung der Gläubiger im Berichtstermin erfolgen. Dies wurde anschließend unverändert in § 178 RegE und schließlich in die InsO übernommen.

144 Dagegen kommt fehlerhaften und rechtsmissbräuchlich zustande gekommenen Beschlüssen der Gläubigerversammlung keine Bindungswirkung zu. Zu seiner eigenen Sicherheit wird der Insolvenzverwalter in derartigen Fällen eine Aufhebung nach § 78 InsO beantragen.

145 Vgl. *Nerlich / Römermann / Balthasar*, InsO, § 159, Rdnr. 5. Die Begriffe der Zerschlagung und der Verwertung sind lediglich dann gleichzusetzen, wenn ein funktionierender Markt für das Unternehmen besteht und der Liquidationswert des Unternehmens größer als sein Fortführungswert ist.

146 Vgl. schon für die KO *Jaeger / Weber*, KO, § 117, Rdnr. 17, *Kuhn / Uhlenbruck*, KO, § 117, Rdnr. 11; *Kilger / K. Schmidt*, KO, § 117, Anm. 4.

147 Vgl. BGH ZIP 1981, 851, 854; *Kuhn / Uhlenbruck*, KO, § 117, Rdnr. 14 b. Eine vollständige oder teilweise Fortführung erscheint insbesondere dann sinnvoll, wenn der Verkauf des Unternehmens als Ganzes möglich erscheint oder wenn vorhandene – insbesondere finanziell lukrative – Aufträge beendet werden sollen.

Abwicklung des Schuldnervermögens gerichtet ist.[148]
Der Insolvenzverwalter ist grundsätzlich nicht dazu verpflichtet, sämtliche Verwertungsmaßnahmen eigenhändig auszuführen. Insbesondere bei Insolvenzverfahren von größerem Umfang ist es praktisch kaum möglich und wegen oftmals fehlender Spezialkenntnisse nicht sinnvoll. Daher ist bei der Zerschlagung eines Unternehmens als zulässig anzusehen, wenn sich der Insolvenzverwalter zur Unterstützung eines Versteigerers bedient.[149]

c. Unverzüglichkeit der Verwertung

Die Verwertung der Insolvenzmasse hat unverzüglich nach dem Berichtstermin zu erfolgen, § 159 InsO. Unverzüglich ist hierbei gemäß der Legaldefinition des § 121 Abs. 1 BGB zu verstehen und bedeutet „ohne schuldhaftes Zögern." Damit stehen der Zeitpunkt und die Dauer der Verwertung im pflichtgemäßen Ermessen des Insolvenzverwalters. Zum einen wird dadurch vermieden, dass durch eine übereilte Verwertung ein sehr viel niedriger Preis erzielt wird. Zum anderen soll dem Insolvenzverwalter ein gewisser Zeitraum eingeräumt werden, innerhalb dessen er mit der Verwertung abwarten darf, wenn eine sofortige Verwertung nicht oder nur mit erheblichen Abschlägen möglich wäre. Jedoch wird die zulässige Grenze bei einer Spekulation des Insolvenzverwalters auf Marktpreisänderungen überschritten, da er lediglich den Zeitwert des Unternehmens zu realisieren hat und nicht auf Risiko der Gläubiger spekulieren darf.[150]

d. Unterstützung durch den Gemeinschuldner

Um die Masse vollständig feststellen und verwerten zu können bedarf der Insolvenzverwalter grundsätzlich der Unterstützung durch den Gemeinschuldner. Nach § 97 Abs. 1 InsO ist der Gemeinschuldner verpflichtet, dem Insolvenzverwalter über alle das Verfahren betreffende Verhältnisse Auskunft zu geben. Unterläßt der Gemeinschuldner seine Mitwirkung, eröffnet § 98 InsO die zwangsweise Durchsetzung der in § 97 InsO enthaltenen Pflichten des Gemeinschuldners.

e. Gegenstände der Verwertung

Die Befugnis des Insolvenzverwalters zur Verwertung und Verwaltung erstreckt sich auf das gesamte zur Insolvenzmasse gehörende Vermögen i.S.d. § 148 Abs. 1 InsO. Zu der Insolvenzmasse gehören insbesondere auch Vermögenswerte des Gemeinschuldners, welche im Ausland belegen sind, so dass der Insolvenzverwalter alle Maßnahmen ergreifen muss, um auch dieses Vermögen verwerten zu können.[151]

---

148 Vgl. zur Haftungsverwirklichung und Vollabwicklung als Verfahrenszwecke die allgemeine Begründung zum RegE, BT – Drucks. 12 / 2443, S. 83 f., abgedruckt in *Kübler / Prütting*, Das neue Insolvenzrecht, Bd. I, S. 97 f.

149 Vgl. OLG Düsseldorf, ZIP 1988, 855; LAG Schleswig, ZIP 1988, 250; *Eickmann*, KTS 1986, 197, 205 ff.; *Nerlich / Römermann / Balthasar*, InsO, § 159, Rdnr. 8. Einschränkungen haben freilich dann zu gelten, wenn der Insolvenzverwalter in irgendeiner Form an dem Versteigerungsgeschehen beteiligt ist und die Gefahr besteht, dass er sich seine Sachkunde von den Gläubigern noch durch eine Verwertungsprovision vergüten lässt. Dies spricht dafür, Unternehmen, an denen der Verwalter selber beteiligt ist, dem Zustimmungserfordernis nach § 160 Abs. 1 InsO zu unterwerfen. Zur Vermeidung von Umgehungen sind diese Grundsätze analog § 162 InsO auch auf mittelbare Beteiligungen sowie Beteiligungen nahestehender Personen i.S.d. § 38 InsO anzuwenden. A.A. wohl *Kuhn / Uhlenbruck*, KO, § 117, Rdnr. 11, wonach im Zweifel Eigenhändigkeit erforderlich ist.

150 Vgl. BGH ZIP 1985, 423.

151 Dies entspricht dem im deutschen Insolvenzrecht herrschenden Universalitätsprinzip, vgl. BGHZ 68, 16, 17; *Gottwald*, in: Gottwald (Hrsg.), InsRHdb., § 127, Rdnr. 5 ff.; *Kilger / K. Schmidt*, KO, § 1, Anm. 1 B.

aa. Bewegliche Sachen im Eigentum bzw. Miteigentum des Schuldners

Bewegliche Sachen, welche im Alleineigentum des Gemeinschuldners stehen, kann der Insolvenzverwalter freihändig – meist unter Hinzuziehung eines Versteigerers[152] - verkaufen. Unbewegliches Vermögen hat er grundsätzlich gemäß §§ 165, 162 Abs. 1 Nr. 2 InsO nach den Vorschriften des ZVG[153] zu verwerten.[154] Der Insolvenzverwalter benötigt hingegen bei der Verwertung von beweglichen Sachen, die lediglich im Miteigentum des Gemeinschuldners stehen gemäß § 747 Satz 1 BGB die Zustimmung des Miteigentümers oder der Miteigentümer.[155]

bb. Forderungen und Rechte

Die Verwertung bestehender Rechte und Forderungen des Gemeinschuldners erfolgt grundsätzlich dadurch, dass der Insolvenzverwalter die Forderungen einzieht und die Rechte veräußert.[156] Zunächst hat er Urkunden oder ähnliches, soweit vorhanden, in Besitz zu nehmen, da auch sie einen Bestandteil der Insolvenzmasse darstellen.[157] Hinsichtlich angemeldeter Patentrechte gilt grundsätzlich deren Übertragbarkeit gemäß § 9 Patentgesetz (PatG). Umstritten ist, ob ein noch nicht angemeldetes Patent als Vermögenswert zur Insolvenzmasse gezählt werden kann.[158] Jedenfalls kann die Zugehörigkeit eines Patents wohl dann bejaht werden, wenn der Wille zur Verwertung dokumentiert wird und objektiv nach außen erkennbar zum Ausdruck gebracht wird.

cc. Erfindungen eines Arbeitnehmers

Die Diensterfindungen eines Arbeitnehmers fallen gemäß §§ 6, 7 Abs. 1 Gesetz über Arbeitnehmererfindungen (ArbnErfG) in die zu verwertende Insolvenzmasse, wenn der Gemeinschuldner in seiner Funktion als Arbeitgeber diese Erfindungen unbeschränkt in Anspruch genommen hat. Wird die Erfindung nach der Eröffnung des Insolvenzverfahrens vom Insolvenzverwalter weiterhin genutzt, schuldet er dem betreffenden Arbeitnehmer eine angemessene Vergütung nach § 10 ArbnErfG als Masseverbindlichkeit.[159]

dd. Geschäftsbetriebe freier Berufe

Probleme treten bei der Veräußerung von Geschäftsbetrieben freier Berufe auf. Die Fortführung sowie der Verkauf eines Geschäftsbetriebes der freien Berufe erfordert, dass sich der Fortführende einen Einblick in eventuelle Mandanten- oder Patientenakten verschaffen muß. Der Verwalter kann dies nicht ohne die Zustimmung der Mandanten bzw. Patienten vorneh-

---

Vgl. auch zu dem in der EuInsVO zum Ausdruck kommenden Grundsatz der eingeschränkten Universalität, I. Teil, D. II. 2.

152 Vgl. *Kübler / Prütting / Onusseit*, § 159, Rdnr. 5.

153 Gesetz über die Zwangsversteigerung und die Zwangsverwaltung (Zwangsversteigerungsgesetz).

154 Vgl. *Nerlich / Römermann / Balthasar*, InsO, § 159, Rdnr. 13; zur Verwertung von Immobiliarsicherheiten vgl. *Ebbing*, KTS 1996, 327, 341 ff., zu Immobilien, welche mit Grundpfandrechten belastet sind, und zu der Behandlung des Zubehörs i.S.d. §§ 1121, 1122 BGB vgl. BGHZ 56, 268 und ausführlich *Kuhn / Uhlenbruck*, KO, § 117, Rdnr. 11 a.

155 Vgl. BGH WM 1958, 900.

156 Vgl. *Kilger / K. Schmidt*, KO, § 117, Anm. 5.

157 Vgl. *Kilger / K. Schmidt*, KO, § 117, Anm. 5.

158 Vgl. *Jaeger / Henckel*, KO, § 1, Rdnr. 35, der die Zugehörigkeit trotz noch nicht erfolgter Anmeldung bejaht; *Kuhn / Uhlenbruck*, KO, § 117, Rdnr. 11 d lassen diese Frage dagegen offen.

159 Der Grund besteht darin, daß die Masseverbindlichkeit durch eine Handlung des Insolvenzverwalters i.S.v. § 55 Abs. 1 Nr. 1 InsO begründet worden ist, vgl. die Begründung zu §. 54 RegE, BT – Drucks. 12 / 3803, S.99, abgedruckt in: *Kübler / Prütting*, InsO, Bd. II, S. 234.

men, da ansonsten eine Verletzung des Berufsgeheimnisses vorliegen würde.[160] Erfolgt dennoch ein Verkauf eines Geschäftsbetriebes der freien Berufe, so ist dieses Geschäft als nichtig i.S.d. § 134 BGB anzusehen.[161]

f. Beschränkungen gemäß § 160 InsO

Bei Rechtshandlungen des Insolvenzverwalter von besonderer Bedeutung hat der Insolvenzverwalter gemäß § 160 Abs. 1 Satz 1 und 2 InsO die Zustimmung des Gläubigerausschusses oder, wenn ein solcher nicht bestellt worden ist, die Zustimmung der Gläubigerversammlung einzuholen.[162] Der Begriff der Rechtshandlung i.S.d. § 160 Abs. 1 Satz 1 InsO umfasst sämtliche rechtsgeschäftlichen Handlungen und Maßnahmen, d.h. sowohl Verpflichtungs- als auch Verfügungsgeschäfte.[163] Eine Bedeutsamkeit bestimmter Geschäfte wird dann angenommen, wenn sie mindestens 10 % der Insolvenzmasse betreffen.[164]
Die Zustimmung wird nach § 160 Abs. 2 InsO insbesondere dann als erforderlich angesehen, wenn ein Fall der Nummern 1 bis 3 des § 160 Abs. 2 InsO vorliegt.[165] Ausgangspunkt jedweder Diskussion über die besondere Bedeutung einer Rechtshandlung des Insolvenzverwalters muss mithin die Überlegung sein, dass die Vorschrift des § 160 InsO insbesondere den Schutz der Gläubigerautonomie bezweckt und dass sich die besondere Bedeutung einer Maßnahme des Insolvenzverwalters allein danach richtet, welche Auswirkungen sie auf die Ansprüche der Gläubiger hat. Die Gläubiger werden dadurch während der gesamten Abwicklung des Insolvenzverfahrens vor eigenmächtigen Entscheidungen des Insolvenzverwalters bewahrt. Bei Verstößen gegen die Zustimmungspflicht seitens des Insolvenzverwalters wird zwar die Wirksamkeit der Verwertungshandlung davon nicht berührt.[166] Jedoch haftet der Insolvenzverwalter für einen eventuellen Schaden gemäß § 60 Abs. 1 InsO. Dabei kommt es für die Pflichtwidrigkeit des Verwalterhandelns nicht auf den wirtschaftlichen Sinn der Handlung an, sondern die Pflichtwidrigkeit wird allein durch die Verletzung des Zustimmungserfordernisses begründet.[167]

---

160 Vgl. ausführlich *Schick*, NJW 1990, 2359, 2360 ff.; weiterhin *Pape*, in: Mohrbutter / Mohrbutter, Rdnr. V.25; *Uhlenbruck*, in: FS für Henckel, 1995, S. 877 ff.

161 Vgl. BGHZ 116, 271; BGH NJW 1991, 2955; BGH NJW 1995, 2026; BGH ZIP 1993, 649; KG NJW-RR, 1996, 431.

162 Auch wenn gesetzlich keine Ausnahme von dem Zustimmungserfordernis festgelegt ist, findet sich bereits in den Gesetzesmaterialien in den Motiven zur KO eine Ausnahme. Danach ist eine Zustimmung dann entbehrlich, wenn durch den Zeitverlust, welcher durch die Einholung der Zustimmung entsteht, ein Nachteil für die Masse droht (beispielsweise bei leicht verderblichem Warenbestand), vgl. Motive zur KO, in: *Hahn*, S. 319; *Jaeger / Weber*, KO §§ 133, 134, Rdnr. 7.

163 Vgl. *Hess*, in Hess / Weis / Wienberg , § 160, Rdnr. ; *Kilger / K. Schmidt*, KO, § 134, Anm. 1.

164 Vgl. HK / *Flessner*, InsO, § 160, Rdnr. 3.

165 Der Gesetzgeber hat bewusst auf eine nähere Bestimmung des Begriffs der „besonderen Bedeutung" verzichtet, um eine Anpassung an die jeweilige Situation des betreffenden Unternehmens und des speziellen Verfahrens zu ermöglichen, vgl. Begr. zu § 179 RegE, BT – Drucks. 12 / 2443, S. 174. Auf der anderen Seite birgt die Abstandnahme von einer näheren Bestimmung die Gefahr einer erheblichen Rechtsunsicherheit, welche auch durch die in den Nummern 1 bis 3 des § 160 Abs. 2 InsO aufgezählten Regelbeispiele nicht vollständig beseitigt werden kann in sich. Im Geltungsbereich der KO war die Genehmigungspflicht besonders bedeutsamer Rechtshandlungen in den §§ 133 Nr. 2 und 134 KO noch abschließend geregelt.

166 Dies ergibt sich ausdrücklich aus § 164 InsO.

167 Vgl. *Nerlich / Römermann / Balthasar*, InsO, § 160, Rdnr. 24; vgl. auch Rdnr. 25 ff. zu der Situation, in der sich der Verwalter über die Entscheidung des Gläubigerorgans hinwegsetzt; ähnlich *Pape*, in: Mohrbutter / Mohrbutter, Rdnr. XIII.26

2. Verwertung gemäß §§ 165 ff. InsO

Die meisten Vermögenswerte des Gemeinschuldners sind regelmäßig mit Absonderungsrechten belastet, welche den absonderungsberechtigten Gläubigern in der Insolvenz eine vorrangige Befriedigung garantiert.[168] Die Vorschriften der §§ 165 bis 173 InsO beinhalten Verwertungskompetenzen des Insolvenzverwalters[169], welche sich nicht bereits aus den allgemeinen Regelungen der §§ 22 Abs. 1 Satz 1, 80 Abs. 1, 148 Abs. 1, 159 InsO ergeben. Das allgemeine Verwaltungs- und Verfügungsrecht des Insolvenzverwalters gemäß §§ 80 Abs. 1, 22 Abs. 1 Satz 1 InsO umfasst lediglich diejenigen Befugnisse, welche vor der Eröffnung des Verfahrens dem Gemeinschuldner zustanden. Im Folgenden wird die Konzentration vornehmlich auf die Handlungsmöglichkeiten des Insolvenzverwalters hinsichtlich der Verwertung gelenkt und die Verwertungsmöglichkeit der Gläubiger i.S.d. § 173 InsO vernachlässigt.

a. Verwertung unbeweglicher Gegenstände nach § 165 InsO

Besteht ein Absonderungsrecht eines Gläubigers an unbeweglichem Vermögen des Gemeinschuldners, erfolgt die Verwertung außerhalb des Insolvenzverfahrens nach den Regeln des ZVG. Dabei besteht sowohl für den Gläubiger gemäß § 49 InsO als auch für den Insolvenzverwalter gemäß § 165 InsO die Möglichkeit, bei dem zuständigen Gericht die Zwangsversteigerung oder Zwangsverwaltung zu betreiben. Will der Gläubiger auf diesem Wege das Grundstück verwerten, wird das Interesse des Insolvenzverwalters am Zusammenhalt der Insolvenzmasse dadurch geschützt, dass ihm unter bestimmten Voraussetzungen das Recht eingeräumt wird, die einstweilige Einstellung der Zwangsvollstreckung bzw. Zwangsversteigerung zu erwirken.[170] Allerdings sind in dem Fall einer solchen einstweiligen Einstellung gemäß § 30e ZVG die nach dem Berichtstermin anfallenden Zinsen aus der Insolvenzmasse an den jeweiligen Gläubiger zu zahlen, um ihn wegen der Verzögerung der Zwangsversteigerung möglichst schadlos zu halten.[171] Unabhängig von einem Antrag des absonderungsberechtigten Gläubigers kann der Insolvenzverwalter nach § 165 InsO i.V.m. §§ 172 ff. ZVG die Zwangsversteigerung oder Zwangsverwaltung betreiben. Dabei benötigt der Insolvenzverwalter zur Stellung seines Versteigerungsantrages bei dem zuständigen Gericht[172] keinen Vollstreckungstitel, sondern er muß lediglich seine Bestellung gemäß § 56 Abs. 2 Satz 1 InsO und die Massezugehörigkeit des Grundstücks nachweisen.[173] Ein bestehendes Absonderungsrecht wird für die Verwertung als nicht hinderlich angesehen.[174]

aa. Erfasste Vermögenswerte

Die Vorschrift des § 165 InsO erfasst die Verwertung von unbeweglichem Vermögen, wel-

---

168 Dies ergibt sich aus den §§ 49, 50 i.V.m. §§ 38, 187 ff. InsO.

169 Verwertungskompetenzen für die Gläubiger ergeben sich aus § 173 InsO.

170 Vgl. zu den Einzelheiten §§ 30d, 153b ZVG.

171 Vgl. *Hintzen*, Rpfleger 1999, 256, 260; *Lwowski / Tetzlaff*, WM 1999, 2336, 2339; *Marotzke*, ZZP 109 (1996), 429, 453; *Obermüller*, FLF 1994, S. 170; *Wenzel*, NZI 1999, 101, 102.

172 Zuständig ist bei Grundstücken dasjenige Amtsgericht als Vollstreckungsgericht, in dessen Bezirk das Grundstück belegen ist, vgl. § 1 Abs. 1 ZVG. Zentralisierungen bei ein und demselben Amtsgericht sind grundsätzlich möglich, wobei gewährleistet bleiben muß, dass es bei einer Trennung der beiden Verfahren verbleibt. Zu dem Inhalt des Antrags vgl. §§ 15 ff. ZVG.

173 Vgl. FK / *Wegener*, InsO, § 165, Rdnr. 3; *Hess*, InsO, § 165, Rdnr. 20; *Kuhn / Uhlenbruck*, KO, § 126, Rdnr. 2.

174 Dies ergibt sich aus der Formulierung „auch wenn..." in § 165 InsO a.E.

ches zur Insolvenzmasse gehört.[175] Durch den nicht ausgesprochenen Verweis des § 165 InsO auf das ZVG, welches die in § 869 ZPO geregelte Zwangsvollstreckung in das unbewegliche Vermögen näher regelt (§§ 864 ff. ZPO), kommt mittelbar die Vorschrift des § 864 ZPO zur Anwendung. Nach der Regelung des § 864 Abs. 1 ZPO unterliegen der Zwangsvollstreckung neben den Grundstücken die Berechtigungen, für welche die sich auf Grundstücke beziehende Vorschriften gelten.[176]

bb. Verwertung durch den Insolvenzverwalter

Der Insolvenzverwalter entscheidet nach pflichtgemäßem Ermessen, ob er die Zwangsverwertung nach den §§ 172 ff. ZVG, d.h. Zwangsversteigerung oder Zwangsverwaltung, betreibt oder das Grundstück durch einen freihändigen Verkauf verwertet.[177] Dabei liegen die Vorteile einer Versteigerung insbesondere in dem Ausschluß der gesetzlichen Gewährleistung nach § 56 ZVG, in dem Wegfall einzelner öffentlich – rechtlicher Genehmigungen sowie in dem Erlöschen nachrangiger Grundpfandrechte nach § 52 Abs. 1 Satz 2 ZVG. Andererseits werden bei einer Versteigerung überaus häufig nicht die realen Verkehrswerte erreicht, so dass Versteigerungsanträge des Insolvenzverwalters in der Praxis selten erfolgen. Der Beschluß, welcher das Versteigerungsverfahren anordnet, hat keine Beschlagnahmewirkung, denn das Grundstück ist bereits mit der Eröffnung des Insolvenzverfahrens beschlagnahmt.[178] Der Anordnungsbeschluß ist dem Insolvenzverwalter zuzustellen.[179] Lediglich der betroffene Gläubiger hat nach § 74 a ZVG das Recht, die Versagung des Zuschlags zu beantragen, wenn das abgegebene Meistgebot einschließlich des Kapitalwertes der nach den Versteigerungsbedingungen bestehenbleibenden Rechte unter 7/10 des Grundstückswertes liegt. Der Insolvenzverwalter kann einen Antrag auf Versagung des Zuschlags stellen, wenn er den Antrag aus einem Eigentümerrecht des Schuldners stellt.[180] Gegen den ergangenen Zuschlagsbeschluß hat der Insolvenzverwalter die Möglichkeit, anstelle des Gemeinschuldners Beschwerde einzulegen i.S.d. §§ 95 ff. ZVG.

b. Verwertung beweglicher Gegenstände gemäß § 166 Abs. 1 InsO

aa. Allgemeines

Nach der Vorschrift des § 166 Abs. 1 InsO kann der Insolvenzverwalter bewegliche Sachen, an welchen ein Absonderungsrecht besteht und welche er in seinem Besitz hat, verwerten.[181]

---

175 Hingegen gehört ein Grundstück, welches einer insolventen Gesellschaft kapitalersetzend zur Nutzung überlassen worden ist, nicht zur Insolvenzmasse. Zu der Verwaltung und Verwertung eines solchen Grundstücks, vgl. BGH KTS 1999, 145 ff.; *Heublein*, ZIP 1998, 1899; *Jungmann*, ZIP 1999, 601.

176 Mit diesen Berechtigungen sind nach *Nerlich / Römermann / Becker*, InsO, § 165, Rdnr. 3 ff. unter anderem Grundstückseigentum einschließlich Wohnungseigentum und Teileigentum, Erbbaurechte, registrierte Schiffe oder registrierbare Schiffsbauwerke, eingetragene Luftfahrzeuge, Bergwerkseigentum sowie jeweils die Bruchteile an den aufgezählten Rechtspositionen gemeint.

177 Vgl. HK / *Flessner*, InsO, § 159, Rdnr. 7; *Kübler / Prütting / Onusseit*, InsO, § 159, Rdnr. 20; *Lwowski / Tetzlaff*, WM 1999, 2336; *Marotzke*, ZZP 109 (1996), 429, 451; *Smid / Smid*, InsO, § 165, Rdnr. 8; *Wellensiek*, in: KS zur InsO, S. 424, Rdnr. 77.

178 Vgl. § 173 ZVG. Eine Beschlagnahme durch den Beschluß ist nur in den beiden gesetzlich vorgesehenen Situationen - §§ 13 und 55 ZVG – denkbar.

179 Vgl. Einzelheiten dazu bei *Schiffhauer*, in: Dassler / Schiffhauer / Gerhardt, ZVG, § 173.

180 Vgl. *Böttcher*, ZVG, § 74 a, Rdnr. 15.

181 Vgl. *Gottwald*, in: Leipold (Hrsg), S. 197, 199; *Gottwald / Adolphsen*, in: KS zur InsO, S. 1070, Rdnr. 106, der in dem durch die InsO geschaffenen Verwertungsrecht des Insolvenzverwalters hinsichtlich besitzloser Mobiliarsicherheiten als „Kernstück der Reform" des Rechts der Mobiliarsicherheiten ansieht. Die Vorschrift des § 127 KO gab hingegen dem mit besitzlosen Mobiliarsicherheiten gesicherten Gläubiger die Möglichkeit der Selbstverwertung seiner Sicherheit außerhalb des Konkursverfahrens. Der absonderungsbe-

Zudem darf der Verwalter gemäß § 166 Abs. 2 InsO Forderungen, welche der Gemeinschuldner zur Sicherung eines Anspruchs abgetreten hat, einziehen oder in anderer Weise verwerten. Die Verwertung der Pfandgegenstände muß nicht zwangsweise durchgeführt werden, sondern sie kann auch nach einer freiwilligen Vereinbarung durch eine rechtsgeschäftliche Veräußerung erfolgen.[182] Dabei erfasst die Vorschrift des § 166 Abs. 1 InsO nicht die beweglichen Sachen im Haftungsverband eines Grundstücks. Diese Sachen kann der Gemeinschuldner bzw. der Insolvenzverwalter – solange sie nicht zugunsten eines oder mehrerer Gläubiger beschlagnahmt sind – bereits nach § 1121 Abs. 1 BGB veräußern und anschließend vom Grundstück entfernen.[183] Herrscht Streit über die Existenz eines Absonderungsrechts, stehen sich als Streitgegner der angeblich Absonderungsberechtigte und der Insolvenzverwalter gegenüber.[184]
Der Insolvenzverwalter ist keineswegs verpflichtet, die Verwertung nach § 166 InsO durchzuführen. Vielmehr besitzt er die Möglichkeit gemäß § 170 Abs. 2 InsO, die Sache dem absonderungsberechtigten Gläubiger zum Zwecke der Verwertung herauszugeben.[185]

bb. Besitz des Insolvenzverwalters

Bei beweglichen Sachen erfordert das Verwertungsrecht des Insolvenzverwalters grundsätzlich seinen unmittelbaren Besitz an der Sache i.S.d. § 854 Satz 1 BGB. Maßgeblicher Zeitpunkt für die Beurteilung der Besitzsituation ist der Zeitpunkt der Verfahrenseröffnung.[186] Nach der Eröffnung des Insolvenzverfahrens hat der Insolvenzverwalter gemäß § 148 Abs. 1 InsO das gesamte zur Insolvenzmasse gehörende Vermögen des Gemeinschuldners in Besitz und Verwaltung zu nehmen. Befindet sich die bewegliche Sache im Zeitpunkt der Verfahrenseröffnung im Besitz eines Dritten, welcher sein Besitzrecht lediglich von dem Gemeinschuldner ableitet[187], genügt der mittelbare Besitz des Gemeinschuldners, um das Verwertungsrecht des Insolvenzverwalters zu begründen.[188] Entzieht ein Gläubiger dem Gemeinschuldner den Besitz an einer Sache durch verbotene Eigenmacht oder veranlasst er den Gemeinschuldner durch Irreführung zur Herausgabe einer Sache, sah § 199 RegE zur InsO vor, dass der Insolvenzverwalter beim Insolvenzgericht einen Herausgabe- bzw. Rückgabean-

---

rechtigte Gläubiger konnte die Herausgabe des mit dem Absonderungsrecht belasteten Gegenstandes verlangen und somit die Verwertungspläne des Konkursverwalters nicht unerheblich beeinträchtigen.

182 Vgl. BGHZ 47, 183; FK / *Wegener*, InsO, § 166, Rdnr. 1; HK / *Landfermann*, § 166, Rdnr. 12; *Kilger / K. Schmidt*, KO, § 47, Anm. 7; Smid / *Smid*, InsO, § 166, Rdnr. 10.

183 Vgl. *Bork*, in: FS Gaul, S. 71, 87 f.; HK / *Landfermann*, InsO, § 166, Rdnr. 9; *Marotzke*, ZZP 109 (1996), 429, 446;

184 Vgl. *Häsemeyer*, InsR, Rdnr. 18.73; dabei richtet sich die Rechtsverfolgung danach, wer im Besitz des Gegenstandes ist.

185 Vgl. *Bork*, InsR, Rdnr. 254 (Fn. 18), der insoweit von einer „unechten Freigabe" spricht, weil die Sache selbst ihre Zugehörigkeit zur Insolvenzmasse nicht verliere (im Unterschied zur „echten Freigabe"), sondern der Insolvenzverwalter lediglich auf sein Verwertungsrecht aus § 166 Abs. 1 InsO verzichtet; *Nerlich / Römermann / Becker*, InsO, § 166, Rdnr. 22.

186 Vgl. in diesem Sinn *Klasmeyer / Elsner / Ringstmeier*, in: KS zur InsO, S. 1086, Rdnr. 17. Hierbei ist der Gesetzeswortlaut in bestimmten Fällen jedoch etwas ungenau: der Insolvenzverwalter hat erst nach der Verfahrenseröffnung – insofern er nicht bereits als vorläufiger Insolvenzverwalter diese Maßnahmen ergreifen konnte - die Möglichkeit, die Masse i.S.d. § 148 InsO in Besitz zu nehmen. Abzustellen ist somit auf den Besitz des Gemeinschuldners (vgl. dazu ausführlich *Bork*, in: FS Gaul, S. 71, 72 ff.; weiter *Häsemeyer*, InsR, Rdnr. 13.47; HK / *Landfermann*, InsO, § 166, Rdnr. 7) oder auf den Besitz des vorläufigen Insolvenzverwalters im Zeitpunkt der Verfahrenseröffnung.

187 Beispielsweise bei einer Leihe, Verwahrung oder einer Reparatur durch den Unternehmer.

188 So *Bork*, in: FS Gaul, S. 71, 75; FK / *Wegener*, InsO, § 166, Rdnr. 4, *Smid*, WM 1999, 1141, 1142; a.A. *Haunschild*, DZWiR 1999, 60, 61.

spruch geltend machen kann.[189] Teilweise wird der Insolvenzverwalter auf die Rückgabeansprüche aus der Insolvenzanfechtung gemäß §§ 129 ff., 143 InsO oder Ansprüche aus §§ 812 ff., 823 ff. BGB verwiesen. Dies bringt jedoch den Nachteil mit sich, dass eine zügige Rückgabe nicht gewährleistet ist.[190] Mithin ist zu überlegen, ob man dem Insolvenzverwalter nicht zugesteht, einen dem Gemeinschuldner zustehenden possessorischen Besitzanspruch gemäß § 861 Abs. 1 BGB geltend zu machen. Damit würde der Insolvenzverwalter im Zeitpunkt der erneuten Besitzerlangung sein Verwertungsrecht zügig zurückerlangen.[191]

cc. Durchführung der Verwertung i.S.d. § 166 Abs. 1 InsO

Grundsätzlich erfolgt die Verwertung nach § 166 Abs. 1 InsO freihändig. Das bedeutet, der Insolvenzverwalter ist im Gegensatz zur Verwertung von unbeweglichen Sachen i.S.d. § 165 InsO nicht an die Mittel der Zwangsvollstreckung gebunden.[192] Zunächst hat der Insolvenzverwalter dem betreffenden Sicherungsgläubiger die beabsichtigte Verwertung möglichst rechtzeitig anzuzeigen bzw. mitzuteilen.[193] Die Mitteilung an den Gläubiger muß konkrete Angaben über die Art und die Umstände der Verwertung enthalten.[194] Der Gläubiger hat im Anschluß an die erfolgte, d.h. zugegangene[195], Mitteilung eine Woche Zeit, auf eine wirtschaftlich günstigere Verwertungsmöglichkeit hinzuweisen.[196] Die Wochenfrist des § 168 Abs. 1 Satz 2 InsO ist keine Ausschlußfrist. Demnach hat der Insolvenzverwalter auch verspätet eingegangene günstigere Verwertungsvorschläge des Gläubigers zu beachten, insofern er die Sache nicht bereits verwertet hat oder eine Änderung der begonnenen Verwertung ohne zusätzliche Kosten möglich ist.[197]
Stellt sich die von dem Gläubiger inhaltlich bestimmt vorgetragene Verwertungsmöglichkeit als günstiger[198] dar, hat der Insolvenzverwalter entweder diese Möglichkeit der Verwertung wahrzunehmen oder den betreffenden Gläubiger zumindest wirtschaftlich so zu stellen, als hätte er diese Möglichkeit wahrgenommen.[199] Dies Verpflichtung entfällt nur dann, wenn kein ordnungsgemäßer Hinweis des Gläubigers erfolgt ist.[200] Nimmt der Verwalter die ihm von dem Gläubiger angezeigte günstigere Verwertungsmöglichkeit nicht wahr, haftet er diesem Gläubiger auch persönlich gemäß § 60 Abs. 1 InsO.

c. Verwertung von Forderungen i.S.d. § 166 Abs. 2 InsO

Die Verwertung sicherungsabgetretener Forderungen durch den Insolvenzverwalter erfolgt

---

189 Diese Regelung ist jedoch nicht in die InsO übernommen worden. Der Beweggrund für die Streichung des § 199 RegE bestand für den Rechtsausschuß zum einen in der Entlastung der Insolvenzgerichte, zum anderen wurde eine solche Regelung für entbehrlich gehalten.

190 Vgl. *Niesert*, InVo 1998, 141, 144; *Kirchhof*, S. 92.

191 In diesem Sinne *Häsemeyer*, InsR, Rdnr. 13.47; *Smid*, WM 1999, 1141, 1153.

192 Vgl. *Nerlich / Römermann / Becker*, InsO, § 166, Rdnr. 24.

193 Vgl. § 168 Abs. 1 Satz 1 InsO.

194 Damit sind insbesondere der Zeitpunkt der Verwertung, die Höhe des Erlöses und die Zahlungsmodalitäten gemeint, vgl. FK / *Wegener*, InsO, § 168, Rdnr. 3; *Lwowsky / Heyn*, WM 1998, 473, 478.

195 Vgl. *Nerlich / Römermann / Becker*, InsO, wonach der Fristenlauf des § 168 Abs. 1 Satz 2 in entsprechender Anwendung der §§ 187 Abs. 1, 188 Abs. 2 BGB i.V.m. §§ 222 ZPO und 4 InsO mit dem Zugang der Verwaltermitteilung beim Gläubiger ausgelöst wird.

196 Vgl. § 168 Abs. 1 Satz 2 InsO.

197 Vgl. FK / *Wegener*, InsO, § 168, Rdnr. 5; *Lwowsky / Heyn*, WM 1998, 473, 478; *Zimmermann*, NZI 1998, 57, 61.

198 Günstiger ist eine Verwertungsmöglichkeit bereits dann, wenn diese in einer Kostenersparnis besteht, vgl. § 168 Abs. 3 Satz 2 InsO.

199 Diese Schadloshaltung des Gläubigers ergibt sich aus § 168 Abs. 2 InsO.

200 Vgl. MünchKomm / *Lwowski*, InsO, § 168, Rdnr. 48.

dem Grunde nach wie bei der Verwertung beweglicher Sachen mit dem Unterschied, dass der Insolvenzverwalter die Forderungen einziehen muß. Das Verwertungsrecht steht gemäß § 166 Abs. 2 Satz 1 InsO allein dem Insolvenzverwalter zu und zwar auch dann, wenn die Zession von dem Gläubiger offengelegt worden ist.[201] Eine Ausnahme vom Verwertungsrecht des Insolvenzverwalters stellt die nachträglich eingefügte Regelung des § 166 Abs. 2 Satz 2 InsO[202] dar. In Anlehnung an die KO wird das uneingeschränkte Verwertungsrecht denjenigen Gläubigern zugestanden, welche ihre Forderungen entweder in ein System zur Ausführung von Zahlungs- und Übertragungsverträgen i.S.d. § 96 Abs. 2 Satz 2 oder 3,[203] ein sogenanntes Abrechnungssystem, eingebracht haben oder ihre Forderungen an die Zentralbank eines Mitgliedstaats der Europäischen Union, eines Vertragsstaats des Europäischen Wirtschaftsraumes oder an die Europäische Zentralbank abgetreten haben. Der Sinn dieser Ausnahme besteht darin, Verzögerungen bei der Verwertung möglichst zu vermeiden und den Sicherungszessionar vom Kostenbeitrag nach § 170 InsO freizustellen.[204] Eventuelle Verwertungsüberschüsse fließen anschließend in die Insolvenzmasse.[205]

d. Verwertung von anderen Rechten und immateriellen Gütern

Von der Vorschrift des § 166 InsO werden andere Rechte und immaterielle Güter nicht erfasst. Insoweit weisen die §§ 165 ff. eine Lücke auf. In analoger Anwendung des § 166 Abs. 2 Satz 1 InsO hat der Verwalter die Möglichkeit, auch andere Rechte als Forderungen zu verwerten. Dazu zählen insbesondere Marken, Patente, Urheberrechte sowie Ideen, Wissen und der Kundenstamm des Schuldners.[206] Hierbei kann ein starkes Bedürfnis bestehen, diese Rechte zunächst im Unternehmensverbund zu belassen. Jüngst ist diesbezüglich vorgeschlagen worden, die Vorschrift des § 166 Abs. 2 InsO dahingehend zu ändern, dass der Verwalter eine Forderung, an der ein Absonderungsrecht besteht, einziehen oder in anderer Weise verwerten darf.[207]

V. Anfechtungsrecht gemäß §§ 129 ff. InsO

1. Allgemeines

Mit der Einführung der InsO zum 1. Januar 1999 haben sich auch im Anfechtungsrecht einige Änderungen ergeben, welche sich unmittelbar auf den Rechts- und Pflichtenkreis des Insolvenzverwalters auswirken. Das nunmehr geltende Anfechtungsrecht der InsO entspricht zwar

201 Vgl. näher *Kübler / Prütting / Kemper*, InsO, § 166, Rdnr. 8 f.

202 Eingefügt durch Ges. v. 08.12. 1999 (BGBl. I, S. 2384).

203 Ebenfalls eingefügt durch Ges. v. 08.12. 1999 (BGBl. I, S. 2384).

204 Vgl. Begr. RegE, BR – Drucks. 456 / 99, S. 23, 25. Damit beabsichtigt man zum einen, die Liquiditätsbedürfnisse der Abrechnungssysteme zu befriedigen und zum anderen die Wettbewerbsneutralität der Zentralbankenfinanzierung zu gewährleisten.

205 Vgl. Begr. RegE, BR – Drucks. 456 / 99, S. 23.

206 Vgl. *Nerlich / Römermann / Becker*, InsO, § 166, Rdnr. 35; nach *Marotzke*, ZZP 109 (1996), 429, 449 f. ergab sich bereits aus § 127 Abs. 2 KO ein solches Verwertungsrecht und es würde den Zielen der Reform zuwiderlaufen, dieses Recht wegfallen zu lassen. A.A. HK / *Landfermann*, InsO, § 166, Rdnr. 19, *Gundlach / Frenzel / Schmidt*, NZI 2001, 119, 123; *Wallner*, ZInsO 1999, 453, 454 ff. nach denen eine Analogie abzulehnen ist, da der Gesetzgeber das Verwertungsrecht des § 166 Abs. 2 InsO ausdrücklich auf Forderungen begrenzt habe. Nach *Wallner*, ZInsO 1999, 453, 455 f. steht dem Insolvenzverwalter nur ein Verzögerungsverwertungsrecht aus § 173 Abs. 2 InsO zu.

207 Vgl. *Arbeitskreis der Insolvenzverwalter*, NZI 2002, 3, 9, demzufolge der Vorschrift des § 166 InsO ein neuer Absatz 3 anzufügen ist, in welchem eine ausdrückliche Regelung bezüglich der sonstigen Rechte enthalten sein soll.

im wesentlichen den Tatbeständen der KO[208], jedoch sind zum die Regelungen in einzelnen Bereichen erheblich verschärft worden.[209] Zudem enthalten die Vorschriften neben einer ganzen Reihe von Erweiterungen auch Beweiserleichterungen zugunsten des Insolvenzverwalters.[210] Nunmehr bestimmt die Vorschrift des § 129 Abs. 1 InsO, dass der Insolvenzverwalter Rechtshandlungen, welche vor der Eröffnung des Insolvenzverfahrens vorgenommen worden sind und zu einer Benachteiligung der Insolvenzgläubiger geführt haben, diese nach Maßgabe der §§ 130 bis 146 InsO anfechten kann. Die Änderungen waren erforderlich, da die Ziele der Insolvenzanfechtung mit Hilfe der §§ 29 ff. KO nicht mehr ausreichend verwirklicht werden konnten. Eine der wesentlichen Ursachen für die mangelnde Durchsetzbarkeit war die Beweislastverteilung zu Lasten des Konkursverwalters. Zudem war eine Rückgängigmachung der anfechtbaren Rechtshandlung zwar nach dem Konkurs- und dem Anschlusskonkursverfahren möglich, nicht hingegen bei dem Vergleichsverfahren.[211] Weitere Ursachen für die mangelnde Durchsetzbarkeit waren zum einen die zu kurz bemessenen Anfechtungsfristen sowie die Regelung des § 10 GesO, nach welcher lediglich Rechtshandlungen des Gemeinschuldners, nicht jedoch eines Dritten anfechtbar waren.[212] Seit dem 1. Januar 1999 ist die Anfechtung im Einklang mit der Vorgabe eines einheitlichen Insolvenzrechts i.S.d. Art. 2 Nr. 1 – 5 EGInsO und im Gegensatz zum bisherigen Vergleichsrecht auch zur Vorbereitung eines Insolvenzplans zulässig. Zudem wurde der Nachweis subjektiver Tatbestandsvoraussetzungen erleichtert und gegenüber dem Gemeinschuldner nahestehenden Personen wird die Kenntnis der Zahlungsunfähigkeit oder des Eröffnungsantrages nunmehr vermutet, vgl. § 130 Abs. 3 InsO. Schließlich wurden die Anfechtungsfristen verlängert und die Durchsetzbarkeit des Anfechtungsanspruchs erleichtert.

2. Zweck der Anfechtung

Grundsätzlich besteht die Insolvenzmasse, mit welcher der Gemeinschuldners den Gläubigern haftet, aus denjenigen Vermögenswerten, die im Zeitpunkt der Verfahrenseröffnung dem Gemeinschuldner gehören. Die Regelungen der §§ 80 ff. InsO stellen sicher, dass durch Handlungen nach der Verfahrenseröffnung keine die Insolvenzgläubiger benachteiligende Verringerung der Insolvenzmasse eintreten kann.[213] Demgegenüber eröffnen die Anfechtungsvorschriften der §§ 129 ff. InsO dem Insolvenzverwalter die Möglichkeit, Verringerungen der Insolvenzmasse bzw. Vermögensverschiebungen, welche vor der Eröffnung des Insolvenzverfahrens eingetreten sind, wieder rückgängig zu machen. Regelmäßig werden die wertvollsten Vermögensbestandteile von dem Gemeinschuldner nicht nach der Verfahrenseröffnung, sondern bereits vor der Antragstellung beiseite geschafft. Dann wird der Gemein-

---

208 Vgl. *Uhlenbruck*, S. 97: „Als Kernstück der neuen Regelung in den §§ 129 bis 147 InsO werden die vier Haupttatbestände der geltenden Konkursordnung im Grundsatz beibehalten."

209 Vgl. *Bundesministerium der Justiz* (Hrsg.), Erster Bericht der Kommission für Insolvenzrecht, 1985; *Bundesministerium der Justiz* (Hrsg.), Gesetz zur Reform des Insolvenzrechts, Referentenentwurf, 1989; Regierungsentwurf (RegE), abgedruckt in: *Kübler / Prütting*, Das neue Insolvenzrecht.

210 Vgl. *Uhlenbruck*, S, 97; Einzelheiten bei *Henckel*, in: Leipold (Hrsg.), Insolvenzrecht, S. 204 ff.

211 Vgl. dazu BGHZ 99, 36.

212 Vgl. *Pick*, NJW 1995, 992, 993.

213 Die InsO sichert die dem Gläubigergleichbehandlungsgrundsatz entsprechende Befriedigung der Insolvenzgläubiger insbesondere durch drei bedeutsame Vorschriften: zum einen sind nach § 81 Abs. 1 Satz 1 InsO Verfügungen über einen Gegenstand der Insolvenzmasse unwirksam, welche nach der Verfahrenseröffnung vom Gemeinschuldner vorgenommen worden sind. Zum anderen verbietet die Vorschrift des § 87 i.V.m. § 89 Abs. 1 InsO die Durchführung von Vollstreckungsmaßnahmen für einzelne Gläubiger während der Dauer des Verfahrens. Schließlich ist nach § 91 Abs. 1 InsO ein Rechtserwerb an Gegenständen der Insolvenzmasse nach Verfahrenseröffnung grundsätzlich unwirksam.

schuldner – und auch die Gläubiger – erkannt haben, dass sich der Gemeinschuldner in einer schweren Krise befindet und die Eröffnung eines Insolvenzverfahrens schier unausweichlich erscheint. Der Sinn und Zweck der insolvenzrechtlichen Anfechtungsvorschriften besteht mithin darin, sachlich ungerechtfertigte Vermögensverschiebungen, welche zur Verringerung der Insolvenzmasse führen, rückgängig zu machen und dadurch dem Gläubigergleichbehandlungsgrundsatz bereits vor der formellen Eröffnung des Insolvenzverfahrens Rechnung zu tragen.[214]

3. Dogmatische Einordnung des Anfechtungsrechts

Die dogmatische Einordnung des Anfechtungsrecht nach den §§ 129 ff. InsO ist umstritten. Weder aus der KO noch aus der InsO ergibt sich ein Anhaltspunkt für die Rechtsnatur des Anfechtungsrechts.[215]

a. Dingliche Theorie

Nach der heute nahezu nicht mehr vertretenen dinglichen Theorie[216] hat die Anfechtung rechtsgestaltende Wirkung und hat die dingliche Unwirksamkeit der Rechtshandlung zur Folge. Die dingliche Wirkung trete entweder rückwirkend mit der rechtsgestaltenden Anfechtungserklärung[217] oder automatisch mit der Verfahrenseröffnung[218] ein. Diese Ansicht verkennt jedoch, dass die Handlungen des Gemeinschuldners nicht mit einem Rechtsmangel behaftet sind und zu unannehmbaren und unbilligen Ergebnissen führen würde.[219]

b. Schuldrechtliche Theorie

Beherrscht wird die Diskussion um die dogmatische Einordnung der Insolvenzanfechtung insbesondere durch die von der Rechtsprechung vertretene schuldrechtliche Theorie.[220] Danach lässt die Anfechtung die betroffene Rechtshandlung in ihrer Wirksamkeit unberührt. Der aus § 143 InsO folgende Anspruch auf Rückgewähr zur Insolvenzmasse entstehe als ein gesetzliches auf Rückgewähr gerichtetes Schuldverhältnis mit der Verfahrenseröffnung[221] und stelle einen obligatorischen Anspruch auf Rückgängigmachung der gläubigerbenachteiligen-

---

214 Vgl. BGHZ 59, 230, 232; BGHZ 128, 191; BGH NJW 1983, 1121 f.; BGH WM 1963, 748, 749; *Haarmeyer / Wutzke / Förster*, InsRHdb., S. 623 f., Rdnr. 306 f.; HK / *Kreft*, InsO, § 129, Rdnr. 1; *Huber*, in: Gottwald (Hrsg.), InsRHdb., § 46, Rdnr. 1; *Smid / Smid*, InsR, § 129, Rdnr. 1.

215 Im Geltungsbereich der KO wurde versucht, aus § 29 KO dogmatische Schlußfolgerungen zu ziehen, da dort Rechtshandlungen „...den Konkursgläubigern gegenüber unwirksam..“ sind. Der Gesetzgeber hat in der InsO bewusst auf die Übernahme dieser Formulierung verzichtet, um keine Stellungnahme im Streit um die Rechtsnatur der Anfechtung abgeben zu müssen, vgl. Begr. zum RegE zu § 129, BT – Drucks. 12 / 2443, S. 157, abgedruckt in: *Kübler / Prütting*, Das neue Insolvenzrecht, S. 336.

216 Vgl. *Hellwig*, ZZP 26 (1899), 474 ff.; mit Einschränkungen auch *Marotzke*, KTS 1987, 1 ff., insbes. 4, 5, 22 ff., der eine „haftungsrechtlich – dingliche“ Theorie vertritt; *ders.*; ZfG 1989, 138, 140.

217 So *Hellwig*, ZZP 26 (1899), 474.

218 In dieser Weise *Marotzke*, KTS 1987, 1 ff.

219 Vgl. RGZ 91, 370. Zudem hat der Gesetzgeber durch den bewussten Verzicht auf die Formulierung „...als den Gläubigern gegenüber unwirksam...“ – wie noch in § 29 KO enthalten - seine ablehnende Haltung gegenüber einer rechtsgestaltenden, dinglichen Wirkung der Anfechtung zum Ausdruck gebracht, vgl. auch *Holzer*, WiB 1997, 729, 730 f.

220 Vgl. RGZ 70, 113 ff.; RGZ 91, 367, 369; RGZ 103, 113, 121; BGHZ 15, 333, 337; BGHZ 22, 128; BGHZ 71, 61, 63; BGHZ 98, 6, 9; BGHZ 100, 42; BGHZ 101, 286, 288; BGHZ 106, 127; BGHZ 128, 194; BGH NJW 1986, 2252; BGH NJW 1990, 990; BGH NJW 1995, 659, 662; BGH NJW 1997, 1857; in der Literatur vgl. FK / *Dauernheim*, InsO, § 129, Rdnr. 9; *Kuhn / Uhlenbruck*, KO, § 29, Rdnr. 1 c) und d).

221 Das bedeutet, frühestens mit der Verfahrenseröffnung, ansonsten mit der Vollendung des Anfechtungstatbestandes, vgl. BGH ZIP 1986, 720; BGH ZIP 1995, 1204, 1206.

den Rechtshandlung dar.[222] Nach dieser Auffassung ist in der Anfechtung nach den §§ 129 ff. InsO kein Gestaltungsrecht zu sehen, sondern dem Insolvenzverwalter wird das Recht gegeben, den zur Masse gehörenden schuldrechtlichen Rückübertragungsanspruch geltend zu machen.

c. Haftungsrechtliche Theorie

Im Unterschied zur schuldrechtlichen Theorie nehmen die Vertreter der Haftungstheorie[223] an, die angefochtene Rechtshandlung sei den Insolvenzgläubigern gegenüber zwar weder dinglich noch schuldrechtlich, wohl aber haftungsrechtlich unwirksam. Der in anfechtbarer Weise aus dem Vermögen des Gemeinschuldners erworbene Vermögensgegenstand sei bis zum Zeitpunkt der Rückübertragung in dinglicher Hinsicht dem Vermögen des Erwerbers zuzuordnen. In haftungsrechtlicher Hinsicht werde der Vermögensgegenstand hingegen weiter dem Vermögen des Gemeinschuldners zugewiesen, so dass der Erwerber zwar das Eigentum an dem Gegenstand erwerbe, der Gegenstand haftungsrechtlich jedoch weiterhin dem Gemeinschuldner für dessen Verbindlichkeiten zur Verfügung stehe.[224] Als Folge dieser Auffassung wird der Rückgewähranspruch als ein veräußerungshinderndes Recht i.S.d. § 771 ZPO begriffen.[225]

d. Stellungnahme

Der Gesetzgeber hat in der InsO ausdrücklich auf eine Entscheidung bezüglich der Rechtsnatur der Anfechtung verzichtet.[226] Insofern ist davon auszugehen, dass es bei der bestehenden Rechtslage, der Zugrundelegung der schuldrechtlichen Theorie, verbleiben sollte. Diese Auffassung findet zunächst in der Regelung des § 143 Abs. 1 Satz 1 InsO ihre gesetzliche Stütze, wonach der Gegenstand der Anfechtung aus dem Vermögen des Schuldners durch die anfechtbare Rechtshandlung zunächst ausgeschieden ist. Der anfechtbar erworbene Gegenstand gehört bis zur Rückübertragung dinglich dem Vermögen des Erwerbers an. Der Vermögensgegenstand bedarf zu seiner Rückführung einer wirksamen Anfechtung in der Weise, dass der Insolvenzverwalter den schuldrechtlichen Rückgewähranspruch geltend macht. Danach wäre der Anfechtungsanspruch des Insolvenzverwalters in der Insolvenz des Erwerbers lediglich als einfache Insolvenzforderung anzusehen. Eine Ergänzung der schuldrechtlichen Theorie um einen wichtigen und verdienstvollen Aspekt der haftungsrechtlichen Theorie kann jedoch mit *Bork*[227] dergestalt vorgenommen werden, dass der entzogene Vermögensgegenstand haftungsrechtlich dem Vermögen des Gemeinschuldners zugewiesen ist und folglich nur dessen Gläubigern als Haftungsobjekt zu dienen bestimmt ist. Dies hätte unter anderem zur Konsequenz, dass der Insolvenzverwalter im Falle der Insolvenz des Erwerbers die Drittwiderspruchsklage des § 771 ZPO erheben kann, wenn die Gläubiger des Erwerbers in den betreffenden Gegenstand vollstrecken. Zusätzlich wäre der Anfechtungsanspruch des Insolvenzverwalters in der Insolvenz des Erwerbers nicht als einfache Insolvenzforderung anzusehen, sondern es könnte eine Aussonderung des betreffenden Gegenstandes zugunsten

222 Vgl. BGHZ 130, 38.

223 Vgl. die Begründer der Theorie *G. Paulus*, AcP 155 (1956), 277, 319 ff.; *Gerhardt*, Systematische Einordnung, S. 177 ff.; dieser Theorie folgen auch – teilweise in differenzierter Form – *Biehl*, KTS 1999, 313 ff.; *Häsemeyer*, InsR, Rdnr. 20.13: *Jaeger / Henckel*, KO, § 37, Rdnr. 19 ff.; *Kübler / Prütting / Paulus*, InsO, § 129, Rdnr. 45 ff.; *Nerlich / Römermann / Nerlich*, InsO, § 129, Rdnr. 10; *K. Schmidt*, JZ 1987, 889 ff.; *ders.*: JZ 1990, 296 ff.

224 Vgl. *Nerlich / Römermann / Nerlich*, InsO, § 129, Rdnr. 8, 10.

225 Vgl. *Jaeger / Henckel*, KO, § 37, Rdnr. 64 ff., 72 ff.; ablehnend jedoch insoweit *Häsemeyer*, InsR, Rdnr. 453.

226 Vgl. Begr. zum RegE, Anm. zu § 129, in: Kübler / Prütting, Das neue Insolvenzrecht, S. 339.

227 Vgl. *Bork*, InsR, Rndr. 224; auch HK / *Kreft*, InsO, § 129, Rdnr. 72.

des Schuldnervermögens erfolgen. Dies würde insbesondere vor dem Ziel einer größtmöglichen Befriedigung der Gläubiger zu interessengerechteren Ergebnissen führen. Es entspricht sicher nicht den Beteiligteninteressen, aus der schuldrechtlichen Natur des Anfechtungsanspruchs auf eine Einordnung als einfache Insolvenzforderung zu schließen. Das Risiko, dass durch eine anfechtbare Rechtshandlung der Insolvenzmasse Vermögen entzogen wird und der Insolvenzverwalter damit im Fall der Insolvenz des Erwerbers lediglich die Insolvenzquote erhält, kann nicht auf die Gläubiger des Schuldners entfallen. Auch steht der schuldrechtliche Charakter des Rückgewähranspruchs in der Insolvenz des Anfechtungsgegners – wie es von der Gegenauffassung ständig behauptet wurde - keineswegs der Zubilligung eines Aussonderungsrechts für den Insolvenzverwalter des Gemeinschuldners entgegen.[228] Die haftungsrechtliche Zuordnung kann im Rahmen der Anwendung konkreter Normen nicht mehr als ein Wertungsgesichtspunkt sein. Sie darf jedenfalls nicht zu einer allgemeinen Verdinglichung der Position des Insolvenzverwalters und somit zu einem Widerspruch zu der schuldrechtlichen Theorie führen.

4. Voraussetzungen der allgemeinen Insolvenzanfechtung i.S.d. § 129 InsO

a. Begriff der Rechtshandlung i.S.d. § 129 InsO

Ein Zentralbegriff des neuen wie auch schon des alten Anfechtungsrechts ist der Begriff der Rechtshandlung. Unter einer Rechtshandlung versteht man jegliche von einem Willen getragene Betätigungen, welche in irgendeiner Weise Rechtswirkungen auslösen, ohne dass diese gewollt sein müssen.[229] Darunter fallen insbesondere Willenserklärungen als Teile eines obligatorischen oder dinglichen Rechtsgeschäfts, wie z.B. der Abschluß von Kaufverträgen, die Übereignung von Gegenständen, Forderungsabtretungen sowie auch Sicherungsübereignungen.[230] Auch rechtsgeschäftsähnliche Handlungen wie z.B. die Anzeige einer Abtretung nach § 409 BGB oder auch Realakte wie die Verbindung und Vermischung von Gegenständen des späteren Gemeinschuldners mit Sachen eines anderen Eigentümers stellen Rechtshandlungen i.S.d. § 129 InsO dar.[231] Weiterhin gehören prozessuale und vollstreckungsrechtliche Handlungen, wie z.B. das Anerkenntnis nach § 307 ZPO, das Geständnis gemäß § 288 ZPO, das Nichtbestreiten von Tatsachen nach § 138 Abs. 3 ZPO, die Nichterhebung bestehender Einreden[232] oder die Rücknahme einer Klage nach § 269 ZPO dazu.[233] Schließlich ist in der Vorschrift des § 129 Abs. 2 InsO nunmehr ausdrücklich geregelt[234], dass Unterlassungen einer Rechtshandlung gleichzusetzen sind. Dies hat seinen Grund darin, dass ein Unterlassen grundsätzlich dieselbe gläubigerbenachteiligende Wirkung nach sich ziehen kann wie eine Rechtshandlung.[235] Jedoch muss das Unterlassen bewusst und gewollt geschehen

---

228 Vgl. den Wortlaut des § 47 InsO.

229 Vgl. BGH WM 1975, 1182, 1184; OLG Stuttgart ZIP 1996, 1621; FK / *Dauernheim*, InsO, § 129, Rdnr. 19; *Huber*, in: Gottwald (Hrsg.), InsRHdb., § 46, Rdnr. 16 ff.; *Kübler / Prütting / Paulus*, InsO, § 129, Rdnr. 11; MünchKomm / *Kirchhof*, InsO, § 129, Rdnr. 1; *Nerlich / Römermann / Nerlich*, InsO, § 129, Rdnr. 34.

230 Vgl. ausführlich zu Rechtsgeschäften FK / *Dauernheim*, InsO, § 129, Rdnr. 20 ff.

231 Vgl. auch die umfangreiche Aufzählung bei *Kübler / Prütting / Paulus*, InsO, § 129, Rdnr. 12.

232 Vgl. *Jaeger / Henckel*, KO, § 29, Rdnr. 6, 19.

233 Vgl. FK / *Dauernheim*, InsO, § 129, Rdnr. 24.

234 Im Geltungsbereich der KO - ohne eine dem § 129 Abs. 2 InsO vergleichbare Regelung - ging die allgemeine Auffassung davon aus, dass auch ein Unterlassen – sowohl materiellrechtlich als auch prozessual – der Anfechtung zugänglich sein muss, vgl. *Jaeger / Henckel*, KO, § 29, Rdnr. 5 ff.

235 Vgl. Begr. RegE, BT – Drucks. 12 / 2443, S. 157. Es ist jedoch vorauszusetzen, dass das Unterlassen zu einer Verminderung der im Insolvenzverfahren verfügbaren Insolvenzmasse und dadurch zu einer Gläubigerbenachteiligung führt, vgl. *Kübler / Prütting / Paulus*, InsO, § 129, Rdnr. 16.

sein.[236] Insgesamt ist bei dem Begriff der Rechtshandlung i.S.d. § 129 Abs. 1 InsO ein weiter Maßstab anzulegen, welcher sich vornehmlich an einer wirtschaftlichen Betrachtungsweise orientiert.[237]

b. Person des Handelnden

Der Anfechtung unterliegen nicht nur die Rechtshandlungen des Gemeinschuldners, sondern auch Rechtshandlungen Dritter, soweit das Gesetz nicht ausdrücklich etwas anderes bestimmt. Das bedeutet, als Akteur der anfechtbaren Rechtshandlung kommt grundsätzlich jede Person in Betracht, deren Tun Auswirkungen auf den Bestand des gemeinschuldnerischen Vermögens hat.[238]

c. Maßgeblicher Zeitpunkt

Nach dem Wortlaut des § 129 Abs. 1 InsO können lediglich Rechtshandlungen, welche vor der Eröffnung des Insolvenzverfahrens vorgenommen worden sind, vom Insolvenzverwalter angefochten werden. Sowohl der Insolvenzverwalter als auch der Anfechtungsgegner stehen regelmäßig vor der Frage, ob eine Handlung vor oder nach der Eröffnung des Verfahrens vorgenommen worden ist. Ist diese Frage geklärt, stellt sich die nächste Frage, ob die Handlung innerhalb des Zeitraumes erfolgt, welcher nach den Vorschriften der §§ 129 ff. InsO zur Anfechtung berechtigt.

Die Legaldefinition für die Vornahme einer Rechtshandlung findet sich in der Vorschrift des § 140 Abs. 1 InsO. Danach gilt eine Rechtshandlung in dem Zeitpunkt, in welchem ihre rechtlichen Wirkungen eintreten[239], als vorgenommen. Bei Rechtshandlungen, welche in einem einzelnen Akt vorgenommen werden, ergeben sich keine Schwierigkeiten. Probleme können dann auftreten, wenn Rechtshandlungen aus mehreren Teilakten bestehen. Dann gilt es, den letzten zur Wirksamkeit erforderlichen Teilakt zu ermitteln.[240] Ferner findet sich in § 140

---

236 Vgl. BGH ZIP 1996, 2080; BGH KTS 1960, 38; FK / *Dauernheim*, InsO, § 129, Rdnr. 26; *Kuhn / Uhlenbruck*, KO, § 29, Rdnr. 6; *Nerlich / Römermann / Nerlich*, InsO, § 129, Rdnr. 37.

237 Vgl. BGH WM 1955, 407, 409; *Bork*, InsR, Rdnr. 206; *Nerlich / Römermann / Nerlich*, InsO, § 129, Rdnr. 37.

238 Vgl. *Kübler / Prütting / Paulus*, InsO, § 129, Rdnr. 17; insbesondere an der Person des vorläufigen Insolvenzverwalters scheiden sich die Geister. Teilweise wird angenommen, Rechtshandlungen eines vorläufigen Insolvenzverwalters i.S.d. § 22 InsO können grundsätzlich – wie im Geltungsbereich der KO - von dem endgültigen Insolvenzverwalter angefochten werden, auch wenn dieser selbst als vorläufiger Insolvenzverwalter aktiv war, vgl. BGHZ 86, 190, 191, 195; BGHZ 97, 87, 93; BGHZ 118, 374; OLG Hamm, KTS 1986, 643; OLG Köln, ZIP 1996, 1049; FK / *Dauernheim*, InsO, § 129, Rdnr. 29, 30; *Kübler / Prütting / Paulus*, InsO, § 129, Rdnr. 17. Nach dieser Auffassung ist eine Anfechtung allenfalls dann zu versagen, wenn der spätere Insolvenzverwalter bei dem Empfänger einen schutzwürdigen Vertrauenstatbestand geschaffen hat und dieser nach Treu und Glauben davon ausgehen durfte, an dem Gegenstand eine nicht mehr in Frage zu stellende Rechtsposition errungen zu haben, vgl. BGHZ 86, 190, 197. Eine andere Auffassung differenziert zwischen dem vorläufigen Insolvenzverwalter mit (§ 22 Abs. 1 InsO) und demjenigen ohne Verwaltungs- und Verfügungsbefugnis (§ 22 Abs. 2 InsO). Nach dieser Meinung scheidet eine Anfechtung von Rechtshandlungen des vorläufigern Verwalters i.S.d. § 22 Abs. 1 InsO aus, wohingegen Handlungen des vorläufigen Verwalters i.S.d. § 22 Abs. 2 InsO der Anfechtung unterliegen, vgl. HK / *Kreft*, InsO, § 129, Rdnr. 30, 31; *Nerlich / Römermann / Nerlich*, InsO, § 129, Rdnr. 44 ff.; *Kirchhof*, ZInsO 2000, 297.

239 Mit Ausnahme von bedingten oder befristeten Rechtsgeschäften gemäß § 140 Abs. 3 InsO, bei welchen der Eintritt der Bedingung oder Befristung außer Betracht zu bleiben hat und somit auf den Abschluß des Rechtsgeschäfts abzustellen sein dürfte.

240 Vgl. *Bork*, InsR, Rdnr. 209 ff., der recht anschaulich auf die Situation bei einem Grundstückskauf und die damit einhergehenden Probleme - insbesondere auch auf die Anfechtung von Rechtshandlungen nach Verfahrenseröffnung i.S.d. § 147 InsO - eingeht.

Abs. 2 InsO eine Regelung, in der für die Wirksamkeit des Rechtsgeschäfts eine Eintragung in einem Grundbuch, in einem Schiffsregister, in einem Schiffsbauregister oder in einem Register für Pfandrechte an Luftfahrzeugen erforderlich ist. In derartigen Fällen muß auf den Zeitpunkt abgestellt werden, in welchem die Willenserklärung für den Gemeinschuldner bindend geworden ist und der Gläubiger den Antrag auf Eintragung der Rechtsänderung gestellt hat. Die Vorschrift des § 140 Abs. 2 InsO folgt dem Rechtsgedanken des § 878 BGB, nach welchem der Erwerber aus der mit der erforderlichen Eintragung verbundenen Verzögerung keine Nachteile erhalten soll.[241] Der Antrag auf Eintragung muß jedoch nach dem Wortlaut des § 140 Abs. 2 Satz 1 InsO vom Anfechtungsgegner gestellt worden sein.[242]

d. Benachteiligung der Insolvenzgläubiger

Des weiteren setzt § 129 Abs. 1 InsO eine Benachteiligung der Insolvenzgläubiger voraus. Eine Benachteiligung der Gläubiger ist insbesondere dann anzunehmen, wenn sich die Befriedigungsmöglichkeit der Insolvenzgläubiger aus der Insolvenzmasse ohne das anfechtbare Verhalten günstiger gestaltet hätte, die Befriedigung somit verkürzt, vereitelt, erschwert[243], gefährdet[244] oder verzögert worden ist.[245] Dabei ist zwischen einer unmittelbaren und einer mittelbaren Benachteiligung zu unterscheiden.

aa. Unmittelbare Benachteiligung

Eine unmittelbare Benachteiligung der Insolvenzgläubiger ist hinsichtlich der Anfechtbarkeit einer Rechtshandlung erforderlich, sofern das Gesetz dies – wie in den §§ 132 Abs. 1, 133 Abs. 2 InsO - ausdrücklich verlangt. Maßgeblich für das Vorliegen einer unmittelbaren Gläubigerbenachteiligung ist grundsätzlich eine Feststellung der Vor- und Nachteile, welche mit der Rechtshandlung selbst - ohne das Hinzutreten weiterer Umstände - im Vermögen des Gemeinschuldners eingetreten sind.[246] Eine unmittelbare Benachteiligung ist demnach anzunehmen, wenn der Wert der vom Gemeinschuldner erbrachten Leistung den Wert der Gegenleistung objektiv übersteigt, wobei der Zeitpunkt der Vornahme der in Frage stehenden Rechtshandlung entscheidend ist und nachfolgende Verschiebungen der Werterelation regelmäßig unbeachtlich sind.[247] Eine unmittelbare Benachteiligung liegt etwa in einer Veräußerung unter Wert der Ware,[248] in einem Kauf zu einem überhöhten Preis,[249] in der Gewährung

241 Vgl. *Kübler / Prütting / Paulus*, InsO, § 140, Rdnr. 8.

242 Laut BGH ZIP 1997, 423, 424 ist ein Antrag des Gemeinschuldners nicht ausreichend. *Bork*, InsR, Rdnr. 211 hingegen will bei einem Antrag des Gemeinschuldners die Vorschrift des § 140 Abs. 2 InsO mit der Maßgabe anwenden, dass es in den Fällen der §§ 91 InsO, 878 BGB nicht darauf ankommt, wer den Antrag auf Eintragung gestellt hat, vgl. auch *Breutigam / Tanz*, ZIP 1998, 717, 723; *Oepen / Rettmann*, KTS 1995, 609, 627. Hilfsweise sei § 147 InsO in den dort nicht ausdrücklich genannten Fällen des § 878 BGB entsprechend anzuwenden, vgl. FK / *Dauernheim*, InsO, § 140, Rdnr. 14.

243 Vgl. BGH ZIP 1993, 602, 603.

244 Vgl. BGH ZIP 1996, 1516, 1518; BGH ZIP 1999, 628, 631 f.

245 Vgl. BGHZ 86, 349; BGHZ 90, 207; BGHZ 124, 76, 78 f.; BGH ZIP 1989, 785, 786; FK / *Dauernheim*, InsO, § 129, Rdnr. 36. Vgl. auch die Begr. RegE zu § 129, abgedruckt in: *Kübler / Prütting*, Das neue Insolvenzrecht, S. 336.

246 Vgl. BGHZ 128, 184, 187; BGHZ 129, 236, 240;FK / *Dauernheim*, InsO, § 129, Rdnr. 41; MünchKomm / *Kirchhof*, InsO, § 129, Rdnr. 113; *Nerlich / Römermann / Nerlich*, InsO, § 129, Rdnr. 71; *Jaeger / Henckel*, KO, § 29, Rdnr. 65.

247 Vgl. BGH ZIP 1995, 1021, 1023; *Kübler / Prütting / Paulus*, InsO, § 129, Rdnr. 36; *Nerlich / Römermann / Nerlich*, InsO, § 129, Rdnr. 84.

248 Vgl. BGH ZIP 1986, 452; BGH ZIP 1986, 787; BGH ZIP 1995, 134, 135; BGH ZIP 1995, 1021, 1022.

249 Vgl. BGH ZIP 1980, 618; BGH ZIP 1995, 1021, 1022.

eines Darlehens zu einem geringeren als dem marktüblichen Zinssatz[250] oder in der Erbringung eines Grundstücks als Sacheinlage bei einer GmbH.[251] Der Umstand allein, dass an die Stelle der veräußerten Sache die Kaufpreisforderung bzw. der gezahlte Kaufpreis tritt, ist für sich genommen noch nicht als Benachteiligung zu sehen.[252] Ebenso reicht für eine unmittelbare Benachteiligung der Insolvenzgläubiger der größere Aufwand, um an einen im Ausland belegenen Erwerbsgegenstand zu gelangen, nicht aus.[253]

bb. Mittelbare Benachteiligung

Sofern sich aus dem Wortlaut des Gesetzes nichts anderes ergibt, reicht ein mittelbarer Zusammenhang zwischen angefochtener Rechtshandlung und Gläubigerbenachteiligung grundsätzlich aus. Von einer mittelbaren Benachteiligung ist bereits dann auszugehen, wenn den Gläubigern erst nach Abschluß der Rechtshandlung durch das Hinzutreten weiterer Umstände ein Nachteil entsteht.[254] Grundsätzlich wäre zwar zur Feststellung der mittelbaren Gläubigerbenachteiligung der Zeitpunkt der Haftungsrealisierung maßgeblich.[255] Wegen der damit verbundenen Ungewißheit reicht es hingegen aus, wenn sich die Beeinträchtigung spätestens in der letzten mündlichen Verhandlung herausstellt.[256] Eine mittelbare Benachteiligung ist etwa darin zu sehen, dass die Gegenleistung lediglich in geringem Umfang für die Masse verwertbar ist.[257] Zudem kann ein mittelbarer Nachteil darin bestehen, dass der Gemeinschuldner seine adäquate Gegenleistung verbraucht oder beiseite geschafft hat und dadurch die Gegenleistung für die Befriedigung der Insolvenzgläubiger nicht mehr oder nicht mehr mit ihrem ursprünglichen Wert zur Verfügung steht.[258] Ebenso stellen Sanierungsversuche des Gemeinschuldners in der Krise einen Hauptanwendungsfall der mittelbaren Beeinträchtigung dar.[259]
Eine Ausnahme von dem Grundsatz der mittelbaren Gläubigerbenachteiligung findet sich in der Vorschrift des § 142 InsO. Diese bestimmt ausdrücklich, dass eine Leistung des Gemeinschuldners, für welche unmittelbar eine adäquate Gegenleistung in sein Vermögen gelangt ist, lediglich dann anfechtbar ist, wenn die Voraussetzungen des § 133 Abs. 1 InsO vorliegen.[260]

---

250 Vgl. BGH ZIP 1988, 725, wobei auf die Anlagemöglichkeiten des Insolvenzverwalters abzustellen sein dürfte.

251 Vgl. BGH ZIP 1995, 134, 136.

252 Vgl. RGZ 29, 79; BGH KTS 1955, 139, *Jaeger / Henckel*, KO, § 29, Rdnr. 65.

253 Vgl. *Jaeger / Henckel*, KO, § 29, Rdnr. 65; *Nerlich / Römermann / Nerlich*, InsO, § 129, Rdnr. 74.

254 Vgl. RGZ 33, 120, RGZ 117, 87; BGHZ 124, 76, 79; HK / *Kreft*, InsO, § 129, Rdnr. 45; *Kübler / Prütting / Paulus*, § 129, Rdnr. 37; *Nerlich / Römermann / Nerlich*, InsO, § 129, Rdnr. 77.

255 Vgl. *Zeuner*, Rdnr. 45.

256 Vgl. BGHZ 128, 184; BGH ZIP 1996, 1907, 1908.

257 Vgl. BGH ZIP 1993, 271, 273; BGH ZIP 1995, 1021, 1028.

258 Vgl. RGZ 33, 123; BGH WM 1959, 888; *Kuhn / Uhlenbruck*, KO, § 29, Rdnr. 24.

259 Vgl. dazu *Uhlenbruck*, in: FS Vieregge, S. 883, 888; *Obermüller*, ZBB 1992, 202; *ders.*: WM 1994, 1831.

260 Innerhalb des Schrifttums besteht jedoch Uneinigkeit über den Anwendungsbereich des § 142 InsO. Nach einer Auffassung ist § 142 InsO seinem Normzweck entsprechend in teleologischer Extension dahingehend auszulegen, dass die dort genannten Leistungen nicht nur nach § 133 Abs. 1 InsO, sondern auch nach § 131 InsO anfechtbar sind, vgl. *Huber*, in: Gottwald (Hrsg.), InsRHdb., § 46, Rdnr. 57; HK / *Kreft*, InsO, § 142, Rdnr. 9; zust. *Henckel*, in: KS zur InsO, S. 813, 834 f., Rdnr. 47. Eine andere Auffassung sieht es als gewährleistet an, dass mit der Regelung des § 142 InsO der Gemeinschuldner in der Krise nicht vom Geschäftsverkehr ausgeschlossen wird und somit seine Geschäfte zunächst fortführen kann, vgl. FK / *Dauernheim*, InsO, § 142, Rdnr. 1; *Kübler / Prütting / Paulus*, InsO, § 142, Rdnr. 2.

5. Ausübung des Anfechtungsrechts

a. Inhaber des Anfechtungsrechts

Das Anfechtungsrecht wird grundsätzlich nur vom Insolvenzverwalter wahrgenommen.[261] Dieses Recht übt der Insolvenzverwalter kraft seines Amtes aus.[262] Da es sich bei dem Anfechtungsrecht um ein mit dem Amt verbundenes eigenständiges Recht des Insolvenzverwalters handelt,[263] können im Prozess sowohl der Gemeinschuldner als auch die Insolvenzgläubiger als Zeugen vernommen werden.[264] Das Anfechtungsrecht des Insolvenzverwalters ist grundsätzlich nicht abtretbar[265] und kann nicht übertragen werden.[266]

b. Erlöschen des Anfechtungsrechts

Mit der Beendigung des Insolvenzverfahrens erlischt regelmäßig das Anfechtungsrecht.[267] Eine Beendigung kann entweder durch die Aufhebung des Verfahrens nach § 200 InsO oder die Einstellung des Verfahrens nach § 207 Abs. 1 InsO erfolgen. In beiden Fällen ist ein Beschluß des Insolvenzgerichts erforderlich, mit dessen Rechtskraft das Insolvenzverfahren endgültig abgeschlossen ist. Nach der Beendigung des Insolvenzverfahrens können die Anfechtungsrechte, welche dem Insolvenzverwalter zustanden, grundsätzlich von den einzelnen Gläubigern nach den Vorschriften des Anfechtungsgesetzes (AnfG) verfolgt werden.

c. Gerichtliche Geltendmachung

aa. Allgemeines

Die Insolvenzanfechtung wird regelmäßig – im Unterschied zur Anfechtung nach dem BGB – gerichtlich und in der Regel durch Klage, Widerklage, Einrede oder Replik geltend gemacht.[268] Mit seiner in der Praxis häufig erfolgenden vorprozessualen Anfechtungserklärung beruft sich der Insolvenzverwalter lediglich auf den bereits mit der Eröffnung des Insolvenzverfahrens entstandenen Anspruch auf Rückgewähr des anfechtbar Erlangten.[269] Weigert sich der Anfechtungsgegner, das anfechtbar Erlangte zurückzugewähren, bedarf es dann der Erhebung einer Klage innerhalb der Frist des § 146 Abs. 1 InsO.

bb. Auskunftsanspruch des Insolvenzverwalters

Vor Erhebung einer Anfechtungsklage steht der Insolvenzverwalter oftmals vor der Schwie-

---

261 Ausnahmen von diesem Grundsatz gelten vornehmlich bei den besonderen Verfahrensarten der InsO, bei welchen es keinen Insolvenzverwalter gibt, z.B. bei der Eigenverwaltung (§§ 270 ff. InsO, Anfechtungsrecht des Sachwalters gemäß § 280 InsO) oder im Verbraucherinsolvenzverfahren nach den §§ 304 ff. InsO, in dem das Anfechtungsrecht gemäß § 313 Abs. 2 InsO den einzelnen Gläubigern zusteht.

262 Vgl. BGHZ 24, 393, 396; BGHZ 49, 11, 16; BGHZ 83, 102; *Jaeger / Henckel*, KO, § 36, Rdnr. 6; *Kilger / K. Schmidt*, KO, § 36, Anm. 2; *Kuhn / Uhlenbruck*, KO, § 36, Rdnr. 2.

263 Vgl. BGHZ 24, 393, 396; BGHZ 49, 11, 16; BGHZ 86, 191, 196; BGHZ 118, 374, 381; BGH ZIP 1982, 467, 468.

264 Vgl. RGZ 29, 29; *Kilger / K. Schmidt*, KO, § 36, Anm. 2.

265 Vgl. RGZ 30, 75 ff.; RG JW 1909, 658; *Jaeger / Henckel*, KO, § 36, Rdnr. 16.

266 Vgl. RGZ 36, 369; RG JW 1891, 273; *Kuhn / Uhlenbruck*, KO, § 36, Rdnr. 1. Etwas anderes kann jedoch dann gelten, wenn eine treuhänderische Abtretung im Rahmen eines Prozesses vor einem ausländischen Gericht erfolgt ist und der deutsche Insolvenzverwalter nach dem ausländischen Recht – wie nunmehr nach der EuInsVO innerhalb ihres Geltungsbereichs *nicht* möglich - nicht anerkannt wird, vgl. *Hanisch*, IPRax 1983, 195, 198; *Jaeger / Henckel*, KO, § 37, Rdnr. 83.

267 Vgl. BGHZ 83, 102; BGH NJW 1973, 1199; *Kuhn / Uhlenbruck*, KO, § 36, Rdnr. 2.

268 Vgl. RGZ 19, 202, RGZ 52, 343; RGZ 57, 31, RGZ 62, 199; RGZ 95, 225.

269 Vgl. *Huber*, in: Gottwald (Hrsg.), InsRHdb., § 51, Rdnr. 16.

rigkeit, sich genaue Informationen hinsichtlich des beim Gemeinschuldner abgeflossenen Vermögens zu verschaffen. Obgleich der Gemeinschuldner gemäß den §§ 20, 97, 98 InsO verpflichtet ist, über sämtliche das Insolvenzverfahren betreffenden Verhältnisse und Beziehungen Auskunft zu geben, und das Insolvenzgericht nach § 5 Abs. 1 Satz 2 InsO die Vernehmung von Zeugen[270] anordnen kann, reichen diese Möglichkeiten oftmals nicht aus, um den Beweis für die Erfüllung eines Anfechtungstatbestandes antreten zu können. Folglich stellt sich die Frage, ob der Insolvenzverwalter auch vom Anfechtungsgegner Auskunft verlangen kann. Ein Auskunftsrecht wird dann zu bejahen sein, wenn der Anfechtungsanspruch dem Grunde nach bereits feststeht und lediglich Unstimmigkeiten über dessen Art und Umfang bestehen. Eine Auskunftspflicht würde sich dann unmittelbar aus dem Rückgewährschuldverhältnis ergeben.[271] Etwas anderes ist anzunehmen, wenn lediglich die begründete Vermutung besteht, der Anfechtungsgegner habe etwas in anfechtbarer Weise erlangt. Zur Ermittlung anfechtbarer Rechtshandlungen wird der Insolvenzverwalter mithin gezwungen, auf andere Erkenntnisquellen zurückzugreifen. Eine solche andere Erkenntnisquelle kann beispielsweise darin bestehen, Vermögensverzeichnisse des Gemeinschuldners nach § 807 ZPO, Drittschuldnererklärungen, Pfändungsprotokolle oder Grundbucheinträge zu überprüfen, um dadurch einen Vergleich der früheren Rechtslage mit derjenigen bei Verfahrenseröffnung herzustellen.[272]

cc. Erhebung einer Anfechtungsklage

Kommt es zu einer Klageerhebung wird der Insolvenzverwalter die Anfechtungsklage regelmäßig in Form der Leistungsklage geltend machen.[273] Für die Anfechtungserklärung reicht es aus, dass sich die Anfechtung mittels einer Auslegung aus dem Zusammenhang des Klagevorbringens erkennen lässt.[274] Die sachliche Zuständigkeit für die Anfechtungsklage richtet sich nach den allgemeinen Vorschriften, d.h. sie wird durch den Wert des Streitgegenstandes bestimmt.[275] Die örtliche Zuständigkeit des Gerichts bestimmt sich in der Regel nach dem allgemeinen Gerichtsstand des Anfechtungsgegners, d.h., nach den §§ 13 ff. ZPO.[276]
Aufgrund der Vorschrift des § 143 Abs. 1 Satz 1 InsO muß der Insolvenzverwalter grundsätzlich die Rückgewähr zur Insolvenzmasse verlangen. In dem Klageantrag muß ausdrücklich und bestimmt bezeichnet werden, welcher Gegenstand aus dem Vermögen des Gemeinschuldners veräußert, weggegeben oder aufgegeben worden ist und auf welche Art und Weise

---

270 Wobei die Zeugen sicher das Recht haben, das Zeugnis sowohl nach § 383 ZPO persönlich als auch nach § 384 Nr. 1 ZPO sachlich zu verweigern.

271 So insbesondere die Rspr., vgl. BGHZ 74, 379; BGH NJW 1999, 1033; BGH ZIP 1998, 1539, 1540; BGH NJW 1987, 1812.

272 Vgl. *Huber*, in: Gottwald (Hrsg.), InsRHdb.; § 51, Rdnr. 20.

273 In den Fällen des § 256 ZPO kann der Insolvenzverwalter jedoch auch eine Feststellungs- bzw. Feststellungswiderklage erheben, insbesondere in Fällen der Weiterveräußerung, vgl. BGH ZIP 1996, 184.

274 Vgl. BGH ZIP 1986, 456, 457; *Nerlich / Römermann / Nerlich*, InsO, § 129, Rdnr. 108.

275 Vgl. *Huber*, in: Gottwald (Hrsg.), InsRHdb., § 51, Rdnr. 22; *Nerlich / Römermann / Nerlich*, InsO, § 129, Rdnr. 116.

276 Vgl. BGH ZIP 1998, 47. Streitig ist die Anwendbarkeit des § 24 ZPO bei Anfechtungsklagen hinsichtlich des Eigentums bzw. dinglicher Belastungen. Nach der h.M. ist die Anwendbarkeit des § 24 ZPO zu bejahen, da nicht auf den Klagegrund, d.h. den Rückgewähranspruch, sondern auf den Klageantrag abzustellen ist, vgl. RGZ 15, 386; FK / *Dauernheim*, InsO, § 143, Rdnr. 50; *Huber*, in: Gottwald (Hrsg.), InsRHdb., § 51, Rdnr. 22; *Nerlich / Römermann / Nerlich*, InsO, § 129, Rdnr. 117; *Kilger / K. Schmidt*, KO, § 29, Anm. 22; *Putzo*, in: Thomas / Putzo, ZPO, § 24, Rdnr. 5.

die Rückgewähr erfolgen soll.[277] Für die Begründung der Klageschrift ist nach der Rechtsprechung des BGH[278] der Vortrag eines Sachverhaltes erforderlich, welcher die Voraussetzungen eines Anfechtungstatbestandes erfüllt. Ist ein Anfechtungstatbestand erfüllt und demnach das Klagebegehren des Insolvenzverwalters begründet, muß der Klage stattgegeben werden. Nicht erforderlich sind hingegen die ausdrückliche oder stillschweigende Erklärung der Anfechtung sowie die besondere Geltendmachung derselben.[279]

dd. Anfechtungsgegner

Grundsätzlich kommt als Anfechtungsgegner, d.h. als Schuldner des Rückgewähranspruchs, derjenige in Betracht, welcher durch die anfechtbare Rechtshandlung etwas aus dem Vermögen des Gemeinschuldners erlangt hat.[280] Wurde das anfechtbare Rechtsgeschäft mit mehreren Personen abgeschlossen, so haften diese lediglich dann als Gemeinschuldner, wenn es sich um eine unteilbare Leistung handelt i.S.d. § 431 BGB. Bei einer Vermögensverschiebung durch Mittelspersonen ist regelmäßig der mittelbare Empfänger der Leistung als Anfechtungsgegner anzusehen.[281] Der Mittelsmann kommt als Anfechtungsgegner allenfalls dann in Betracht, wenn er durch diese Vermögensverschiebung ebenfalls eine Vorteil erlangt. Zudem regeln § 145 Abs. 1 InsO die Anfechtung gegen Gesamtrechtsnachfolger und § 145 Abs. 2 InsO die Anfechtung gegen Sonderrechtsnachfolger, gegen die sich dann die Anfechtungsklage richtet.[282]

ee. Verjährung des Anfechtungsanspruchs

Nach der Vorschrift des § 146 Abs. 1 InsO beträgt die Verjährungsfrist für den Anfechtungsanspruch zwei Jahre. Die Verjährungsfrist beginnt mit der Eröffnung des Insolvenzverfahrens, d.h. es muß ein wirksamer Eröffnungsbeschluß vorliegen. Hinsichtlich der Hemmung der Verjährung finden die allgemeinen Vorschriften der §§ 203 ff. BGB Anwendung. Aufgrund der Tatsache, dass das Anfechtungsrecht auf einem gesetzlichen Schuldverhältnis beruht und demnach unabhängig von demjenigen Rechtsverhältnis, innerhalb dessen die anfechtbare Rechtshandlung vorgenommen wurde, ist, kann eine dort geregelte Verjährungsfrist die Frist des § 146 Abs. 1 InsO weder verkürzen noch verlängern.[283] Ist der Anfechtungsanspruch bereits verjährt und beruft sich der Anfechtungsgegner auf die Verjährung, so kann der Insolvenzverwalter nach § 146 Abs. 2 InsO nur noch ein Leistungsverweigerungsrecht geltend machen, wenn durch die anfechtbare Rechtshandlung eine Verpflichtung des Gemeinschuldners zu einer Leistung begründet worden ist.[284] Mit dieser Regelung soll verhindert werden, dass anfechtbar veräußerte oder weggegebene Vermögenswerte, welche sich noch in der Insolvenzmasse befinden, lediglich wegen der Verjährung i.S.d. § 146 Abs. 1 InsO der Insolvenzmasse entzogen werden.[285]

---

277 Nicht ausreichend ist ein Antrag mit dem Ziel, den Anfechtungsgegner allgemein zu einem Verzicht auf Rechte, welche aus der angefochtenen Rechtshandlung resultieren, zu verurteilen, vgl. BGH NJW 1992, 624.

278 Vgl. BGHZ 135, 140, BGH NJW 1999, 645; BGH ZIP 2000, 898 f.

279 Vgl. BGHZ 135, 140 in bewusster Abweichung von BGHZ 109, 47, 54.

280 Vgl. BGHZ 142, 284, 288. Für diese grundsätzliche Annahme scheinen auch die §§ 129 ff. i.V.m. 143, 144, 145 InsO zu sprechen.

281 Vgl. BGHZ 142, 284, 288.

282 Vgl. dazu ausführlich *Huber*, in: Gottwald (Hrsg.), InsRHdb., § 51, Rdnr. 45 ff.

283 Vgl. *Huber*, in: Gottwald (Hrsg.), InsRHdb., § 51, Rdnr. 31.

284 Vgl. *Huber*, in Gottwald (Hrsg.):, InsRHdb., § 51, Rdnr. 40; *Smid*, InsR, § 15, Rdnr. 61.

285 Vgl. BGHZ 83, 158, 160; *Merkt*, JuS 1985, 110, 113; *Smid*, InsR, § 15, Rdnr. 61.

VI. Das Kündigungsrecht gem. § 113 InsO[286]

1. Allgemeines

Mit der Eröffnung des Insolvenzverfahrens geht gemäß § 80 Abs. 1 InsO das Verwaltungs- und Verfügungsrecht des Gemeinschuldners auf den Insolvenzverwalter über. Auf die Anwendbarkeit des Arbeitsrechts hat die Eröffnung eines Insolvenzverfahrens über das Vermögen des Arbeitgebers grundsätzlich keine Auswirkungen, da das Insolvenzrecht und das Arbeitsrecht als zwei selbständige Rechtsgebiete nebeneinander bestehen.[287] Der Insolvenzverwalter nimmt ab dem Zeitpunkt der Verfahrenseröffnung sämtliche Rechte und Pflichten des insolventen Gemeinschuldners in seiner Funktion als Arbeitgeber wahr, unabhängig davon, ob die Rechte und Pflichten auf gesetzlicher, tarifvertraglicher, betriebsverfassungsrechtlicher oder einzelvertraglicher Regelung beruhen.[288] Der Insolvenzverwalter hat sowohl das gesamte Betriebsvermögen zu verwalten als auch sich um die im Unternehmen des Gemeinschuldners beschäftigten Personen zu kümmern.

Nach der Vorschrift des § 113 Abs. 1 Satz 1 InsO können Dienstverhältnisse sowohl vom Insolvenzverwalter als auch vom anderen Vertragsteil ohne Rücksicht auf die vereinbarte Vertragsdauer oder auf einen vereinbarten Ausschluß des Rechts zur ordentlichen Kündigung gekündigt werden.[289] Der Gesetzeswortlaut erfasst mithin die Möglichkeit einer Änderungskündigung ebenso wie die Beendigungskündigung.[290] Die Vorschrift des § 113 InsO wird dann missverstanden, wenn man in ihr ein eigenständiges insolvenzbedingtes Kündigungsrecht erblickt. Die Regelung des § 113 InsO befreit beide Parteien eines Arbeitsvertrages lediglich für die Zeit nach der Eröffnung des Insolvenzverfahrens von bestehenden Kündigungsbeschränkungen und verleiht dem Insolvenzverwalter keinen besonderen Kündigungsgrund.[291] Im Falle einer Kündigung durch den Insolvenzverwalter kann der Arbeitnehmer gemäß § 113 Abs. 1 Satz 3 InsO wegen der vorzeitigen Beendigung des Arbeitsverhältnisses

---

286 Die Vorschrift des § 113 InsO wurde – wie auch die §§ 120 bis 122 InsO und §§ 125 bis 128 InsO – durch Art. 6 Arbeitsrechtliches Gesetz zur Förderung von Wachstum und Beschäftigung vom 25.9. 1996 (BGBl. I, S. 1476) mit Wirkung vom 1.10.1996 in Kraft gesetzt und galt bis zum 31.12. 1998 auch schon für Arbeitsverhältnisse innerhalb des Konkursverfahrens. Damit wurde der bis dahin geltende § 22 KO von § 113 InsO abgelöst, der nunmehr nach dem Willen des Gesetzgebers allein für die vom Konkursverwalter auszusprechenden Kündigungen maßgeblich ist, vgl. *Berscheid*, ZInsO 1998, 115; *Düwell*, in: KS zur InsO, S. 1439, Rdnr. 17 f.; *Fischermeier*, NZA 1997, 1089, 1098; *Giesen*, ZIP 1998, 46, 48; *Preis*, NJW 1996, 3369, 3377; *Schaub*, DB 1999, 217, 220.

287 BAG GS AP Nr. 6 zu § 112 BetrVG 1972.

288 Vgl. BAG GS, Urt. v. 13.12. 1978, AP Nr. 6 zu § 112 BetrVG 1972; *Berscheid*, ZInsO 1998, 115, 118; *Düwell*, in: KS zur InsO, S. 1440, Rdnr. 19; *Heinze*, in:Gottwald (Hrsg.) , InsRHdb., § 102, Rdnr. 23 f.; ebenfalls ist der Insolvenzverwalter für die lohnsteuerrechtlichen Verpflichtungen verantwortlich, vgl. BAG ZIP 1998, 868, 869. Hat das Insolvenzgericht die Eigenverwaltung i.S.d. §§ 270 ff. InsO angeordnet, behält der Gemeinschuldner seine Arbeitgeberstellung mit sämtlichen Rechten und Pflichten. Der Sachwalter hat nach § 274 InsO beispielsweise nicht die Befugnis, selbst das arbeitsrechtliche Direktionsrecht auszuüben.

289 Im Rahmen einer Betriebsänderung und eines damit einher gehenden Sanierungsverfahrens stellt die Vorschrift des § 125 InsO dem Insolvenzverwalter ein vereinfachtes Kündigungsverfahren zur Verfügung, vgl. zu § 125 InsO und dem sog. Sammelverfahren *Lakies*, BB 1999, 206, 208 f.; *Moll*, in: K. Schmidt / Uhlenbruck (Hrsg.), Rdnr. 852 ff.; *Müller*, NZA 1998, 1315, 1319; *Warrikoff*, BB 1994, 2338, 2343.

290 Vgl. die Begründung des Rechtsausschusses, BT / Drucks. 12 / 7302, S. 169, abgedruckt in: *Kübler / Prütting*, Das neue Insolvenzrecht, S. 309; *Heinze*, NZA 1999, 57, 58; *Lakies*, BB 1998, 2638, 2640; *Schrader*, NZA 1997, 70.

291 Vgl. *Berscheid*, ZInsO 1998, 115, 121; *Haarmeyer / Wutzke / Förster*, InsRHdb., S. 575, Rdnr. 226; *Kübler / Prütting / Moll*, InsO, § 113, Rdnr. 16.

als Insolvenzgläubiger Schadensersatz verlangen.[292] Im Folgenden wird besonderes Gewicht auf das Kündigungsrecht des Insolvenzverwalters i.S.d. § 113 Abs. 1 InsO gelegt, wohingegen das Kündigungsrecht des Dienstverpflichteten bzw. Arbeitnehmers vernachlässigt wird.

2. Auswirkungen der Verfahrenseröffnung auf Dienstverhältnisse[293]

Aus der Regelung des § 113 Abs. 1 Satz 1 InsO ergibt sich, dass die Eröffnung des Insolvenzverfahrens bestehende Dienstverhältnisse unverändert mit allen Rechten und Pflichten der Vertragsparteien bestehen lässt.[294] Zudem bestimmt § 119 InsO, dass die Vorschriften der §§ 103 bis 118 InsO nicht zur Disposition der Vertragsparteien stehen und somit zwingendes Recht darstellen. Der Insolvenzverwalter muss die Arbeitnehmer also zunächst weiterbeschäftigen und ihre Löhne und Gehälter gemäß § 55 Abs. 1 Nr. 2 InsO aus der Insolvenzmasse heraus begleichen. Dies beansprucht solange Geltung, bis eine Kündigung entweder durch den Insolvenzverwalter oder den anderen Teil, d.h. den Dienstverpflichteten, ausgesprochen worden ist. Rückständige Löhne aus der Zeit vor der Eröffnung des Insolvenzverfahrens sind lediglich einfache Insolvenzforderungen.[295] Zahlt der Insolvenzverwalter nach der Eröffnung des Insolvenzverfahrens die fälligen Löhne und Gehälter nicht, erhalten die betroffenen Arbeitnehmer Arbeitslosengeld gemäß § 143 Abs. 3 SGB III.

3. Kündigung durch den Insolvenzverwalter

Mit der Eröffnung des Insolvenzverfahrens stellt sich für den Insolvenzverwalter in der Praxis die dringliche Frage nach einer Beendigungsmöglichkeit bestehender Arbeitsverhältnisse. Hierbei ist zwischen den vor der Verfahrenseröffnung beendeten Arbeitsverhältnissen, den nicht in Vollzug gesetzten und den in Vollzug gesetzten Arbeitsverhältnissen zu unterscheiden.

a. Bereits vor Verfahrenseröffnung beendete Arbeitsverhältnisse

Im Rahmen des Insolvenzverfahrens treten grundsätzlich keine Nachwirkungen hinsichtlich derjenigen Arbeitsverhältnisse, welche bereits vor der Verfahrenseröffnung beendet und abgewickelt worden sind, auf. Allerdings können vertragliche Nebenpflichten, wie beispielsweise die nachvertraglichen Wettbewerbsverbote i.S.d. §§ 74 ff. HGB, bestehen. Ist die Beendigung des angeblich vor der Verfahrenseröffnung beendeten Arbeitsverhältnisses Gegenstand eines Arbeitsgerichtsverfahrens, wird dieses Verfahren durch die Eröffnung des Insolvenzverfahrens gemäß § 240 ZPO i.V.m. § 46 Abs. 2 ArbGG unterbrochen, bis es nach den für die

---

292 Der Schadensersatzanspruch erfaßt die Zeitspanne zwischen der Kündigungsfrist nach § 113 Abs. 1 Satz 2 InsO und der längeren tariflichen bzw. vertraglichen Kündigungsfrist. Die Einordnung als einfache Insolvenzforderung macht den Schadensersatzanspruch weitgehend bedeutungslos, vgl. *Däubler*, in: Kittner / Däubler / Zwanziger, KSchR, § 113, Rdnr. 26.

293 Darunter sind alle Dienstverhältnisse i.S.d. § 611 ff. BGB zu verstehen.

294 Bereits im Geltungsbereich der KO bestand Einigkeit darüber, dass die Eröffnung des Konkursverfahrens keinen Einfluß auf den Bestand eines Dienstverhältnisses hat. Die Vorschrift des § 108 Abs. 1 Satz 1 InsO legt diesen Grundsatz nunmehr ausdrücklich fest.

295 Dies ergibt sich aus § 108 Abs. 2 InsO; anders noch im Geltungsbereich der KO das sogenannte Arbeitnehmerprivileg des § 59 Abs. 1 Nr. 3 KO. Eine Kompensation dieser für die Arbeitnehmer nachteiligen Regelung in der InsO findet weitgehend dadurch statt, dass die Beschäftigten des Gemeinschuldners für die letzten drei Monate vor der Verfahrenseröffnung nicht bezahltes Arbeitsentgelt als Insolvenzgeld vom Arbeitsamt erhalten, vgl. §§ 183 ff. Sozialgesetzbuch (SGB) III.

Insolvenz geltenden Vorschriften gemäß § 86 Abs. 1 Nr. 3 InsO wiederaufgenommen wird.[296] Eine wirksame Kündigung des Arbeitnehmers durch den Gemeinschuldner vor der Verfahrenseröffnung bleibt wirksam. Erhebt der betroffene Arbeitnehmer gegen eine solche Kündigung Kündigungsschutzklage erst nach der Verfahrenseröffnung, so ist diese gegen den Insolvenzverwalter zu richten.[297]

b. Nicht in Vollzug gesetzte Arbeitsverhältnisse

aa. Allgemeines

Im Geltungsbereich der KO stand dem Konkursverwalter in Fällen, in denen der Abschluß des Arbeitsvertrages vor, die tatsächliche Aufnahme der Arbeit jedoch erst nach der Insolvenzeröffnung erfolgte, das Wahlrecht des § 17 KO zu.[298] Die Anwendung des § 17 KO bei noch nicht in Vollzug gesetzten Arbeitsverhältnissen ergab sich aus der Vorschrift des § 22 Abs. 1 Satz 1 KO, nach welcher eine Kündigung den Vollzug des betreffenden Dienstverhältnisses voraussetzte. In § 113 Abs. 1 InsO ist eine solche Einschränkung nicht enthalten. Nach überwiegender Auffassung spricht die Streichung des Merkmals des angetretenen Dienstverhältnisses für eine Erweiterung des § 113 InsO auf alle Arbeitsverhältnisse, gleichgültig, ob diese bereits in Vollzug gesetzt worden sind oder nicht.[299] Diese Auffassung wird zusätzlich durch die Gesetzesbegründung unterstützt, in der darauf hingewiesen wird, dass an die Stelle des Wahlrechts besondere Kündigungs- und Rücktrittsrechte treten.[300] Mithin steht dem Insolvenzverwalter kein einseitiges Wahlrecht zu. Diese Vorschrift wird hinsichtlich der Beendigung von Arbeitsverhältnissen vollständig durch das in § 113 Abs. 1 InsO geregelte Kündigungsrecht verdrängt. Beide Vertragsparteien können sich nunmehr unter Wahrung der Fristen des § 113 Abs. 1 Satz 2 InsO von dem Arbeitsverhältnis lösen.

bb. Ordentliche Kündigung durch den Insolvenzverwalter

Mit der ordentlichen Kündigung kann ein auf unbestimmte Zeit eingegangenes Dienst- oder Arbeitsverhältnis für die Zukunft - unter Einhaltung einer bestimmten Kündigungsfrist – beendet werden. Grundsätzlich kann die Kündigung des Arbeitnehmers vor dem Antritt des Arbeitsverhältnisses ausgesprochen werden, wobei die allgemeine Frist des § 622 Abs. 1 BGB zu berücksichtigen ist.[301]
Uneinigkeit besteht hinsichtlich der Kündigung noch nicht in Vollzug gesetzter Arbeitsver-

---

296 Vgl. *Heinze*, in, Gottwald (Hrsg.), InsRHdb., § 103, Rdnr. 6; *Nerlich / Römermann / Hamacher*, InsO, § 113, Rdnr. 6.

297 Vgl. *Nerlich / Römermann / Hamacher*, InsO, § 113, Rdnr. 7.

298 Der Konkursverwalter konnte gemäß § 17 KO zum einen den Vollzug des noch nicht angetretenen Dienstes bzw. des noch nicht begonnenen Arbeitsverhältnisses ablehnen. Zum anderen konnte er die Erfüllung des Arbeitsverhältnisses verlangen, wodurch das Arbeitverhältnis in Vollzug gesetzt worden ist, vgl. *Jaeger / Henckel*, KO, § 17, Rdnr. 14 und § 22, Rdnr. 12; *Kuhn / Uhlenbruck*, KO, § 22, Rdnr. 1.

299 Vgl. *Däubler*, in: Kittner / Däubler / Zwanziger, KSchR, § 113, Rdnr. 9; *Caspers*, Rdnr. 92 ff., der darauf hinweist, dass ein Wahlrecht des Insolvenzverwalters in seinen Wirkungen einer fristlosen Kündigung gleichkommt. Jedoch soll die Insolvenz des Gemeinschuldners den Insolvenzverwalter gerade nicht dazu berechtigen, allein aus diesem Grund eine außerordentliche Kündigung auszusprechen. Vgl. weiter FK / *Eisenbeis*, InsO, § 113, Rdnr. 23; HK / *Irschlinger*, InsO, § 113, Rdnr. 11; *Nerlich / Römermann / Hamacher*, InsO, § 113, Rdnr. 10; *Berscheid*, ZInsO 1998, 115, 116; *ders.* InVo 1998, 32, 35; a.A. *Lakies*, RdA 1997, 145, Fn. 10; *Lohkemper*, KTS 1996, 1, 4.

300 Vgl. Begr. RegE zu § 108, abgedruckt in: *Kübler / Prütting*, Bd. I, S. 299. Zudem stellt die Kündigung diejenige Maßnahme dar, welche vom Gesetzgeber für die Beendigung von Arbeitsverhältnissen grundsätzlich vorgesehen ist. Es widerspräche dem allgemeinen Prinzip des Arbeitnehmerschutzes, mit einer Erfüllungsablehnung – wie es die KO vorsah – ein Arbeitsverhältnis beenden zu können.

301 Vgl. *Grunsky / Moll*, Rdnr. 343.

hältnisse in der Insolvenz darüber, ob die Kündigungsfrist mit dem Zugang der Kündigungserklärung oder erst mit der Tätigkeitsaufnahme beginnt. Die Rechtsprechung tendiert hierbei im Falle einer fehlenden vertraglichen Regelung dazu, diese Lücke im Wege ergänzender Vertragsauslegung zu schließen.[302] Dem ist jedoch entgegenzuhalten, dass die Bindung von Arbeitsverhältnissen in der Zeit vor der Arbeitsaufnahme nicht stärker sein kann als die Bindung der bereits in Vollzug gesetzten Arbeitsverhältnisse.[303] Daher ist eine analoge Anwendung des § 113 Abs. 1 Satz 1 InsO geboten. Unbeachtlich ist demzufolge nicht nur eine Vereinbarung über die Vertragsdauer oder über den Ausschluß der ordentlichen Kündigung, sondern auch eine Vereinbarung, die Kündigungsfrist nicht bereits mit Zugang, sondern erst mit Dienstantritt beginnen zu lassen.[304] Die Kündigungsfrist beginnt somit bei noch nicht in Vollzug gesetzten Arbeitsverhältnissen mit dem Zugang der Kündigung.

cc. Außerordentliche Kündigung durch den Insolvenzverwalter

Arbeitsverhältnisse, welche nicht in Vollzug gesetzt worden sind, können zudem gemäß § 626 BGB fristlos gekündigt werden. Die Eröffnung des Insolvenzverfahrens allein stellt grundsätzlich keinen wichtigen Grund i.S.d. § 626 BGB dar, der sowohl den Insolvenzverwalter als auch den Arbeitnehmer zu einer fristlosen Kündigung berechtigen würde.[305] Es ist in Ausnahmefällen denkbar, dass dem Arbeitnehmer ein außerordentliches Kündigungsrecht zugebilligt werden kann, wenn die Aufnahme einer Tätigkeit in einem Betrieb des Gemeinschuldners lediglich für einen kurzen Zeitraum erfolgt und dies unzumutbar erscheint.[306]

c. In Vollzug gesetzte Arbeitsverhältnisse

aa. Allgemeines

Die Eröffnung des Insolvenzverfahrens hat weder Einfluß auf den Bestand des Arbeitsverhältnisses noch auf die allgemeinen Grundsätze des Arbeitsrechts. Der Insolvenzverwalter verfügt somit zum einen über sämtliche dem Arbeitsrecht bekannten Möglichkeiten zur Beendigung von Arbeitsverhältnissen. Zum anderen muß er jedoch die für die Beendigung eines Arbeitsverhältnisses geltenden Schutzvorschriften für Arbeitnehmer beachten, beispielsweise das Kündigungsschutzgesetz, das Schwerbehindertengesetz, das Mutterschutzgesetz sowie auch das Heimarbeitsgesetz, welche in der Insolvenz ebenfalls Geltung beanspruchen.[307] Aus der Regelung des § 113 InsO ergibt sich für den Insolvenzverwalter kein besonderer Kündigungsgrund.[308]

Eine Beendigung kann durch einen zwischen dem Insolvenzverwalter und dem Arbeitnehmer geschlossenen Aufhebungsvertrag i.S.d. §§ 241, 311 BGB, durch Zeitablauf bzw. Zweckerreichung eines befristeten Arbeitsverhältnisses oder durch eine Kündigung des Arbeitsverhältnisses erfolgen.[309] Dagegen stellen die Anfechtungstatbestände der §§ 119 ff. BGB und der §§ 129 ff. InsO keine Beendigungstatbestände im eigentlichen Sinn dar. Im Folgenden wird versucht, das Kündigungsrecht des Insolvenzverwalters in seinen wesentlichen Punkten

302 Vgl. BAG AP Nr.4 zu § 620 BGB, wobei die Rspr. eine schematisierende Betrachtungsweise ablehnt. Vgl. ferner LAG Frankfurt / Main DB 1997, 1572, 1573.

303 Vgl. *Caspers*, Rdnr. 97; *Stahlhacke / Preis / Vossen*, Rdnr. 117.

304 Vgl. *Caspers*, Rdnr. 98.

305 Vgl. BGHZ 75, 209, 211 f.; OLG Hamm ZIP 1987, 121, 123.

306 Vgl. *Lohkemper*, KTS 1996, 1, 5; *Nerlich / Römermann / Hamacher*, InsO, § 113, Rdnr. 13.

307 Vgl. auch die Übersicht bei *Berscheid*, ZInsO 1998, 115, 120 f.

308 Vgl. HK / *Marotzke*, InsO, § 113, Rdnr. 2.

309 Vgl. dazu ausführlich *Heinze*, in: Gottwald (Hrsg.), InsRHdb., § 103, Rdnr. 8 ff.; *Nerlich / Römermann / Hamacher*, InsO, § 113, Rdnr. 15 ff.

darzustellen. Dabei ist zwischen dem Recht des Insolvenzverwalters zur ordentlichen Kündigung einerseits und zur außerordentlichen Kündigung andererseits zu unterscheiden.

bb. Voraussetzungen des § 113 Abs. 1 InsO

Nach § 113 Abs. 1 Satz 1 InsO kann ein Dienstverhältnis vom Insolvenzverwalter ohne Rücksicht auf eine vereinbarte Vertragsdauer oder einen vereinbarten Ausschluß des Rechts zur ordentlichen Kündigung gekündigt werden.

aaa. Begriff des Dienstverhältnisses i.S.d. § 113 Abs. 1 InsO

Zu den Dienstverhältnissen i.S.d. § 113 Abs. 1 InsO zählen zunächst sämtliche Arten von Dienstverhältnissen, bei welchen der Gemeinschuldner als Dienstberechtigter in Erscheinung tritt und welche auf eine längere Fortsetzung ausgerichtet sind. Darunter sind insbesondere alle Arten von Arbeitsverhältnissen zu verstehen.[310]

(1) Berufsausbildungsverhältnisse

Im Geltungsbereich der KO war umstritten, ob Berufsausbildungsverhältnisse nach Maßgabe des § 22 KO vom Konkursverwalter gekündigt werden konnten. Obwohl das Berufsausbildungsverhältnis nicht als Dienstverhältnis qualifiziert werden kann, besteht nach der Auffassung der Rechtsprechung[311] die Möglichkeit für den Insolvenzverwalter, dieses zu kündigen. Nach ein- bis dreimonatiger Probezeit kann der Insolvenzverwalter lediglich aus wichtigem Grund eine außerordentliche Kündigung gemäß § 15 Abs. 2 BBiG aussprechen, wobei die Insolvenz selber keinen wichtigen Grund darstellt.[312] Solange die Ausbildung im Insolvenzfall grundsätzlich noch möglich ist – etwa weil das Unternehmen vom Insolvenzverwalter fortgeführt wird – scheidet eine Kündigung grundsätzlich aus.[313] Es ist darauf abzustellen, dass ein außerordentliches Kündigungsrecht nur dann besteht, wenn infolge der Betriebseinschränkung bzw. -stillegung die Ausbildungsmöglichkeit definitiv wegfällt und auch dann nur mit der Maßgabe, dass die außerordentliche Kündigung unter Zugrundelegung der ordentlichen Kündigungsfrist zum Zeitpunkt der Stillegung erfolgen kann.[314]

(2) Organmitglieder

Die Vorschrift des § 113 InsO findet auch auf die Dienstverhältnisse von Organen juristischer Personen Anwendung.[315] In der Insolvenz einer Gesellschaft erlischt das Amt des Geschäfts-

---

310 Vgl. dazu ausführlich *Heinze*, in: Gottwald (Hrsg.), InsRHdb., § 103, Rdnr. 33 ff.; *Nerlich / Römermann / Hamacher*, InsO, § 113, Rdnr. 36 ff.; *Berscheid*, ZInsO 1998, 115, 117.

311 Vgl. BAG AP Nr. 9 zu § 22 KO. Dies hat das BAG zumindest für den Fall der Betriebsstillegung und des damit einhergehenden ersatzlosen Wegfalls der Ausbildungsmöglichkeit entschieden. Ausbildungsverhältnisse können nach § 15 Abs. 2 BBiG nach Ablauf der Probezeit nur aus wichtigem Grund gekündigt werden. Da die Insolvenz als solche keinen wichtigen Grund i.S.d. § 15 Abs. 2 Nr. 1 BBiG darstellt und der zur Sicherung des Ausbildungsziels durch § 15 Abs. 2 BBiG vorgesehene Kündigungsschutz nicht in sein Gegenteil verkehrt werden darf, kam das BAG zu der Bejahung der Kündigungsmöglichkeit für den Insolvenzverwalter unter Einhaltung einer ordentlichen Kündigungsfrist, die für das Arbeitsverhältnis gelten würde, wenn die Ausbildung zu dem erstrebten Beruf geführt hätte. Zugleich führte das BAG an, dass ein Ausbildungsverhältnis wie ein Arbeitsverhältnis zu behandeln sei und stützte dies auf § 3 Abs. 2 BBiG.

312 Vgl. *Berscheid*, ZInsO 1998, 115, 122; *Bertram*, NZI 2001, 625, 626; ErfKomm / *Müller-Glöge*, § 113 InsO, Rdnr. 6.

313 Vgl. *Berscheid*, AnwBl 1995, 8, 11; *Caspers*, Rdnr. 329; *Kilger / K. Schmidt*, KO, § 22, Anm. 3 d.

314 Dies würde die Heranziehung der Drei – Monats – Frist des § 113 Abs. 1 Satz 2 InsO bedeuten, vgl. *Stahlhacke / Preis / Vossen*, Rdnr. 1325; *Zwanziger*, § 113, Rdnr. 8; *Berscheid*, ZInsO 1998, 115, 122.

315 Vgl. OLG Düsseldorf KTS 1989, 928, 930; *Hess*, Rdnr. 44. Für den Geschäftsführer einer AG ergibt sich dies explizit aus § 87 Abs. 3 AktG. Gleiches hat für den Geschäftsführer einer GmbH (vgl. BGHZ 79, 291, 292 ff.; OLG Hamm ZIP 1987, 121, 123) bzw. einer GmbH & Co. KG (vgl. BGH WM 1983, 120) zu gel-

führers grundsätzlich nicht, auch wenn der Insolvenzverwalter die eigentliche Geschäftsführung ab dem Zeitpunkt der Verfahrenseröffnung aus ihrer Arbeitgeberfunktion verdrängt hat.[316]

bbb. Vereinbarungen i.S.d. § 113 Abs. 1 Satz 1 InsO

Nach § 113 Abs. 1 Satz 1 InsO können sowohl der Insolvenzverwalter als auch der Arbeitnehmer bzw. der Dienstverpflichtete ohne Rücksicht auf eine vereinbarte Vertragsdauer oder auf einen vereinbarten Ausschluß des Rechts zur ordentlichen Kündigung die Kündigung aussprechen. Dagegen hat der Insolvenzverwalter Kündigungsbeschränkungen, welche sich aus dem Gesetz ergeben, zu beachten. Diese werden nicht von der Regelung des § 113 Abs. 1 Satz 1 InsO erfasst.[317] Das bedeutet praktisch, der Insolvenzverwalter oder der Dienstverpflichtete können in einem Insolvenzverfahren befristete Dienstverhältnisse kündigen[318] und sich über individualrechtliche und tarifvertragliche Vereinbarungen[319] in Bezug auf die Unkündbarkeit hinwegsetzen. Insbesondere die Einbeziehung der tarifvertraglichen Vereinbarungen in den Anwendungsbereich des § 113 Abs. 1 InsO war umstritten. Neben dem Wortlaut des § 113 Abs. 1 Satz 1 InsO[320] spricht der Gesetzesweck für eine Einbeziehung der tarifvertraglichen Vereinbarungen. Es soll dem Insolvenzverwalter ermöglicht werden, zur Förderung der Sanierungsfähigkeit eines Betriebes eine nach Leistungsstärke und Altersstruktur möglichst gleichwertige Belegschaft für den Betrieb zusammenzustellen, um dadurch etwaige Versäumnisse bei der Einstellungspolitik kompensieren zu können.[321]

cc. Kündigungserklärung des Insolvenzverwalters

aaa. Allgemeines

Die Kündigungserklärung ist eine einseitige empfangsbedürftige Willenserklärung, welche auf die Beendigung des Vertragsverhältnisses für die Zukunft – d.h. für die Zeit nach Ablauf der Kündigungsfrist - gerichtet ist.[322] Aus der Kündigungserklärung muß sich klar und eindeutig der Wille zur Beendigung ergeben, ohne dass das Wort „Kündigung" zwingend in der Erklärung enthalten sein muß.[323] Bislang bedurften Kündigungen keiner besonderen Form und konnten auch konkludent erklärt werden. Seit dem 1. Mai 2000 ist nach dem neuen § 623 BGB für die Beendigung eines Arbeitsverhältnisses durch Kündigung die Schriftform erforderlich.[324] Die Vorschrift des § 623 BGB beansprucht auch in der Insolvenz des Arbeitgebers

---

ten. Zur Problematik bei einer Kündigung des Alleingesellschafter – Geschäftsführers, vgl. BGHZ 75, 209 ff.; *Nerlich / Römermann / Hamacher*, InsO, § 113, Rdnr. 41 f.

316 Vgl. *Kilger / K. Schmidt*, KO, § 6, Anm. 5 c; *Nerlich / Römermann / Hamacher*, InsO, § 113, Rdnr. 39.

317 Vgl. *Berscheid*, ZInsO 1998, 115, 121.

318 Dies ist außerhalb der Insolvenz im Wege der ordentlichen Kündigung grundsätzlich ausgeschlossen, vgl. § 620 Abs. 2 BGB und *Berscheid*, ZInsO 1998, 115, 122 f.

319 Nach bisheriger Rechtslage waren solche in Tarifverträgen enthaltenen Klauseln als konkursfest anzusehen. Es war lediglich eine außerordentliche Kündigung möglich.

320 Der gesetzliche Begriff „vereinbart" in § 113 Abs. 1 Satz 1 InsO lässt nicht zwingend eine Beschränkung auf Individualvereinbarungen vermuten.

321 Vgl. *Berscheid*, InVo 1998, 32, 33; *Grunsky / Moll*, Rdnr. 360; *Lakies*, RdA 1997, 145, 150; *Löwisch*, NZA 1996, 1009, 1017; *Preis*, NJW 1996, 3369, 3378.

322 Vgl. ErfKomm / *Ascheid*, § 1 KSchG, Rdnr. 28; *Heinze*, in: Gottwald (Hrsg.), InsRHdb., § 103, Rdnr. 33 f.

323 Vgl. ErfKomm / *Ascheid*, § 1 KSchG, Rdnr. 34; *Heinze*, in: Gottwald (Hrsg.), InsRHdb., § 103, Rdnr. 33; *Stahlhacke / Preiß*, Rdnr. 65.

324 Die Vorschrift des § 623 BGB wurde eingeführt durch das „Gesetz zur Vereinfachung und Beschleunigung des arbeitsgerichtlichen Verfahrens" vom 30. März 2000, vgl. BGBl I, S. 333, 335. Vgl. dazu *Müller-Glöge / von Senden*, AuA 2000, 199 ff.; Rolfs, NJW 2000, 1227 ff.; *Schaub*, NZA 2000, 344 ff.; *Trittin / Backmeister*, DB 2000, 618 ff.

Geltung und ist vom Insolvenzverwalter zu beachten.[325] Das Schriftformerfordernis greift unabhängig davon ein, ob es sich um eine ordentliche oder um eine außerordentliche Kündigung handelt.[326] Demnach muß die Kündigung in Anwendung der §§ 126, 125 Satz 1 BGB eigenhändig vom Insolvenzverwalter unterschrieben sein und zusätzlich die Angabe des Kündigungsgrundes enthalten. Der Insolvenzverwalter hat die Kündigung in seiner Stellung als Arbeitgeber auszusprechen, er kann sich jedoch auch gemäß §§ 164 ff. BGB vertreten lassen. Die Kündigungserklärung wird wirksam, wenn sie dem Erklärungsempfänger oder hilfsweise dessen Vertreter[327] zugeht. Eine schriftliche Kündigung ist zugegangen i.S.d. § 130 Abs.1 BGB, sobald sie in verkehrsüblicher Art und Weise in die tatsächliche Verfügungsgewalt des Empfängers gelangt ist und für den Erklärungsempfänger unter gewöhnlichen Umständen die Möglichkeit besteht, von dem Inhalt des Schreibens Kenntnis zu nehmen. Auf die tatsächliche Kenntnisnahme kommt es dann nicht mehr an.[328] Der Zeitpunkt des Zugangs ist zum einen für die Einhaltung der Kündigungsfrist und zum anderen für die dreiwöchige Frist zur Erhebung der Kündigungsschutzklage gemäß § 113 Abs. 2 InsO von entscheidender Bedeutung.

bbb. Anhörung des Betriebsrates i.S.d. § 102 BetrVG

In Betrieben, in denen ein Betriebsrat existiert, muß der Insolvenzverwalter grundsätzlich vor jeder auszusprechenden Kündigung eine Anhörung des Betriebsrates i.S.d. § 102 Abs. 1 BetrVG[329] vornehmen, wobei es unerheblich ist, ob es sich um eine ordentliche, fristlose oder vorsorgliche Beendigungs- oder Änderungskündigung handelt.[330] Das Anhörungserfordernis bezieht sich lediglich auf Kündigungen des Insolvenzverwalters und nicht auf andere Möglichkeiten der Beendigung des Arbeitsverhältnisses bzw. die Kündigung durch den Arbeitnehmer.[331]

Die Einleitung des Anhörungsverfahrens erfolgt, indem der Insolvenzverwalter seine Kündigungsabsicht sowie die dafür maßgeblichen Gründe und Umstände dem Betriebsrat mitteilt i.S.d. § 102 Abs. 1 Satz 2 BetrVG.[332] Dabei muß die Mitteilung nicht in einer besonderen Form erfolgen.[333] Der Betriebsrat hat mögliche Bedenken gegen eine ordentliche Kündigung innerhalb einer Woche, gegen eine außerordentliche Kündigung innerhalb von drei Tagen ab dem Zeitpunkt der Mitteilung zu äußern.[334] Der Betriebsrat gibt seine Stellungnahme in der Form eines Beschlusses gemäß § 33 BetrVG ab. Äußert sich der Betriebsrat nicht innerhalb der dafür vorgesehenen Fristen, so gilt seine Zustimmung zu einer ordentlichen Kündigung

---

325 Vgl. *Müller-Glöge / von Senden*, AuA 2000, 199.

326 Vgl. *Müller-Glöge / von Senden*, AuA 2000, 199; *Trittin / Backmeister*, DB 2000, 618, 621.

327 Vgl. § 164 Abs. 3 BGB.

328 Vgl. BAG AP Nr. 17 zu § 130 BGB.

329 Betriebsverfassungsgesetz.

330 Vgl. *Kittner*, in: Kittner / Däubler / Zwanziger, KSchR, § 102 BetrVG, Rdnr. 11 ff.; *Nerlich / Römermann / Hamacher*, InsO, § 113, Rdnr. 65; *Bertram*, NZI 2001, 625, 628. Eine Anhörung des Betriebsrates ist ebenfalls bei sogenannten Massenentlassungen i.S.d. §§ 17, 18 KSchG erforderlich.

331 Vgl. BAG AP Nr. 38 zu § 123 BGB.

332 Zu den notwendigen Angaben zählen beispielsweise die Person des zu kündigenden Arbeitnehmers, dessen Sozialdaten sowie die Art der Kündigung und gegebenenfalls die Kündigungsfrist bzw. den Kündigungstermin.

333 Vgl. BAG AP Nr. 85, zu § 102 BetrVG 1972. Regelmäßig dürfte in der Mitteilung durch den Insolvenzverwalter eine Aufforderung zur Stellungnahme des Betriebsrates zu sehen sein.

334 Die Frist beginnt gemäß §§ 187, 193 BGB an dem der ordnungsgemäßen Unterrichtung durch den Insolvenzverwalter folgenden Tag, vgl. *Stahlhacke / Preis / Vossen*, Rdnr. 300, 302; *Nerlich / Römermann / Hamacher*, InsO, § 113, Rdnr. 75. Bei einer außerordentlichen Kündigung müssen die Bedenken des Betriebsrates unverzüglich i.S.d. § 121 BGB, d.h. ohne schuldhaftes Zögern, erklärt werden.

als erteilt i.S.d. § 102 Abs. 2 Satz 2 BetrVG.[335] Erst nach Beendigung eines ordnungsgemäßen Anhörungsverfahrens kann der Insolvenzverwalter – bei Zustimmung oder Fristversäumnis durch den Betriebsrat – die Kündigung aussprechen, wobei die Kündigung in einem zeitlichen Zusammenhang mit der Anhörung des Betriebsrates erfolgen muß.[336] Kommt der Insolvenzverwalter seinen Pflichten hinsichtlich eines ordnungsgemäßen Anhörungsverfahrens nicht nach, so ist die ausgesprochene Kündigung gemäß § 102 Abs. 1 Satz 3 BetrVG unwirksam.[337]

dd. Ordentliche Kündigung durch den Insolvenzverwalter

Grundsätzlich werden Arbeitsverhältnisse im Wege einer ordentlichen Kündigung erst mit dem Ablauf einer Kündigungsfrist i.S.d. §§ 620 Abs.2, 621, 622 BGB beendet. Im Geltungsbereich der InsO bestimmt die Vorschrift des § 113 Abs. 1 Satz 2 InsO eine eigene Kündigungshöchstfrist von drei Monaten zum Monatsende für alle Arten von Dienst- und Arbeitsverhältnissen.[338] Dadurch werden alle bestehenden Kündigungsfristen, welche einen längeren Zeitraum als drei Monate für eine Kündigung vorsehen, verdrängt, unabhängig davon, ob es sich um eine gesetzliche, tarifvertragliche oder einzelvertragliche Kündigungsfrist handelt.[339] Die Drei – Monats – Frist des § 113 Abs. 1 Satz 2 InsO greift hingegen nicht, wenn eine kürzere Frist maßgeblich ist.[340] Der Insolvenzverwalter kann somit grundsätzlich mit einer Frist von drei Monaten zum Monatsende kündigen, es sei denn, es bestehen kürzere Kündigungsfristen. Dem gekündigten Arbeitnehmer stehen nunmehr die Rechte nach dem KSchG zu, da

---

335 Die Vorschrift des § 102 Abs. 2 Satz 2 BetrVG ist auf eine außerordentliche Kündigung entsprechend anzuwenden, vgl. *Nerlich / Römermann / Hamacher*, InsO, § 113, Rdnr. 75..

336 Eine „Anhörung auf Vorrat" ist grundsätzlich nicht möglich, vgl. BAG AP Nr. 14 zu § 102 BetrVG 1972.

337 Vgl. BAG AP Nr. 68 zu § 102 BetrVG 1972, LAG Baden – Württemberg LAGE Nr. 59 zu § 102 BetrVG 1972; *Kittner*, in: Kittner / Däubler / Zwanziger, KSchR, § 102 BetrVG, Rdnr. 43.

338 Vgl. Begr. Rechtsausschuß zu § 127, abgedruckt in: *Kübler / Prütting*, Das neue Insolvenzrecht, S. 309. Die Vorschrift des § 113 Abs. 1 Satz 2 InsO enthält eine eigene Kündigungsfrist und damit nicht lediglich eine Verkürzung bestehender Fristen. Von dieser Kündigungshöchstfrist werden sowohl die Beendigungs- als auch die Änderungskündigung erfasst. Nach Auffassung des Rechtsausschusses soll diese Regelung einer Kündigungshöchstfrist einen Ausgleich zwischen den sozialen Belangen der Arbeitnehmer und sonstigen Dienstverpflichteten des Gemeinschuldners sowie den Interessen der Insolvenzgläubiger an der Erhaltung der Insolvenzmasse als Grundlage ihrer Befriedigung schaffen.

339 Die Regelung des § 113 Abs. 1 Satz 2 InsO ist somit *lex specialis* gegenüber allen gesetzlichen, einzel- und tarifvertraglichen Regelungen, welche eine längere als die dreimonatige Kündigungsfrist vorsehen, vgl. *Zwanziger*, § 113, Rdnr. 6 f.; *Berscheid*, ZInsO 1998, 159, 163; *Boemke*, NZI 2001, 460. Gegen die Verfassungsmäßigkeit der Verkürzung einer tarifvertraglich vereinbarten Kündigungsfrist sind im Hinblick auf Art. 9 Abs. 3 GG verschiedentlich Bedenken erhoben worden, vgl. ArbG Limburg ZInsO 1998, 140; ArbG München ZIP 1998, 2014 ff.; wohl auch *Däubler*, in: Kittner / Däubler / Zwanziger, § 113, Rdnr. 34. Im Ergebnis wird überwiegend das gesetzgeberische Ziel, die Entlastung der Insolvenzmasse voranzubringen und zu beschleunigen sowie die Sanierung oder die Übernahme insolventer Unternehmen zu erleichtern, für eine Rechtfertigung herangezogen, vgl. BAG ZInsO 2000, 568; BAG NZA 1999, 1331; LAG Hamburg ZIP 1998, 1404, 1405 f.; LAG Baden – Württemberg, ZIP 1998, 2013 f.

340 Vgl. § 113 Abs. 1 Satz 2, 2. Halbsatz InsO. Uneinigkeit besteht darüber, ob die dreimonatige Frist des § 113 Abs. 1 Satz 2 InsO auch dann zur Anwendung kommt, wenn einzelvertraglich eine längere Kündigungsfrist als die gesetzliche Frist vereinbart sind. Nach der überwiegenden Ansicht ist die vereinbarte längere Frist bis zur Höchstfrist von drei Monaten maßgeblich, da es im Arbeitsrecht grundsätzlich der Privatautonomie der Parteien überlassen sei, das zwischen ihnen „Maßgebliche" zu vereinbaren, vgl. nur BAG NZA 1999, 425 ff.; *Zwanziger*, § 113, Rdnr. 4; *Tschöpe / Fleddermann*, ZInsO 2001, 455, 456 f.; *Däubler*, in: Kittner / Däubler / Zwanziger, § 113, Rdnr. 20. Nach einer anderen Auffassung kommt die Frist des § 113 Abs. 1 Satz 2 InsO nur dann zur Anwendung, wenn keine kürzere gesetzliche Kündigungsfrist maßgeblich ist. Eine einzelvertraglich vereinbarte längere Kündigungsfrist als die gesetzliche Frist ist demnach in der Insolvenz unbeachtlich, vgl. dazu *Berscheid*, ZInsO 1998, 115, 123; *ders.*: ZInsO 1998, 159, 162; *Düwell*, in: KS zur InsO, S. 1433, 1449, Rdnr. 47 ff.; *Nerlich / Römermann / Hamacher*, InsO, § 113, Rdnr. 87; *Caspers*, Rdnr. 107.

der Insolvenzverwalter diese Bestimmungen auch nach der Eröffnung des Insolvenzverfahrens zu beachten hat.[341] Der Kündigungsschutz im KSchG ist zwingendes Recht und steht nicht zur Disposition der Parteien des Arbeitsvertrages.[342]
Hat der Insolvenzverwalter bereits vor der Eröffnung des Insolvenzverfahrens eine Kündigung mit einer längeren als der dreimonatigen Kündigungsfrist des § 113 Abs. 1 Satz 2 InsO ausgesprochen, so besteht ab dem Zeitpunkt der Verfahrenseröffnung nur die Möglichkeit, eine erneute Kündigung – sogenannte Nachkündigung - auszusprechen, auf welche nunmehr die Drei –Monats - Frist des § 113 Abs. 1 Satz 2 InsO Anwendung findet.[343]

ee. Außerordentliche Kündigung durch den Insolvenzverwalter

aaa. Allgemeines

Allgemein bestimmt sich das Recht zu einer außerordentlichen Kündigung von Dienstverhältnissen für beide Vertragsparteien – abgesehen von einigen Sondervorschriften - nach der Regelung des § 626 BGB. Eine außerordentliche Kündigung wird in der Regel als fristlose Kündigung ausgesprochen, durch welche das Dienst- bzw. Arbeitsverhältnis mit sofortiger Wirkung beendet wird.[344] Auch in der Insolvenz besteht das Recht zur außerordentlichen Kündigung fort, wobei die Insolvenz bzw. die Eröffnung eines Insolvenzverfahrens für sich genommen keinen Grund für eine fristlose Kündigung darstellt.[345] Die Eröffnung des Insolvenzverfahrens allein berechtigt nicht zur ordentlichen Kündigung und damit erst recht nicht zu einer außerordentlichen Kündigung ohne Einhaltung einer Kündigungsfrist.[346]

bbb. Kündigungserklärung

Die Kündigungserklärung des Insolvenzverwalters muß erkennen lassen, dass eine Beendigung des Dienst- bzw. Arbeitsverhältnisses außerordentlich aus wichtigem Grund erfolgen soll.[347] Zudem unterliegt die außerordentliche Kündigung seit dem 1. Mai 2000 dem Schriftformerfordernis des § 623 BGB. Sind die Voraussetzungen einer außerordentlichen Kündigung nicht gegeben, so ist im Anschluß daran regelmäßig zu prüfen, ob die Erklärung in eine ordentliche Kündigung umgedeutet werden kann i.S.d. § 140 BGB[348] Eine Begründung der außerordentlichen Kündigung eines Dienst- bzw. Arbeitsverhältnisses stellt keine Wirksamkeitsvoraussetzung dar.[349] Jedoch ist der Insolvenzverwalter zur Mitteilung der Gründe ver-

---

341 Vgl. LAG Bremen LAGE Nr. 47 zu § 1 KSchG Betriebsbedingte Kündigung.

342 Vgl. ErfKomm / *Ascheid*, § 1 KSchG, Rdnr. 15.

343 Vgl. *Berscheid*, ZInsO 1998, 9, 13. *Grunsky / Moll*, Rdnr. 340 meinen sogar, es sei dem Insolvenzverwalter zu raten, diese Möglichkeit zur Verkürzung der Kündigungsfrist wahrzunehmen.

344 Es ist allerdings auch möglich, eine außerordentliche Kündigung mit Kündigungsfrist – einer sogenannten sozialen Auslauffrist – auszusprechen. Dazu ist der Arbeitgeber grundsätzlich nicht verpflichtet, wenn im übrigen die Voraussetzungen des § 626 BGB erfüllt sind, vgl. *Stahlhacke / Preis / Vossen*, Rdnr. 429. Es ist dem Insolvenzverwalter nicht anzuraten, eine außerordentliche Kündigung mit sozialer Auslauffrist auszusprechen, denn dies würde zum einen gegen die erforderliche Unzumutbarkeit der Weiterbeschäftigung sprechen und wäre zum anderen eine nicht notwendige Verringerung der Insolvenzmasse.

345 Vgl. BGHZ 75, 209, 211 f.; OLG Hamm ZIP 1987, 121, 123; *Hess / Obermüller*, Rdnr. 562 d; *Stahlhacke / Preis / Vossen*, Rdnr. 426.

346 Vgl. *Kuhn / Uhlenbruck*, KO, § 22, Rdnr. 20; *Stahlhacke / Preis / Vossen*, Rdnr. 1330.

347 Vgl. BAG AP Nr. 2 zu § 620 BGB Kündigungserklärung.

348 Vgl. dazu *Stahlhacke / Preis / Vossen*, Rdnr. 338 ff. Es ist nicht notwendig, dass sich der Kündigende ausdrücklich auf die Umdeutung beruft. Ausschlaggebend ist allein der Sachvortrag des Kündigenden, aus welchem sich genügend Tatsachen zur Ermittlung des hypothetischen Willen ergeben müssen.

349 Vgl. ErfKomm / *Müller-Glöge*, § 626 BGB, Rdnr. 304. Für Ausbildungsverhältnisse (vgl. § 15 Abs. 2 BBiG) und für Schwangere (vgl. seit dem 01.01. 1997 § 9 Abs. 3 Satz 2 MuSchG) ist eine Begründung der Kündigung als Wirksamkeitserfordernis anzusehen.

pflichtet, wenn der Gekündigte dies verlangt. Nicht berechtigt ist der Insolvenzverwalter dagegen zum Nachschieben von neuen Kündigungsgründen, soweit diese in der Zeit nach dem Ausspruch der Kündigung bzw. nach dem Zugang der Kündigungserklärung entstanden sind.[350] Diese können lediglich zu einer Rechtfertigung einer erneuten Kündigung und nicht zur Begründung einer bereits ausgesprochenen außerordentlichen Kündigung herangezogen werden.[351] Der Insolvenzverwalter kann jedoch solche Kündigungsgründe, welche ihm bei Ausspruch der Kündigung noch keine zwei Wochen bekannt waren, zur Unterstützung seiner bereits ausgesprochenen Kündigung nachschieben.[352] Gänzlich unzulässig ist schließlich ein Nachschieben von Kündigungsgründen dann, wenn die Kündigungsgründe dem Kündigenden im Zeitpunkt des Ausspruchs der Kündigung bereits länger als zwei Wochen bekannt waren und kein innerer Sachzusammenhang mit den bereits vorgebrachten Gründen besteht.[353]

*ccc. **Wichtiger Grund***

Ein wichtiger Grund für die Kündigung eines Dienst- bzw. Arbeitsverhältnisses ist regelmäßig dann anzunehmen, wenn Tatsachen bekannt sind, welche dem Kündigenden - unter Berücksichtigung sämtlicher Umstände des Einzelfalles und unter Abwägung der Interessen beider Vertragsteile - die Fortsetzung des Rechtsverhältnisses bis zum Ablauf einer etwaigen Kündigungsfrist oder bis zu einer etwaigen vereinbarten Beendigung unzumutbar erscheinen lässt.[354] Weder die Fortführung des Arbeitsverhältnisses noch der Ablauf der Kündigungsfrist dürfen dem Kündigenden zumutbar sein.[355] Dabei ist allein ein objektiver Maßstab ausschlaggebend.[356] Der Insolvenzverwalter hat zunächst mildere Mittel und Möglichkeiten – wie etwa eine ordentliche Kündigung oder eine außerordentliche Änderungskündigung – in Betracht zu ziehen.[357] Schließlich ist nach der Rspr. eine umfassende Interessenabwägung vorzunehmen, bei welcher die für den Arbeitsplatz relevanten Umstände zu berücksichtigen sind, wie etwa Art und Schwere der Vertragsstörung und deren betriebliche und wirtschaftliche Folgen.[358]
Als wichtiger Grund werden grundsätzlich – wie bei der ordentlichen Kündigung – verhaltens-, personen- und betriebsbedingte Ursachen angesehen. Insbesondere die verhaltensbedingte Kündigung spielt im Rahmen der außerordentlichen Kündigung eine bedeutsame Rolle. Zu den möglichen Kündigungsgründen zählen beispielsweise der Einstellungsbetrug durch die Vorlage gefälschter Zeugnisse[359], Tätlichkeiten[360], der Verrat von Betriebs- und Ge-

350 Vgl. MünchKomm / *Schwerdtner*, BGB, § 626, Rdnr. 249.

351 Vgl. *Stahlhacke / Preis / Vossen*, Rdnr. 444. Die Rspr. hat davon Ausnahmen dann zugelassen, wenn die späteren Gründe nicht völlig neu, sondern mit den früheren Vorgängen in engem Zusammenhang stehen, vgl. BAG AP Nr. 62 zu § 626 BGB.

352 Vgl. BAG AP Nr. 50 zu § 626 BGB; BAG AP Nr. 65 zu § 626 BGB; BAG AP Nr. 1 zu § 626 BGB Nachschieben von Kündigungsgründen. Ein solches „Nachschieben“ ist jedoch dann zulässig, wenn das Anhörungserfordernis des Betriebsrates i.S.d. § 102 Abs. 1 BetrVG gewahrt bleibt.

353 Ist kein innerer Sachzusammenhang gegeben, so tritt die Rechtsfolge der Verwirkung gemäß § 626 Abs. 2 BGB ein, vgl. BAG, AP Nr. 7 zu § 626 BGB Ausschlußfrist.

354 Vgl. *Nerlich / Römermann / Hamacher*, InsO, § 113, Rdnr. 194.

355 Vgl. *Stahlhacke / Preis / Vossen*, Rdnr. 447 ff.

356 Vgl. BAG AP Nr. 42 zu § 626 BGB; BAG AP Nr. 50 zu § 626 BGB; BAG AP Nr. 1 zu § 626 BGB Nachschieben von Kündigungsgründen; *Stahlhacke / Preis / Vossen*, Rdnr. 451.

357 Es muss somit ebenso wie bei der ordentlichen Kündigung das Ultima – Ratio – Prinzip gewahrt bleiben, vgl. dazu BAG AP Nr. 66 zu § 1 KSchG 1969 Betriebsbedingte Kündigung; *Stahlhacke / Preis / Vossen*, Rdnr. 454.

358 Vgl. nur BAG AP Nr. 101 zu § 626 BGB.

359 Vgl. BAG, AP Nr. 3 zu § 286 ZPO.

360 Vgl. BAG AP Nr. 5 zu § 626 BGB; BAG AP Nr. 81 zu § 626 BGB; LAG Frankfurt, BB 1984, 1876; LAG Hamm, BB 1981, 1642.

schäftsgeheimnissen[361], die Aufnahme von Neben- oder Konkurrenztätigkeiten oder die Arbeitsverweigerung.[362] Dies sind Sachverhalte, bei denen im Rahmen der Abwägung dem Verschuldensgrad der Beteiligten besondere Bedeutung zukommt.[363] Personen- und betriebsbedingte Gründe sind bei der außerordentlichen Kündigung innerhalb eines Insolvenzverfahrens eher selten. Insbesondere stellen die Stillegung oder die Einschränkung eines Betriebes für sich genommen keinen wichtigen Grund i.S.d. § 626 Abs. 1 BGB dar, da der Arbeitgeber sein wirtschaftliches und betriebliches Risiko nicht auf die Arbeitnehmer abschieben darf.[364] Etwas anderes kann jedoch dann gelten, wenn eine ordentliche Kündigung ausgeschlossen und die Versetzung in einen anderen Betrieb auch unter Aufwendung aller zumutbaren Mittel nicht möglich ist.

ddd. Ausschlussfrist nach § 626 Abs. 2 BGB

Nach der Vorschrift des § 626 Abs. 2 Satz 1 und 2 BGB muß die Kündigung innerhalb einer Frist von zwei Wochen nach Kenntnis der für die Kündigung maßgebenden Tatsachen erfolgen. Es handelt sich hierbei um eine materiell – rechtliche Ausschlussfrist, d.h. das Versäumnis dieser Frist führt zur Unwirksamkeit der Kündigung.[365] Die Berechnung der Frist erfolgt nach den §§ 186 ff. sowie § 193 BGB.[366] Der gekündigte Arbeitnehmer gemäß § 113 Abs. 2 Satz 1 InsO innerhalb von drei Wochen nach dem Zugang der Kündigung Klage beim Arbeitsgericht erheben und die Fristversäumnis geltend machen. Die Ausschlussfrist beginnt, sobald der Kündigungsberechtigte zuverlässige und möglichst vollständige Kenntnis der für die Kündigung maßgeblichen Tatsachen besitzt. Kündigungsberechtigter ist grundsätzlich derjenige, der in dem konkreten Fall befugt ist, die Kündigung auszusprechen, also in der Insolvenz des Arbeitgebers der Insolvenzverwalter.[367] Der Insolvenzverwalter kann für sich keine Einarbeitungszeit in Anspruch nehmen, welche den Beginn der Ausschlussfrist verzögern oder hemmen könnte.[368]

eee. Anhörung des Betriebsrates i.S.d. § 102 BetrVG

In Betrieben, in denen ein Betriebsrat existiert, hat vor jeder Kündigung – unabhängig davon, ob es sich um eine ordentliche, fristlose oder vorsorgliche Beendigungs- oder Änderungskündigung handelt – eine Anhörung des Betriebsrates gemäß § 102 Abs. 1 BetrVG zu erfolgen.[369]

ff. Änderungskündigung

Eine Änderungskündigung i.S.d. § 2 KSchG liegt immer dann vor, wenn der Arbeitgeber das Arbeitsverhältnis kündigt und dem Arbeitnehmer zugleich im Zusammenhang mit der Kündigung die Fortsetzung des Arbeitsverhältnisses zu geänderten Arbeitsbedingungen anbietet. Dies bedeutet, dass die Änderungskündigung in zwei unterschiedlichen Rechtsformen ergehen kann, einerseits als unbedingte Kündigung verbunden mit einem Angebot des Arbeitge-

---

361 Vgl. MünchKomm / *Schwerdtner*, BGB, § 626, Rdnr. 118 f..; *Stahlhacke / Preis / Vossen*, Rdnr. 567 ff.
362 Vgl. die ausführliche Übersicht bei MünchKomm / *Schwerdtner*, BGB, § 626, Rdnr. 74 ff.
363 Vgl. *Nerlich / Römermann / Hamacher*, InsO, § 113, Rdnr. 197.
364 Vgl. ErfKomm / *Müller-Glöge*, § 626 BGB, Rdnr. 120; *Stahlhacke / Preis / Vossen*, Rdnr. 539.
365 Vgl. BAG AP Nr. 3 zu § 626 BGB Ausschlussfrist; MünchKomm / *Schwerdtner*, BGB, § 626, Rdnr, 187, 189.
366 Vgl. *Heinze*, in: Gottwald (Hrsg.), InsRHdb., § 103, Rdnr. 131 ff.; *Stahlhacke / Preis / Vossen*, Rdnr. 484.
367 Vgl. *Düwell*, in: KS zur InsO, S. 1446, Rdnr. 37; *Hess*, in: Hess / Weis / Wienberg, InsO, § 113, Rdnr. 414; *Nerlich / Römermann / Hamacher*, InsO, § 113, Rdnr. 203, wobei sich der Insolvenzverwalter die Kenntnis des Schuldners zurechnen lassen muss.
368 Vgl. BGH ZIP 1984, 1113 f.; *Nerlich / Römermann / Hamacher*, InsO, § 113, Rdnr. 204.
369 Vgl. *Nerlich / Römermann / Hamacher*, InsO, § 113, Rdnr. 65.

bers zur Fortsetzung des Arbeitsverhältnisses unter geänderten Arbeitsbedingungen und andererseits als Beendigungskündigung unter der Bedingung, dass der Arbeitnehmer sich nicht mit den neuen Arbeitsbedingungen einverstanden erklärt.[370] Mithin stellt die Änderungskündigung eine echte Kündigung[371] dar, die sowohl als ordentliche als auch als außerordentliche Kündigung ergehen kann. Der Insolvenzverwalter hat somit bei einer Änderungskündigung – je nach gewählter Rechtswirkung - die allgemeinen Wirksamkeitsvoraussetzungen der ordentlichen bzw. der außerordentlichen Kündigung zu beachten. Insbesondere unterliegt eine Änderungskündigung durch den Insolvenzverwalter – gleichgültig, ob es sich um eine ordentliche oder um eine außerordentliche Kündigung handelt – gemäß der seit dem 1. Mai 2000 geltenden Vorschrift des § 623 BGB der Schriftform.[372]

VII. Antragsrechte des Insolvenzverwalters

1. Antrag gegenüber dem Grundbuchamt i.S.d. § 32 Abs. 2 Satz 2 InsO

Nach der Vorschrift des § 32 Abs. 2 Satz 2 InsO kann neben dem Insolvenzgericht auch der Insolvenzverwalter die Eintragung der Eröffnung des Insolvenzverfahrens in das Grundbuch beantragen.[373] Die Eintragung in das Grundbuch führt zu einer Zerstörung des guten Glaubens[374] und verhindert einen Rechtserwerb gutgläubiger Dritter zu Lasten der Insolvenzmasse. Als weitere Folge führt die Eintragung der Verfahrenseröffnung zu einer Grundbuchsperre.[375] Der Insolvenzverwalter ist zu entsprechenden Ermittlungen hinsichtlich etwaiger Grundstücke und Rechte des Gemeinschuldners verpflichtet.[376] Bei schuldhaft unterlassener Antragstellung macht sich der Insolvenzverwalter gegebenenfalls schadensersatzpflichtig.[377]

2. Antrag auf Einberufung der Gläubigerversammlung gemäß § 75 Abs. 1 Nr. 1 InsO

Gemäß § 75 Abs. 1 Nr. 1 InsO hat der Insolvenzverwalter – neben den in § 75 Abs. 1 Nr. 2 – 4 InsO Berechtigten - das Recht, die Gläubigerversammlung einzuberufen. Die beantragte Gläubigerversammlung hat nach § 75 Abs. 2 InsO binnen drei Wochen nach Eingang des Antrags auf Einberufung stattzufinden, sofern der Antrag auf Einberufung nicht willkürlich oder in anderer Weise offensichtlich unbegründet ist. Die Frist des § 75 Abs. 2 InsO darf nur in dringenden und begründeten Fällen überschritten werden, da die Kürze der Frist grundsätzlich dazu dient, den Gläubigern eine schnelle und wirksame Einflussnahme zu ermöglichen.[378]

---

370 Vgl. *Heinze*, in: Gottwald (Hrsg.), InsRHdb., § 103, Rdnr. 143.

371 Vgl. BAG EzA Nr. 40 zu § 315 BGB a. F.; *Nerlich / Römermann / Hamacher*, InsO, § 113, Rdnr. 154.

372 Vgl. dazu *Preiß / Gotthardt*, NZA 2000, 348, 350; *Schaub*, NZA 2000, 344, 347; *Trittin / Backmeister*, DB 2000, 618, 621.

373 Dieses Antragsrecht wurde auch einem ausländischen Insolvenzverwalter zugestanden, vgl. OLG Zweibrücken, Rpfleger 1990, 87 für einen luxemburgischen Insolvenzverwalter. Nunmehr - im Geltungsbereich der EuInsVO - besitzt der Insolvenzverwalter gemäß Art. 22 Abs. 1 EuInsVO ausdrücklich das Recht, die Eintragung in dem Grundbuch bzw. Register eines anderen Mitgliedstaates zu beantragen.

374 Vgl. OLG Hamm, KTS 1970, 314; FK / *Schmerbach*, InsO, § 32, Rdnr. 10; *Kilger / K. Schmidt*, KO, § 113, Anm. 4.

375 Vgl. FK / *Schmerbach*, InsO, § 32, Rdnr. 11; *Kuhn / Uhlenbruck*, KO, § 113, Rdnr. 1; *Nerlich / Römermann / Mönning*, InsO, § 32, Rdnr. 3.

376 Vgl. *Kuhn / Uhlenbruck*, KO, § 113, Rdnr. 6.

377 Vgl. FK / *Schmerbach*, InsO, § 32, Rdnr. 5; *Nerlich / Römermann / Mönning*, InsO, § 32, Rdnr. 19.

378 Vgl. Begr. zu § 86 RegE, abgedruckt in: *Kübler / Prütting*, Das neue Insolvenzrecht, S. 251; FK / *Kind*, InsO, § 75, Rdnr. 12; MünchKomm / *Ehricke*, InsO, § 75, Rdnr. 11 f.

Lehnt das Gericht den Antrag ab, steht dem Insolvenzverwalter nach § 75 Abs. 3 InsO die sofortige Beschwerde i.S.d. § 6 InsO zu.

3. Antrag auf Anordnung einer Postsperre i.S.d. § 99 Abs. 1 Satz 1 InsO

a. Allgemeines

Die Beantragung einer Postsperre i.S.d. § 99 Abs. 1 Satz 1 InsO durch den Insolvenzverwalter bzw. die anschließende Anordnung durch das Insolvenzgericht verfolgt den Zweck, masseschädigende Handlungen des Gemeinschuldners, durch welche dieser alleine oder unter Mithilfe Dritter Vermögensgegenstände beiseite schafft, zu verhindern.[379] Der Insolvenzverwalter kann beantragen bzw. das Insolvenzgericht kann auch von Amts wegen beschließen, dass dem Verwalter bestimmte oder sämtliche Postsendungen zuzuleiten sind. Dadurch kann der Insolvenzverwalter aus den an den Gemeinschuldner gerichteten Schreiben Hinweise auf bislang unbekannte Vermögenswerte bzw. –transaktionen erhalten, welche ihm bislang unbekannt gewesen sind.[380] Hinsichtlich der ihm zugeleiteten Postsendungen hat der Insolvenzverwalter dann das Recht zur Öffnung dieser Postsendungen und zur Einsichtnahme.[381]

b. Voraussetzungen

Der Begriff der Postsendungen ist im Rahmen des § 99 InsO weit zu verstehen, d.h. sowohl Briefe durch private Zustelldienste als auch Telegramme, Fernschreiben und Telefaxe werden davon erfaßt.[382] Eine Fernsprechsperre wird durch § 99 InsO nicht ermöglicht.[383] Um für die Gläubiger nachteilige Rechtshandlungen des Gemeinschuldners aufzuklären oder zu verhindern, ist eine Einschränkung des Brief- und Postgeheimnisses i.S.d. Art. 10 Abs. 2 GG nur dann als zulässig anzusehen, wenn sie erforderlich erscheint.[384] Eine für die Gläubiger nachteilige Rechtshandlung ist dann anzunehmen, wenn vorausgegangene und künftige Vermögensverschiebungen des Gemeinschuldners die Haftungsmasse mindern oder zu einer Ver-

---

379 Gerade im Rahmen des Postverkehrs eröffnen sich für den Schuldner Möglichkeiten, etwaige eingehende Gelder und Schecks für sich zu behalten oder Hinweise auf verborgenes Vermögen zu unterdrücken, vgl. *Gundlach / Frenzel / Schmidt*, ZInsO 2001, 979, 980.

380 Vgl. FK / *App*, InsO, § 99, Rdnr. 1; *Nerlich / Römermann / Wittkowski*, InsO, § 99, Rdnr. 2. Interessant ist dies - insbesondere auch im vorläufigen Verfahren - bei Postsendungen wie notariellen Verträgen, welche einen recht kurzfristigen Entschluß des Schuldners zur Verschiebung von Immobiliarvermögen offenbaren.

381 Vgl. FK / *App*, InsO, § 99, Rdnr. 3. Smid / *Smid*, InsO, § 99, Rdnr. 8 weist darauf hin, dass die Beantwortung dieser Post durch den Insolvenzverwalter als eine Amtspflicht des Verwalters anzusehen ist.

382 Vgl. *Kübler / Prütting / Lüke*, InsO, § 99, Rdnr. 4; FK / *App*, InsO, § 99, Rdnr. 6; *Gundlach / Frenzel / Schmidt*, ZInsO 2001, 979, 981. Das Insolvenzgericht dabei die Möglichkeit, bestimmte Postsendungen von der Anordnung der Postsperre auszunehmen.

383 Vgl. Begr. RegE zu § 112, in: *Kübler / Prütting*, Das neue Insolvenzrecht, S. 283; daraus folgt, dass auch E-Mails grundsätzlich nicht von einer Postsperre i.S.d. § 99 InsO betroffen sind. Der Insolvenzverwalter hat lediglich die Möglichkeit, das Telefon des Gemeinschuldners sperren zu lassen. Im Zeitalter des technischen Fortschritts und des zunehmenden E – Commerce ist jedoch zu fragen, ob man E – Mails nicht auch als von der Postsperre des § 99 InsO erfasst ansehen will, ebenso *Kübler / Prütting / Lüke*, InsO, § 99, Rdnr. 4; *Gundlach / Frenzel / Schmidt*, ZInsO 2001, 979, 981.

384 Vgl. den Wortlaut des § 99 Abs. 1 Satz 1 InsO. Das OLG Celle hat dazu ausgeführt, dass die auf den Einzelfall zu beziehende Erforderlichkeitsprüfung dann nicht den Anforderungen des § 99 InsO genügt, wenn lediglich eine sinngemäße Wiederholung des Gesetzestextes erfolgt, vgl. ZInsO 2000, 557, 558. Jüngst wird vorgeschlagen, die Vorschrift des § 99 Abs. 1 Satz 1 InsO dahingehend zu ändern, dass eine Umkehrung des bisherigen Regel – Ausnahmeverhältnisses erfolgen soll. Das Insolvenzgericht soll danach automatisch von Amts wegen die Postsperre anordnen dürfen, soweit sich keine Anhaltspunkte für eine Unverhältnismäßigkeit ergeben, vgl. *Arbeitskreis der Insolvenzverwalter*, NZI 2002, 3, 7.

schlechterung der Vermögensverhältnisse führen.[385] Demnach darf der Insolvenzverwalter sämtliche von der Postsperre betroffenen Sendungen gemäß § 99 Abs. 2 InsO öffnen, es sei denn, die Insolvenzmasse ist davon offensichtlich nicht betroffen ist, etwa bei privaten Postsendungen. In einem solchen Fall sind die Schriftstücke dem Gemeinschuldner unverzüglich – im Interesse einer praxisgerechten Abwicklung ist darunter eine wöchentliche Weitergabe anzunehmen[386] - zuzuleiten.[387]

4. Antrag auf gerichtliche Zustimmung zur Durchführung einer Betriebsänderung i.S.d. § 122 Abs. 1 Satz 1 InsO

a. Allgemeines

Nach § 122 Abs. 1 Satz 1 InsO kann der Insolvenzverwalter die Zustimmung des Arbeitsgerichts zu einer Betriebsänderung beantragen, bevor das in § 112 Abs. 2 BetrVG vorgesehene – in der Regel recht langwierige - Verfahren über das Zustandekommen eines Interessenausgleichs ausgeschöpft ist. Die lange Dauer eines solchen Verfahrens kann zu einem Zeitverlust führen, welcher im Insolvenzverfahren schwere Nachteile zur Folge haben kann. Die Vorschrift des § 122 InsO ermöglicht dem Insolvenzverwalter, von einem Verfahren vor der Einigungsstelle abzusehen, ohne dass – trotz vorzeitiger Durchführung der Betriebsänderung - Nachteilsausgleichsverpflichtungen gegenüber den Arbeitnehmern i.S.d. § 113 Abs. 3 BetrVG begründet würden.[388] Dadurch wird dem Insolvenzverwalter eine zusätzliche Möglichkeit zur Beschleunigung des Verfahrens gegeben. Bei dem Antrag des Insolvenzverwalters i.S.d. § 122 InsO handelt es sich um einen sogenannten Gestaltungsantrag.[389] Die Feststellung eines besonderen Rechtsschutzbedürfnisses ist daher nicht erforderlich.

b. Voraussetzungen

Voraussetzung einer Antragstellung i.S.d. § 122 InsO ist, dass eine Betriebsänderung geplant und es zwischen dem Insolvenzverwalter und dem Betriebsrat – trotz einer rechtzeitigen und umfassenden Unterrichtung durch den Insolvenzverwalter - nicht zu einem Interessenausgleich gemäß § 112 BetrVG innerhalb von drei Wochen nach Verhandlungsbeginn oder schriftlicher Aufforderung zur Aufnahme von Verhandlungen gekommen ist. Erforderlich für eine rechtzeitige und umfassende Unterrichtung ist eine objektive Betrachtungsweise.[390] Als rechtzeitig i.S.d. § 122 InsO ist eine Unterrichtung durch den Insolvenzverwalter dann anzusehen, wenn noch Beratungen über die Betriebsänderung und zudem ein Interessenausgleich möglich sind.[391] Umfassend ist eine Unterrichtung durch den Insolvenzverwalter insbesondere bei einer vollständigen Information hinsichtlich des Inhalts der Betriebsänderung, der Gründe für die Betriebsänderung sowie der Folgen der Betriebsänderung für die Arbeitnehmer.[392] Die Frist von drei Wochen beginnt mit der Aufnahme ernsthafter Verhandlungen.[393] Scheinver-

---

385 Vgl. *Nerlich / Römermann / Wittkowski*, InsO, § 99, Rdnr. 4 f.
386 So jedenfalls *Nerlich / Römermann / Wittkowski*, InsO, § 99, Rdnr. 9.
387 Vgl. FK / *App*, InsO, § 99, Rdnr. 10: *Nerlich / Römermann / Wittkowski*, InsO, § 99, Rdnr. 9.
388 Vgl. *Nerlich / Römermann / Hamacher*, InsO, § 122, Rdnr. 5.
389 Vgl. *Grunsky / Moll*, Rdnr. 314; *Hess*, §§ 121, 122 InsO, Rdnr. 213.
390 Vgl. *Rummel*, DB 1997, 774, 775; *Zwanziger*, § 122, Rdnr. 4.
391 Vgl. *Bauer / Göpfert*, DB 1997, 1464, 1467.
392 Vgl. *Bauer / Göpfert*, DB 1997, 1464, 1468.
393 Zu der Aufnahme ernsthafter Verhandlungen ist der Insolvenzverwalter bereits wegen des Grundsatzes der vertrauensvollen Zusammenarbeit gemäß §§ 2 Abs. 1, 74 Abs. 1 Satz 2 BetrVG verpflichtet.

handlungen reichen hierfür nicht aus.[394] Der Insolvenzverwalter kann die dreiwöchige Frist des § 122 Abs. 1 InsO auch dadurch in Gang setzen, dass er den zuständigen Betriebsrat schriftlich[395] zu Verhandlungen auffordert. Diese Aufforderung kann mit der Unterrichtung über die Betriebsänderung verbunden werden.[396]

c. Einstweiliger Rechtsschutz

Um die erforderliche Zustimmung des Arbeitsgerichts gegebenenfalls auch kurzfristig zu erhalten, darf dem Insolvenzverwalter der Weg über den einstweiligen Rechtsschutz nicht verwehrt sein. Der Insolvenzverwalter kann daher im Wege eines einstweiligen Verfügungsverfahrens gemäß § 122 Abs. 2 Satz 2, 1. HS. i.V.m. § 85 Abs. 2 ArbGG die Erteilung der gerichtlichen Zustimmung zu der geplanten Betriebsänderung beantragen.[397]

5. Antrag auf Bestimmung einer Frist zur Verwertung i.S.d. § 173 Abs. 2 Satz 1 InsO

Auf Antrag des Insolvenzverwalters und nach Anhörung der Gläubiger kann das Insolvenzgericht dem verwertungsberechtigten Gläubiger gemäß § 173 Abs. 2 Satz 1 InsO eine Frist zur Verwertung setzen. Eine Fristsetzung von Amts wegen findet hingegen nicht statt. Nach Ablauf der vom Insolvenzgericht gesetzten Frist geht das Verwertungsrecht an dem betreffenden Gegenstand auf den Insolvenzverwalter über.

6. Antrag auf Anordnung der Nachtragsverteilung i.S.d. § 203 Abs. 1 InsO

Schließlich hat der Insolvenzverwalter die Möglichkeit, eine Nachtragsverteilung gemäß § 203 Abs. 1 InsO zu beantragen. Dies wird immer dann geschehen, wenn nach dem Schlusstermin entweder noch weitere Gelder in die Insolvenzmasse fließen, wenn bereits gezahlte Gelder zurückfließen oder wenn erst nach der Beendigung des Verfahrens weitere, dem Insolvenzverwalter bisher nicht bekannte, Gegenstände der Insolvenzmasse[398] ermittelt werden. Im Geltungsbereich der EuInsVO wird ein deutscher Hauptinsolvenzverwalter einen derartigen Antrag stellen, wenn sich in einem parallel eröffneten Sekundärinsolvenzverfahren i.S.d. Artt. 27 ff. EuInsVO herausstellt, dass – was selten der Fall sein wird - ein Überschuß vorhanden ist. Der Überschuß ist dann gemäß Art. 35 EuInsVO von dem Sekundärverwalter an den Verwalter des Hauptverfahrens abzuführen. Dieser Überschuß kann dann von dem deutschen Hauptinsolvenzverwalter verteilt werden, wenn dieses bereits vorher abgeschlossen war.

---

394 Vgl. *Zwanziger*, § 122, Rdnr. 6.

395 Zweifelhaft ist hierbei, ob darin ein gesetzliches Schriftformerfordernis i.S.d. § 126 BGB zu sehen ist. Der Intention der Verfahrensbeschleunigung entsprechend dürfte es als ausreichend erachtet werden, dem Schriftformerfordernis lediglich eine sogenannte Dokumentationsfunktion und keine echte Wirksamkeitsvoraussetzung für den Beginn der Frist zuzuerkennen, vgl. dazu *Bauer / Göpfert*, DB 1997, 1464, 1465.

396 Vgl. FK / *Eisenbeis*, InsO, § 122, Rdnr. 11; *Löwisch*, RdA 1997, 80, 83.

397 Vgl. ArbG Hannover EWiR 1997, 369 ff.; *Löwisch*, NZA 1996, 1009, 1017; ders.: RdA 1997, 80, 86. Zu Recht weisen *Grunsky / Moll*, Rdnr. 314 darauf hin, dass ein solches Verfahren im einstweiligen Rechtsschutz wegen der Vorwegnahme der Entscheidung in der Hauptsache nur ausnahmsweise zulässig sein soll.

398 Diese Gegenstände gehören unabhängig von der Kenntnis des Insolvenzverwalters mit der Eröffnung des Verfahrens - entsprechend dem Universalitätsprinzip - zur Insolvenzmasse und unterliegen auch nach der Aufhebung bzw. Einstellung des Verfahrens der Verwaltungs- und Verfügungsbefugnis des Insolvenzverwalters.

VIII. Anhörungsrechte des Insolvenzverwalters

1. Bei Aufhebung der Postsperre gemäß § 99 Abs. 3 InsO

Die Postsperre ist bei begründeter sofortiger Beschwerde sowie bei einem Fortfall der Anordnungsvoraussetzungen aufzuheben. Hinsichtlich des Fortfalls der Anordnungsvoraussetzungen ergibt sich ein Anhörungsrecht des Insolvenzverwalters unmittelbar aus § 99 Abs. 3 Satz 2 InsO. Gegen die Aufhebung an sich steht dem Insolvenzverwalter in Ermangelung einer eigenen Beschwer kein Rechtsmittel zu.[399]

2. Bei dem Beschluß über die Bestätigung eines Insolvenzplans gemäß § 248 Abs. 2 InsO

Vor der Entscheidung des Gerichts über die Bestätigung eines Insolvenzplans ist der Insolvenzverwalter neben dem Gläubigerausschuß - soweit bestellt - und dem Gemeinschuldner gemäß § 248 Abs. 2 InsO anzuhören. Diese Regelung entspricht der bisherigen gesetzlichen Lage hinsichtlich der Bestätigung eines (Zwangs-) Vergleichs i.S.d. §§ 78 Abs. 2 VglO, 184 Abs. 2 KO. Der Insolvenzverwalter hat somit die Möglichkeit, auf Tatsachen hinzuweisen, aufgrund derer die Bestätigung von Amts wegen zu versagen ist.

3. Bei einer Entscheidung über den Schuldnerantrag auf Erteilung der Restschuldbefreiung gemäß § 289 Abs. 1 Satz 1 InsO

Hinsichtlich der Entscheidung des Gerichts über einen Antrag des Gemeinschuldners auf Erteilung der Restschuldbefreiung steht dem Insolvenzverwalter – neben den Insolvenzgläubigern - gemäß § 289 Abs. 1 InsO das Recht zu, angehört zu werden. Die Anhörung des Insolvenzverwalters dient jedoch im Gegensatz zu der Anhörung der Insolvenzgläubiger nicht der Gewährung des Anspruchs auf rechtliches Gehör gemäß Art. 103 Abs. 1 GG, da der Insolvenzverwalter durch die Entscheidung nicht in seiner eigenen Rechtsposition betroffen wird. Vielmehr soll seine Anhörung eine möglichst umfassende Aufklärung des Sachverhalts ermöglichen, da dieser in der Regel den besten Einblick in das Verhalten des Gemeinschuldners vor und während des Insolvenzverfahrens hat.[400] Die Anhörung erfolgt in zeitlicher Hinsicht im Schlusstermin gemäß § 197 InsO. Rechtsmittel gegen den Beschluß des Gerichts über den Antrag des Gemeinschuldners besitzt der Insolvenzverwalter nicht.

IX. Teilnahmerecht des Insolvenzverwalters i.S.d. § 74 Abs. 1 Satz 2 InsO

Da es sich bei der Gläubigerversammlung um eine nicht öffentliche[401] Veranstaltung handelt, enthält die Vorschrift des § 74 Abs. 1 Satz 2 InsO eine Aufzählung derjenigen, die zur Teilnahme berechtigt sind. Teilnahmeberechtigt sind außer dem Insolvenzverwalter absonderungsberechtigte Gläubiger, alle Insolvenzgläubiger, die Mitglieder des Gläubigerausschusses und der Gemeinschuldner. Zudem kann der Insolvenzverwalter auch einen Antrag auf Einberufung der Gläubigerversammlung nach § 75 Abs. 1 Nr. 1 InsO stellen. Das Insolvenzgericht ist bei einem Antrag auf Einberufung durch einen der gemäß § 75 Abs. 1 InsO Berechtigten

---

399 Begr. Rechtsausschuß zu § 112, in: *Kübler / Prütting*, Das neue Insolvenzrecht, S. 284.

400 Vgl. Begr. RegE zu § 237, in: *Kübler / Prütting*, Das neue Insolvenzrecht, S. 543; *Döbereiner*, S. 301.

401 Vgl. MünchKomm / *Ehricke*, InsO, § 74, Rdnr. 25; *Kilger / K. Schmidt*, KO, § 94, Anm. 1; *Kuhn / Uhlenbruck*, KO, § 94, Rdnr. 1; ausnahmsweise kann das Insolvenzgericht außenstehenden Personen wie Vertretern der Presse (insbesondere in Großverfahren), Studenten, Referendaren oder Auszubildenden die Teilnahme an der Gläubigerversammlung gestatten, vgl. *Uhlenbruck / K. Delhaes*, S. 29 , Rdnr. 46 f.

zur Einberufung verpflichtet, d.h. es steht ihm kein Ermessen zu.[402] Gegen die Ablehnung der beantragten Einberufung steht sämtlichen Berechtigten die sofortige Beschwerde nach § 75 Abs. 3 InsO zu.

X. Auskunftsrecht gemäß § 97 InsO

1. Auskunftsberechtigter

Nach § 97 InsO muß der Gemeinschuldner über alle das Verfahren betreffenden Verhältnisse Auskunft geben. Es trifft ihn zum einen eine aktive Mitwirkungspflicht i.S.d. § 97 Abs. 1 Satz 1 InsO und zum anderen gemäß § 97 Abs. 2 InsO eine Verfahrensförderungspflicht.[403] Auskunftsberechtigt sind neben dem Insolvenzverwalter auch das Insolvenzgericht und der Gläubigerausschuß.[404]

2. Auskunftspflichtige Person

Der Insolvenzverwalter muß sich grundsätzlich an den Gemeinschuldner selbst als auskunftspflichtige Person halten. Grundsätzlich sind Dritte, wie etwa der Ehegatte, nicht zur Auskunft nach § 97 InsO verpflichtet.[405] Handelt es sich bei dem Gemeinschuldner nicht um eine natürliche Person, bezieht sich die Auskunfts- und Mitwirkungspflicht gemäß § 101 InsO auf die organschaftlichen Vertreter sowie auf ehemalige organschaftliche Vertreter und Angestellte.[406] Der Insolvenzverwalter muß sich an diese Personen wenden.

3. Umfang der Auskunftspflicht des Gemeinschuldners

Der Umfang der Auskunftspflicht des Gemeinschuldners reicht über die Umstände der Insolvenz, über das Vermögen des Gemeinschuldners, über Aus- und Absonderungsrechte und über mögliche Anfechtungsansprüche bis hin zur Werthaltigkeit und Berechtigung einzelner Forderungen.[407] Von der Auskunftspflicht sind ebenfalls uneingeschränkte Auskünfte des Gemeinschuldners hinsichtlich des im Ausland belegenen Vermögens erfasst.[408] Der Insolvenzverwalter kann eine auf § 97 Abs. 1 InsO gestützte Vollmacht verlangen, welche ihn ermächtigen soll, im Ausland befindliches, zur Insolvenzmasse gehörendes Vermögen des Ge-

---

402 Vgl. HK / *Eickmann*, InsO, § 75, Rdnr. 8; MünchKomm / *Ehricke*, InsO, § 75, Rdnr. 4; *Uhlenbruck / K. Delhaes*, S. 341, Rdnr. 588.

403 Vgl. FK / *App*, InsO, § 97, Rdnr. 1. Die Verfahrensförderungspflicht des § 97 Abs. 2 InsO kommt insbesondere im Rahmen eines Sanierungsversuches des betreffenden Unternehmens in Betracht. In einem solchen Fall wird noch am ehesten eine Mitwirkungsbereitschaft des Gemeinschuldners zu erkennen sein, da der Betrieb später wieder vom Insolvenzverwalter auf ihn übertragen werden soll.

404 Die Gläubigerversammlung ist nur auf besondere Anordnung durch das Gericht zur Auskunft berechtigt.

405 Vgl. BGH WM 1978, 872„...da eine allgemeine, nicht aus besonderen Rechtsgründen abgeleitete, Auskunftspflicht dem bürgerlichen Recht unbekannt ist." Ehegatten oder Familienangehörige des Schuldners können lediglich dann zu einer Auskunft verpflichtet sein, wenn darin der einzig zumutbare Weg zu einer ausreichenden Information besteht vgl. MünchKomm / *Ehricke*, InsO, § 97, Rdnr. 29.

406 Der Geschäftsführer einer GmbH kann sich der Auskunftspflicht nicht durch die Niederlegung seines Amtes während des Insolvenzverfahrens entziehen. Hierfür sieht die Vorschrift des § 101 Abs. 1 Satz 2 InsO vor, dass die Niederlegung des Amtes nicht von der Verpflichtung nach § 97 InsO entbindet.

407 Vgl. FK / *App*, InsO, § 97, Rdnr. 11; *Haarmeyer / Wutzke / Förster*, InsRHdb., S. 182, Rdnr. 101 ff.; *Nerlich / Römermann / Wittkowski*, InsO, § 97, Rdnr. 4.

408 Vgl. BHGZ 68, 16; *Kuhn / Uhlenbruck*, KO, § 100, Rdnr. 2 b; *Merz*, ZIP 1983, 136.

meinschuldners herauszuverlangen.[409] Nach § 97 Abs. 1 Satz 2 InsO erstreckt sich die Auskunftspflicht auch auf Angaben, aufgrund derer der Gemeinschuldner eine strafbare Handlung offenbaren muß.[410] Dem Gemeinschuldner steht grundsätzlich kein Aussageverweigerungsrecht zu. Er wird durch das Beweisverwertungsverbot i.S.d. § 97 Abs. 3 Satz 1 InsO im eigenen Strafverfahren und im Verfahren der nahen Angehörigen i.S.d. § 52 Abs. 1 StPO ausreichend geschützt.[411]

XI. Beschwerderechte des Insolvenzverwalters

Innerhalb der InsO stehen dem Insolvenzverwalter zur Sicherung seiner Kompetenzen einige Beschwerderechte zu.

1. Gegen seine Entlassung gemäß § 59 Abs. 2 InsO

Vor der Entscheidung über die Entlassung ist der Insolvenzverwalter zunächst gemäß § 75 Abs. 1 Satz 3 InsO anzuhören. Dies ist erforderlich, da eine Entlassung einen erheblichen– wenn nicht sogar den erheblichsten – Eingriff in die Rechte des Insolvenzverwalters darstellt. Eine Entlassung ohne vorangegangene Anhörung ist allenfalls dann zulässig, wenn der Masse aufgrund eines schwerwiegenden pflichtwidrigen Verhaltens des Insolvenzverwalters ein Schaden entstanden ist.[412] Gegen seine Entlassung kann der Insolvenzverwalter gemäß § 59 Abs. 2 Satz 1 InsO die sofortige Beschwerde nach § 6 InsO einlegen. Der entlassene Insolvenzverwalter kann jedoch durch mit der sofortigen Beschwerde nicht verhindern, dass ein neuer Insolvenzverwalter bestellt wird. Die sofortige Beschwerde hat keine aufschiebende Wirkung.[413] Hat die Beschwerde des entlassenen Insolvenzverwalters Erfolg, wird der Entlassungsbeschluß aufgehoben. Der entlassene Insolvenzverwalter tritt automatisch wieder in seine Rechtsstellung ein.[414] Der zwischenzeitlich bestellte Insolvenzverwalter muss allerdings durch einen eigenen Entlassungsbeschluß entlassen werden.[415]

2. Gegen den Vergütungsfeststellungsbeschluß gemäß § 64 Abs. 3 InsO

Weiter hat der Insolvenzverwalter gemäß § 64 Abs. 3 InsO die Möglichkeit, sofortige Beschwerde gegen den Beschluß des Insolvenzgericht bezüglich seiner Vergütung einzulegen.[416] Der Insolvenzverwalter wird vernünftigerweise die Einlegung der sofortigen Beschwerde lediglich darauf stützen, dass der ihm zugedachte Betrag zu gering sei.[417]

---

409 Dies soll insbesondere dann Geltung beanspruchen, wenn die ausländischen Behörden den inländischen Insolvenztitel nicht anerkennen, vgl. LG Köln, WM 1986, 682; Zudem ist die Erteilung einer Ermächtigung erforderlich, wenn die Rechtsstellung des Insolvenzverwalters im Ausland nicht anerkannt wird, vgl. OLG Köln, ZIP 1986, 384; OLG Koblenz, ZIP 1993, 844. Innerhalb der EU – Mitgliedstaaten hat sich dies infolge des Grundsatzes der automatischen Anerkennung i.S.d. Artt. 16 ff. EuInsVO nunmehr erledigt.

410 Eine bestehende Zwangslage berechtigt den Gemeinschuldner nicht zur einer Verweigerung der Auskunft, vgl. LG Hamburg, KTS 1975, 242.

411 Vgl. BVerfGE 56, 41 f.

412 Zu denken ist hierbei an Konstellationen, in welchen der Insolvenzverwalter z.B. Fremdgelder veruntreut hat und es nahe liegt, dass er sich damit ins Ausland absetzt.

413 Vgl. MünchKomm / *Graeber*, InsO, § 59, Rdnr. 47.

414 Vgl. FK / *App*, InsO, § 59, Rdnr. 18; LG Halle, ZIP 1993, 1739, 1742 f. A.A. *Hess / Obermüller*, Rdnr. 514.

415 Vgl. HK / *Eickmann*, InsO, § 59, Rdnr. 11.

416 Dies gilt unabhängig davon, ob der Festsetzungsbeschluß von einem Richter oder von einem Rechtspfleger erlassen worden ist, vgl. § 11 Abs. 1 RpflG.

417 Im Gegensatz dazu müssen der Gemeinschuldner sowie jeder Insolvenzgläubiger ihre Beschwerde damit begründen, dass der festgesetzte Betrag zu hoch sei. Ein Insolvenzgläubiger ist nur dann beschwert, wenn

3. Gegen den Ablehnungsbeschluß, die Gläubigerversammlung einzuberufen gemäß § 75 Abs. 3 InsO

Dem Insolvenzverwalter steht gemäß § 75 Abs. 3 InsO zudem ein Beschwerderecht gegen den ablehnenden Beschluß des Insolvenzgerichts bezüglich der Einberufung der Gläubigerversammlung zu.

4. Einwendungen gegen das Verteilungsverzeichnis gemäß § 194 Abs. 2 und 3 InsO

Gegenstand der Prüfung im Einwendungsverfahren nach § 194, 197 Abs. 3 InsO ist ausschließlich, ob der Insolvenzverwalter das Verteilungsverzeichnis vollständig und richtig aufgestellt bzw. fortgeführt hat.[418] Der Insolvenzverwalter hat gegen die gerichtliche Berichtigung des Verteilungsverzeichnisses das Recht zur sofortigen Beschwerde gemäß § 194 Abs. 3 Satz 2 InsO. Abweichend von § 6 Abs. 2 Satz 1 InsO beginnt die Beschwerdefrist nicht mit der Zustellung der Entscheidung, sondern gemäß § 194 Abs. 3 Satz 3 i.V.m. Abs. 3 Satz 1 InsO mit dem Tag, an dem die Entscheidung in der Geschäftsstelle zur Einsicht niedergelegt worden ist.

5. Gegen den ablehnenden Beschluß hinsichtlich des Antrags auf Nachtragsverteilung gemäß § 204 Abs. 1 InsO

Nach der Vorschrift des § 203 Abs. 1 InsO kann sowohl der Insolvenzverwalter als auch jeder Insolvenzgläubiger den Antrag auf Nachtragsverteilung stellen. Eine Nachtragsverteilung findet regelmäßig dann statt, wenn in dem Schlußtermin noch weitere Gelder in die Insolvenzmasse fließen, welche sodann an die Insolvenzgläubiger zu verteilen sind. Eine Ablehnung des Antrags auf Nachtragsverteilung ist dem jeweiligen Antragssteller zuzustellen, dem dann das Recht zur sofortigen Beschwerde gemäß § 6 InsO zusteht.[419]

6. Gegen den Beschluß, der den vom Insolvenzverwalter vorgelegten Insolvenzplan zurückweist gemäß § 231 Abs. 3 InsO

Schließlich kann der Insolvenzverwalter gegen den Zurückweisungsbeschluß hinsichtlich eines von ihm vorgelegten Insolvenzplans sofortige Beschwerde i.S.d. § 231 Abs. 3 i.V.m. § 6 InsO einlegen.

XII. Recht zur Vorlage eines Insolvenzplans gemäß § 218 InsO

Bei dem Recht des Insolvenzverwalters, einen Insolvenzplan vorzulegen, ist zwischen einem derivativen und einem originären Planinitiativrecht zu unterscheiden.

1. Derivatives Planinitiativrecht

Unter dem derivativen Planinitiativrecht versteht man die Erstellung eines Insolvenzplans

---

sich seine Aussicht auf Befriedigung durch die vermeintliche Belastung der Insolvenzmasse mit dem angeblich zu hoch angesetzten Betrag schlechter darstellt als bei der Ansetzung eines von ihm für angemessen gehaltenen Betrages, vgl. *Nerlich / Römermann / Delhaes*, InsO, § 64, Rdnr. 11.

418 Vgl. *Nerlich / Römermann / Westphal*, InsO, § 194, Rdnr. 2.

419 Im Falle einer Entscheidung durch den Rechtspfleger ist der sofortigen Beschwerde die sofortige Erinnerung nach § 11 Abs. 1 Satz 2 RpflG vorgeschaltet.

durch den Insolvenzverwalter im Auftrag der Gläubigerversammlung, welche dem Verwalter gemäß § 157 Satz 2 InsO das Ziel des Insolvenzplans vorgeben kann.[420] Offiziell erhält der Insolvenzverwalter im Rahmen der derivativen Planerstellung den Auftrag zur Ausarbeitung eines Insolvenzplans erst im Berichtstermin von der Gläubigerversammlung.[421]

2. Originäres Planinitiativrecht

Nach der Begründung des Rechtsausschusses sollte zum Zwecke der Verfahrensvereinfachung das originäre Recht zur Vorlage eines Insolvenzplans auf den Gemeinschuldner und auf den Insolvenzverwalter beschränkt sein. Dadurch würden praktische Schwierigkeiten vermieden, welche sich nach dem Regierungsentwurf bei konkurrierenden Insolvenzplänen von Gläubigergruppen gestellt hätten.[422] Kollidiert ein von dem Verwalter vorgelegter Insolvenzplan mit den Interessen der Gläubigerversammlung, kann der Insolvenzverwalter seinen Insolvenzplan nicht mehr weiterverfolgen, wenn die Gläubigerversammlung ihn mit der Ausarbeitung eines Insolvenzplans mit anderer Zielrichtung beauftragt hat.[423]

B. Pflichten des Insolvenzverwalters nach der InsO[424]

Neben den Rechten, welche dem Insolvenzverwalter nach der InsO zustehen, treffen ihn zugleich eine ganze Reihe von Pflichten, denen er während des gesamten Insolvenzverfahrens nachzukommen hat und welche er grundsätzlich persönlich zu erfüllen hat.

I. Inbesitznahme und Verwaltung der Insolvenzmasse gemäß §§ 148, 80 InsO

Die Vorschrift des § 148 InsO legt i.V.m. § 80 InsO die Pflichten des Insolvenzverwalters hinsichtlich der Inbesitznahme und der Verwaltung der Insolvenzmasse[425] fest. Danach hat der Insolvenzverwalter mit der Inbesitznahme von körperlichen und unkörperlichen Gegenständen sofort, d.h. ohne jede Verzögerung, nach der Eröffnung des Insolvenzverfahrens zu beginnen. Werden einige zur Insolvenzmasse gehörige Gegenstände nicht freiwillig herausgegeben, so kann der Insolvenzverwalter entsprechende Vollstreckungsmaßnahmen einlei-

---

420 Ursprünglich sollte der Insolvenzverwalter auch kein eigenes Recht zur Planvorlage erhalten, vgl. Begr. RegE zu § 218 InsO, in: *Kübler / Prütting*, Das neue Insolvenzrecht, S. 452.

421 Der erfahrene Verwalter wird jedoch bereits zeitig vorbereitende Maßnahmen treffen, vgl. *Maus*, in: KS zur InsO, S. 715, Rdnr. 27.

422 Vgl. Begr. des Rechtsausschusses zu § 218 InsO, in: *Kübler / Prütting*, Das neue Insolvenzrecht, S. 453.

423 Zu dieser Kollision zwischen derivativem und originärem Planinitiativrecht, vgl. FK / *Jaffé*, § 218, Rdnr. 70.

424 Vgl. dazu auch die Übersicht bei *Blersch*, in: Breutigam / Blersch / Goetsch, InsO, § 56, Rz. 20.

425 Seit der Einführung der InsO, namentlich § 35 InsO, umfasst der Begriff der Insolvenzmasse nicht nur das Vermögen des Gemeinschuldners zum Zeitpunkt der Verfahrenseröffnung, sondern auch dasjenige, welches der Gemeinschuldner während des gesamten Verfahrens verdient und erwirtschaftet (Neuerwerb).

ten.[426] Gegenüber Dritten ist der Insolvenzverwalter auf die Klage auf Herausgabe verwiesen, da der Eröffnungsbeschluss lediglich Wirkungen hinsichtlich des Gemeinschuldners besitzt und nach dem Wortlaut des Abs. 2 kein zur Wegnahme im Vollstreckungswege geeigneter Titel ist.[427]

1. Begriff der Insolvenzmasse

a. Allgemeines

Der Insolvenzverwalter hat ein Recht zum Besitz an allen körperlichen Gegenständen, auch an den Gegenständen, die nach einer erfolgreichen Insolvenzanfechtung i.S.d. §§ 129 ff. InsO wieder in die Insolvenzmasse zurückgelangt sind.[428] Bei unkörperlichen Gegenständen wie Forderungen und Rechten muß der Insolvenzverwalter alle hierüber vorhandenen Unterlagen und Urkunden[429] in Besitz nehmen.[430] Aus Gründen des Schutzes der Neugläubiger wird von dem Begriff des Neuerwerbs nur das neu erworbene Nettovermögen des Schuldners erfasst, d.h. das Aktivvermögen, wie es sich nach Abzug der neuen Schulden darstellt.[431] Die Geschäftsbücher des Schuldners stehen gemäß § 36 Abs. 2 Nr. 1 InsO während des Insolvenzverfahrens dem Insolvenzverwalter zu. Hierunter sind sowohl die einzelnen Handelsbücher i.S.d. § 38 InsO als auch Konto-, Arbeits-, Umsatz-, Kundenbücher etc. zu verstehen.[432] Ist die Massezugehörigkeit einiger Gegenstände nicht sicher zu klären und befinden sich diese Gegenstände im Schuldnergewahrsam, hat der Insolvenzverwalter auch diese in Besitz zu nehmen. Solange Aus- und Absonderungsrechte nicht abschließend geprüft sind, greift zugunsten der Masse die Eigentumsvermutung des § 1006 BGB ein.[433] Dagegen kann der Insolvenzverwalter auf die Inbesitznahme solcher Gegenstände verzichten, die für die Masse wertlos sind oder sogar eine kostenpflichtige Belastung der Insolvenzmasse mit sich bringen. Hat er diese bereits in Besitz, so kann er sie aus der Insolvenzmasse freigeben.[434] Nicht zur Masse gehörende Vermögensbestandteile sind in immateriellen Werten zu sehen, etwa in den rein persönlichen Rechten des Schuldners wie dem allgemeinen Persönlichkeitsrecht und dem Recht am eigenen Namen i.S.d. § 12 BGB.[435] Ebenfalls nicht von der Insolvenz erfasst sind

---

426 Vgl. schon RGZ 97, 107, 109; RGZ 120, 189, 192; *Kuhn / Uhlenbruck*, KO, § 117, Rdnr. 3. Dabei stellt der Eröffnungsbeschluss den Titel gemäß § 794 Abs. 1 Ziff. 3 ZPO dar, welcher auf Antrag des Insolvenzverwalters zunächst für vollstreckbar zu erklären und anschließend gemäß §§ 883, 885 ZPO zu vollstrecken ist, vgl. BGH NJW 1962, 1392.

427 Vgl. OLG Düsseldorf, ZIP 1982, 80; *Kuhn / Uhlenbruck*, KO, § 117, Rdnr. 8.

428 Vgl. FK / *Wegener*, InsO, § 148, Rdnr. 2; *Kilger / K. Schmidt*, KO, § 117, Rdnr. 1; *Nerlich / Römermann / Andres*, InsO, § 148, Rdnr. 10 f.

429 Wie etwa Wertpapiere aller Art, Grundschuld- und Rentenschuldbriefe, Sparkassenbücher oder Patentschriften.

430 Vgl. FK / *Wegener*, InsO, § 148, Rdnr. 6; *Breutigam*, in: Breutigam / Blersch / Goetsch, InsO, § 148, Rdnr. 10; *Haarmeyer / Wutzke / Förster*, InsRHdb., S. 505, Rdnr. 77; *Kuhn / Uhlenbruck*, KO, § 117, Rdnr. 4; *Nerlich / Römermann / Andres*, InsO, § 148, Rdnr. 11.

431 Vgl. *Nerlich / Römermann / Andres*, InsO, § 148, Rdnr. 12; ausführlich zu dem Problem des Neuerwerbs *Windel*, KTS 1995, 367, 392 ff. m.w.N.

432 Vgl. *Nerlich / Römermann / Andres*, InsO, § 148, Rdnr. 13; diesen sind Akten, Quittungen und etwaige Korrespondenzen gleichzustellen. Nach der Beendigung des Insolvenzverfahrens hat der Gemeinschuldner die Pflicht, diese Bücher wieder zurückzunehmen, vgl. LG Hannover, KTS 1973, 191. Von der Verkäuflichkeit ideeller Werte ist grundsätzlich auszugehen. Beim Praxisverkauf freiberuflich Tätiger (Ärzte, Rechtsanwälte, Notare, Steuerberater oder Wirtschaftsprüfer) fällt somit der „*Goodwill*" der Praxis ebenfalls in den Insolvenzbeschlag, vgl. BGHZ 16, 71; BGHZ 43, 47.

433 Vgl. FK / *Wegener*, InsO, § 148, Rdnr. 4.

434 Vgl. zur Freigabe oben unter Teil II, B, II.

435 Vgl. RGZ 29, 133; RGZ 74, 380; OLG Düsseldorf, ZIP 1982, 720, 721.

Erbersatzansprüche und Ansprüche auf vorzeitigen Erbausgleich sowie unpfändbare Ansprüche i.S.d. §§ 850 ff. ZPO.[436]

b. Im Ausland belegenes Vermögen

Von der Pflicht zur Inbesitznahme ist gemäß dem Universalitätsprinzip ebenfalls das im Ausland belegene Vermögen des Gemeinschuldners erfasst.[437] Der Grundsatz der Universalität kommt nunmehr auch in der EuInsVO zum Ausdruck, allerdings in einer modifizierten Art und Weise. Eine Beschränkung des universalen Geltungs- und Wirkungsanspruchs des eröffneten Verfahrens erfolgt mit Inkrafttreten der EuInsVO am 31. Mai 2002 durch die Zulassung territorial beschränkter Insolvenzverfahren sowie durch die Sonderanknüpfungen der Artt. 5 ff. EuInsVO.[438] Der Insolvenzverwalter hat die Möglichkeit, vor deutschen Gerichten Ansprüche betreffend das im Ausland belegene Vermögen geltend zu machen. Die Vollstreckung eines deutschen Titels im Nicht – EU - Ausland hängt vornehmlich davon ab, welche Maßnahmen das Recht des Staates der Belegenheit dafür zur Verfügung stellt und welche Vollstreckungsverbote existieren.[439] Stößt der Insolvenzverwalter bei seinen Versuchen, das im Ausland belegene Vermögen des Gemeinschuldners in Besitz zu nehmen, auf Schwierigkeiten, so ist der Gemeinschuldner gemäß seiner Pflicht zur Verfahrensförderung verpflichtet, dem Insolvenzverwalter die erforderlichen Vollmachten zu erteilen.[440] In der Regel wird bei grenzüberschreitenden Insolvenzverfahren innerhalb der EU die erforderliche Legitimation des Insolvenzverwalters durch die Bestellungsurkunde nach Art. 19 EuInsVO nachgewiesen.

2. Inbesitznahme durch den Insolvenzverwalter

Der Besitz an den Gegenständen des Gemeinschuldners geht nicht kraft Gesetzes auf den Insolvenzverwalter über, sondern er muss den Besitz daran aktiv ergreifen. Dies geschieht durch die Erlangung der tatsächlichen Gewalt i.S.d. § 854 BGB. Mit der Besitzergreifung erhält der Insolvenzverwalter den unmittelbaren Besitz, d.h., es stehen ihm die Rechte aus §§ 985 ff., 1007 BGB zu. Bei unkörperlichen Gegenständen hat der Insolvenzverwalter die darüber ausgestellten Urkunden in Besitz zu nehmen, bei Immobilien erfolgt eine Inbesitznahme regelmäßig durch Räumung und Besitzeinweisung des Verwalters.[441] Bei einem Verwalterwechsel bedarf es nach erfolgter Inbesitznahme durch den bisherigen Insolvenzverwalter einer Übertragung des Besitzes auf den neuen Insolvenzverwalter.[442] Beim Tod des Insolvenzverwalters geht der Besitz an dem Schuldnervermögen zunächst auf dessen Erben über gemäß § 857 BGB.[443]

3. Sicherung der Insolvenzmasse

Das Gesetz stellt dem Insolvenzverwalter neben der Inbesitznahme noch weitere Sicherungsmöglichkeiten zur Verfügung. Nach der Vorschrift des § 150 InsO kann der Insolvenzverwal-

---

436 Vgl. *Kuhn / Uhlenbruck*, KO, § 1, Rdnr. 74 ff. mit weiteren Beispielen.

437 Vgl. BGHZ 68, 16, 17; BGHZ 88, 147, 150 f.; BGHZ 118, 151, 159.

438 Vgl. dazu I. Teil, D, III. 4. b. sowie I. Teil, D, III. 6 und IV. Teil, B, II.

439 Vgl. RGZ 54, 193; *Gottwald*, in: Gottwald (Hrsg.), InsRHdb., § 1128, Rdnr. 48.

440 Vgl. OLG Köln, WM 1986, 682; OLG Koblenz, ZIP 1993, 844; HK / *Irschlinger*, InsO, § 148, Rdnr. 2. Verfassungsrechtliche Bedenken sind diesbezüglich nicht ersichtlich, vgl. BVerfG ZIP 1986, 1336, 1337.

441 Vgl. *Haarmeyer / Wutzke / Förster*, InsRHdb., S. 510, Rdnr. 87; *Ernestus*, in: Mohrbutter / Mohrbutter, Rdnr. III.24.

442 Vgl. *Ernestus*, in: *Mohrbutter / Mohrbutter*, Rdnr. III.28; Palandt / *Bassenge*, BGB, § 857, Rdnr. 1.

443 Vgl. dazu *Jaeger / Henckel*, KO, § 117, Rdnr. 8; Palandt / *Bassenge*, BGB, § 857, Rdnr. 1.

ter die massezugehörigen Gegenstände, Behältnisse oder Räume zur Sicherung der Masse siegeln. Die Siegelung stellt keinen Vollstreckungsakt dar, sondern sie dient der äußeren Kenntlichmachung der Massezugehörigkeit des zu siegelnden Gegenstandes.[444] Die Durchführung der Siegelung obliegt regelmäßig dem Gerichtsvollzieher oder einer zur Vornahme von Siegelungen gesetzlich ermächtigte Person, z.B. einem Notar oder einer Geschäftsstelle der Amtsgerichte und ist insbesondere bei unzuverlässigen Personen sowie bei der Gefahr des Beiseiteschaffens angebracht.[445]
Des weiteren kann der Insolvenzverwalter zur Ausschaltung eines Gutglaubenserwerbs die Eintragung eines Insolvenzvermerks bei Grundstücken, Schiffen, Schiffbauwerken und Luftfahrzeugen beim zuständigen Grundbuchamt bzw. Register veranlassen.[446] Zudem hat der Insolvenzverwalter zur Sicherung der Insolvenzmasse alle dem Gemeinschuldner zustehenden Gestaltungsrechte - wie etwa die Anfechtung von Rechtsgeschäften nach den §§ 119 ff. BGB - wahrzunehmen, wie sie sich aus § 148 InsO ergeben. Weiterhin bedeutsam für die Massesicherung ist die Insolvenzanfechtung gemäß §§ 129 ff. InsO, nach welcher anfechtbar erworbene Gegenstände zur Insolvenzmasse zurückzugewähren sind.[447] Weitere Instrumente des Insolvenzverwalters zur Sicherung der Insolvenzmasse bestehen in der Anordnung der Postsperre[448] sowie darin, dass der Verwalter sich die Schlüssel zu den Betriebsräumen, Lagern, Tresoren usw. aushändigen lassen und gegebenenfalls neue Schlösser einbauen lassen kann.[449]

4. Zwangsvollstreckung gemäß § 148 Abs. 2 InsO

Weigert sich der Gemeinschuldner, einen Gegenstand an den Insolvenzverwalter herauszugeben, kann der Verwalter nach § 148 Abs. 2 InsO dessen Herausgabe mittels einer vollstreckbaren Ausfertigung des Eröffnungsbeschlusses durchsetzen.[450]

a. Hinsichtlich beweglicher Sachen

Hinsichtlich der Herausgabe beweglicher Sachen kann sich der Insolvenzverwalter in entsprechender Anwendung der §§ 883, 885 ZPO der Hilfe des Gerichtsvollziehers bedienen. Weder der Insolvenzverwalter selber noch der Gerichtsvollzieher sind dabei gehindert, die Privat- und Geschäftsräume des Gemeinschuldners zu betreten.[451] Ein besonderer richterlicher Durchsuchungsbeschluß ist hierfür nicht erforderlich. Ein Recht auf Zutritt ergibt sich selbst

---

444 Vgl. BGH NJW 1962, 1392; LG Berlin, KTS 1963, 58; *Kilger / K. Schmidt*, KO, § 122, Rdnr. 1.

445 Vgl. *Breutigam*, in: Breutigam / Blersch / Goetsch, InsO, § 150, Rdnr. 1; *Nerlich / Römermann / Andres*, InsO, § 150, Rdnr. 2; *Ernestus*, in: Mohrbutter / Mohrbutter, Rdnr. III.40.

446 Vgl. §§ 32, 33 InsO.

447 Vgl. dazu ausführlich III. Teil, A, V.

448 Vgl. dazu oben unter III. Teil, A, VII. 3.

449 Vgl. *Haarmeyer / Wutzke / Förster*, InsRHdb., S. 503, Rdnr. 73; *Nerlich / Römermann / Andres*, InsO, § 148, Rdnr. 36.

450 Dabei handelt es sich um einen Vollstreckungstitel i.S.d. § 794 Abs. 1 Nr. 3 ZPO. Ist ein Dritter im Besitz des betreffenden Gegenstandes und weigert er sich, diesen herauszugeben, ist der Insolvenzverwalter auf den Klageweg angewiesen, da der Eröffnungsbeschluss nur Wirkungen gegenüber dem Gemeinschuldner hat und insoweit kein zur Wegnahme im Vollstreckungswege geeigneter Titel ist, vgl. OLG Düsseldorf, NJW 1965, 2409; *Haarmeyer / Wutzke / Förster*, InsRHdb., S. 510, Rdnr. 88; *Kuhn / Uhlenbruck*, KO, § 117, Rdnr. 8.

451 Vgl. FK / *Wegener*, InsO, § 148, Rdnr. 12; *Kilger / K. Schmidt*, KO, § 117, Anm. 2 a; *Kuhn / Uhlenbruck*, KO, § 117, Rdnr. 6 a. In der Begründung des RegE zu § 148, in: *Kübler / Prütting*, S. 369, wird ausdrücklich betont, dass es zum Betreten der Wohnung des Gemeinschuldners keiner zusätzlichen richterlichen Anordnung bedarf.

dann, wenn der Gemeinschuldner in einer Wohn-, Ehe- oder einer ähnlichen Gemeinschaft lebt.[452] Über Einwendungen des Gemeinschuldners, welche das Handeln des Insolvenzverwalters bzw. des Gerichtsvollziehers betreffen wird vom Insolvenzgericht nach § 148 Abs. 2 Satz 2 InsO § i.V.m. § 766 ZPO entschieden.

b. Hinsichtlich unbeweglicher Sachen

Der Eröffnungsbeschluss kann i.V.m. § 885 ZPO vom Insolvenzverwalter auch als Vollstreckungstitel zur Räumung der Wohnung des Gemeinschuldners eingesetzt werden.[453] Aus dem Eröffnungsbeschluss kann auch gegen den Ehegatten des Gemeinschuldners die Räumungsvollstreckung betrieben werden.[454] Dies gilt dann nicht, wenn der Ehegatte ebenfalls Vertragspartner des Mietvertrages geworden ist oder wenn er einen eigenen Mietvertrag besitzt. In einem solchen Fall ist ein eigener Räumungstitel gegen den Ehegatten notwendig.[455]

5. Verwaltung der Insolvenzmasse

Nach der Inbesitznahme des Schuldnervermögens muss der Insolvenzverwalter die Insolvenzmasse umgehend gegen allgemeine Risiken absichern. Dazu gehören insbesondere Entscheidungen darüber, ob ein Gegenstand aus der Insolvenzmasse freigegeben werden kann oder ob gegebenenfalls Rechtsstreitigkeiten aufgenommen bzw. die Aufnahme solcher Streitigkeiten abgelehnt werden sollen.[456] Ebenso umsichtig hat der Insolvenzverwalter in Erfahrung zu bringen, inwiefern für die Gegenstände der Insolvenzmasse ausreichender Versicherungsschutz besteht.

II. Erstellung von Verzeichnissen

Der Insolvenzverwalter hat im Laufe des Verfahrens verschiedene Verzeichnisse anzulegen. Dabei bilden das in § 151 InsO geregelte Masseverzeichnis und das in § 152 InsO geregelte Gläubigerverzeichnis die Basis für die gemäß § 153 InsO zu erstellende Vermögensübersicht. Die Vermögensübersicht i.S.d. § 153 InsO gibt den Gläubigern einen Aufschluss über die voraussichtlich zu erwartende Quote und dient somit als Grundlage für die Entscheidung der Gläubigerversammlung über den weiteren Verlauf des Verfahrens gemäß § 157 InsO.

1. Verzeichnis über die Gegenstände der Insolvenzmasse gemäß § 151 InsO

a. Allgemeines

Nach der Vorschrift des § 151 InsO wird die Pflicht des Insolvenzverwalters begründet, unverzüglich ein Verzeichnis der einzelnen Gegenstände der Insolvenzmasse anzulegen. Hierbei handelt es sich um eine Amtspflicht, von welcher der Insolvenzverwalter nur in Ausnahmefällen befreit werden darf.[457] Der Sinn und Zweck der Regelung des § 151 InsO besteht darin,

---

452 Vgl. *Kuhn / Uhlenbruck*, KO, § 117, Rdnr. 6 b.

453 Vgl. LG Düsseldorf, KTS 1963, 58; FK / *Wegener*, InsO, § 148, Rdnr. 13; *Nerlich / Römermann / Andres*, InsO, § 148, Rdnr. 46; *Kilger / K. Schmidt*, KO, § 117, Anm. 2 a; *Kuhn / Uhlenbruck*, KO, § 117, Rdnr. 7 f. m.w.N.

454 Vgl. OLG Köln, NJW 1958, 598; OLG Frankfurt, MDR 1969, 852; FK / *Wegener*, InsO, § 148, Rdnr. 14; *Kuhn / Uhlenbruck*, KO, § 117, Rdnr. 7 a.

455 Vgl. FK / *Wegener*, InsO, § 148, Rdnr. 14; *Hess / Weis / Wienberg*: InsO, § 148, Rdnr. 22.

456 Vgl. zur Freigabe ausführlich oben unter II. Teil, B, II.

457 Vgl. OLG Celle, KTS 1973, 200; Smid / *Smid*, InsO, § 151, Rdnr. 2.

eine vollständige und übersichtliche Aufstellung der Vermögenswerte – d.h. der Aktivseite - des Gemeinschuldners zu geben.[458] Dieses Verzeichnis kann zum einen als Grundlage der kontrollierten Verwertung und zum anderen als Informationsbasis für das Gericht sowie für die Gläubiger dienen.

Die Erstellung eines Masseverzeichnisses nach § 151 InsO bildet im Zusammenhang mit den nachfolgenden §§ 152, 153, 155 InsO die Grundlage für ein dreiteiliges Rechenwerk.[459]

b. Inhalt des Verzeichnisses

aa. Aufzeichnung der Masse durch Inventur[460]

Grundlage des Verzeichnisses nach § 151 InsO ist die Inventur des betreffenden Betriebes durch den Insolvenzverwalter oder durch eine von ihm hinzugezogene Hilfsperson. Im Gegensatz zur Regelung des § 123 KO bedarf es nicht mehr der Hinzuziehung eines Gerichtsvollziehers.[461] In dem zu erstellenden Verzeichnis ist grundsätzlich jeder Gegenstand zu erfassen, um eine Pauschalisierung zu verhindern.[462] Zu erfassen sind nicht nur die beweglichen Gegenstände des Anlage- und Umlaufvermögens, sondern auch die Immobilien, Rechte, Forderungen und sonstigen Vermögensgegenstände, d.h. alles, was verwertbar ist.[463] Ebenfalls fallen Rückgewähransprüche aus Anfechtung und Rückforderungen gegen Gesellschafter darunter.[464] Hinsichtlich des beweglichen Anlagevermögens[465] hat der Insolvenzverwalter die vollständigen und genauen Angaben des betreffenden Gegenstandes zu vermerken.[466] Grundstücke sind demgegenüber mit ihrer grundbuchmäßigen Bezeichnung, d.h. insbesondere mit der Angabe des Grundbuchblatts, zu erfassen.

bb. Bewertung der Masse gemäß § 151 Abs. 2 InsO

Mit Einführung der InsO ist nunmehr gesetzlich vorgeschrieben, dass der Insolvenzverwalter neben dem bisher üblichen Zerschlagungswert im Falle der Unternehmensfortführung auch einen sogenannten Fortführungswert angeben muss.[467] Der Fortführungswert ist derjenige Wert, welcher sich im Falle der Betriebsfortführung nach den Allgemeinen Bewertungsgrundsätzen des HGB ergibt. Danach sind die Gegenstände in derartigen Fällen mit dem Wert anzusetzen, der ihnen als Bestandteil des Gesamtkaufpreises des Unternehmens bei konzept-

---

458 Vgl. *Nerlich / Römermann / Andres*, InsO, § 151, Rdnr. 3; FK / Wegener, InsO, § 151, Rdnr. 3. Der Insolvenzverwalter erfüllt mit dem Masseverzeichnis seine interne Rechnungslegungspflicht gegenüber dem Insolvenzgericht.

459 Vgl. FK / *Wegener*, InsO, § 151, Rdnr. 1.

460 Das Muster einer Inventur findet sich in *Breuer*, S. 393 ff. sowie in *Haarmeyer / Wutzke / Förster*, InsRHdb., S. 525 ff.

461 Vgl. ausdrücklich die Begr. des Rechtsausschusses zu § 151 RegE, in: *Kübler / Prütting*, Das neue Insolvenzrecht, S. 374.

462 Dies wirft jedoch in Großverfahren oftmals schwierige Probleme auf, so dass Vereinfachungen in solchen Fällen oftmals unerlässlich sind. Auszusondernde Gegenstände sind von der Inventur nicht erfasst, da Aussonderungsgläubiger keine Insolvenzgläubiger sind und der auszusondernde Gegenstand somit nicht zur Insolvenzmasse gehört. Vgl. die Begr. RegE zu § 152, in: *Kübler / Prütting*, Das neue Insolvenzrecht, S. 375.

463 Vgl. *Nerlich / Römermann / Andres*, InsO, § 151, Rdnr. 8.

464 Bei Einzelkaufleuten wird neben dem Betriebsvermögen auch deren Privatvermögen erfasst, vgl. *Nerlich / Römermann / Andres*, InsO, § 151, Rdnr. 9; *Breutigam*, in: Breutigam / Blersch / Goetsch, InsO, § 151, Rdnr. 2.

465 Darunter fallen beispielsweise der Maschinen- und Fuhrpark.

466 Z.B. Herstellerangaben, Baujahr, Fahrgestellnummer, amtliches Kennzeichen.

467 Vgl. die Begr. RegE zu § 151, in: *Kübler / Prütting*, Das neue Insolvenzrecht, S. 373. Dadurch wird einem weiteren Ziel der InsO, Fortführung des schuldnerischen Unternehmens, Rechnung getragen.

gemäßer Fortführung beizumessen wäre.[468] Unter dem Zerschlagungswert versteht man den Veräußerungserlös unter Berücksichtigung des aktuellen Absatzmarktes.[469] Ansprüche aus Anfechtung, Kapitalersatz, Schadensersatz, Geschäftsführer- oder Gesellschafterhaftung sind gegebenenfalls mit einem Erinnerungswert anzusetzen, insofern noch keine Klarheit über deren tatsächliche und rechtliche Durchsetzbarkeit besteht.[470] In besonders schwierigen Bewertungsfragen kann der Insolvenzverwalter die Bewertung, welche grundsätzlich originäre Pflicht des Verwalters ist, auf bestimmte Sachverständige übertragen.[471] In der Praxis wird der Verwalter - insbesondere im Hinblick auf seine persönliche Haftung - für die Bewertung des beweglichen Anlagevermögens regelmäßig einen öffentlich bestellten Sachverständigen und für die Ermittlung der Fortführungswerte einen Wirtschaftsprüfer beauftragen, wenn entweder er als Verwalter keine realistische Bewertung nach Marktpreisen vorzunehmen vermag oder wenn kein entsprechender Markt existiert.[472]

2. Gläubigerverzeichnis gemäß § 152 InsO[473]

Die Erstellung eines Gläubigerverzeichnisses i.S.d. § 152 InsO verfolgt – gewissermaßen als Pendant zur Erstellung des Masseverzeichnisses gemäß § 151 InsO – den Zweck, die Belastungen und Verbindlichkeiten des Gemeinschuldners möglichst vollständig zu erfassen und aufzuzeigen.[474] Eine Gegenüberstellung des Gläubigerverzeichnisses mit dem Masseverzeichnis gibt einen Anhaltspunkt, inwiefern das vorhandene Vermögen des Gemeinschuldners zur Befriedigung der Gläubiger ausreicht. Dabei sind die Gläubiger in vier Gruppen zu unterteilen: Insolvenzgläubiger, Absonderungsgläubiger,[475] nachrangige Insolvenzgläubiger und Massegläubiger bzw. Verfahrenskosten mit verschiedenen Differenzierungen.[476] Da die auszusondernden Gegenstände nicht in das Masseverzeichnis aufzunehmen sind, bleiben die aussonderungsberechtigten Gläubiger im Gläubigerverzeichnis unberücksichtigt.[477] Grundlage des Gläubigerverzeichnisses sind grundsätzlich die Geschäftsunterlagen des Gemeinschuldners, da häufig mangels vorhandener Buchhaltung kein aktuelles Kreditorenverzeichnis vorhanden ist.[478] Bei jedem Gläubiger sind dessen vollständige ladungsfähige Anschrift, der Forderungsbetrag sowie der Forderungsgrund anzugeben. Das Gläubigerverzeichnis besitzt stets

---

468 Vgl. FK / *Wegener*, InsO, § 151, Rdnr. 16.

469 Der Zerschlagungswert stimmt in der Regel nicht mit dem Buchwert überein, vgl. *Hess / Weis / Wienberg*, InsO, § 151, Rdnr. 17; *Kübler / Prütting / Holzer*, InsO, § 151, Rdnr. 15.

470 Vgl. *Nerlich / Römermann / Andres*, InsO, § 151, Rdnr. 23.

471 Vgl. die Regelung des § 151 Abs. 2 Satz 3 InsO.

472 Das Heranziehen eines Sachverständigen kann auch in Bezug auf Grundstücke und Immobilien sehr sinnvoll sein, insbesondere vor dem Hintergrund der Altlastenproblematik von Industriegebäuden und -grundstücken, vgl. dazu – gerade aus Verwaltersicht - *Kebekus*, NZI 2001, 63 ff., 68 f., der eine ordnungsrechtliche Zustandsverantwortlichkeit des Insolvenzverwalters annimmt, wenn sich in der Insolvenzmasse ein kontaminiertes Grundstück befindet. Die Freigabe des betreffenden Grundstücks durch den Insolvenzverwalter gemäß § 32 Abs. 3 InsO ist möglich und beendet seine ordnungsrechtliche Zustandsverantwortlichkeit. Das VG Hannover sieht den Konkursverwalter nicht als Zustandsstörer an, wenn der Konkursverwalter eine stillgelegte, aber der Wiederinbetriebnahme fähige, Industrieanlage verwaltet und das betreffende Grundstück freigegeben hat, vgl. ZIP 2001, 1727, 1730.

473 Das Muster eines Gläubigerverzeichnisses findet sich bei *Breuer*, S. 397 ff.

474 Vgl. Begr. RegE zu § 152, in: *Kübler / Prütting*, Das neue Insolvenzrecht, S. 374.

475 Die absonderungsberechtigten Gläubiger werden bei der Forderungstabelle nach § 175 InsO nicht erfasst, vgl. *Haarmeyer / Wutzke / Förster*, InsRHdb., S. 531, Rdnr. 123; *Wellensiek*, in: KS zur InsO, S. 405, Rdnr. 7.

476 Vgl. *Haarmeyer / Wutzke / Förster*, InsRHdb., S. 531 f., Rdnr. 123 ff.

477 Vgl. Begr. RegE zu § 152, in: *Kübler / Prütting*, Das neue Insolvenzrecht, S. 375.

478 Dennoch hat der Insolvenzverwalter auch diejenigen Gläubiger mit in das Gläubigerverzeichnis aufzunehmen, von welchen er auf andere Weise Kenntnis erlangt, vgl. FK / *Wegener*, InsO, § 152, Rdnr. 6.

einen lediglich vorläufigen Charakter, zumal es im weiteren Verlauf des Verfahrens von der Tabelle abgelöst wird.[479]

3. Erstellung einer Vermögensübersicht gemäß § 153 InsO[480]

Der Insolvenzverwalter hat nach der Vorschrift des § 153 Abs. 1 InsO die Pflicht, eine geordnete Übersicht in Form einer Gegenüberstellung der Gegenstände der Insolvenzmasse mit den Verbindlichkeiten des Gemeinschuldners auf den Zeitpunkt der Eröffnung des Verfahrens zu erstellen.[481] Dies geschieht auf der Grundlage der bereits von dem Verwalter erstellten Masse- und Gläubigerverzeichnisse. Aus dieser Gegenüberstellung sollen sich alle notwendigen Informationen zur Aufgabenstellung und zum weiteren Gang des Verfahrens ergeben. Die Vermögensübersicht dient mithin als Grundlage der Entscheidung in der Gläubigerversammlung i.S.d. § 157 InsO, ob ein Unternehmen liquidiert oder - gegebenenfalls auch übertragend – saniert werden soll. Weiterhin ermöglicht die Vermögensübersicht einerseits dem Insolvenzverwalter eine Art Selbstinformation bzw. Selbstkontrolle und andererseits dem Gericht und der Gläubigerversammlung bzw. dem Gläubigerausschuss die Wahrnehmung ihrer Aufsichts- und Unterstützungspflichten.[482]

4. Hinterlegung der Verzeichnisse gemäß § 154 InsO

In zeitlicher Hinsicht genügt der Insolvenzverwalter seiner Unterrichtungspflicht, indem er die beiden Verzeichnisse sowie die Vermögensübersicht spätestens eine Woche vor dem Berichtstermin in der Geschäftsstelle des Gerichts hinterlegt. Dadurch erhalten die am Verfahren Beteiligten vor dem Berichtstermin die Möglichkeit, sich über die Vermögensverhältnisse des Gemeinschuldners informieren.[483] Die Verzeichnisse und die Vermögensübersicht sind jeweils vom Insolvenzverwalter zu unterzeichnen. Von der Niederlegungspflicht des Insolvenzverwalters werden die Geschäftsbücher des Gemeinschuldners oder ähnliche Unterlagen nicht erfasst.[484]

III. Handels- und steuerrechtliche Pflichten gemäß § 155 Abs. 1 Satz 2 InsO[485]

1. Handelsrechtliche Pflichten

Die Vorschrift des § 155 Abs. 1 Satz 2 InsO stellt klar, dass der Insolvenzverwalter die handels- und steuerrechtlichen Pflichten hinsichtlich der Insolvenzmasse selber zu erfüllen hat, insofern der Gegenstand des Verfahrens ein Handelsbetrieb ist. Im Grundsatz hat der Insol-

---

479 Vgl. *Haarmeyer / Wutzke / Förster*, InsRHdb., S. 532, Rdnr. 125; *Nerlich / Römermann / Andres*, InsO, § 152, Rdnr. 3.

480 Das Muster einer Vermögensübersicht findet sich bei *Breuer*, S. 400.

481 Dies soll laut Begr. RegE zu § 152, in: *Kübler / Prütting*, Das neue Insolvenzrecht, S. 375 durch eine Zusammenfassung „ähnlich einer Bilanz..." erfolgen. Die Vermögensübersicht nach der Vorschrift des § 153 InsO ähnelt zwar der Konkurseröffnungsbilanz i.S.d. § 124 KO, dem Vermögensverzeichnis nach § 11 Abs. 1 GesO und der Vermögensübersicht nach § 5 Abs. 1 VerglO. Jedoch sind nach der Vorschrift des § 153 InsO nebeneinander die Fortführungs- und Zerschlagungswerte anzugeben.

482 Vgl. dazu *Nerlich / Römermann / Andres*, InsO, § 153, Rdnr. 3; FK / *Wegener*, InsO, § 153, Rdnr. 4.

483 Vgl. Begr. RegE zu § 154, in: *Kübler / Prütting*, Das neue Insolvenzrecht, S. 376.

484 Vgl. LG Berlin, KTS 1957, 190; *Breutigam*, in: Breutigam / Blersch / Goetsch, InsO, § 154, Rdnr. 3; *Kilger / K. Schmidt*, KO, § 124, Anm. 7.

485 Vgl. ausführlich dazu FK / *Blooch*, § 155.

venzverwalter mithin Handelsbücher nach Maßgabe des § 239 HGB zu führen und für den Schluß eines jeden Geschäftsjahres eine Bilanz und eine Gewinn- und Verlustrechnung i.S.d. § 242 HGB sowie einen Jahresabschluß zu erstellen, wenn es sich um ein vollkaufmännisches Unternehmen handelt.[486] Die handelsrechtliche externe Rechnungslegung erfolgt insbesondere gegenüber dem Fiskus und schließt sowohl die Erstellung als auch die Prüfung und Offenlegung des Lageberichts nach § 289 HGB zu jedem Bilanzstichtag ein, soweit nicht rechtsform- bzw. unternehmensbezogene Erleichterungen bestehen.[487] Im Lagebericht sind vor allen Dingen der erreichte Stand der Abwicklung sowie gegebenenfalls die Umstände, welche einer Beendigung der Abwicklung noch entgegenstehen, darzulegen.[488] Die interne Rechnungslegung erfolgt hingegen gegenüber dem Insolvenzgericht sowie mittelbar auch gegenüber dem Gläubigerausschuss und den Gläubiger bzw. der Gläubigerversammlung.[489] Kommt der Insolvenzverwalter seinen insolvenz- und handelsrechtlichen Pflichten schuldhaft nicht nach, so haftet er für einen entstehenden Schaden der Beteiligten nach § 60 InsO.

2. Steuerrechtliche Pflichten

Neben der Beachtung der handelsrechtlichen Buchführungs- und Bilanzierungspflichten hat der Insolvenzverwalter die steuerrechtlichen Anforderungen einer Bilanzierung zu beachten sowie die sonstigen steuerrechtlichen Pflichten, welche vormals den Schuldner trafen, zu erfüllen. Der Schuldner bleibt jedoch in jeder Phase des Verfahrens Steuerschuldner i.S.d. §§ 43 AO sowie Steuerpflichtiger nach § 33 AO. Die Rechtsfolge der steuerrechtlichen Rechnungslegung des Insolvenzverwalters ergibt sich unmittelbar aus der mit der Verfahrenseröffnung auf den Insolvenzverwalter übergegangenen umfassenden Verwaltungs- und Verfügungsbefugnis i.S.d. § 80 Abs. 1 InsO.[490] Der Insolvenzverwalter demnach zu den klassischen Vermögensverwaltern i.S.d. § 34 Abs. 3 AO.[491] Er hat dafür zu sorgen, dass sämtliche steuerlichen Pflichten aus den verwalteten Mitteln der Insolvenzmasse erfüllt werden. Die Formulierung des § 155 Abs. 1 Satz 2 InsO begrenzt die Verantwortung des Insolvenzverwalters nicht auf die Zeit ab der Verfahrenseröffnung.[492] Dies gilt insbesondere auch für Steuererklärungen, welche der Gemeinschuldner vor dem Beginn der Verwaltung durch den Insolvenzverwalter nicht abgegeben hat. Diese müssen vom Insolvenzverwalter nachgeholt werden.[493] Bei vorsätzlichem oder grob fahrlässigem Verhalten des Insolvenzverwalters tritt eine persönliche Haftung für die Steuerausfälle gemäß § 69 AO neben die Haftung des Gemeinschuldners als dem eigentlichen Steuerschuldner. Reicht die Insolvenzmasse nicht für die Begleichung aller Masseverbindlichkeiten aus, muß der Insolvenzverwalter gemäß § 208 InsO unter Umständen alsbald nach der Eröffnung des Insolvenzverfahrens die Masseunzulänglichkeit feststellen lassen. Die Feststellung einer Masseunzulänglichkeit hat durch das Insolvenzgericht zu erfol-

---

486 Vgl. Begr. RegE zu § 155, in: *Kübler / Prütting*, Das neue Insolvenzrecht, S. 377; FK / *Boochs*, InsO, § 155, Rdnr. 15; *Haarmeyer / Wutzke / Förster*, InsRHdb., S. 543, Rdnr. 164; *Weisang*, BB 1998, 1149.

487 Vgl. *Nerlich / Römermann / Andres*, InsO, § 155, Rdnr. 25.

488 Vgl. Wirtschaftsprüfer Handbuch, Band II, S. 429.

489 Vgl. *Haarmeyer / Wutzke / Förster*, InsRHdb., S. 537, Rdnr. 144. Die interne Rechnungslegung ist in erster Linie Einnahmeüberschussrechnung und spiegelt den Stand der Verwertung wieder.

490 Dadurch wird der Insolvenzverwalter zu einer zur Vermögensverwaltung befugten anderen Person i.S.d. § 34 Abs. 3 AO, vgl. *Haarmeyer / Wutzke / Förster*, InsRHdb., S. 546, Rdnr. 175. Nach FK / *Boochs*, InsO, § 155, Rdnr. 20 ff. ergibt sich die steuerliche Buchführungspflicht bereits aus § 140 AO i.V.m. § 238 AO oder aus § 141 AO.

491 Vgl. *Onusseit*, ZInsO 2000, 363, 365.

492 Vgl. *Onusseit*, ZInsO 2000, 363, 366.

493 Vgl. BFH, ZIP 1994, 1969; BFH, ZIP 1996, 430; *Haarmeyer / Wutzke / Förster*, InsRHdb., S. 546, Rdnr. 176; *Klasmeyer / Kübler*, BB 1978, 369.

gen, um somit eine Überprüfung der Einschätzung des Insolvenzverwalters zu ermöglichen.[494]

IV. Berichterstattungspflicht gemäß § 156 Abs. 1 InsO

1. Allgemeines

Der Zweck des § 156 Abs. 1 InsO besteht darin, den Gläubigern durch eine möglichst umfassende Information des Insolvenzverwalters eine Entscheidungsgrundlage herzustellen, auf welcher anschließend – gemäß § 157 InsO - über den weiteren Fortgang des Verfahrens beschlossen werden kann.[495] Die Regelung des § 156 Abs. 1 InsO ist in Zusammenhang mit § 157 InsO zu sehen, nach welcher die Entscheidung über das weitere Schicksal des insolventen Unternehmens dessen Gläubigern zugewiesen wird, und begründet für den Insolvenzverwalter – gewissermaßen zur Vorbereitung der Entscheidung der Gläubiger i.S.d. § 157 InsO – eine verfahrensrechtliche Berichtspflicht.

2. Inhalt der Berichterstattungspflicht

Im Rahmen seiner Berichterstattungspflicht hat der Insolvenzverwalter entsprechend § 156 Abs. 1 Satz 1 InsO zunächst die wirtschaftliche Lage des Schuldners mitsamt ihren Ursachen darzulegen. Im Anschluss daran hat der Insolvenzverwalter aufzuzeigen, ob, und wenn ja, inwiefern Möglichkeiten bestehen, entweder das Unternehmen des Schuldners im ganzen bzw. in Teilen zu erhalten oder einen Insolvenzplan zu erarbeiten und welche Auswirkungen damit jeweils für die Befriedigungsaussichten der Gläubiger verbunden sind.

a. Wirtschaftliche Lage des Gemeinschuldners

Zunächst hat der Insolvenzverwalter über die wirtschaftliche Lage des Gemeinschuldners sowie ihre Ursachen zu berichten.[496] Der Bericht ist regelmäßig auf den Zeitpunkt der Gläubigerversammlung[497] zu beziehen und wird zweckmäßigerweise in einen allgemeinen einführenden Teil und einen besonderen speziellen Teil mit Angaben zu den finanzwirtschaftlichen, leistungswirtschaftlichen, organisatorischen und rechtlichen Verhältnissen des Gemeinschuldners gegliedert.[498]

b. Aussichten für eine Sanierung

Zweitens hat der Insolvenzverwalter darzulegen, ob Aussichten bestehen, das Unternehmen vollständig oder in Teilen zu erhalten.[499] Dies kann entweder durch eine Sanierung oder durch eine Gesamtveräußerung des Unternehmens an einen Dritten im Wege einer übertragenden Sanierung erfolgen. Die Regelung des § 156 Abs. 1 Satz 2 InsO stellt die Folge der gesetzgeberischen Entscheidung dar, neben der Liquidierung der Unternehmen auch die

---

494 Vgl. FK / *Boochs*, InsO, § 155, Rdnr. 252.

495 Vgl. Begr. RegE zu § 156, in: *Kübler / Prütting*, S. 379; *Nerlich / Römermann / Balthasar*, InsO, § 156, Rdnr. 7.

496 Vgl. § 156 Abs. 1 Satz 1. Hierbei handelt es sich um eine Darstellung der aktuellen Ist – Situation. Das hinreichende Verständnis der gegenwärtigen Situation ist für die Gläubiger Grundlage und Voraussetzung sämtlicher Entscheidungen und Beurteilungen.

497 Und demnach nicht auf den Zeitpunkt der Verfahrenseröffnung.

498 Vgl. *Nerlich / Römermann / Balthasar*, InsO, § 156, Rdnr. 13 ff.; *Breutigam*, in: Breutigam / Blersch / Goetsch, InsO, § 156, Rdnr. 4 ff.

499 Vgl. § 156 Abs. 1 Satz 2 InsO.

Sanierung des Unternehmens als gleichwertiges Verfahrensziel zuzulassen.[500] Regelmäßig wird es dem Insolvenzverwalter in dem Berichtstermin noch nicht möglich sein, aus der Vielzahl der möglichen Sanierungsmaßnahmen[501] ein schlüssiges und durchsetzbares Konzept zu entwickeln. Insofern genügt der Insolvenzverwalter seiner Berichtspflicht bereits dann, wenn er im Berichtstermin Ansatzpunkte für mögliche Sanierungsmaßnahmen aufzeigen kann.

c. Aussichten eines Insolvenzplans

Schließlich muß der Insolvenzverwalter gemäß § 156 Abs. 1 Satz 2, 2. Halbsatz InsO darlegen, ob sich in dem jeweiligen Fall nicht die Aufstellung und Durchführung eines Insolvenzplans i.S.d. § 217 InsO empfiehlt und mithin eine Abwicklung nach den gesetzlichen Vorschriften ausscheidet. Die Möglichkeit der Durchführung eines Insolvenzplans wird in der Praxis jedoch nur dann ernsthaft in Erwägung zu ziehen sein, wenn es sich um zu sanierende Unternehmen handelt.[502]

d. Auswirkungen für die Gläubigerbefriedigung

Bei allen Darstellungen über die verschiedenen Möglichkeiten hinsichtlich des Fortgangs des Verfahrens[503] hat sich der Verwalter im Hinblick auf die bestmögliche Befriedigung der Gläubiger stets dahingehend zu äußern, wie sich die jeweilige Möglichkeit auf die Befriedigung der Gläubiger auswirken wird.[504]

e. Form des Berichts

Grundsätzlich ist für den Bericht des Insolvenzverwalters keine besondere Form vorgeschrieben. Es ist daher ausreichend, wenn der Insolvenzverwalter seinen Bericht mündlich erstattet.[505] Trotz fehlender gesetzlicher Pflicht des Insolvenzverwalters zur Erstellung eines schriftlichen Berichts, wird er dem Insolvenzgericht regelmäßig eine schriftliche Fassung seines Berichts zur Verfügung stellen, damit das Gericht seiner Protokollierungspflicht i.S.d. §§ 159 ff. ZPO leichter nachkommen kann und somit die vertrauensvolle Zusammenarbeit zwischen dem Insolvenzgericht und dem Insolvenzverwalter gefördert wird.[506]

V. Erstellung einer Forderungstabelle gemäß § 175 InsO

Die Erstellung einer Forderungstabelle durch den Insolvenzverwalter nach § 175 Abs. 1 InsO dient dem Insolvenzgericht als Grundlage für das gerichtliche Prüfungsverfahren. Lediglich die Forderungen, welche gemäß § 174 InsO von den Insolvenzgläubigern angemeldet worden sind und sich somit aus der Tabelle ergeben, können geprüft werden.[507] Anhand der einge-

---

500 Vgl. Begr. RegE zu § 1, in: *Kübler / Prütting*, Das neue Insolvenzrecht, S. 149.

501 Vgl. zu den Sanierungsmaßnahmen die systematische Darstellung bei *Hess / Fechner*, Sanierungshandbuch, 1991, S. 190 ff.; *Gottwald / Maus*, InsRHdb., § 5, S. 68 ff.; Rdnr. 1 ff.

502 Die komplexen Regelungen eines Insolvenzplans und die nach verschiedenen Gläubigergruppen getrennte Entscheidungsfindung sind bei Unternehmen, deren Fortführung unmöglich erscheint, eher unrealistisch, vgl. dazu *Warrikoff*, KTS 1996, 489, 500. Die Stellungnahme des Insolvenzverwalters zu einem Insolvenzplan bei einem zu liquidierenden Unternehmen kann daher sehr knapp gehalten werden.

503 Entgegen dem etwas missverständlichen Wortlaut des § 156 Abs. 1 Satz 2, 2. Halbsatz erstreckt sich diese Pflicht auf alle Handlungsalternativen – einschließlich der Liquidation – und nicht nur auf die Sanierung.

504 Vgl. Begr. RegE zu § 156, in: *Kübler / Prütting*, Das neue Insolvenzrecht, S. 379 f.

505 Vgl. FK / *Wegener*, InsO, § 156, Rdnr. 7; HK / *Flessner*, InsO, § 156, Rdnr. 5.

506 Vgl. *Hess*, in: Hess / Weis / Wienberg, InsO, § 156, Rdnr. 7; *Jaeger / Weber*, KO, § 131, Rdnr. 1.

507 Hinsichtlich Sammelanmeldungen ist zu beachten, dass dem Bestimmtheitserfordernis allenfalls dann entsprochen worden ist, wenn die den jeweiligen Insolvenzgläubigern zustehenden Forderungen vom Insolvenzverwalter ausreichend individualisiert werden können, vgl. *Eickmann*, in: Gottwald (Hrsg.),

gangenen Forderungsanmeldungen hat der Insolvenzverwalter das nach seinen Erkenntnisquellen erstellte und geführte Gläubigerverzeichnis zu ergänzen und möglicherweise zu korrigieren. Dabei hat der Insolvenzverwalter die Möglichkeit, die Tabelle gemäß § 5 Abs. 3 InsO maschinell herzustellen.[508] Die Einträge in die Forderungstabelle erfordern die Angabe des Grundes, des Betrages und gegebenenfalls des Ranges.[509] Die Forderungstabelle dient als Arbeitsgrundlage für den Prüfungstermin und ist daher gemäß § 175 Satz 2 InsO vor diesem Termin zur Einsicht der am Verfahren Beteiligten in der Geschäftsstelle des Insolvenzgerichts niederzulegen.

VI. Prüfung der Forderungen

Sämtliche angemeldeten Forderungen werden vom Insolvenzverwalter in einer Vorprüfung geprüft. Die Prüfungsvermerke hat der Insolvenzverwalter sodann in die Tabelle einzutragen, welche daraufhin an das Insolvenzgericht gesandt werden. Bei dem Prüfungstermin i.S.d. §§ 176, 178 InsO handelt es sich gemäß § 29 Abs. 1 Nr. 2 InsO um eine Gläubigerversammlung. Das Ergebnis des Prüfungstermins dient als Grundlage des Verteilungsschlüssels nach § 188 Satz 1 InsO. Lediglich die Forderungen, die im Prüfungstermin oder im schriftlichen Verfahren nach § 177 InsO geprüft und die weder von Seiten des Insolvenzverwalters noch von Gläubigerseite durch Widerspruch bestritten worden sind, werden bei der Verteilung des Masseerlöses entsprechend ihrer Quote berücksichtigt. Hingegen nehmen bestrittene Forderungen, bei denen die Bestreitung durch Widerspruch nicht beseitigt worden ist, nicht an der Schlussverteilung teil.[510] Das Bestreiten fragwürdiger und unbegründeter Forderungen stellt in diesem Rahmen eine eigenständige Pflicht des Insolvenzverwalters dar.[511] Das Ergebnis des Prüfungstermins oder des schriftlichen Verfahrens hat das Insolvenzgericht in die Tabelle einzutragen. Die Eintragung in die Tabelle durch das Insolvenzgericht – und damit die Festlegung des Betrages und des Ranges - ist für den Insolvenzverwalter sowie für alle Insolvenzgläubiger bindend und wirkt gemäß § 178 Abs. 3 InsO wie ein rechtskräftiges Urteil.[512] Ob der Insolvenzverwalter persönlich am Prüfungstermin teilnehmen muß, ist in der InsO nicht ausdrücklich geregelt, wird jedoch überwiegend bejaht.[513] Hierbei handelt es sich um eine höchstpersönliche Aufgabe des Verwalters, so dass von der grundsätzlichen Anwesenheitspflicht des Verwalters auszugehen ist. Eine Prüfung sämtlicher Forderungen wird oftmals nicht ohne die persönliche Anwesenheit des Verwalters möglich sein. Etwas anderes kann

---

venzverwalter ausreichend individualisiert werden können, vgl. *Eickmann*, in: Gottwald (Hrsg.), InsRHdb., § 63, Rdnr. 9.

508 Vgl. *Eckardt*, in: KS zur InsO, S. 752, Rdnr. 16; HK / *Irschlinger*, InsO, § 175, Rdnr. 2; *Eickmann*, in: Gottwald (Hrsg.), § 63, Rdnr. 17.

509 Vgl. §§ 174 Abs. 2 und Abs. 3 , 175 Satz 1 InsO.

510 Dies gilt so jedoch nur für die von den Gläubigern bestrittenen Forderungen. Durch die Eintragung eines solchen Widerspruchs wird gemäß § 178 Abs. 1 Satz 1 InsO die Feststellung ausgeschlossen. Die Eintragung eines Schuldnerwiderspruchs hat demgegenüber keinerlei Wirkung innerhalb des Insolvenzverfahrens, sondern verhindert lediglich nach Verfahrensbeendigung die Zwangsvollstreckung des betreffenden Gläubigers nach § 201 Abs. 2 Satz 1 InsO.

511 Vgl. *Braun*, ZIP 1987, 687, 689; *Kübler / Prütting / Pape*, InsO, § 176, Rdnr. 9.

512 Vgl. FK / *Kießner*, InsO, § 178, Rdnr. 20; *Nerlich / Römermann / Becker*, InsO, § 178, Rdnr. 23 ff.

513 Vgl. *Haarmeyer / Wutzke / Förster*, InsRHdb., S. 807, Rdnr. 44; FK / *Kießner*, InsO, § 176, Rdnr. 5; HK / *Irschlinger*, § 176, Rdnr. 2; *Eckardt*, in: KS zur InsO, S. 756, Rdnr. 24; *Ernestus*, in: Mohrbutter / Mohrbutter, InsRHdb., Rdnr. IX.14; *Nerlich / Römermann / Becker*, InsO, § 176, Rdnr. 9. Eine persönliche Anwesenheit lehnen *Bratvogel*, KTS 1977, 229, 231; *Eickmann*, KTS 1986, 197, 202 ab und wollen es ausreichen lassen, dass der Verwalter einen Vertreter beauftragt bzw. anweist und von diesem anschließend ausreichend informiert wird.

gegebenenfalls dann gelten, wenn der betreffende Verwalter derart viele Verfahren abzuwickeln hat, dass ihm die persönliche Anwesenheit im Einzelfall einmal nicht möglich sein kann.[514]

VII. Pflichten bei Massearmut[515]

1. Anzeigepflicht bei Masselosigkeit gemäß § 207 InsO

Oftmals kann die Verwertung oder Verwaltung des Schuldnervermögens nicht zu den für die Deckung der Verfahrenskosten erforderlichen Massezuflüssen führen. Von diesem Umstand hat der Insolvenzverwalter gemäß § 207 Abs. 1 i.V.m. § 58 InsO[516] das Insolvenzgericht unverzüglich in Kenntnis zu setzen, da das Gericht regelmäßig nicht selbst in der Lage ist, zu beurteilen, ob eine die Verfahrenskosten deckende Masse vorhanden ist.[517] Die Bestimmung des Wertes der Insolvenzmasse kann zuverlässig nur vom Insolvenzverwalter vorgenommen werden. Der Insolvenzverwalter zeigt – sobald die gesicherte Erwartung einer Massearmut besteht[518] - die Massearmut an. Das Insolvenzgericht stellt das Verfahren nach der Anhörung der weiteren Beteiligten ein.[519] Unterläßt der Insolvenzverwalter die rechtzeitige Anzeige der Massearmut, muß er mit einem Ausfall des eigenen Vergütungsanspruchs rechnen und ist zudem Haftungsrisiken ausgesetzt.[520] Der Insolvenzverwalter hat somit an der Unverzüglichkeit der Anzeige ein nicht unerhebliches Eigeninteresse. Soweit Barmittel in der Masse vorhanden sind, beschränkt sich die Pflicht des Insolvenzverwalters vor der Einstellung des Verfahrens gemäß § 207 Abs. 3 InsO darauf, mit diesen vorhandenen Mitteln die Verfahrenskosten zu begleichen. Von den Gerichtskosten und den Vergütungen des Insolvenzverwalters bzw. der Mitglieder des Gläubigerausschusses sind zunächst deren Auslagen zu ersetzen. Die Fortsetzung der Verwertung wird dem Insolvenzverwalter dann nicht zugemutet, da seine eigenen Vergütungsansprüche nicht gesichert sind.[521]

2. Anzeigepflicht bei Masseunzulänglichkeit[522] gemäß § 208 Abs. 1 Satz 1 InsO

a. Masseunzulänglichkeit und drohende Masseunzulänglichkeit

Im Gegensatz zur Masselosigkeit wird von einer Masseunzulänglichkeit i.S.d. § 208 Abs. 1 Satz 1 InsO immer dann gesprochen, wenn zwar die Kosten des Verfahrens, nicht jedoch die

---

514 Darauf weist FK / *Kießner*, InsO, § 176, Rdnr. 5 hin.

515 Eines der erklärten Ziele der Insolvenzrechtsreform bestand bekanntlich darin, verschiedene Maßnahmen zur Verfügung zu stellen, um der Massearmut entgegenzutreten. Als Maßnahmen wurden z.B. als neuer Eröffnungsgrund die drohende Zahlungsunfähigkeit i.S.d. § 18 InsO sowie das Inaussichtstellen einer Restschuldbefreiung i.S.d. §§ 286 ff. InsO oder die Möglichkeit einer Eigenverwaltung i.S.d. §§ 270 ff. InsO eingeführt.

516 So *Wellensiek*, in: KS zur InsO, S. 425, Rdnr. 80. *Nerlich / Römermann / Westphal*, InsO, § 207, Rdnr. 17 merkt an, eine Pflicht des Verwalters zur Anzeige – wie etwa in § 208 Abs. 1 Satz 1 InsO – fehle in § 207 InsO. Vielmehr stehe die unverzügliche Anzeige der Massearmut in seinem eigenen Interesse, da ansonsten sein eigener Vergütungsanspruch gefährdet würde; vgl. auch *Pape*, KTS 1995, 189, 194 f.

517 Vgl. FK / *Kießner*, InsO, § 207, Rdnr. 16; *Nerlich / Römermann / Westphal*, InsO, § 207, Rdnr. 17; *Smid*, WM 1998, 1313, 1314 f.

518 Vgl. *Haarmeyer / Wutzke / Förster*, InsRHdb., S. 903, Rdnr. 130.

519 Vgl. *Pape*, KTS 1995, 189, 194 f., wobei die Anhörung i.S.d. § 207 Abs. 2 InsO nur formalen Charakter besitzt.

520 Vgl. *Haarmeyer / Wutzke / Förster*, InsRHdb., S. 903, Rdnr. 130; FK / *Kießner*, InsO, § 207, Rdnr. 17; *Nerlich / Römermann / Westphal*, InsO, § 207, Rdnr. 17.

521 Vgl. Begr. RegE zu § 207, in: *Kübler / Prütting*, Das neue Insolvenzrecht, S. 435.

522 Vgl. zum Inhalt und der Form der Anzeige der Masseunzulänglichkeit *Dinstühler*, ZIP 1998, 1697, 1701.

weiteren Masseverbindlichkeiten i.S.d. § 55 InsO gedeckt sind.[523]
Von einer drohenden Masseunzulänglichkeit i.S.d. § 208 Abs. 1 Satz 2 InsO ist dann auszugehen, wenn die Masse voraussichtlich nicht ausreichen wird, um die bestehenden sonstigen Masseverbindlichkeiten im Zeitpunkt ihrer Fälligkeit erfüllen zu können. Entgegen dem Wortlaut ist bei der Beurteilung der Finanzlage nicht nur auf die bestehenden Verbindlichkeiten abzustellen, sondern es sind auch die noch nicht begründeten Verbindlichkeiten, deren Entstehung voraussehbar ist.[524]

b. Feststellung der Masseunzulänglichkeit

Die Feststellung der Masseunzulänglichkeit erfolgt durch den Insolvenzverwalter selbst.[525] Die Gefahr einer unrichtigen oder verfrühten Anzeige ist aufgrund des für den Insolvenzverwalter gemäß § 61 InsO bestehenden Haftungsrisikos als gering anzusehen.[526]

c. Anzeigepflicht des Insolvenzverwalters

Nach § 208 Abs. 1 Satz 1 InsO hat der Insolvenzverwalter die Masseunzulänglichkeit bzw. die drohende Masseunzulänglichkeit dem Insolvenzgericht anzuzeigen. Eine Prüfung der Anzeige durch das Insolvenzgericht findet regelmäßig nicht statt.[527] Aufgrund des Haftungsrisikos i.S.d. § 61 InsO trägt der Insolvenzverwalter vielmehr selbst die Verantwortung für die Richtigkeit und die Rechtzeitigkeit seiner Anzeige. Die öffentliche Bekanntmachung und Mitteilung an jeden Insolvenzgläubiger ist nunmehr Aufgabe des Insolvenzgerichts.[528] Anders als im Fall der Masselosigkeit i.S.d. § 207 InsO bleibt der Insolvenzverwalter nach § 208 Abs. 3 InsO weiterhin zur Verwaltung und Verwertung der Masse verpflichtet.

VIII. Arbeits- und sozialrechtliche Pflichten

In der Insolvenz des Schuldners geht die Unternehmer- und Arbeitgeberstellung vom Gemeinschuldner auf den Insolvenzverwalter über.[529] Den Insolvenzverwalter hat alle Pflichten eines Arbeitgebers, welche aufgrund von Arbeits- und Tarifverträgen, Betriebsverfassungs-

---

523 Die sonstigen Masseverbindlichkeiten sind in § 55 InsO aufgeführt. Dazu zählen nach § 55 Abs. 1 Nr. 1 InsO Verbindlichkeiten, die durch Handlungen des Verwalters oder in anderer Weise als durch Verwaltung, Verwertung oder Verteilung der Insolvenzmasse begründet worden sind und die nicht zu den Kosten des Insolvenzverfahrens gehören. Nach § 55 Abs. 1 Nr. 2 InsO fallen darunter auch Verbindlichkeiten aus gegenseitigen Verträgen, soweit deren Erfüllung zur Masse verlangt wird oder für die Zeit nach der Verfahrenseröffnung erfolgen muß (insbesondere Austausch- und Dauerschuldverträge). Schließlich sind nach § 55 Abs. 1 Nr. 3 InsO Verbindlichkeiten aus einer ungerechtfertigten Bereicherung der Masse ebenfalls als sonstige Masseverbindlichkeiten zu qualifizieren.

524 Dies entspricht neben der wortidentischen Regelung des § 108 Abs. 1 Satz InsO im Vergleich zu § 18 Abs. 2 InsO auch der amtlichen Begründung des Regierungsentwurfs zu § 22 RegE, in: *Kübler / Prütting*, Das neue Insolvenzrecht, S. 173. Siehe auch *Bork*, InsR, Rdnr. 89; krit. dazu *Uhlenbruck*, KTS 1994, 169, 171 f.

525 Der RegE sah in § 318 zunächst vor, dass das Insolvenzgericht auf Antrag des Insolvenzverwalters die Masseunzulänglichkeit feststellen kann, vgl. Begr. zu § 318 RegE, in: *Kübler / Prütting*, Das neue Insolvenzrecht, S. 435 f. Dem ist der Rechtsausschuß jedoch nicht gefolgt, vgl. die Begr. zu § 234 b des Rechtsausschusses, in: *Kübler / Prütting*, Das neue Insolvenzrecht, S. 437.

526 Die Vorschrift des § 61 InsO verpflichtet den Insolvenzverwalter zum Schadensersatz, wenn eine Masseverbindlichkeit aus der Insolvenzmasse nicht voll erfüllt werden kann, es sei denn, der Insolvenzverwalter kann seine fehlende Kenntnis von der Masseunzulänglichkeit nachweisen, vgl. § 61 Satz 2 InsO.

527 Vgl. die Begr. RegE zu § 208, in: *Kübler / Prütting*, S. 436, welche ein Verfahren vorsah, in dem das Insolvenzgericht auf Antrag des Verwalters die Masseunzulänglichkeit feststellen sollte.

528 Dies bringt für den Insolvenzverwalter eine gewisse Arbeitserleichterung mit sich, da er sich „lediglich" auf die Anzeige der Masseunzulänglichkeit beschränken muß.

529 Vgl. *Wellensiek*, in: K. Schmidt / Uhlenbruck (Hrsg.), Rdnr. 801 f.

recht und Gesetz vor der Eröffnung des Verfahrens den Gemeinschuldner trafen, zu erfüllen.[530] Die Hauptpflicht des Insolvenzverwalters besteht demnach in der Lohnzahlungspflicht gegenüber den Arbeitnehmern des Gemeinschuldners.[531] Auch die Freistellung von Arbeitnehmern befreit den Insolvenzverwalter nicht davon, die Pflicht der Lohnzahlung einzuhalten.[532] Andererseits hat der Insolvenzverwalter gegenüber den Arbeitnehmern ein Direktionsrecht gleichen Inhalts, wie es zuvor dem Schuldner gegenüber den Arbeitnehmern zustand. Sinnvollerweise informiert der Insolvenzverwalter die Belegschaft eines insolventen Unternehmens unverzüglich nach der Eröffnung des Verfahrens über die aktuelle Situation und - soweit absehbar – über die geplanten Aktivitäten. Hinsichtlich etwaiger auszusprechender Kündigungen hat der Insolvenzverwalter die gesetzlichen Kündigungsschutzvorschriften[533] zu beachten.[534]

Der Insolvenzverwalter ist aufgrund der auf ihn übergegangenen Arbeitgeberstellung weiter dazu verpflichtet, die Anmeldung und Abführung der Lohnsteuer durchzuführen.[535] Daneben gehört es zu seinem Pflichtenkreis, für die Zeit nach der Eröffnung des Insolvenzverfahrens aus der Insolvenzmasse den Arbeitgeberanteil für die gesetzlichen Kranken-, Renten-, Arbeitslosen- und Unfallversicherungen zu entrichten.[536] Der Insolvenzverwalter hat gegenüber den Trägern der Sozialversicherung denjenigen Anzeige-, Melde- und Auskunftspflichten nachzukommen, welche zuvor den Gemeinschuldner in seiner Funktion als Arbeitgeber getroffen haben.[537] Schließlich muß der Insolvenzverwalter auf Verlangen des Arbeitsamtes nach § 141 h Abs. 1 AFG Bescheinigungen über noch geschuldetes Arbeitsentgelt auszustellen.[538] Der Insolvenzverwalter ist in Anbetracht der Vielzahl arbeits- und sozialrechtlicher Pflichten gehalten, sich unmittelbar nach der Eröffnung des Verfahrens einen Gesamtüberblick in Bezug auf die bestehenden arbeitsrechtlichen Verpflichtungen, über Eigenart und Bestand der Belegschaft sowie über etwaige aktuelle und zurückliegende Forderungen von Arbeitnehmern aus dem jeweiligen Arbeitsvertrag, aus Betriebsvereinbarungen, aus Tarifverträgen und aus Gesetz zu verschaffen.

IX. Auskunfts- und Berichtspflicht gegenüber dem Insolvenzgericht

1. Allgemeines

Nach der Regelung des § 58 Abs. 1 Satz 1 InsO steht der Insolvenzverwalter unter der Aufsicht des Insolvenzgerichts. Dies bedeutet, der Insolvenzverwalter ist in jedem Stadium des Verfahrens zur Erteilung einer Auskunft an das Insolvenzgericht auf dessen Verlangen verpflichtet.[539] Die Aufsicht durch das Insolvenzgericht verfolgt zum einen den Zweck, insbe-

---

530 Vgl. *Häsemeyer*, InsR, Rdnr. 13.11; *Moll*, in: K. Schmidt / Uhlenbruck (Hrsg.), Rdnr. 818; Heinze, in: Gottwald (Hrsg.), § 102, Rdnr. 26.

531 Vgl. dazu *Moll*, in: K. Schmidt / Uhlenbruck (Hrsg.), Rdnr. 819.

532 Vgl. *Lakies*, BB 1998, 2638.

533 Wie etwa §§ 1 ff., 15 KSchG; § 9 MuschG, § 15 SchwbG.

534 Vgl. *Lakies*, BB 1998, 2638, 2639; *Warrikoff*, BB 1994, 2338, 2341 ff. Vgl. ausführlich zum Kündigungsrecht des Insolvenzverwalters oben unter II. Teil, A, VI.

535 Vgl. noch zur Rechtslage nach der KO *Kuhn / Uhlenbruck*, KO, § 6, Rdnr. 47.

536 Vgl. §§ 249 SGB V; 168 SGB VI; § 723 RVO, § 346 f. SGB III. Die Zahlungspflicht besteht sogar für solche Arbeitnehmer, die von der Arbeit freigestellt worden sind, vgl. BSG, ZIP 1986, 237, 238; *Kuhn / Uhlenbruck*, KO, § 6, Rdnr. 46 b bzw. Rdnr. 46 a zum Umfang der Beitragspflicht.

537 Vgl. z. B. § 316 SGB III; §§ 28 a, 102 ff. SGB IV ; §§ 661, 751 RVO. Siehe auch *Häsemeyer*, InsR, Rdnr. 13.11.

538 Vgl. Art. 93 EGInsO.

539 Dies ergibt sich unmittelbar aus § 58 Abs. 1 Satz 2 InsO.

sondere den Gemeinschuldner vor rechtswidrigen Maßnahmen bzw. rechtswidrigem Unterlassen des Verwalters zu schützen, da der Gemeinschuldner kein eigenes Beschwerderecht besitzt.[540] Zum anderen trägt die Aufsicht durch das Insolvenzgericht dem allgemeinen Grundsatz Rechnung, dass der Staat – hier in Form des Insolvenzgerichts, welches den Insolvenzverwalter bestellt - zur Überwachung derjenigen Personen verpflichtet ist, welche er zur Verwaltung eines fremden Vermögens einsetzt.[541]

2. Inhalt der Auskunfts- und Berichtspflicht

Damit das Gericht seiner Aufsichtspflicht in einem ausreichenden Maße und sachgerecht nachkommen kann, legt die Vorschrift des § 58 Abs. 1 Satz 2 InsO ausdrücklich fest, dass das Gericht jederzeit von dem Insolvenzverwalter Auskünfte oder einen Bericht über den Sachstand und die Geschäftsführung verlangen kann.[542] Zu beachten ist, dass es sich bei der Aufsicht des Insolvenzgerichts i.S.d. § 58 Abs. 1 Satz 1 InsO um eine reine Rechtmäßigkeitskontrolle handelt. Zu Zweckmäßigkeitserwägungen bzw. –maßnahmen ist das Insolvenzgericht nach wie vor grundsätzlich nicht befugt.[543]

Der Insolvenzverwalter kommt seiner Auskunfts- und Berichtspflicht regelmäßig durch einfache Auskunftsschreiben oder in Form von Berichten nach.[544] Dabei ist es nicht zwingend erforderlich, dass der Insolvenzverwalter selber die Auskunft erteilt. Die Auskunft durch einen beauftragten Mitarbeiter ist grundsätzlich ausreichend.[545] Auskünfte über den Sachstand sind Fragen, welche sich auf die Verwertung von Gegenständen und Liegenschaften des Gemeinschuldners sowie auf Verhandlungsstände bzw. -ergebnisse und auf den Stand von Forderungsprüfungen beziehen. Dagegen betreffen Fragen hinsichtlich der Geschäftsführung beispielsweise die Abwicklung und Art und Weise der Forderungsprüfung, die Rechnungs- und Kassenprüfungen und Auskünfte über Personen, welche für den Insolvenzverwalter tätig sind. Kommt der Insolvenzverwalter seiner Pflicht nicht oder nur unzureichend nach, kann wie bei jeder anderen Pflichtverletzung durch den Insolvenzverwalter gemäß § 58 Abs. 2 Satz 1 InsO die Festsetzung eines Zwangsgeldes erfolgen.[546] Gegen den Beschluß über die Festsetzung des Zwangsgeldes steht dem Insolvenzverwalter die sofortige Beschwerde i.S.d. § 6 InsO zu.

---

540 Vgl. *Jaeger / Weber*, KO, § 83, Rdnr. 1; *Kuhn / Uhlenbruck*, KO, § 83, Rdnr. 1.

541 Vgl. BVerfG NJW, 1993, 513; *Kuhn / Uhlenbruck*, KO, § 83, Rdnr. 1; Verletzungen dieser Pflicht des Staates führen gegebenenfalls zu einer Amtshaftung nach § 839 i.V.m. Art. 34 GG, vgl. dazu *Häsemeyer*, InsR, Rdnr. 6.08; *Kübler / Prütting / Lüke*, InsO, § 58, Rdnr. 15.

542 Angesichts der Arbeitsbelastung des Insolvenzverwalters sollte das Gericht eher zurückhaltenden Gebrauch von etwaigen Auskunftsverlangen machen, vgl. FK / *Kind*, InsO, § 58, Rdnr. 5; MünchKomm / *Gräber*, InsO, § 58, Rdnr. 40.

543 Vgl. RGZ 29, 83; *W. Delhaes*, NZI 1999, 47, 49; FK / *Kind*, InsO, § 58, Rdnr. 5; *Jaeger / Weber*, KO, § 83, Rdnr. 1; *Kübler / Prütting / Lüke*, InsO, § 58, Rdnr. 15; *Nerlich / Römermann / Delhaes*; InsO, § 58, Rdnr. 5; *Wellensiek*, in: KS zur InsO, S. 403, 409, Rdnr. 23. A.A. Smid / *Smid*, InsO, § 58, Rdnr. 8. *Naumann*, in: KS zur InsO, S. 431, 443, Rdnr. 27 geht zwar grundsätzlich davon aus, dass von der Aufsichtspflicht die Zweckmäßigkeit des Verwalterhandelns nicht erfasst sein. Jedoch komme dem Insolvenzgericht in dem Ermessens- und Zweckmäßigkeitsbereich dann eine Aufsichtsberechtigung zu, wenn eine Ermessensüberschreitung oder ein Ermessensmißbrauch des Verwalters vorliegt.

544 Auskünfte können auch telefonisch gegeben werden und das Gericht legt diese Auskunft regelmäßig in einem Aktenvermerk nieder, vgl. FK / *Kind*, InsO, § 58, Rdnr. 9; MünchKomm / *Gräber*, InsO, § 58, Rdnr. 13.

545 Vgl. FK / *Kind*, InsO, § 58, Rdnr. 9.

546 Die Androhung und Festsetzung des Zwangsgeldes darf nur dazu dienen, die Anweisungen des Gerichts durchzusetzen und darf demnach nicht als Strafe benutzt werden, vgl. FK / *Kind*, InsO, § 58, Rdnr. 11.

X. Verteilung des Verwertungserlöses gemäß §§ 187 ff. InsO

1. Allgemeines

Die Vorschriften der §§ 187 ff. InsO entsprechen weitgehend den Regelungen des Fünften Teils des Zweiten Buches der KO.[547] Unverzüglich nach dem Berichtstermin hat der Insolvenzverwalter gemäß § 159 InsO mit der Verwertung[548] zu beginnen, soweit Beschlüsse der Gläubigerversammlung nicht entgegenstehen. Zur Verwertung der Insolvenzmasse muß der Insolvenzverwalter die Bestandteile der Insolvenzmasse in Geld umsetzen, da die Verteilung ebenfalls in Geld erfolgt. Die Art und Weise der Verwertung liegt im pflichtgemäßen Ermessen des Insolvenzverwalters, insofern die Gläubigerversammlung keinen Beschluß über die Vorgehensweise hinsichtlich der Verwertung gefasst hat.[549] Die Verteilung i.S.d. §§ 187 ff. InsO umfaßt lediglich die Verteilung des Verwertungserlöses an die Insolvenzgläubiger, nachdem zuvor die aus- und absonderungsberechtigten Gläubiger befriedigt sowie die Aufrechnungen vollzogen und die Massegläubiger berücksichtigt worden sind.[550]

2. Zeitpunkt der Verteilung

Die Insolvenzmasse dient der gemeinschaftlichen Befriedigung aller Insolvenzgläubiger i.S.d. § 38 InsO. Es entspricht dem Grundsatz der Gleichbehandlung aller am Verfahren teilnehmenden Gläubiger, dass keine Zahlungen auf Gläubigerforderungen getätigt werden, solange nicht ein zuverlässiger Überblick über die tatsächlichen Verbindlichkeiten des Gemeinschuldners vorhanden ist.[551] Diese Feststellung vollzieht sich regelmäßig erst im allgemeinen Prüfungstermin i.S.d. § 176 Abs. 1 InsO, so dass mit der Verteilung erst anschließend begonnen werden kann.[552] Nach der Regelung des § 187 Abs. 2 InsO können jedoch Abschlagsverteilungen[553] immer dann vorgenommen werden, sobald hinreichende Barmittel in der Insolvenzmasse zur Verfügung stehen.[554] Der Insolvenzverwalter hat in jedem Fall gemäß § 187 Abs. 3 Satz 2 InsO die Zustimmung des Gläubigerausschusses einzuholen, falls ein solcher besteht.

---

547 Vgl. §§ 149 bis 172 KO. Zu beachten ist im Rahmen des Insolvenzverfahrens und der Anwendung der §§ 187 ff. InsO, dass entsprechend den Zielsetzungen die InsO nicht ausschließlich auf die Verwertung und Verteilung des Schuldnervermögens ausgerichtet ist und dass zudem die gesicherten Gläubiger miteinbezogen werden, vgl. Begr. RegE, in: *Kübler / Prütting*, Das neue Insolvenzrecht, S. 420.

548 Vgl. zum Verwertungsrecht des Insolvenzverwalters ausführlich oben III. Teil, A, IV.

549 Vgl. HK / *Flessner*, § 159, Rdnr. 7; *Jaeger / Weber*, KO, § 117, Rdnr. 17; *Kübler / Prütting / Onusseit*, InsO, § 159, Rdnr. 5, 20; *Kuhn / Uhlenbruck*, KO, § 117, Rdnr. 11; *Nerlich / Römermann / Balthasar*, InsO, § 159, Rdnr. 6.

550 Vgl. *Haarmeyer / Wutzke / Förster*, InsRHdb., S. 838 f., Rdnr. 3 f.

551 Der Grundsatz der größtmöglichen Verteilungsgerechtigkeit kommt auch in den Motiven zur Konkursordnung zum Ausdruck. Darin heißt es: *„Regelmäßig erscheint das Ziel des Verfahrens, die Vertheilung des vorhandenen Vermögens unter die Gläubiger; sie bildet den Schlußstein der ganzen Prozedur, und in ihr muß sich die Güte jeder Konkursordnung erproben"*, vgl. in: *Hahn*, S. 331. Vgl. auch *Prütting*, in: KS zur InsO, S. 221, 239, Rdnr. 56 ff.

552 Die Vorschrift des § 187 Abs. 1 InsO bestimmt ausdrücklich, dass mit der Befriedigung der Insolvenzgläubiger erst nach dem allgemeinen Prüfungstermin gemäß § 176 InsO begonnen werden kann, vgl. HK / *Irschlinger*, InsO, § 187, Rdnr. 3.

553 Unter einer Abschlagsverteilung sind Zahlungen zu verstehen, welche während des noch laufenden Verfahrens auf in das Verteilungsverzeichnis i.S.d. § 188 InsO aufgenommene Insolvenzforderungen getätigt werden, vgl. *Nerlich / Römermann / Westphal*, InsO, § 187, Rdnr. 5.

554 Hierbei ist dem Insolvenzverwalter Ermessen eingeräumt, da die Barmittel etwa auch zur zeitweiligen Fortführung des Unternehmens benötigt werden können, vgl. Begr. RegE zu § 187, in: *Kübler / Prütting*, S. 420.

3. Aufstellung eines Verteilungsverzeichnisses gemäß § 188 InsO

Zunächst hat der Insolvenzverwalter ein Verteilungsverzeichnis aufzustellen, welches in der Geschäftsstelle des Insolvenzgerichts zur Einsicht der Beteiligten niederzulegen und zudem öffentlich bekanntzumachen ist.[555] In das Verteilungsverzeichnis sind ausschließlich Forderungen aufzunehmen, welche bereits geprüft worden sind.[556] Die Aufnahme der zu berücksichtigenden Forderungen in das Verteilungsverzeichnis erfolgt in der nach den §§ 178 Abs. 1, 183 Abs. 1 InsO bereits festgestellten Höhe. Die Eintragung in das Verteilungsverzeichnis begründet für die betreffenden Gläubiger einen verfahrensrechtlichen Anspruch auf Teilnahme an der Verteilung des Verwertungserlöses.[557] Der Insolvenzverwalter ist für die Aufstellung und Niederlegung des Verteilungsverzeichnisses zur Einsicht auf der Geschäftsstelle der Insolvenzgerichts verantwortlich und hat demnach auch für dessen Richtigkeit und Vollständigkeit einzustehen.[558] Er hat die Summe der Forderungen sowie den für die Verteilung ver fügbaren Betrag hat öffentlich bekannt zu machen.[559]

4. Schlussverteilung i.S.d. § 196 Abs. 1 InsO

a. Allgemeines

Ist die Verwertung der Masse abgeschlossen, erfolgt gemäß § 196 Abs. 1 InsO die Schlussverteilung an die Insolvenzgläubiger. Unter der Schlussverteilung versteht man die vollständige Ausschüttung der Teilungsmasse – nach etwaigen vorangegangenen Abschlagsverteilungen z.B. an absonderungs- und aussonderungsberechtigte Gläubiger – einschließlich der nach den §§ 190 Abs. 2 Satz 3, 191 Abs. 2 Satz 2 InsO frei gewordenen Anteile an die Insolvenzgläubiger.[560] Dies setzt voraus, dass die Verwertung der Gegenstände des Gemeinschuldners durch den Insolvenzverwalter vollständig abgeschlossen ist. Dadurch soll zum Ausdruck gebracht werden, dass einerseits das Vorhandensein noch verwertbarer Gegenstände einer Schlussverteilung entgegensteht und dass zum anderen der Insolvenzverwalter die Verteilung alsbald nach Abschluß der Verwertung beginnen soll.[561] Der Insolvenzverwalter hat zur Durchführung der Schlussverteilung die Zustimmung des Insolvenzgerichts gemäß § 196 Abs. 2 InsO einzuholen. Dabei bestimmt das Insolvenzgericht den sogenannten Schlusstermin, d.h. die letzte Gläubigerversammlung im Rahmen eines Insolvenzverfahrens.[562]

b. Verfahren

Neben einem Antrag des Insolvenzverwalters auf Zustimmung des Insolvenzgerichts[563] und neben der erforderlichen Zustimmung des Gläubigerausschusses i.S.d. § 187 Abs. 3 Satz 2 InsO hat der Insolvenzverwalter die Pflicht, das sogenannte Schlussverzeichnis vorzulegen.[564] Das Schlussverzeichnis bildet die endgültige und unumkehrbare Grundlage für die Schluss-

---

555 Vgl. § 188 InsO.
556 Vgl. FK / *Kießner*, InsO, § 188, Rdnr. 2; *Nerlich / Römermann / Westphal*, InsO, § 188, Rdnr. 4.
557 Vgl. RGZ 21, 331, 337; FK / *Kießner*, InsO, § 188, Rdnr. 14, wobei ein materielles Anerkenntnis damit nicht verbunden ist; so auch Smid / *Smid*, InsO, § 188, Rdnr. 2.
558 Vgl. FK / *Kießner*, InsO, § 188, Rdnr. 20; *Nerlich / Römermann / Westphal*, InsO, § 188, Rdnr. 31.
559 Vgl. § 188 Satz 3 InsO.
560 Vgl. FK / *Kießner*, InsO, § 196, Rdnr. 1; *Haarmeyer / Wutzke / Förster*, InsRHdb., S. 849, Rdnr. 40; *Nerlich / Römermann / Westphal*, InsO, § 196, Rdnr. 3.
561 Vgl. *Hahn*, Materialien, S. 340.
562 Vgl. § 197 Abs. 1 InsO.
563 Vgl. *Kilger / K. Schmidt*, KO, § 161, Anm. 3 noch zur KO, nach deren Auffassung das Erfordernis eines Antrags bereits aus der erforderlichen Zustimmung des Gerichts gemäß § 196 Abs. 2 InsO folgt.
564 Vgl. § 197 Abs. 1 Nr. 2 InsO.

verteilung.[565] Es gründet sich auf die Tabelle und wird vom Verwalter mit dem Schlußbericht, der Schlußrechnung mit allen Anlagen, Auszügen und Belegen und in der Regel mit dem Antrag auf Vergütung dem Insolvenzgericht mit der Bitte zugeleitet, einen Schlußtermin zu bestimmen.[566]

c. Verteilungsschlüssel

Grundsätzlich werden nur die in das Verteilungsverzeichnis aufgenommenen festgestellten Forderungen bei der Schlussverteilung berücksichtigt. Die auf die bestrittenen Forderungen entfallenden Beträge sind zurückzubehalten, solange der auf die Klärung der Streitigkeit gerichtete Rechtsstreit noch nicht beendet ist.[567] Dies gilt aber nur dann, wenn der betreffende Gläubiger einen Titel besitzt oder spätestens zwei Wochen nach der öffentlichen Bekanntmachung des Verteilungsverzeichnisses nachweist, dass entweder Feststellungsklage erhoben oder dass bereits ein anderer Rechtsstreit aufgenommen worden ist.[568] Bei der Schlussverteilung werden Forderungen absonderungsberechtigter Gläubiger lediglich dann berücksichtigt, wenn gegenüber dem Insolvenzverwalter spätestens innerhalb der in § 189 Abs.1 InsO vorgesehenen Ausschlussfrist der Nachweis erbracht wird, ob und in welcher Höhe der betreffende Gläubiger einen Verzicht erklärt hat oder wie der tatsächliche Ausfall bei ihm selber war.[569] Hinsichtlich aufschiebend bedingter Forderungen bestimmt die Vorschrift des § 191 Abs. 1 InsO, dass derartige Forderungen bei einer Abschlagsverteilung voll in die Verteilung miteinbezogen werden. Hingegen wird bei der Schlussverteilung eine aufschiebend bedingte Forderung dann nicht berücksichtigt, wenn die Möglichkeit des Eintritts der aufschiebenden Bedingung so fern liegt, dass die Forderung zur Zeit der Verteilung keinen aktuellen wirtschaftlichen Vermögenswert besitzt.[570]

d. Pflicht zur Schlussrechnung i.S.d. § 66 InsO

Der Insolvenzverwalter hat bei der Beendigung seines Amtes gemäß § 66 InsO Rechnung zu legen.[571] Die Rechnungslegungspflicht des Insolvenzverwalters bei der rechtskräftigen Beendigung des Insolvenzverfahrens wird als Schlussrechnung bezeichnet. Die Schlussrechnung des Insolvenzverwalters besteht aus einer Einnahmen- und Ausgabenrechnung sowie aus einem Schlussverzeichnis i.S.d. § 188 InsO, einer abschließenden Vermögensübersicht bzw. einer abschließenden Insolvenzbilanz und einem Schlussbericht.[572] In einem von der Gläubigerautonomie geprägten Verfahren ist es erforderlich, dass der Insolvenzverwalter bei der

---

565 Vgl. RGZ 87, 151, 154; HK / *Irschlinger*, InsO, § 197, Rdnr. 5; *Breutigam*, in: Breutigam / Blersch / Goetsch, InsO, § 197, Rdnr. 18.

566 Vgl. *Haarmeyer / Wutzke / Förster*, InsRHdb., S. 853, Rdnr. 54.

567 Vgl. § 189 Abs. 2 InsO. Der Insolvenzverwalter hat diese Beträge gemäß § 198 InsO bei einer geeigneten Stelle zu hinterlegen. Als geeignete öffentliche Stelle i.S.d. § 372 Satz 1 BGB kommen nicht nur das Amtsgericht in Betracht, sondern auch eine Bank oder eine vergleichbare andere Stelle, vgl. Begr. Rechtsausschuß zu § 198, in: *Kübler / Prütting*, Das neue Insolvenzrecht, S. 426. Im Ergebnis bedeutet dies, dass eine Entscheidung dieses Rechtsstreits für die Schlussverteilung nicht abgewartet wird.

568 Vgl. § 189 Abs. 1 InsO. Wird dieser Nachweis nicht rechtzeitig erbracht, wird die Forderung bei der Verteilung endgültig nicht berücksichtigt.

569 Vgl. § 190 Abs. 1 InsO. Bei einer Abschlagsverteilung reicht der Nachweis darüber, dass die Verwertung des Gegenstandes gerade betrieben wird, aus, vgl. § 190 Abs. 2 Satz 1 InsO. Auf dieser Grundlage werden die zurückbehaltenen Beträge für der Schlussverteilung frei, sofern die Voraussetzungen des § 190 Abs. 1 InsO nicht rechtzeitig vorliegen, vgl. § 190 Abs. 2 Satz 3 InsO.

570 Vgl. § 191 Abs. 2 Satz 1 InsO. Siehe auch *Bork*, InsR, Rdnr. 300.

571 Vgl. allgemein zur Rechnungslegungspflicht *Hess / Weis*, InVo 1996, 281 ff.; *Wellensiek*, in: KS zur InsO, S. 427, Rdnr. 85 ff.

572 Vgl. *Hess / Weis*, InVo 1996, 281, 282; *Wellensiek*, in: KS zur InsO, 403, 427, Rdnr. 87.

Beendigung seines Amtes ein möglichst umfassendes Bild seiner gesamten Tätigkeiten und seiner ordnungsgemäßen Geschäftsführung vorlegen kann, aus welchem sich der Verbleib sämtlicher Vermögensgegenstände der Insolvenzmasse ohne Zweifel ergibt.[573] Der Insolvenzverwalter muss darlegen, welche Aus- und Absonderungsrechte jeweils geltend gemacht worden sind, mit welchem Ergebnis schwebende Rechtsgeschäfte abgewickelt worden, welche Gegenstände er aus der Masse freigegeben hat und ob die Insolvenzmasse im Wege der Insolvenzanfechtung vermehrt werden konnte.[574] Das Amt des Insolvenzverwalters wird schließlich durch die rechtskräftige Beendigung des Insolvenzverfahrens beendet.

5. Pflicht zur Nachtragsverteilung

Kommt nach der Beendigung der Schlussverteilung noch Vermögen des Gemeinschuldners zum Vorschein, welches jedoch aus tatsächlichen oder rechtlichen Gründen nicht mit in die Schlussverteilung miteinfließen konnte, bedarf es zur Realisierung des Haftungszugriffs der Insolvenzgläubiger auch auf dieses Vermögen einer nachträglichen Verteilung. Die Anordnung der Nachverteilung kann entweder auf Antrag des Insolvenzverwalters, auf Antrag eines Insolvenzgläubigers oder von Amts wegen erfolgen. Eine Nachtragsverteilung kommt dann in Betracht, wenn entweder zurückbehaltene Beträge für die Verteilung frei werden[575], wenn aus der Insolvenzmasse gezahlte Beträge zurückfließen[576] oder wenn bisher nicht bekannte Gegenstände des Gemeinschuldners ermittelt werden.[577] Mit dem Inkrafttreten der EuInsVO dürfte eine Nachtragsverteilung auch dann in Betracht kommen, wenn in Deutschland ein Hauptinsolvenzverfahren eröffnet worden ist und in einem Sekundärverfahren ein Überschuß nach Beendigung des Verfahrens verbleibt. Diesen Überschuß muss der Sekundärinsolvenzverwalter entsprechend Art. 35 EuInsVO an den deutschen Hauptinsolvenzverwalter herausgeben, der aufgrund dieses Überschusses die Nachtragsverteilung beantragen kann.[578] Nach der Anordnung der Nachtragsverteilung durch das Insolvenzgericht hat der Insolvenzverwalter gemäß § 205 Satz 1 InsO den zur Verfügung stehenden Betrag bzw. den Erlös aus der Verwertung des neu ermittelten Gegenstandes nach Maßgabe des Schlussverzeichnisses zu verteilen.[579] Für die Nachtragsverteilung gilt ebenfalls die Vorschrift des § 60 InsO, nach welcher der Insolvenzverwalter für die Sorgfalt eines ordentlichen Insolvenzverwalters einzustehen hat und im Falle ihrer Verletzung zum Schadensersatz verpflichtet ist.

---

573 Vgl. *Nerlich / Römermann / Delhaes*, InsO, § 66, Rdnr. 7; *Wellensiek*, in: KS zur InsO, S. 403, 427, Rdnr. 86.

574 Vgl. HK / *Eickmann*, InsO, 3 66, Rdnr. 5 ff.; *Smid*, InsO, § 66, Rdnr. 5 ff.

575 Vgl. § 203 Abs. 1 Nr. 1 InsO.

576 Vgl. § 203 Abs. 1 Nr. 2 InsO.

577 Vgl. § 203 Abs. 1 Nr. 3 InsO.

578 Realistischerweise wird man wohl annehmen müssen, dass ein Überschuss in einem Sekundärinsolvenzverfahren angesichts der Tatsache, dass auch die Gläubiger des Hauptinsolvenzverfahrens ihre Forderungen in dem Sekundärinsolvenzverfahren anmelden können, in den seltensten Fällen – wenn überhaupt – vorkommen wird.

579 Hierbei ist in dogmatischer Hinsicht zu beachten, dass die Verwaltungs- und Verfügungsbefugnis des Insolvenzverwalters in den Fällen des § 203 Abs. 1 Nr. 1 InsO niemals geendet hat, wohingegen sie in den Fällen des § 203 Abs. 1 Nr. 2 und 3 InsO durch den Anordnungsbeschluss neu begründet wird, vgl. noch für die Konkursordnung BGH NJW 1973, 1198, 1199.

XI. Überwachungspflicht bei einem Insolvenzplan

1. Allgemeines

Im gestaltenden Teil eines Insolvenzplans nach Maßgabe der §§ 217 ff. InsO kann eine Überwachung des Insolvenzplans vorgesehen werden. Nach der Regelung des § 261 Abs. 1 Satz 1 InsO ist die Überwachung Aufgabe des Insolvenzverwalters.[580] Es handelt sich hierbei lediglich um eine beobachtende Kontrolle, da der Insolvenzverwalter im Zuge der Aufhebung des Verfahrens nach § 258 Abs. 1 InsO seine Verwaltungs- und Verfügungsbefugnis verloren hat und somit nicht mehr zu Eingriffen in die Geschäftsführung des Unternehmens berechtigt ist.[581] Damit wird trotz der nach § 258 InsO erfolgten Verfahrensaufhebung ein Fortbestehen des Insolvenzverwalteramtes gewährleistet, wenngleich mit eingeschränkten Aufgabenfeldern im Rahmen der Insolvenzplanüberwachung.[582] Der Insolvenzverwalter hat wie ein vorläufiger Verwalter die Möglichkeit, sich gemäß § 261 Abs. 1 Satz 3 i.V.m. § 22 Abs. 3 InsO die Geschäftsräume des Schuldners zu betreten und sich über die Einzelheiten der Geschäftsführung zu unterrichten.

2. Einzelheiten der Überwachung durch den Insolvenzverwalter

Der Insolvenzverwalter hat darauf zu achten, dass die Ansprüche, welche den Gläubigern nach dem Insolvenzplan zustehen, von dem Gemeinschuldner dem Insolvenzplan entsprechend erfüllt werden.[583] Zu diesem Zweck muss der Insolvenzverwalter gemäß § 261 Abs. 2 Satz 1 InsO den Gläubigerausschuß und das Insolvenzgericht jährlich über den jeweiligen Stand und die weiteren Aussichten der Planerfüllung informieren. Für das Insolvenzgericht und für den Gläubigerausschuß besteht die Möglichkeit, jederzeit weitere Auskünfte oder einen Zwischenbericht verlangen zu können.[584]

---

580 Es besteht die Möglichkeit, im Insolvenzplan anstelle des Insolvenzverwalters einen sogenannten Sachwalter einzusetzen. Dies erscheint jedoch wenig zweckmäßig, da der Insolvenzverwalter den Insolvenzplan in der Regel selbst ausgearbeitet hat und in jedem Fall über die einzelnen inhaltlichen Punkte bestens unterrichtet sein dürfte, vgl. Begr. RegE zu § 261, in: *Kübler / Prütting*, Das neue Insolvenzrecht, S. 511.

581 Vgl. Begr. RegE zu § 261, in: *Kübler / Prütting*, Das neue Insolvenzrecht, S. 511; *Bork*, InsR, Rdnr. 351. Zu Eingriffen in die Geschäftsführung ist der Insolvenzverwalter allenfalls dann berechtigt, wenn dies im Insolvenzplan vorgesehen ist, vgl. § 263 InsO. Vgl. dazu auch *Uhlenbruck*, S. 649 f.

582 Nach der Vorschrift des § 259 Abs. 1 Satz 1 InsO erlischt das Amt des Insolvenzverwalters grundsätzlich mit der Aufhebung des Insolvenzverfahrens. Daher bedurfte es einer ausdrücklichen Regelung in § 261 InsO, nach welchem die Ämter hinsichtlich der Überwachung des gestaltenden Planteils eingeschränkt fortdauern.

583 Vgl. § 260 Abs. 2 InsO.

584 Etwa bei einer absehbaren Gefährdung der Planerfüllung, vgl. § 261 Abs. 2 Satz 2 InsO.

IV. Teil: Der deutsche Insolvenzverwalter in der EuInsVO

Nach der umfassenden Darstellung der Rechtsstellung des deutschen Insolvenzverwalters sowie seiner Rechte und Pflichten ist nunmehr zu klären, wie die Kompetenzverteilung nach der EuInsVO erfolgt, nach welchem Recht sich diese Kompetenzen beurteilen und ob der Insolvenzverwalter bei der Ausübung seiner Befugnisse etwaigen Beschränkungen ausgesetzt ist. Dabei ist jeweils zu unterscheiden, ob der deutsche Insolvenzverwalter als Hauptinsolvenzverwalter oder als Sekundärinsolvenzverwalter agiert.
Die EuInsVO enthält vier verschiedene Erscheinungsformen des Insolvenzverwalters: den vorläufigen und den endgültigen Insolvenzverwalter, jeweils im Haupt- und im Sekundärverfahren. Eine ausdrückliche Regelung hinsichtlich des vorläufigen Insolvenzverwalters findet sich lediglich in Art. 38 EuInsVO, nach welchem der vorläufige Insolvenzverwalter zur Sicherung des in einem anderen Mitgliedstaat belegenen Vermögens jegliche Sicherungsmaßnahmen dieses Staates beantragen kann, die nach dem Recht dieses Staates für die Zeit zwischen dem Antrag auf Eröffnung eines Liquidationsverfahrens und der tatsächlichen Eröffnung vorgesehen sind. Vorliegend werden ausschließlich die Regelungen der EuInsVO, welche den endgültigen Verwalter im Haupt- sowie im Sekundärinsolvenzverfahren betreffen, untersucht. Der erste Abschnitt A betrifft die allgemeinen Regelungen, welche auf den deutschen Insolvenzverwalter im Hauptinsolvenzverfahren Anwendung finden. Sie gelten insoweit auch für den jeweiligen Sekundärinsolvenzverwalter, als sich nicht aus der naturgemäßen Beschränkung des Sekundärverfahrens auf das Gebiet des Mitgliedstaates, in welchem das Sekundärverfahren eröffnet worden ist, etwas anderes ergibt. In einem Teil B werden die besonderen Regelungen des Sekundärinsolvenzverfahrens im Hinblick auf den deutschen Sekundärinsolvenzverwalter zum Gegenstand der Untersuchung gemacht. Schließlich werden in Teil C die allgemeinen Regelungen der EuInsVO hinsichtlich der Koordination des Haupt- mit dem Sekundärinsolvenzverfahren – insbesondere die Kooperation zwischen den jeweiligen Verwaltern des Haupt- und des Sekundärverfahrens – dargestellt und einer kritischen Prüfung unterzogen.

A. Der deutsche Insolvenzverwalter im Hauptinsolvenzverfahren

In den Kapiteln I und II der EuInsVO sind einige allgemeine Bestimmungen enthalten. Diese Bestimmungen finden – insofern sich aus der naturgemäßen territorialen Beschränkung des Sekundärverfahrens nichts anderes ergibt - überwiegend auch für ein Sekundärinsolvenzverfahren i.S.d. Art. 27 ff. EuInsVO Anwendung.

I. Person des Insolvenzverwalters i.S.d. Art. 2 lit. b) EuInsVO

Unter dem Begriff des Verwalters i.S.d. Art. 2 lit. b) EuInsVO ist im weiteren Sinne jede Person oder Stelle[1] zu verstehen, deren Aufgabe die Verwaltung und Verwertung der Masse sowie die Überwachung der Geschäftstätigkeit des Gemeinschuldners ist. Welche Personen und Stellen in dem jeweiligen Mitgliedstaat als Verwalter anzusehen

---

1 Nach einzelstaatlichem Recht können auch Gerichte die Aufgaben der Verwaltung des Schuldnervermögens wahrnehmen und als „Verwalter" i.S.d. Art. 2 lit. b) EuInsVO anzusehen sein. Dazu ist jedoch erforderlich, dass bei dem betreffenden Staat die Gerichte als mögliche Verwalter in Anhang C aufgeführt sind. Dies ist in Bezug auf die BRD nicht der Fall. Eine Änderung der Anhänge kann lediglich durch den Rat auf Initiative eines Mitgliedstaates oder auf Vorschlag der Kommission mit qualifizierter Mehrheit vorgenommen werden, vgl. Art. 45 EuInsVO.

sind, ist in Anhang C zur EuInsVO aufgeführt. Für die Bundesrepublik Deutschland sind dies die Personen des Konkurs-, Vergleichs-, des Sachwalters nach der Vergleichsordnung, des Verwalters, des Insolvenzverwalters, des Sachwalters nach der Insolvenzordnung, des Treuhänders und des vorläufigen Insolvenzverwalters. Aus der EuInsVO ergibt sich im übrigen nicht, dass der Verwalter eines in der BRD eröffneten Hauptinsolvenzverfahrens zwingend deutscher Staatsangehörigkeit sein muss. Die InsO spricht in § 56 von einer für den jeweiligen Einzelfall geeigneten Person. Zwar wird das in der BRD eröffnende Insolvenzgericht lediglich in der Lage sein, die Geeignetheit der in Betracht kommenden deutschen Insolvenzverwalter zu beurteilen. Gesetzt dem Fall, ausländische Gläubiger besitzen in der Gläubigerschaft die Mehrheit[2] und wählen in der ersten von dem eingesetzten Verwalter einberufenen Gläubigerversammlung gemäß § 76 Abs. 2 InsO einen Verwalter ihrer Wahl – und womöglich ihrer Nationalität – wird es kaum möglich sein, dagegen anzugehen.

II. Anwendbares Recht i.S.d. Art. 4 EuInsVO

1. Grundregel

Die Vorschrift des Art. 4 EuInsVO ist die Grundnorm des Insolvenzkollisionsrechts i.S.d. Art. 4 bis 15 EuInsVO. Das Insolvenzkollisionsrecht der EuInsVO ersetzt innerhalb seines Anwendungsbereiches das Internationale Insolvenzkollisionsrecht der einzelnen Mitgliedstaaten im Verhältnis untereinander und enthält mithin keine Gesamt- sondern Sachnormverweisungen. Danach ist für das Insolvenzverfahren und seine Wirkungen grundsätzlich allein das Insolvenzrecht desjenigen Mitgliedstaates maßgeblich, in welchem das Insolvenzverfahren eröffnet worden ist (*lex fori concursus*).[3]

2. Konkretisierung nach Art. 4 Abs. 2 Satz 2 lit. c) EuInsVO

Zur Erleichterung seiner Auslegung enthält die Vorschrift des Art. 4 EuInsVO in seinem Abs.2 Satz 2 eine nicht abschließende Aufzählung von Sachverhalten, auf welche das Recht des Staates der Verfahrenseröffnung (*lex fori concursus*) Anwendung findet. Für die Befugnisse des Insolvenzverwalters ergibt sich die Zuweisung zu dem Recht des Eröffnungsstaates allgemein aus der Regelung des Art. 4 Abs. 2 Satz 2 lit. c) EuInsVO. Für den deutschen Hauptinsolvenzverwalter bestimmen sich somit sämtliche Rechte und Pflichten – wie sie im III. Teil dargestellt worden sind und welche er im Rahmen seiner Tätigkeit auch im mitgliedstaatlichen Ausland wahrnehmen kann - grundsätzlich nach den Vorschriften der InsO.

Die Beispiele des Art. 4 Abs. 2 Satz 2 EuInsVO sind für die Befugnisse des deutschen Insolvenzverwalters insofern von Bedeutung, als sich ihnen der Ausgangspunkt für die Verweisung in das deutsche Recht und damit in die Vorschriften der InsO entnehmen läßt. Beispielsweise beurteilt sich die Wirkung der Verfahrenseröffnung auf laufende Verträge des Schuldners gemäß Art. 4 Abs. 2 Satz 2 lit. e EuInsVO grundsätzlich ebenfalls nach der *lex fori concursus*. Hierbei gewinnt die Entscheidung der im deutschen

---

2 Wobei in einem solchen Fall auch wieder zu fragen ist, ob der Mittelpunkt der hauptsächlichen Interessen zutreffend beurteilt worden ist.

3 Mithilfe der Vorschrift des Art. 4 EuInsVO wird gemeinhin der eigentliche Grundsatz der Universalität angestrebt. Die Ausnahmen von diesem Grundsatz finden sich unmittelbar im Anschluß an Art. 4 EuInsVO in den Art. 5 bis 15 EuInsVO, vgl. dazu bereits unter I. Teil, D, III. 4. b.

Recht bestehenden Uneinigkeit über die Wirkungen der Verfahrenseröffnung auf laufende Verträge an Bedeutung. Im deutschen Insolvenzrecht hat die Verfahrenseröffnung gerade nicht die Wirkung, dass die gegenseitigen Ansprüche auf Erfüllung erlöschen. Diese bleiben vielmehr bestehen und lediglich die Durchsetzbarkeit ist nicht gegeben.[4] Dies ist im Rahmen des Verfahrens bei Verträgen z.B. mit einem spanischen Weinlieferanten bzw. einem italienischen Autolieferanten zu beachten. Einschränkungen diesbezüglich ergeben sich aus den Sonderanknüpfungen der Artt. 8, 10, 11.[5]
Von besonderer Bedeutung für die Befugnisse des deutschen Insolvenzverwalters dürfte hierbei auch die Regelung des Art. 4 Abs. 2 lit. m i.V.m. Art. 13 EuInsVO sein. Danach entscheiden grundsätzlich ebenfalls die Regelungen der InsO – namentlich die §§ 129 ff. InsO[6] - darüber, welche Rechtshandlungen aus der Sicht des deutschen Hauptinsolvenzverwalters als nichtig, anfechtbar oder relativ unwirksam anzusehen sind. Der Anfechtungsgegner hat gemäß Art. 13 EuInsVO die Möglichkeit, nachzuweisen, dass ausnahmsweise nicht die Vorschriften der InsO, sondern die Regelungen einer anderen Rechtsordnung zur Anwendung kommen.[7] Dabei beschränkt sich die Vorschrift des Art. 13 EuInsVO nicht allein auf insolvenzrechtliche Angriffsmöglichkeiten, sondern sie erfasst etwa auch die Anfechtung wegen Willensmängeln.[8] Für den deutschen Insolvenzverwalter bedeutet dies, er muss sich in Grundzügen auch in den anfechtungsrechtlichen Bestimmungen des jeweiligen Insolvenzrechts auskennen, um die Aussichten einer gegebenenfalls zu erhebenden Anfechtungsklage angemessen beurteilen zu können.

III. Befugnisse des Verwalters gemäß Art. 18 EuInsVO

1. Befugnisse aus Art. 18 Abs. 1 EuInsVO

Mit der Eröffnung eines Hauptinsolvenzverfahrens in einem Mitgliedstaat geht die Anerkennung der Bestellung des Insolvenzverwalters und seiner Befugnisse einher. Dabei bestimmt sich der Begriff des „Verwalters" nach Art. 2 lit. b) EuInsVO i.V.m. Anhang C.[9] Während die Vorschrift des Art. 4 Abs. 2 Satz 2 EuInsVO lediglich bestimmt, dass sich die Befugnisse des Insolvenzverwalters nach der *lex fori concursus* richten, wird dem Insolvenzverwalter nach Art. 18 Abs. 1 Satz 1 EuInsVO die Befugnis verschafft, sämtliche Kompetenzen, welche ihm nach dem Recht des Staates der Verfahrenseröffnung übertragen worden sind, im Gebiet eines anderen Vertragsstaates auch auszuüben. Diese Ausübungsbefugnis steht dem Hauptinsolvenzverwalter naturgemäß nicht in Mitgliedstaaten zu, in denen bereits ein Sekundärverfahren eröffnet worden ist. Nach der Vorschrift des Art. 18 Abs. 1 Satz 2 EuInsVO ist der Verwalter zudem berechtigt, massezugehörige Gegenstände aus einem Vertragsstaat - vorbehaltlich der Art. 5 und 7 EuInsVO[10] - zu entfernen.[11] Der Zugehörigkeit zur bzw. der Umfang der Insolvenzmasse

4 Vgl. dazu III. Teil, A, III. 3. a.
5 Vgl. dazu I. Teil, D. III. 4. b. cc.
6 Vgl. dazu III. Teil, A, V.
7 Vgl. den Wortlaut des Art. 13 EuInsVO, demzufolge der Begünstigte nachzuweisen hat, „..dass für diese Handlung das Recht eines anderen Mitgliedstaates als des Staates der Verfahrenseröffnung maßgeblich ist *und* dass in diesem Fall diese Handlung in keiner Weise angreifbar ist."
8 Vgl. *Virgos / Schmit*, Erläuternder Bericht, Nr. 137; *Balz*, ZIP 1996, 946, 951.
9 Vgl. oben unter IV. Teil, A, I.
10 Dingliche Rechte von Gläubigern oder Dritten, welche sich zur Zeit der Verfahrenseröffnung in einem anderen Vertragsstaat befinden, werden von dem Verfahren grundsätzlich nicht berührt. Sofern das dingliche Recht dies erfordert, kann das Verbringen dieser Gegenstände von der Zustimmung des jeweiligen In-

bestimmt sich dabei nach der Vorschrift des § 35 InsO. Im Interesse einer effektiven Verwaltung des Schuldnervermögens muß der Insolvenzverwalter die Befugnis haben, jegliche Maßnahmen der Sichtung, der Inventarisierung, der Sicherung und schließlich der Inbesitznahme treffen zu können.[12] Dabei ist hinsichtlich der Unpfändbarkeit bestimmter Gegenstände nach dem Recht des Belegenheitsstaates zu beachten, dass diese lokalen Schutzvorschriften von dem universalen Geltungscharakter des Hauptverfahrens überlagert werden. Möchte der deutsche Hauptinsolvenzverwalter einen im mitgliedstaatlichen Ausland belegenen Gegenstand in Besitz nehmen, beurteilt sich die Frage der Unpfändbarkeit nach der Vorschrift des § 36 Abs. 1 InsO.[13]
Die rechtliche und funktionale Stellung des deutschen Insolvenzverwalters hat dabei nicht der Stellung des jeweiligen nationalen Verwalters in den jeweiligen anerkennenden Mitgliedstaaten zu entsprechen.[14] Es ist nicht erforderlich, die dem Insolvenzverwalter nach dem Recht des Eröffnungsstaates zustehenden Befugnisse in nationales Recht des anerkennenden Mitgliedstaates zu transformieren bzw. in dieses hineinzuzwängen.[15]

2. Einschränkungen der Verwalterbefugnisse

a. Einschränkung gemäß Art. 18 Abs. 1 EuInsVO

Eine erste Einschränkung der für den Insolvenzverwalter auf den ersten Blick umfassenden Befugnisausübungsmacht in den Mitgliedstaaten der EU ergibt sich aus Art. 18 Abs. 1 Satz 1, 2. Halbsatz i.V.m. Art. 3 Abs. 2, Abs. 3 EuInsVO, wenn in einem anderen Vertragsstaat ein territorial beschränktes Partikular- bzw. Sekundärinsolvenzverfahren eröffnet worden ist oder wenn bereits eine gegenteilige Sicherungsmaßnahme auf einen Antrag auf Eröffnung eines Sekundärverfahrens hin ergriffen worden ist. Mit der Eröffnung eines Sekundärinsolvenzverfahrens besitzt der Hauptinsolvenzverwalter in dem betreffenden Staat keine direkten Befugnisse mehr.[16] Für das Sekundärinsolvenzverfahren ist nunmehr der jeweilige Verwalter dieses Verfahrens zuständig. Zur Ermöglichung einer effizienten Koordination zwischen dem Haupt- und dem Sekundärverfahren legen die Art. 31 bis 37 EuInsVO Regelungen fest, mithilfe derer eine Abstimmung zwischen dem Haupt- und dem oder den Partikular- bzw. Sekundärverfahren ermöglicht werden

---

habers des dinglichen Rechts abhängig gemacht werden. Vgl. zu Art. 5 und 7 EuInsVO bereits I. Teil, D, III. 4. b. aa. und bb.

11 Die Gläubiger können der Entfernung durch den Verwalter des Hauptverfahrens dadurch begegnen, daß sie die Eröffnung eines Sekundärinsolvenzverfahrens i.S.d. Art. 27 ff. EuInsVO beantragen.

12 Vgl. FK / *Wimmer*, Anhang I, Art. 102 EGInsO, Rdnr. 101. Vgl. zur Inbesitznahme im deutschen Recht III. Teil, B, I.

13 Die einzige Verteidigungsmöglichkeit des Schuldners bestünde darin, sich auf den Ordre – Public – Vorbehalt des Art. 26 EuInsVO zu berufen. Vgl. zum Ordre – Public – Vorbehalt des Art. 26 EuInsVO bereits I. Teil, D, III. 3. d. bb.

14 Vgl. *Balz*, ZIP 1996, 948, 951, Fn. 27. Gleichwohl wird es für den deutschen Insolvenzverwalter unerlässlich sein, sich mit der rechtlichen und funktionalen Stellung eines Verwalters auseinanderzusetzen, in dessen Mitgliedstaat ein Sekundärinsolvenzverfahren eröffnet werden soll. Anhand dessen und eines Vergleichs mit der eigenen funktionalen und rechtlichen Stellung kann für den Insolvenzverwalter eine effizientere Koordination und Kooperation in den beiden Verfahren erfolgen. Zur Rechtsstellung des deutschen Insolvenzverwalters vgl. II. Teil.

15 Vgl. *Lüke*, ZZP 111 (1998), 275, 296. Zu der Konsequenz, dass die Befugnisse des ausländischen Verwalters mit denen des inländischen Verwalters grundsätzlich nicht identisch sind, vgl. *Balz*, Am. Bankr. L. J., 485, 514. Zum Teil gab es Vorschläge, nach welchen der Verwalter des Hauptinsolvenzverfahrens Befugnisse erhalten sollte, welche denjenigen des jeweiligen nationalen Verwalters entsprechen, vgl. *Hanisch*, in: Marschall v. Bieberstein (Hrsg.), S. 21; *Kuhn / Uhlenbruck*, KO, §§ 237, 238, Rdnr. 88.

16 Vgl. *Virgos / Schmit*, Erläuternder Bericht, Nr. 163.

soll. Im Rahmen der Koordination bleiben dem Verwalter des Hauptinsolvenzverfahrens verschiedene Einflussmöglichkeiten hinsichtlich des Gebietes, auf welches sich das Sekundärinsolvenzverfahren erstreckt, erhalten.[17] Aus Art. 18 Abs. 1 Satz 2 EuInsVO ergibt sich das bereits angesprochene Recht, die zur Insolvenzmasse gehörenden Gegenstände aus den anderen Mitgliedstaaten zu entfernen. Dieses Recht des Hauptinsolvenzverwalters steht jedoch unter dem Vorbehalt der Artt. 5 und 7 EuInsVO.[18]

b. Einschränkung gemäß Art. 18 Abs. 3 Satz 1 EuInsVO[19]

Eine weitere Einschränkung ergibt sich für den deutschen Hauptinsolvenzverwalter aus der Regelung des Art. 18 Abs. 3 Satz 1 EuInsVO für seine Rechte und Befugnisse i.S.d. §§ 159 ff. InsO. Danach hat der im Ausland agierende Verwalter – gleichgültig ob es sich um einen vorläufigen oder endgültigen Verwalter handelt - das Recht des betreffenden Mitgliedstaates insbesondere hinsichtlich der Art und Weise der Verwertung eines Gegenstandes zu beachten. Die Vorschrift des Art. 18 Abs. 3 Satz 1 EuInsVO ist keinesfalls dahingehend zu verstehen, dass eine rechtliche Aufspaltung der Verwalterhandlungen in einen verfahrensrechtlichen und in einen materiellrechtlichen Teil erfolgen soll. Als Folge dieser Aufspaltung würden unterschiedliche Statuten zur Anwendung kommen, was angesichts der oftmals schwierigen Abgrenzung der verfahrensrechtlichen von den materiellrechtlichen Regelungen innerhalb des Insolvenzrechts gewiss nicht sachdienlich erschiene.[20] Auch eine vergleichende Betrachtungsweise deutet darauf hin, dass eine Aufspaltung der Statuten nicht gewollt ist.[21] Die Formulierung „...hat der Verwalter...zu beachten" spricht somit dem Insolvenzverfahrensstatut keine ausschließliche Geltung zu. Vielmehr gilt weiterhin der Grundsatz der *lex fori concursus* unter Berücksichtigung und Wahrung der *lex fori*.[22] Einer Berücksichtigung und Wahrung der wesentlichen Verfahrensgrundsätze der *lex fori* kann dadurch entsprochen werden, daß der deutsche Hauptinsolvenzverwalter sich etwaiger in dem betreffenden Mitgliedstaat unzulässiger Verwertungsarten bzw. –methoden nicht bedienen darf.[23] Die Frage, ob beispielsweise ein unbeweglicher Gegenstand der Versteigerung oder dem freihändigen Verkauf unterliegt, beurteilt sich nach der *lex fori concursus*. Das Verfahren des Verkaufs hingegen erfolgt nach dem Recht des Staates, in dem der Gegenstand belegen ist.[24] Der deutsche Insolvenzverwalter hat, nachdem geklärt ist, welcher Form der Verwertung der betreffende Gegenstand unterliegt, die Durchführung der Verwertung nach den Vorschriften des Staates vorzunehmen, in welchem sich der Gegenstand befindet.
Des weiteren hat der deutsche Hauptinsolvenzverwalter hinsichtlich bestimmter Rechtsbeziehungen inländische Vorschriften des Mitgliedstaates zu beachten, in welchem er

---

17 Vgl. dazu unter C.

18 Vgl. oben unter IV. Teil, A, III. 1.

19 Im Gegensatz zu der Regelung des Art. 18 Abs. 3 EuInsVO enthielt Art. 8 Abs. 2 DÖKV (Vertrag zwischen der Bundesrepublik Deutschland und der Republik Österreich auf dem Gebiet des Konkurs- und Vergleichs- (Ausgleichs-) rechts vom 25. Mai 1979, abgedruckt in: *Jayme / Hausmann (Hrsg.)*, Nr. 137) eine Bestimmung, welche den Verwalter allein aufgrund des Eröffnungsbeschlusses ermächtigt, Massebestandteile im Wege der Zwangsvollstreckung zu verwerten.

20 So *Lüer*, KTS 1981, 147, 157; *Hanisch*, in: Kegel, Vorschläge und Gutachten, S. 325 f.

21 Vgl. *Dordi*, R. D. I. Priv. & Proc. 1996, 331, 360.

22 So ist wohl auch die Kommentierung von *Virgos / Schmit*, Erläuternder Bericht, Nr. 164 lit. b) zu verstehen, nach welcher der Verwalter seine Befugnisse in der Weise ausüben muß, „...dass er gegen die Gesetze des Staates nicht verstößt."

23 Vgl. *Herchen*, S. 145.

24 Vgl. *Virgos / Schmit*, Erläuternder Bericht, Nr. 164 lit. c); *Wimmer*, ZInsO 2001, 97, 99.

tätig werden will. Dies ist beispielsweise der Fall bei Arbeitsverträgen i.S.d. Art. 10 EuInsVO. Danach ist für den Arbeitsvertrag und das Arbeitsverhältnis das Recht des Mitgliedstaats entscheidend, welches auf den Arbeitsvertrag anzuwenden ist.[25] Das auf den Arbeitsvertrag anwendbare Recht bestimmt sich nach den Regelungen des Übereinkommens von Rom aus dem Jahr 1980.[26] Gehört zur Insolvenzmasse ein ausländischer Betrieb, so hat der deutsche Insolvenzverwalter demnach bei etwaigen Kündigungen oder Sozialplanaktivitäten das ausländische Arbeitsrecht zu beachten. Eine Kündigung der Dienstverhältnisse gemäß den §§ 113 ff. InsO[27] kommt in diesen Mitgliedstaaten nicht in Betracht. Für den deutschen Hauptinsolvenzverwalter bedeutet dies, sich Kenntnisse über die Möglichkeiten zur Beendigung von Dienstverhältnissen für den Fall der Insolvenz in dem jeweils mitgliedstaatlichen Recht anzueignen. Bei sonstigen insolvenzrechtlichen Fragen – z.B. ob die aus einem Arbeitsverhältnis abgeleiteten Forderungen ein Vorrecht erhalten – finden hingegen weiterhin die Regelungen der *lex fori concursus* Anwendung.[28]

c. Einschränkung gemäß Art. 18 Abs. 3 Satz 2 EuInsVO

Eine weitere Einschränkung für den Insolvenzverwalter ergibt sich aus der Regelung des Art. 18 Abs. 3 Satz 2 EuInsVO. Die Befugnisse des Insolvenzverwalters erstrecken sich nicht auf die direkte Anwendung von Zwangsmitteln. Dies entspricht dem allgemeinen Grundsatz, nach welchem Zwangsmaßnahmen im Hoheitsgebiet eines anderen Staates grundsätzlich untersagt sind und gilt somit auch für den deutschen Hauptinsolvenzverwalter im Ausland.[29] Erfordert die Abwicklung eines Insolvenzverfahrens die Anwendung von Zwangsmitteln gegenüber Personen oder Gegenständen in einem anderen Mitgliedstaat, so ist der Verwalter gehalten, die lokalen Behörden bzw. Gerichte des betreffenden Mitgliedstaates einzuschalten.[30] Aufgrund der automatischen Anerkennung der Verwalterbestellung und der Verwalterbefugnisse kann der deutsche Verwalter direkt die Behörden bzw. Gerichte des betreffenden Staates ersuchen, gemäß den jeweiligen inländischen Rechtsvorschriften geeignete Maßnahmen der Zwangsvollstreckung gegen Personen oder Gegenstände zu ergreifen bzw. einzuleiten.[31] Im Interesse eines schnellen und unkomplizierten Tätigwerdens weist der Insolvenzverwalter seine Bestellung regelmäßig durch eine Bescheinigung i.S.d. Art. 19 EuInsVO[32] nach. Der Nachweis der Bestellung kann entweder in der Form einer beglaubigten Abschrift der ursprünglichen

25 Und zwar einschließlich seines Insolvenzrechts, vgl. *Virgos / Schmit*, Erläuternder Bericht, Nr. 125.

26 Vgl. Römisches EWG – Übereinkommen über das auf vertragliche Schuldverhältnisse anzuwendende Recht vom 19. Juni 1980, abgedruckt in: *Jayme / Hausmann (Hrsg.)*, Nr. 43, insbesondere die Artikel 6 und 7. Das Römische EWG – Übereinkommen ist im deutschen Recht durch die Artt. 27 bis 37 EGBGB inkorporiert worden. Das auf einen Arbeitsvertrag anwendbare Recht läßt sich anhand der Regelung des Art. 30 EGBGB ermitteln.

27 Vgl. zu den §§ 113 ff. InsO ausführlich III. Teil, A, VI.

28 Vgl. *Lehr*, KTS 2000, 577, 583; *Virgos / Schmit*, Erläuternder Bericht, Nr. 128.

29 Vgl. auch *Virgos / Schmit*, Erläuternder Bericht, Nr. 164 lit. a); *Wimmer*, ZInsO 2001, 97, 100. Ein ausländischer Verwalter hätte bei der Durchsetzung von Zwangsmaßnahmen in Deutschland die Vorschriften des deutschen Rechts zu beachten. Die Verwertung unbeweglicher Gegenstände hätte demnach entsprechend den §§ 172 ff. ZVG zu erfolgen bzw. dürfte diesen Vorschriften zumindest nicht entgegenstehen.

30 Vgl. FK / *Wimmer*, Anhang I, Art. 102 EGInsO, Rdnr. 82, 100; *Leible / Staudinger*, KTS 2000, 533, 563; *Virgos / Schmit*, Erläuternder Bericht, Nr. 164 lit. a).

31 Vgl. *Virgos / Schmit*, Erläuternder Bericht, Nr. 164 lit. a).

32 Die Regelung des Art. 19 EuInsVO lehnt sich an Art. 2 des Istanbul – Übereinkommens von 1990 an. Im Gegensatz zu dem Entwurf von 1982 hielt man es für nicht erforderlich, ein Musterformular über die Verwalterbestellung zu erstellen.

Entscheidung über die Bestellung oder durch eine andere vom Gericht ausgestellte Bescheinigung über die Bestellung erbracht werden.[33] Gemäß Art. 19 Abs. 2 EuInsVO kann eine Übersetzung der Bestellungsbescheinigung in die Amtssprache oder in eine der Amtssprachen desjenigen Mitgliedstaates, in welchem der Verwalter tätig werden will, verlangt werden.[34] Die Bescheinigung enthält hingegen keine Angaben hinsichtlich des Umfangs der dem Verwalter verliehenen Befugnisse. In Zweifelsfällen soll es daher ausreichen, wenn der Verwalter seine Befugnisse durch eine von dem Gericht, welches den Verwalter bestellt hat, ausgestellte Bescheinigung oder durch einen anderen nach dem Recht des betreffenden Staates zulässigen Nachweis belegen kann.[35]

d. Einschränkungen gemäß Art. 30 EGV[36]

Der deutsche Hauptinsolvenzverwalter kann die im Ausland belegenen massezugehörigen Gegenstände nur solange in einen anderen Vertragsstaat verbringen, wie sein Handeln im Einklang mit den Vorschriften über den freien Güterverkehr steht. Die Ausfuhrverbote des Art. 30 EGV gelten ausnahmslos auch für den Insolvenzverwalter.[37] Mithin ist es dem Insolvenzverwalter nicht möglich, Gegenstände zur Masse zu ziehen, welche in dem betreffenden Mitgliedstaat aus Gründen der öffentlichen Sittlichkeit oder des nationalen künstlerischen oder historischen Kulturguts nicht ausgeführt werden dürfen.[38]

IV. Annahme erhaltener Leistungen gemäß Art. 20 Abs. 1 EuInsVO

Das Ziel der Vorschrift des Art. 20 EuInsVO besteht darin, zur Wahrung des Grundsatzes der Gläubigergleichbehandlung beizutragen.[39] Zur Verwirklichung dieser Zielsetzung sind Gläubiger eines Hauptinsolvenzverfahrens, welche sich vollständig oder teilweise aus einem Massegegenstand insbesondere durch Zahlungen des Schuldners selbst oder durch Zwangsvollstreckung befriedigt haben, grundsätzlich verpflichtet, dieses Erlangte an den Insolvenzverwalter herauszugeben.[40] Ein Behaltendürfen des Erlangten würde dem Gleichbehandlungsgrundsatz strikt zuwiderlaufen.[41] Umgekehrt ergibt sich daraus für den Insolvenzverwalter die Pflicht, derartige Vorgänge aufzudecken und von den betreffenden Gläubigern die Herausgabe des erlangten Geldbetrages oder des erlangten Vermögensgegenstandes zu verlangen. Hinsichtlich des bereits in einem Insolvenzverfahren von einem Gläubiger Erlangten hat eine Anrechnung in Bezug auf die

---

33 Vgl. *Leible / Staudinger*, KTS 2000, 533, 561.

34 Dabei müssen die Übersetzungen den in dem betreffenden Staat geltenden Voraussetzungen für die Übersetzung offizieller Dokumente genügen. Hilfreich könnte in diesem Zusammenhang eine Anlehnung an Art. 55 Abs. 2 Satz 2 EuGVVO sein. Danach ist die Übersetzung von einer hierzu in einem Mitgliedstaat befugten Person zu beglaubigen. Hinsichtlich der EuInsVO kämen demnach sowohl Personen des Staates der Verfahrenseröffnung als auch Personen des Staates, in welchem der Verwalter handeln will, in Betracht.

35 Vgl. *Virgos / Schmit*, Erläuternder Bericht, Nr. 170.

36 In der Fassung des Vertrages von Amsterdam vom 2. Oktober 1997, BGBl. 1998 II, S. 387 (465).

37 Vgl. *Virgos / Schmit*, Erläuternder Bericht, Nr. 164 lit. b).

38 Vgl. für weitere Fälle die Regelung des Art. 30 EGV.

39 Vgl. *Virgos / Schmit*, Erläuternder Bericht, Nr. 171; FK / *Wimmer*, Anhang I, Art. 102 EGInsO, Rdnr. 102; *Wimmer*, ZInsO 2001, 97, 102. Das Ziel der Gläubigergleichbehandlung (*par condicio creditorum*) wird bereits in Erwägungsgrund Nr. 21 Satz 3 zur EuInsVO erwähnt. Vgl. zum Grundsatz der Gläubigergleichbehandlung bereits I. Teil, D, II. 3.

40 Eine Ausnahme gilt lediglich gegenüber einzelnen Gläubigern, welchen eine dingliche Sicherheit nach Art. 5 oder 7 EuInsVO zusteht.

41 Vgl. *Virgos / Schmit*, Erläuternder Bericht, Nr. 172.

Quote des anderen Verfahrens zu erfolgen.[42] Diese Anrechnungsregel hatte der BGH in einer Entscheidung aus den achtziger Jahren anlässlich eines deutschen Gläubigers aufgestellt, der sich an dem deutschen Insolvenzverfahren vorbei eine zusätzliche Sonderbefriedigung aus dem in der Schweiz belegenen Vermögen des Schuldners verschafft hatte.[43]

V. Allgemeine Antragsrechte

Die EuInsVO sieht in ihrem Kapitel II im wesentlichen zwei allgemeine Antragsrechte des Insolvenzverwalters vor, welche sowohl vom Haupt- als auch vom Sekundärinsolvenzverwalter wahrgenommen werden können. Dabei handelt es sich um das Recht zum Antrag auf öffentliche Bekanntmachung i.S.d. Art. 21 EuInsVO sowie um das Recht zum Antrag auf Eintragung in öffentliche Register i.S.d. Art. 22 EuInsVO.

1. Antrag auf öffentliche Bekanntmachung i.S.d. Art. 21 EuInsVO

a. Allgemeines

Nach der Vorschrift des Art. 21 Abs. 1 EuInsVO ist der wesentliche Inhalt der Entscheidung über die Verfahrenseröffnung und über die regelmäßig gleichzeitig ergangene Bestellung zum Verwalter auf Antrag des Verwalters im Interesse des Geschäftsverkehrs in jedem anderen Mitgliedstaat bekannt zu machen. Der Verwalter wird den Antrag entsprechend den Bestimmungen des jeweiligen Staates hinsichtlich öffentlicher Bekanntmachungen stellen.[44] Gemäß Art. 21 Abs. 1 Satz 2 EuInsVO ist in der Bekanntmachung ferner der Verwalter anzugeben sowie ein Hinweis darauf, ob sich die Zuständigkeit aus Art. 3 Abs. 1 oder aus Art. 3 Abs. 2 EuInsVO ergibt. Die öffentliche Bekanntmachung ist in den anderen Mitgliedstaaten weder für die Anerkennung der Verfahrenseröffnung noch für die Anerkennung der Verwalterbefugnisse erforderlich.[45] Der Insolvenzverwal-

---

42 Vgl. die Regelung des Art. 20 Abs. 2 EuInsVO. Dabei setzt sich das Berechnungsverfahren aus vier Regeln zusammen: 1. Kein Gläubiger kann mehr als 100 % seiner Forderung erhalten. 2. Es ist grundsätzlich immer der ursprüngliche Wert der Forderung geltend zu machen, d.h. jedwede in anderen Verfahren erlangten Beträge werden regelmäßig nicht in Abzug gebracht. 3. Eine Forderung ist bei der Verteilung erst dann zu berücksichtigen, wenn die Gläubiger desselben Ranges im Rahmen desselben Verfahrens zum gleichen Prozentsatz befriedigt worden sind wie der Forderungsinhaber im anderen, bereits abschließend verteilten, Verfahren. 4. Der Rang oder die Kategorie der einzelnen Forderung bestimmt sich gemäß Art. 4 Abs. 2 lit. i) EuInsVO nach dem Recht des Staates der Verfahrenseröffnung.

43 Diese musste der betreffende Gläubiger dann an den deutschen Konkursverwalter herausgeben, vgl. BGHZ 88, 147, 153 ff.

44 Nach der InsO erfolgt die öffentliche Bekanntmachung – d.h. die Anordnung der öffentlichen Bekanntmachung – gemäß § 9 InsO grundsätzlich durch das Insolvenzgericht und nur ausnahmsweise durch den Insolvenzverwalter (vgl. § 188 Satz 3 InsO). Öffentliche Bekanntmachungen erfolgen in der Regel nicht im Bundesanzeiger (im Bundesanzeiger ist entsprechend § 30 Abs. 1 InsO und unbeschadet § 9 Abs. 1 InsO lediglich ein Auszug zu veröffentlichen). Bei einer gesetzlich vorgeschriebenen öffentlichen Bekanntmachung hat diese gemäß § 9 Abs. 1 Satz 1 InsO in dem für amtliche Bekanntmachungen des Gerichts bestimmten Blatt zu erfolgen. Die Ausgestaltung dieses Blattes wird von den einzelnen Landesjustizverwaltungen vorgenommen. In der Regel wird es sich um das jeweilige landesrechtliche Amts- oder Ministerialblatt handeln, vgl. dazu *Oesterreich*, Rpfleger 1988, 302 ff. Zusätzlich können jedoch gemäß § 9 Abs. 2 InsO weitere Formen der Veröffentlichung – wie etwa die Veröffentlichung in lokalen Tageszeitungen oder bei überregionaler Tätigkeit in bundesweiten Zeitungen sowie Fachzeitschriften veranlasst werden.

45 Vgl. bereits den Erwägungsgrund 29 zur EuInsVO; *Balz*, ZIP 1996, 948, 952; *Virgos / Schmit*, Erläuternder Bericht, Nr. 177. Jedoch hat die öffentliche Bekanntmachung weitreichende Folgen, wie ein Blick auf die

ter hat bei der Entscheidung, sein Antragsrecht auszuüben, abzuwägen, ob es im Hinblick auf die Zahl der Gläubiger in dem betreffenden Mitgliedstaat erforderlich ist[46] oder ob im Interesse einer Reduzierung der Verfahrenskosten[47] von einer Veröffentlichung abzusehen ist.[48] In erster Linie besteht der Zweck einer solchen öffentlichen Bekanntmachung darin, der Sicherheit des Wirtschaftsverkehr dadurch Rechnung zu tragen, dass die Gläubiger und eventuelle zukünftige Vertragspartner über den rechtlichen Status und insbesondere über die Vermögenssituation in Kenntnis gesetzt werden. Zwar trifft das Insolvenzgericht gemäß Art. 40 Abs. 1 EuInsVO die Pflicht, unverzüglich sämtliche bekannten Gläubiger von der Eröffnung des Verfahrens in Kenntnis zu setzen. Gerade bei international tätigen Unternehmen mit mehreren Niederlassungen in anderen Mitgliedstaaten der EU kann eine öffentliche Bekanntmachung jedoch von erheblichem Vorteil sein. In Mitgliedstaaten, in welchen der Gemeinschuldner eine Niederlassung unterhält, kann eine obligatorische Bekanntmachung vorgesehen werden. Dann ist der Insolvenzverwalter oder jede andere befugte Stelle oder Institution gemäß Art. 21 Abs. 2 EuInsVO verpflichtet, alle für die öffentliche Bekanntmachung erforderlichen Maßnahmen zu ergreifen.

b. Art und Weise der öffentlichen Bekanntmachung

Die EuInsVO legt kein einheitliches Verfahren für die Art und Weise der öffentlichen Bekanntmachung fest. Nach Art. 21 Abs. 1 EuInsVO hat die öffentliche Bekanntmachung den jeweiligen Bestimmungen über öffentliche Bekanntmachungen zu entsprechen. Zur Präzisierung und technischen Umsetzung der öffentlichen Bekanntmachung kommen verschiedene Möglichkeiten in Betracht.

aa. Öffentliche Bekanntmachung in Amtsblättern

Nach dem Vorbild des Art. 5 Abs. 1, 2. Halbsatz DÖKV[49] könnte die Eröffnung eines Insolvenzverfahrens auf Veranlassung des Insolvenzgerichts in den Amtsblättern der jeweiligen Mitgliedstaaten bekannt gegeben werden. Dabei handelt es sich nicht um ein Rechtshilfeersuchen, sondern lediglich um einen im privatrechtlichen Geschäftsverkehr erteilten Druckauftrag.[50] Eine derartige Vorgehensweise vermeidet Probleme, solange es sich um eine in den betreffenden Staaten gesprochene und verstandene Sprache handelt. Innerhalb des Geltungsbereichs der EuInsVO verhält es sich naturgemäß nicht so.

Vorschrift des Art. 24 EuInsVO und den damit zusammenhängenden Gutglaubensschutz verdeutlicht, vgl. auch Erwägungsgrund 30.

46 Ob eine Veröffentlichung in einem Mitgliedstaat im Einzelfall erforderlich ist, lässt sich nicht pauschalisieren. Soll nun eine Veröffentlichung erforderlich sein, wenn sich möglichst viele Gläubiger des Schuldners in dem betreffenden Mitgliedstaat befinden oder gerade dann, wenn sich nur wenige oder einzelne Gläubiger in dem Mitgliedstaat befinden (hinter der zweiten Möglichkeit könnte die Überlegung stehen, dass in einem Mitgliedstaat mit vielen Gläubigern eher eine Kenntnisnahme ohne Veröffentlichung stattfinden könnte, als wenn in einem bestimmten Mitgliedstaat nur vereinzelte Kleingläubiger vorhanden sind). Grundsätzlich sollte einer öffentlichen Bekanntmachung im Verhältnis zur Reduzierung der Verfahrenskosten der Vorzug gegeben werden.

47 Nach Art. 23 EuInsVO gelten die Kosten der Art. 21 und 22 EuInsVO als Verfahrenskosten.

48 Vgl. FK / *Wimmer*, Anhang I, Art. 102 EGInsO, Rdnr. 105.

49 Vertrag zwischen der Bundesrepublik Deutschland und der Republik Österreich auf dem Gebiet des Konkurs- und Vergleichs- (Ausgleichs-) rechts vom 25. Mai 1979, abgedruckt in: *Jayme / Hausmann (Hrsg.)*, Nr. 137.

50 Nach dem DÖKV muss sich beispielsweise das Konkursgericht direkt an den „Bundesanzeiger" bzw. an das „Amtsblatt zur Wiener Zeitung" wenden.

bb. Übersetzung der Entscheidung entsprechend Art. 19 Abs. 2 EuInsVO

Dieses Problem könnte dadurch vermieden werden, dass die Entscheidung über die Eröffnung und über die Bestellung des Insolvenzverwalters in die jeweiligen Landessprachen übersetzt würden. Entsprechend der in Art. 19 Abs. 2 EuInsVO getroffenen Regelung könnte hinsichtlich des Eröffnungsbeschlusses eine Übersetzung in die Sprachen derjenigen Mitgliedstaaten, in welchen ein Tätigwerden des Verwalters beabsichtigt ist, verlangt werden.[51]

cc. Einheitliches europäisches Insolvenzregister

An die Möglichkeit einer Übersetzung anknüpfend und damit am überschaubarsten erscheint eine öffentliche Bekanntmachung in der Weise, ein eigenes einheitliches, europäisches Insolvenzregister[52] über die in den Mitgliedstaaten eröffneten Insolvenzverfahren zu errichten.[53] In dieses Register wären sämtliche Eröffnungsbeschlüsse innerhalb des Geltungsbereichs der EuInsVO einzutragen einschließlich der für dieses Verfahren bestellten Verwalter.[54] Des Weiteren wären Angaben hilfreich, welche erkennen lassen, ob es sich bei dem eröffneten Verfahren um ein Haupt- oder Partikularverfahren handelt.[55] Es wäre beispielsweise vorstellbar, eine Datenbank im Internet einzurichten[56], von der aus sämtliche wichtigen Daten von den Gerichten innerhalb kürzester Zeit abgerufen werden könnten. Diese Daten müssten – um diese Alternative als wirklich effektiv

---

51 Vgl. dazu FK / *Wimmer*, Anhang I, Art. 102 EGInsO, Rdnr. 107.

52 Die Einrichtung eines einheitlichen europäischen Insolvenzregisters würde nicht davon entbinden, die Eröffnungsbeschlüsse in die nationalen Grundbücher bzw. Register in den jeweiligen Mitgliedstaaten eintragen zu lassen, wenn dies vom zuständigen Verwalter beantragt worden ist. Vielleicht steht am Ende einer derartigen Entwicklungskette in der Zukunft, dass der Verwalter seinen Antrag auf Eintragung in bestimmte nationale Register bestimmter Mitgliedstaaten bei dieser Registerstelle vorbringen könnte, von welcher aus sodann die Eintragung in den Registern der betreffenden Mitgliedstaaten veranlasst werden könnte. Bei der Registerstelle müsste dann die erforderliche Infrastruktur vorhanden sein, um möglichst schnell mit den zuständigen Stellen der anderen Mitgliedstaaten in Verbindung treten zu können.

53 In den Mitgliedstaaten bestehen bisweilen erhebliche Unterschiede in Bezug auf das Grundbuch- bzw. Registersystem. Sieht das ausländische Recht zur Herstellung der Publizität eine andere Methode vor, um den Gutglaubensschutz zu verwirklichen, so kann diese Methode nicht ohne weiteres mit den Mitteln des deutschen Rechts umgesetzt werden. Vielmehr ist eine Substitution des ausländischen Mittels durch ein äquivalentes deutsches Mittel – wie etwa den Insolvenzvermerk – erforderlich, vgl. dazu *Hanisch*, ZIP 1992, 1125, 1127.

54 Hierbei zeigt sich ein evidentes Problem: die Sprachbarriere. Gleichgültig, für welche Form der öffentlichen Bekanntmachung man sich entscheiden würde; am Ende muss immer ein Ergebnis stehen, welches in dem betreffenden Mitgliedstaat verstanden werden kann. Es wäre jedoch denkbar, die jeweiligen Inhalte in jeder Amtssprache der EU – Mitgliedstaaten zu veröffentlichen. Dann wäre dieses Problem von vorne herein zu vermeiden. Von Interesse könnten auch weitere Angaben wie etwa die Frist für die Gläubiger zur Anmeldung ihrer Forderungen sein.

55 Dadurch hätte ein solches Register für sämtliche Insolvenzgerichte innerhalb der Europäischen Union eine nicht zu unterschätzende Bedeutung, insbesondere auch für die Frage der internationalen Zuständigkeit. Eventuelle Konflikte bezüglich der Kennzeichnung der Verfahren und des Zeitpunktes der Verfahrenseröffnung könnten somit vermieden werden. Gleichzeitig könnten die für die Gläubiger, welche dem Verwalter nicht bereits aus den Unterlagen des Schuldners bekannt sind, wichtigen Informationen – wie etwa der Stichtag für die Forderungsanmeldung und die Anschrift des zuständigen Insolvenzverwalters – ebenfalls in das Register eingetragen werden.

56 Diesen Weg hat Österreich bereits am 1. Januar 2000 beschritten. Ab diesem Zeitpunkt erfolgt gemäß § 173 a KO die öffentliche Bekanntmachung von Schriftstücken und Beschlüssen durch die Aufnahme in die Insolvenzdatei und ersetzt somit alle bisherigen öffentlichen Bekanntmachungen, vgl. *Pluta*, DZWiR 2000, 142. Denkbar wäre im Rahmen der EuInsVO insoweit eine Domain mit dem Namen www.european-insolvency.com.

zu gestalten – möglichst in sämtlichen Amtssprachen der EU – Mitgliedstaaten zur Verfügung stehen. Dies wiederum setzt voraus, dass entweder in den Mitgliedstaaten, deren Gerichte die Eröffnungsbeschlüsse nebst Verwalterbestellung in dieses Register eintragen lassen wollen, bereits entsprechende Übersetzungsarbeiten getätigt worden sind oder dass bei der entsprechenden Registerstelle kompetente Übersetzer zur Verfügung stehen, die diese Aufgaben übernehmen können.

2. Antrag auf Eintragung in öffentliche Register i.S.d. Art. 22 Abs. 1 EuInsVO

Die öffentliche Bekanntmachung in einem einheitlichen europäischen Insolvenzregister macht die Eintragung in andere öffentliche nationale Register nicht obsolet. Nach der Regelung des Art. 22 Abs. 1 EuInsVO ist die Eröffnung des Verfahrens i.S.d. Art. 3 Abs. 1 EuInsVO auf Antrag des Verwalters in das Grundbuch, in das Handelsregister und in jedes andere öffentliche Register in den Mitgliedstaaten einzutragen. Eine Eintragung in öffentliche Register der jeweils anderen Mitgliedstaaten kommt ausschließlich bei einem Hauptinsolvenzverfahren in Betracht, da sich das Partikularinsolvenzverfahren naturgemäß auf das Territorium des Eröffnungsstaates beschränkt. Bei dem Antrag auf Eintragung in öffentliche Register gemäß Art. 22 Abs. 1 EuInsVO ist ebenso wie bei dem Antrag auf öffentliche Bekanntmachung i.S.d. Art. 21 Abs. 1 EuInsVO festzustellen, dass die Eintragung in ein öffentliches Register keine Voraussetzung für die Anerkennung eines ausländischen Insolvenzverfahrens und für die Anerkennung der Verwalterbefugnisse darstellt.[57] Die Veranlassung der Eintragung in öffentliche Register steht ebenfalls im Ermessen des Verwalters und hat hinsichtlich des Inhalts und der Form grundsätzlich den Vorschriften des Registerstaates zu genügen.[58] Dabei sollte der Vertragsstaat, in dessen Register das im Ausland eröffnete Verfahren einzutragen ist, grundsätzlich ähnliche Bedingungen für die Eintragung vorsehen wie bei einem inländischen Verfahren. Zu klären bleibt, welche Vorgehensweise dem Kriterium der „ähnlichen Bedingungen" entspricht. Nach Art. 5 Abs. 2 DÖKV etwa kann sich das Konkursgericht unmittelbar an das ausländische Grundbuchamt oder Registergericht wenden. Einem solchen Verfahren zufolge hätte das Grundbuchamt bzw. das Registergericht im Rahmen der EuInsVO zu prüfen, ob die Entscheidung nach der EuInsVO anerkannt werden kann. Dagegen legt die Vorschrift des § 386 RegE fest, dass der ausländische Verwalter zunächst beim Insolvenzgericht einen Antrag stellen muss und dieses sodann die zuständige Registerstelle um Eintragung ersucht. Eine vorhergehende Prüfung durch das Insolvenzgericht bringt regelmäßig eine größere Sachkunde mit sich und bietet für den jeweiligen ausländischen Insolvenzverwalter eine gewisse Erleichterung, da er sich dann nur an diese eine Stelle zu wenden hätte. Insofern scheint diese Vorgehensweise vorzugswürdig.

---

57 Vgl. *Virgos / Schmit*, Erläuternder Bericht, Nr. 182.
58 Vgl. FK / *Wimmer*, Anhang I, Art. 102 EGInsO, Rdnr. 108 ff.

B. Der deutsche Insolvenzverwalter im Sekundärinsolvenzverfahren i.S.d. Artt. 27 ff. EuInsVO

I. Allgemeines

Die Existenz der Sekundärinsolvenzverfahren wird bereits in den Erwägungsgründen zur EuInsVO vorausgesetzt.[59] Die gesonderte Regelung der Sekundärinsolvenzverfahren ist Gegenstand des Kapitels III (Artt. 27 bis 38) der EuInsVO. Diese Bestimmungen sind anwendbar, wenn zunächst ein Hauptinsolvenzverfahren und erst später ein territorial beschränktes Sekundärinsolvenzverfahren eröffnet worden sind. Dabei ist gemäß Artt. 27 Satz 1 EuInsVO nicht erforderlich, dass das für die Eröffnung des Sekundärinsolvenzverfahrens zuständige Gericht die Insolvenz des Schuldners prüft.[60] Zudem kommen die Vorschriften der Artt. 27 ff. EuInsVO auch dann in Betracht, wenn zuerst nur ein territorial beschränktes Partikularverfahren und erst im Anschluß daran ein Hauptinsolvenzverfahren eröffnet worden sind. In einem solchen Fall finden auf das Partikularverfahren nach der Eröffnung des Hauptinsolvenzverfahrens entsprechend den besonderen Bestimmungen der Artt. 36 und 37 EuInsVO die Vorschriften der Artt. 31 bis 35 EuInsVO Anwendung, soweit dies nach dem Stand des Partikularverfahrens möglich ist. Das Partikularverfahren wird mithin nach der Eröffnung des Hauptverfahrens zum Sekundärinsolvenzverfahren.[61]

II. Begriff und Funktion des Sekundärinsolvenzverfahrens

1. Begriff des Sekundärinsolvenzverfahrens

Die Gerichte eines Mitgliedstaates sind nach der Vorschrift des Art. 3 Abs. 2 EuInsVO zu der Eröffnung eines territorial beschränkten Partikularverfahrens befugt, wenn sich in dem betreffenden Mitgliedstaat eine Niederlassung des Gemeinschuldners befindet. Die Wirkungen eines solchen Verfahrens sind auf das Vermögen des Gemeinschuldners in dem betreffenden Eröffnungsstaat beschränkt.[62] Ist bereits ein Hauptinsolvenzverfahren eröffnet, kann das Partikularverfahren nur ein Sekundärinsolvenzverfahren sein.[63] Entsprechend der in Erwägungsgrund 20 Satz 3 zur EuInsVO und den Art. 31 ff. EuInsVO zum Ausdruck gekommenen Kon-

---

59 In den Erwägungsgründen 11 Satz 6, 12 Satz 3 ff., 17 bis 20, 25 Satz 4 f. zur EuInsVO finden sich bereits Aussagen, Postulate und Begründungen in Bezug auf die Existenz von Sekundärinsolvenzverfahren.

60 Vgl. *Fritz / Bähr*, DZWiR 2001, 221, 231; *Gottwald*, Grenzüberschreitende Insolvenzen, S. 26; *Lehr*, KTS 2000, 577, 584; *Leible / Staudinger*, KTS 2000, 533, 568 f. Ansonsten müßte das Vorliegen eines Insolvenzgrundes i.S.d. §§ 16 bis 19 InsO geprüft werden, wenn der Gemeinschuldner eine Niederlassung in Deutschland unterhält Die Entbehrlichkeit der erneuten Prüfung eines Insolvenzgrundes darf nicht dahingehend missverstanden werden, dass aufgrund der Eröffnung des Hauptinsolvenzverfahrens auch in dem Staat der Eröffnung des Sekundärverfahrens ein Insolvenzgrund gegeben ist. Vielmehr ist die Formulierung des Art. 27 Satz 1 EuInsVO Ausfluss der Anerkennung i.S.d. Art. 16 EuInsVO und besagt, dass es auf die Insolvenzgründe in dem Staat der Eröffnung des Sekundärverfahrens nicht mehr ankommt.

61 Vgl. ausdrücklich in Erwägungsgrund 17 Satz 3 zur EuInsVO: „Nach der Eröffnung des Hauptinsolvenzverfahrens wird das Partikularverfahren zum Sekundärverfahren."

62 Dies bedeutet jedoch nicht, dass auch die Befugnisse des Sekundärinsolvenzverwalters in jedem Fall territorial auf das Gebiet des Sekundärstaates beschränkt sind. Vielmehr bestimmt Art. 18 Abs. 2 EuInsVO, dass der Sekundärverwalter in jedem anderen Mitgliedstaat gerichtlich und außergerichtlich geltend machen darf, ein beweglicher Gegenstand sei nach der Eröffnung des Sekundärverfahrens in einen anderen Mitgliedstaat verbracht worden.

63 Vgl. Artt. 3 Abs. 2, 3 Abs. 3, 27 EuInsVO.

zeption ist von einer dominierenden Rolle des Hauptinsolvenzverfahrens auszugehen.[64] Nach Art. 3 Abs. 3 Satz 2 EuInsVO muss es sich bei dem Sekundärinsolvenzverfahren regelmäßig um ein Liquidationsverfahren handeln. Der Begriff des Liquidationsverfahrens wird in Art. 2 lit. c) EuInsVO legaldefiniert. Demzufolge ist ein Liquidationsverfahren ein Gesamtverfahren i.S.d. Art. 2 lit. a) EuInsVO, welches darüber hinaus zur Liquidierung des Schuldnervermögens führt, und zwar auch dann, wenn dieses Verfahren durch einen Vergleich oder eine andere die Insolvenz des Schuldners beendende Maßnahme oder wegen unzureichender Masse beendet wird. Die Verfahren, welche als Sekundärverfahren in Betracht kommen, sind in Anhang B zur EuInsVO aufgeführt.[65] Der Wortlaut des Art. 2 lit. c) EuInsVO ist gerade in Verbindung mit Art. 3 Abs. 3 EuInsVO sprachlich etwas misslungen. Wie ein Blick auf die Vorschrift des Art. 34 Abs. 1 Satz 1 EuInsVO verdeutlicht, kann ein Sekundärinsolvenzverfahren auch durch einen Sanierungsplan, einen Vergleich oder eine andere vergleichbare Maßnahme – d.h. ohne Liquidation – beendet werden.[66] Somit fallen unter den Begriff des Liquidationsverfahrens i.S.d. EuInsVO alle Insolvenzverfahren, welche grundsätzlich zu einer Liquidierung führen *können*. Für ein derartiges Verständnis spricht in Bezug auf die Bundesrepublik Deutschland auch die Einbeziehung des Insolvenzverfahrens – im Rahmen dessen bekanntermaßen die Sanierung als gleichrangiges Verfahrensziel neben der Liquidierung anzusehen ist – in den Anhang B zur EuInsVO, welcher in Verbindung mit Art. 2 lit. c) EuInsVO die Liquidationsverfahren abschließend aufzählt. Es entspricht nicht der Intention des Europäischen Gesetzgebers, eine sinnvoll erscheinende Sanierung in einem Sekundärverfahren an dem missglückten Wortlaut des Art. 2 lit. c) EuInsVO scheitern zu lassen. Im Ergebnis kann das Sekundärverfahren – die Zustimmung des Hauptinsolvenzverwalters vorausgesetzt - sowohl durch Liquidierung des Schuldnervermögens als auch mit einer anderen verfahrensbeendenden Maßnahme beendet werden. Oberstes Gebot einer Entscheidung über die Verfahrensbeendigung muss jedenfalls die Wahrung der Grundsätze und Ziele der EuInsVO sein.[67]

2. Funktion und Vorteile des Sekundärinsolvenzverfahrens

Die Zulassung von Sekundärinsolvenzverfahren verfolgt im wesentlichen das Ziel, insbesondere bei umfangreicheren Verfahren, bei welchen der Gemeinschuldner in anderen Mitgliedstaaten Niederlassungen unterhält, die Abwicklung des Gesamtunternehmens zu erleichtern. Zudem sollen die inländischen Interessen geschützt werden, wenn dies für die effiziente Verwaltung der Insolvenzmasse erforderlich ist.[68] In Bezug auf das Hauptinsolvenzverfahren kommt dem Sekundärinsolvenzverfahren vornehmlich eine unterstützende Funktion zu.[69] Nach der jahrzehntelangen Diskussion über die Modelle der Universalität und der Territorialität bzw. der Einheit und der Mehrheit der Insolvenzverfahren ist man überwiegend zu der Erkenntnis gelangt, dass die verlockende Idealvorstellung der Einheit und der Universalität

64 Vgl. auch *Lehr*, ZIP 2000, 577, 583; *Wimmer*, ZIP 1998, 982, 987. Vgl. zum Verhältnis Haupt- / Sekundärinsolvenzverfahren und zu Einflussmöglichkeiten des Hauptinsolvenzverwalters auf das Sekundärverfahren unten C, III. 1. und 2.

65 Vgl. den Verweis in Art. 2 lit. c) Satz 2 EuInsVO.

66 Die Begriffsbestimmung des Liquidationsverfahrens nach der EuInsVO entspricht insofern eher derjenigen in Art. 1 Abs. 1 des Istanbul – Übereinkommens des Europarates vom 5. Juni 1990 („...collective insolvency proceedings......which *may* entail the liquidation of the assets.").

67 Vgl. zu den Grundsätzen und Zielen der EuInsVO bereits in I. Teil, D., II.

68 Vgl. bereits den Erwägungsgrund 19 Satz 1 und Satz 2 zur EuInsVO. Siehe auch *Fritz / Bähr*, DZWiR 2001, 221, 230; *Gottwald*, Grenzüberschreitende Insolvenzen, 1997, S. 27; *Kemper*, ZIP 2001, 1609, 1612.

69 Vgl. *Lüke*, ZZP 111 (1998), 275, 298, 304; *Virgos / Schmit*, Erläuternder Bericht, Nr. 33.

eines einzigen Insolvenzverfahrens bislang praktisch noch nicht umsetzbar ist.[70] Dies hängt damit zusammen, dass zum einen zwischen den einzelnen nationalen Insolvenzsachrechten der Mitgliedstaaten bisweilen erhebliche Unterschiede bestehen[71] und darüber hinaus die privat-, arbeits-, steuer- und sozialrechtlichen Grundlagen, welche mit dem Insolvenzverfahren in einem engen Zusammenhang stehen können, entscheidend voneinander abweichen.[72] Diesen Unterschieden soll zum einen mit den Möglichkeiten einer Sonderanknüpfung i.S.d. Art. 5 ff. EuInsVO[73] und zum anderen mit der Zulassung territorial beschränkter Sekundärinsolvenzverfahren Rechnung getragen werden.[74]
Der grundlegende Vorteil eines Sekundärverfahrens besteht darin, dass die Durchführung des Verfahrens grundsätzlich nach dem Recht des Staates der Verfahrenseröffnung erfolgt.[75] Daher kommt in einem Sekundärverfahren inländisches Recht als *lex fori concursus* zur Anwendung und sämtliche Rechte und Rechtsverhältnisse, welche nach inländischem Recht entstanden sind bzw. bestehen, werden hierdurch geschützt.[76] Die inländischen Gläubiger haben die Möglichkeit, ihre Forderungen wie in einem gewöhnlichen rein innerstaatlichen Verfahren geltend zu machen und unterliegen nicht der Unsicherheit,[77] wie ihre Rechte in einem ausländischen Hauptinsolvenzverfahren mit universalem Geltungsanspruch zu behandeln wären.[78] Mit den nach inländischem Recht privilegierten Rechten und Rechtsverhältnissen kann auf das in dem betreffenden Staat belegene Vermögen des Gemeinschuldners zugegriffen werden. In angemessener Weise wird somit den Gesichtspunkten der Rechtssicherheit und des Vertrauensschutzes Rechnung getragen.[79] Die inländischen Gläubiger werden trotz des erhöhten Aufwandes vernünftigerweise ihre Forderungen auch in einem ausländischen Insolvenzverfahren anmelden, um auf ihre Forderungen eine optimale Insolvenzquote zu erhalten.[80]

70 Vgl. den Erwägungsgrund 11 zur EuInsVO. Siehe auch *Flessner*, ZIP 1989, 749, 754; *Aderhold*, S. 65; *Grasmann*, KTS 1990, 157, 180; *Hanisch*, ZIP 1983, 1298; *Paulus*, ZIP 2001, 505, 506, nach dem - neben der rechtlichen - auch in faktischer Hinsicht derzeit die „...Zeit für ein Einheitsverfahren noch nicht reif genug..." ist: *Strub*, EuZW 1994, 424, 427; *Weber*, KTS 1965, 95, 138 f.; *Wimmer*, ZIP 1998, 982, 983, die Sekundärverfahren in irgendeiner Form für erforderlich halten. A.A. vgl. *Lüer*, AnwBl. 1990, 444, 445; *Eidenmüller*, IPRax 2001, 1, 12, 14 f.; *Wenner*, KTS 1990, 429, 434; *Kespohl - Willlemer*, AnwBl. 1988, 575, 576. Mit der grundsätzlichen Problematik sekundärer Insolvenzverfahren und mit vereinzelten Regelungsmodellen diesbezüglich setzt sich ausführlichst *Spahlinger*, S. 185 ff., 270 ff. auseinander. Zur Partikularinsolvenz allgemein *Bloching*, S. 67 ff., 138 ff.,

71 Insbesondere im Bereich der Sicherungsrechte bzw. der Vorrechte einzelner Gläubiger besteht eine sehr unterschiedliche Ausprägung zwischen den Mitgliedstaaten.

72 Vgl. Erwägungsgrund 19 Satz 1 und 2 zur EuInsVO; *Hanisch*, ZIP 1994, 1, 2; *Kemper*, ZIP 2001, 1609; *Wimmer*, ZIP 1998, 982, 983.

73 Vgl. dazu bereits I. Teil, D, III. 4. b.

74 Vgl. Erwägungsgrund 11 Satz 5 und Satz 6 zur EuInsVO.

75 Unter Berücksichtigung der Sonderanknüpfungen nach den Artt. 5 bis 15 EuInsVO.

76 Der Schutz der inländischen Gläubiger darf jedoch nicht zu einer Bevorzugung führen. Dies wäre mit dem Gebot der *par condicio creditorum*, einem der zentralen Grundsätze der EuInsVO (vgl. I. Teil D, II. 3.), keineswegs vereinbar. Vgl. dazu auch *Nadelmann*, KTS 1974, 189, 191.

77 Angesichts der häufig fehlenden Kenntnis der ausländischen Insolvenzsachrechte kann man von einem regelrechten Misstrauen sprechen. *Bloching*, S. 73 ff. weist auf die Probleme inländischer Gläubiger bei der Rechtsverfolgung im Ausland hin. Diese bestehen zum einen in dem Wechsel des ursprünglichen Gerichtsstandes sowie in Sprachschwierigkeiten und der räumlichen Distanz. Zudem kann es für die betreffenden Gläubiger erforderlich sein, rechtliche Beratung von einem spezialisierten Anwalt in Anspruch zu nehmen, was in der Regel mit recht hohen Kosten verbunden ist.

78 Vgl. *Spahlinger*, S. 293; *Wimmer*, ZIP 1998, 982, 984.

79 Vgl. *Wimmer*, ZIP 1998, 982, 984.

80 Dies ist jeweils im Einzelfall zu entscheiden, da sich die Gläubiger nach Beendigung des Sekundärverfahrens ihre Quote in dem ausländischen Verfahren anrechnen lassen müssen und erst dann an der Verteilung im Rahmen eines anderen Verfahrens teilnehmen können, wenn die Gläubiger gleichen Ranges in dem anderen Verfahren die gleiche Quote erhalten haben, vgl. Art. 20 Abs. 2 EuInsVO. Vgl. zur Art und Weise der

3. Vorteil für den Verwalter des Sekundärinsolvenzverfahrens

Für den Insolvenzverwalter des Sekundärverfahrens ergibt sich aus der Zulassung von Sekundärinsolvenzverfahren der Vorteil, dass er mit den lokalen Gegebenheiten und der Rechtsordnung des Belegenheitsstaates vertraut ist und keine Sprachprobleme hat.[81] Dadurch können sehr umfangreiche Insolvenzverfahren überschaubarer abgewickelt werden und es kann im Falle einer vernünftigen und effektiven Kooperation zwischen den Verwaltern der Haupt- und Sekundärverfahren[82] zu einem nicht zu unterschätzenden Zeit- und Gesamtkostenvorteil kommen.[83] Zu der Frage, ob eine Personenidentität zwischen dem Haupt- und dem Sekundärverwalter möglich ist, vgl. unter III. 5.

III. Voraussetzungen des Sekundärinsolvenzverfahrens nach der EuInsVO

Die Voraussetzungen eines Sekundärinsolvenzverfahrens ergeben sich vornehmlich aus den Art. 27 ff. EuInsVO. Einige Voraussetzungen werden bereits in den Erwägungsgründen zur EuInsVO angesprochen.[84] Dabei finden auf das Sekundärinsolvenzverfahren die Vorschriften des Mitgliedstaates Anwendung, in dessen Gebiet das Sekundärinsolvenzverfahren eröffnet worden ist.[85]

1. Bereits eröffnetes Hauptinsolvenzverfahren

Zunächst muss es sich bei dem Verfahren, aufgrund dessen die Eröffnung eines Sekundärinsolvenzverfahrens in Betracht gezogen wird, um ein Insolvenzverfahren i.S.d. Art. 2 lit. a) i.V.m. Art. 1 Abs. 1 EuInsVO i.V.m. Anhang A zur EuInsVO handeln. Das sogenannte Gesamtverfahren i.S.d. Art. 1 Abs. 1 EuInsVO setzt zunächst die Insolvenz des Gemeinschuldners, den teilweisen oder vollständigen Vermögensbeschlag gegen den Gemeinschuldner sowie die Bestellung eines Verwalters voraus. Zudem muss das Hauptverfahren von einem gemäß Art. 3 Abs. 1 EuInsVO zuständigen Gericht wirksam[86] eröffnet worden sein.[87] Für die Bundesrepublik Deutschland gelten entsprechend Art. 2 lit. a) EuInsVO i.V.m. dem Anhang A zur EuInsVO das Konkursverfahren, das gerichtliche Vergleichsverfahren, das Gesamtvollstreckungsverfahren und das Insolvenzverfahren als mögliche Hauptverfahren. Angesichts der

---

Forderungsanmeldung bereits I. Teil, D, III. 6. Dabei ist es wichtig, sich zu verdeutlichen, dass das Haupt- und das Sekundärverfahren grundsätzlich dieselbe Zielrichtung verfolgen.

81 Vgl. *Flessner*, in: FS Heinsius, S. 111, 116; *Grasmann*, KTS 1990, 157, 180; *Hanisch*, in: Marschall v. Bieberstein (Hrsg.), S. 22 f. Dies gilt selbstverständlich nur, wenn man vernünftigerweise zugrunde legt, dass ein jeweils inländischer Insolvenzverwalter für die Abwicklung des Sekundärverfahrens zuständig sein wird. Ob und inwieweit sich europaweit tätige Verwalter bei den Gerichten in einem anderen Mitgliedstaat zulassen werden bzw. ob eine Aufnahme ausländischer Verwalter in den Verwalterstamm der inländischen Insolvenzgerichte überhaupt möglich sein soll, ist noch nicht absehbar und wird sich erst mit dem Inkrafttreten der EuInsVO am 31. Mai 2002 definitiv zeigen. Zwar wird man einem ausländischen Verwalter die Aufnahme in den Verwalterstamm eines inländischen Insolvenzgerichts nicht grundsätzlich versagen dürfen. Für ein deutsches Insolvenzgericht stellt sich dann die schwierig zu entscheidende Frage, inwiefern die Geeignetheit des ausländischen Verwalters i.S.d. § 56 Abs. 1 InsO beurteilt werden kann.

82 Vgl. dazu ausführlich unten C, II.

83 Vgl. *Breitenstein*, S. 223; *Grasmann*, KTS 1990, 157, 180; *Hanisch*, in Fletcher (Hrsg.), Cross – Border Insolvency, S. 103, 107.

84 Vgl. z.B. Erwägungsgründe 12 Satz 3, 16 bis 20 zur EuInsVO.

85 Vgl. Art. 28 EuInsVO.

86 Dabei ist für die Wirksamkeit des Eröffnungsbeschlusses keine formelle Rechtskraft erforderlich, vgl. Art. 2 lit. f) EuInsVO. Vgl. auch *Virgos / Schmit*, Erläuternder Bericht, Nr. 147; *Kemper*, ZIP 2001, 1609, 1613.

87 Vgl. *Leible / Staudinger*, KTS 2000, 533, 569; *Virgos / Schmit*, Erläuternder Bericht, Nr. 214 f.

Maßgeblichkeit des Anhanges A scheint ein Rückgriff auf die allgemeinen Voraussetzungen des Art. 1 Abs. 1 EuInsVO entbehrlich.[88]
Nach der Vorschrift des Art. 27 Satz 1 2. Halbsatz EuInsVO muss der Insolvenzgrund für die Eröffnung des Sekundärinsolvenzverfahrens nicht erneut gesondert festgestellt werden. Da in den Entscheidungen der Gerichte der Mitgliedstaaten das gegenseitig entgegengebrachte Vertrauen zum Ausdruck kommt, prüft das Sekundärinsolvenzgericht ebenfalls nicht, ob der Eröffnungsbeschluss des Hauptinsolvenzgerichts begründet ist. Das Sekundärinsolvenzgericht beschränkt sich lediglich auf die Prüfung der Wirksamkeit des Eröffnungsbeschlusses.[89]

2. Internationale Zuständigkeit gemäß Art. 3 Abs. 2 Satz 1 EuInsVO

Eine weitere Voraussetzung für die Eröffnung eines Sekundärinsolvenzverfahrens stellt die internationale Zuständigkeit des betreffenden Gerichts dar. Dabei hat das Insolvenzgericht bei Eingang eines Insolvenzantrages – sofern der Gemeinschuldner auch im europäischen Ausland Vermögenswerte besitzt – zu prüfen, ob die internationale Zuständigkeit für die Eröffnung eines Haupt- oder Sekundärinsolvenzverfahrens gegeben ist. Befindet sich der Mittelpunkt der hauptsächlichen Interessen des Gemeinschuldners in einem anderen Mitgliedstaat und besitzt der Gemeinschuldner in Staat des betreffenden Gerichts eine Niederlassung i.S.d. Art. 2 lit. h) EuInsVO, dann kann – sofern ein Hauptinsolvenzverfahren bereits eröffnet worden ist[90] – ein Sekundärverfahren eröffnet werden.

a. Mittelpunkt der hauptsächlichen Interessen in anderem Mitgliedstaat

Zunächst hat das Insolvenzgericht festzustellen, ob sich der Mittelpunkt der hauptsächlichen Interessen[91] des Schuldners womöglich nicht im eigenen Staat befindet. Dann wäre das entsprechende Gericht zur Eröffnung eines Hauptinsolvenzverfahrens international zuständig. Bei der Ermittlung des Mittelpunkts der hauptsächlichen Interessen des Schuldners kann es zu Kompetenzkonflikten zwischen den Insolvenzgerichten verschiedener Mitgliedstaaten kommen, wenn sich der Mittelpunkt der hauptsächlichen Interessen des Gemeinschuldners nicht eindeutig bestimmen lässt und gleich mehrere Insolvenzgerichte verschiedener Mitgliedstaaten diesen für sich beanspruchen. Im Gegensatz zu den Regelungen der Artt. 27 bis 29 EuGVVO enthält die EuInsVO keine Regelung darüber, wie Kompetenzkonflikte zwischen den Gerichten verschiedener Mitgliedstaaten zu handhaben sind.[92]

aa. Einander widersprechende Eröffnungsbeschlüsse

Einander widersprechende Eröffnungsbeschlüsse können vornehmlich dann ergehen, wenn zwischen den verschiedenen Gerichten ein Informationsmangel im Hinblick auf parallele Verfahrenseröffnungen mit kollidierendem Wirkungsanspruch besteht.[93] Nach Art. 21 Abs. 1 EuInsVO ist die Verfahrenseröffnung im Ausland lediglich auf Antrag

88 Ebenso *Eidenmüller*, IPRax 2001, 1, 3.

89 Vgl. *Virgos / Schmit*, Erläuternder Bericht, Nr. 216.

90 Vgl. Art. 3 Abs. 3 Satz 1 EuInsVO.

91 Vgl. bereits in Erwägungsgrund 13 zur EuInsVO die Definition des Mittelpunktes der hauptsächlichen Interessen: „...soll der Ort gelten, an dem der Schuldner gewöhnlich der Verwaltung seiner Interessen nachgeht und damit für Dritte feststellbar ist."

92 Vgl. aber die früheren Entwürfe von 1970, 1980, 1984, Artt. 15 f. des Vorentwurfs von 1970, Artt. 13 f. des Entwurfs von 1980 sowie Artt. 13 f. des revidierten Entwurfs von 1984; sämtliche Entwürfe sind abgedruckt in: Kegel / Thieme, S. 1 ff., 45 ff., 417 ff.; nach *Virgos / Schmit*, Erläuternder Bericht, Nr. 79 können derartige Konfliktfälle ohnehin nur einen Ausnahmefall darstellen.

93 Vgl. insbesondere *Lüke*, ZZP 111 (1998), 275, 289.

des Insolvenzverwalters bekannt zu machen. Daher wird man für jeden Eröffnungsbeschluß verlangen müssen, dass er seinen Wirkungsanspruch, d.h. entweder seine Erstreckung auch auf das ausländische Vermögen oder seine Beschränkung auf das inländische Vermögen erkennen lässt.[94] Hier käme erneut die Einrichtung eines einheitlichen europäischen Insolvenzregisters zum Tragen, in welches sämtliche eröffneten Insolvenzverfahren innerhalb des Geltungsbereichs der EuInsVO einzutragen sind und in welchem zusätzlich eine Kennzeichnung des Verfahrens[95] zu erfolgen hat.[96] Ein Insolvenzgericht hätte sich von Amts wegen vor dem Erlass des Eröffnungsbeschlusses in dem einheitlichen europäischen Insolvenzregister zu informieren, ob bereits in einem anderen Mitgliedstaat ein Insolvenzverfahren gegen den betreffenden Gemeinschuldner eröffnet worden ist. Dadurch ließen sich Probleme in Bezug auf einander widersprechende Eröffnungsbeschlüsse vermeiden.

bb. Kompetenzkonflikte

Problematischer ist dagegen die Zuständigkeit beim Auftreten von Kompetenzkonflikten, da sich in der EuInsVO unmittelbar keine diesbezüglichen Regelungen finden.[97] Es steht fest, dass die EuInsVO von der Existenz lediglich eines Hauptinsolvenzverfahrens ausgeht.[98] Nun scheint es nahe zu liegen, die zeitliche Reihenfolge der Anrufung der Gerichte über den Kompetenzkonflikt entscheiden zu lassen, wie es beispielsweise in den Art. 27 bis 29 EuGVVO und in § 3 Abs. 2 InsO geregelt ist.[99] Von einer solchen Lösung kann jedoch nicht die Konstellation erfasst werden, in der - unabhängig voneinander - Eröffnungsbeschlüsse mit universalistischem Geltungsanspruch ergehen. Hierbei wird auf den Zeitpunkt der wirksamen Verfahrenseröffnung und nicht auf den Zeitpunkt des Antrags abzustellen sein.[100] In dogmatischer Hinsicht könnte diese Sichtweise damit begründet werden, dass die universelle Beschlagnahmewirkung das Vermögen des Gemeinschuldners einer weiteren Verfahrenseröffnung mit universellem Wirkungsanspruch entzieht, da die universelle Wirkung des zuerst eröffneten Verfahrens in allen anderen

---

94 Vgl. *Lüke*, ZZP 111 (1998), 275, 289.

95 Je nachdem, ob es sich um ein Haupt- oder Partikularverfahren handelt.

96 Vgl. zu der Möglichkeit eines Einheitlichen Europäischen Insolvenzregisters bereits oben unter IV. Teil, A, V. 1. b. cc.

97 Lediglich in Erwägungsgrund 22 Satz 5 und 6 zur EuInsVO wird ausgeführt, dass in einem solchen Fall die Entscheidung des zuerst eröffnenden Gerichts in den anderen Mitgliedstaaten anerkannt werden sollten.

98 Vgl. *Huber*, ZZP 114 (2001), 133, 143: „...diese Regel gehört zu den fundamentalen Grundprinzipien der Verordnung..."; ebenso *Leible / Staudinger*, KTS 2000, 533, 545. Aus der Regelung des Art. 16 Abs. 2 EuInsVO läßt sich im Umkehrschluß ableiten, daß die Eröffnung eines Hauptinsolvenzverfahren einem weiteren Hauptinsolvenzverfahren entgegensteht.

99 Dort verdrängt die frühere Rechtshängigkeit die daneben bestehenden Zuständigkeiten.

100 Vgl. zu diesem Prioritätsprinzip *Huber*, ZZP 114 (2001), 133, 143 f.; *Lüke*, ZZP 111 (1998), 275, 290; *Balz*, ZIP 1996, 948, 949. A. A. *Kolmann*, S. 287 f. (dazu bereits I. Teil, D. III. 2. c. bb.). *Herchen*, S. 39 begründet das Prioritätsprinzip zunächst mit der „Prioritätsregel" des Art. 3 Abs. 3 EuInsVO. Jedoch stellt die Vorschrift des Art. 3 Abs. 3 EuInsVO lediglich die Konstellation klar, dass jedes nach der Eröffnung eines Hauptinsolvenzverfahrens eröffnete Verfahren i.S.d. Art. 3 Abs. 2 EuInsVO ein Sekundärverfahren ist und dient somit vornehmlich der Abgrenzung Partikular- / Sekundärinsolvenzverfahren. Bei dieser Konstellation scheint bereits entschieden zu sein, in welchem Staat der Mittelpunkt der hauptsächlichen Interessen anzusiedeln ist und in welchem sich lediglich eine Niederlassung des Gemeinschuldners befindet. Vorliegend geht es hingegen um die Situation, dass die verschiedenen Insolvenzgerichte beinahe zeitgleich ihre Zuständigkeit beanspruchen und sich der Mittelpunkt der hauptsächlichen Interessen des Gemeinschuldners gerade nicht zweifelsfrei ermitteln lässt. Somit trifft die „Prioritätsregel" des Art. 3 Abs. 3 Satz 1 EuInsVO die vorliegende Situation nicht ganz, da sie keine Prioritäten festlegt, sondern lediglich der Unterscheidung Partikular- / Sekundärinsolvenzverfahren dienlich ist.

Mitgliedstaaten anzuerkennen ist.[101] Um den Gerichten Informationen zu ermöglichen, ob bereits in einem anderen Mitgliedstaat kurz zuvor ein Hauptinsolvenzverfahren eröffnet worden ist, wäre wiederum ein einheitliches europäisches Insolvenzregister sehr hilfreich. Befindet sich in dem Insolvenzregister bereits ein Eintrag über ein bereits in einem anderen Mitgliedstaat eröffnetes Insolvenzverfahren mit universalem Charakter,[102] muss ein anderes Gericht diese Entscheidung des Eröffnungsgerichts anerkennen und kann allenfalls noch ein Sekundärverfahren eröffnen. Dies ist als Ausdruck des gegenseitig entgegengebrachten Vertrauens in die Entscheidungen der Gemeinschaftsgerichte anzusehen.

b. Begriff der Niederlassung

aa. Allgemeines

Eine ganz entscheidende Voraussetzung für die Eröffnung eines Sekundärinsolvenzverfahrens besteht darin, dass der Gemeinschuldner in dem betreffenden Staat eine Niederlassung unterhält. Nach der Vorschrift des Art. 2 lit. h) EuInsVO ist unter einer Niederlassung jeder Tätigkeitsort zu verstehen, an dem der Gemeinschuldner einer wirtschaftlichen Aktivität von nicht vorübergehender Art nachgeht, welche den Einsatz von Personal und Vermögenswerten voraussetzt.[103] Damit weicht diese Begriffsbestimmung von der sehr engen Begriffsbestimmung des EuGH[104] zu Art. 5 Nr. 5 EuGVÜ bzw. nunmehr EuGVVO ab, indem auf eine Weisungsgebundenheit der Außenstelle in Bezug auf den Schuldner verzichtet wird.[105] Im Laufe der Beratungen zum EuIÜ wurde von einigen Mitgliedstaaten die Auffassung vertreten, die Er-

101 Vgl. *Huber*, ZZP 114 (2001), 133, 144; *Lüke*, ZZP 111 (1998), 275, 290.

102 Das Verfahren mit universalem Charakter muss in dem Insolvenzregister auch als solches ausgewiesen und für alle Gerichte in den anderen Mitgliedstaaten als solches erkennbar sein.

103 Vgl. Art. 2 lit. h) EuInsVO. Problematisch ist nach *Fritz / Bähr*, DZWiR 2001, 221, 230, wenn die Organisationsstruktur einer einstmals vorhandenen Niederlassung im Zeitpunkt der Antragstellung bereits aufgelöst ist, gleichzeitig aber noch Vermögenswerte – wie in der Niederlassung begründete Forderungen und Verpflichtungen – noch nicht abgewickelt sind. Die Vorschrift des Art. 3 Abs. 2 EuInsVO ist jedoch dahingehend zu verstehen, dass die Niederlassung im Zeitpunkt der Eröffnung des Sekundärverfahrens vorhanden sein muss („...eine Niederlassung *hat*.“). Von einer vormals bestandenen Niederlassung ist in Art. 3 Abs. 2 EuInsVO keine Rede. Ist dies nicht der Fall, müssen die – wenn auch in einer vormals vorhandenen Niederlassung - begründeten Forderungen und Verbindlichkeiten in das Hauptinsolvenzverfahren einbezogen werden. A.A. *Fritz / Bähr*, DZWiR 2001, 221, 231, die es ausreichen lassen wollen, wenn in dem jeweiligen Mitgliedstaat vormals eine Niederlassung des Gemeinschuldners existiert hat und die in diesem Staat noch vorhandenen Vermögenswerte aus der Tätigkeit der damaligen Niederlassung des Gemeinschuldners stammen. Von *Fritz / Bähr* wird zudem keine zeitliche Grenze angesprochen, so dass theoretisch vor jeder Entscheidung über die Beantragung eines Sekundärverfahrens – insofern in dem betreffenden Staat zwar Vermögenswerte aber keine Niederlassung des Schuldners festzustellen ist - geklärt werden müsste, ob der Gemeinschuldner irgendwann einmal in dem betreffenden Mitgliedstaat eine Niederlassung unterhalten hat. In früheren Entwürfen hingegen war eine Eröffnung territorial beschränkter Insolvenzverfahren bereits dann möglich, wenn der Gemeinschuldner im Gebiet des betreffenden Mitgliedstaates eine Niederlassung *oder* sonstiges Vermögen besaß, vgl. Art. 2 Abs. 2, 20 Abs. 1 im Entwurf vom 03.04. 1992, abgedruckt in: ZIP 1992, 1197 ff.

104 Vgl. EuGH, Urt. v. 22.11.1978, Rs. 33/78 – „Somafer / Saar – Ferngas“ - Slg. 1978, 2183, 2190 ff. Vgl. auch *Geimer / Schütze*, Art. 5, Rdnr. 229 ff.; *Kropholler*, Art. 5, Rdnr. 80 ff.

105 Der europäische Gesetzgeber hätte sich an bereits zur Verfügung stehenden Begrifflichkeiten wie der Agentur oder Zweigniederlassungen i.S.d. Art. 43 Abs. 1 Satz 2 EGV oder eben dem Niederlassungsbegriff i.S.d. Art. 5 Nr. 5 EuGVÜ bzw. nunmehr EuGVVO orientieren können. Dies hätte voraussichtlich die sehr enge Auslegung durch den EuGH zur Folge gehabt, welche gerade nicht beabsichtigt gewesen ist. Nicht verzichtet wird hingegen bei dem Niederlassungsbegriff i.S.d. Art. 2 lit. f) EuInsVO auf einen gewissen Organisationsgrad. Das bloße Vorhandensein eines Bankguthabens oder die bloße Einrichtung eines Verkaufslagers genügt diesen Anforderungen nicht. Vgl. dazu auch *G. Johnson*, Int. Ins. Rev. 1996, 80, 95.

öffnung sekundärer Insolvenzverfahren bereits beim Vorliegen von Vermögenswerten des Gemeinschuldners im Ausland zu ermöglichen. Andere Mitgliedstaaten wiederum wollten den strikten Einheitskonkurs verwirklicht sehen und hatten demzufolge die Existenz von Sekundärinsolvenzverfahren grundsätzlich in Frage gestellt.[106] Insofern stellt die nunmehr in Art. 2 lit. h) EuInsVO kodifizierte – und im Verhältnis zu Art. 5 Nr. 5 EuGVVO weit gefasste - Definition des Niederlassungsbegriffs einen Kompromiß zwischen diesen beiden Grundpositionen dar.[107]

bb. Probleme bei Konzerninsolvenzen

In Bezug auf Konzerninsolvenzen können sich bei der Bestimmung des Niederlassungsbegriffs Probleme ergeben. Der europäische Gesetzgeber hat – unverständlicherweise[108] – keine speziellen Regelungen hinsichtlich der praktisch sehr bedeutsamen grenzüberschreitenden Konzerninsolvenz getroffen.[109] Da es sich bei den Unternehmenszusammenschlüssen zu einem Konzern regelmäßig um jeweils selbständige juristische Personen handelt, ist zunächst zu fragen, ob eine eigene wirtschaftliche Tätigkeit des Schuldners selbst überhaupt noch angenommen werden kann.[110] Die Eröffnung eines Sekundärinsolvenzverfahrens wäre in dem betreffenden ausländischen Mitgliedstaat nur dann möglich, wenn man die juristisch selbständigen Töchterunternehmen als Niederlassung i.S.d. Art. 2 lit. h) EuInsVO begreifen würde. Dies würde zwar den Vorteil mit sich bringen, dass das Haupt- und das Sekundärverfahren optimal miteinander koordiniert werden könnten, wenn beide Verfahren beispielsweise in der Hand eines gesamtverantwortlichen Verwalters liegen würden. Auf der anderen Seite besteht bei einer derartigen Koordination die Gefahr, dass der Verwalter des Hauptverfahrens – also der Muttergesellschaft – die Gesellschafterrechte des Tochterunternehmens ausüben und dieser gegebenenfalls Vermögen entziehen kann.[111] Ein weiteres – wenn nicht sogar gewichtige-

---

106 Vgl. dazu FK / *Wimmer*, Anhang I. Art. 102 EGInsO, Rdnr. 130; *Virgos / Schmit*, Erläuternder Bericht, Nr. 70.

107 Diese Begriffsbestimmung hat insofern eine gewisse Akzeptanz erfahren, dass sie in die UNCITRAL – Modellbestimmungen über grenzüberschreitende Insolvenzverfahren Eingang gefunden hat. Vgl. den Abdruck der UNCITRAL – Modellbestimmungen in englischer Sprache in: ZIP 1997, 2224 ff.; dazu *Benning / Wehling*, EuZW 1997, 618 ff.; *Wimmer*, ZIP 1997, 2220 ff., der im Wesentlichen die Verhandlungen für die Bundesrepublik Deutschland geführt hat. Vgl. auch den Abdruck der Vorauskopie des deutschen Übersetzungsdienstes in deutscher Sprache in: FK, Anhang I, Anlage 5, S. 2239 ff.

108 Vgl. *Paulus*, ZIP 2001, 505, 508, der diesbezüglich von einer „Auslassungssünde" spricht.

109 Vgl. *Virgos / Schmit*, Erläuternder Bericht, Nr. 76, nach deren Bericht das EuIÜ – jetzt die EuInsVO – anscheinend bewusst – keine Regelungen hinsichtlich der Unternehmenszusammenschlüsse in Form von Mutter- und Tochtergesellschaften enthält. Es gelte grundsätzlich die allgemeine Regel, dass für jeden betroffenen Schuldner mit eigener Rechtspersönlichkeit die Zuständigkeit nach dem EuIÜ bzw. der EuInsVO gegeben sein muß. Diese Lage könne sich bei Erlaß entsprechender europäischer Rechtsvorschriften für Unternehmenszusammenschlüsse ändern. Dies ist bislang unter Einbeziehung insolvenzrechtlicher Gesichtspunkte noch nicht geschehen. Vgl. zu der Problematik der grenzüberschreitenden Konzerninsolvenz auch *Eidenmüller*, ZZP 114 (2001), 3, 25, der in derartigen Situationen sogenannte Insolvenzverwaltungsverträge als das einzige effektive Instrument im Rahmen grenzüberschreitender Verfahrenskoordination ansieht, vgl. dazu unter C, II, 3. b.

110 Vgl. *Huber*, ZZP 114 (2001), 133, 142 f.; *Gottwald*, Grenzüberschreitende Insolvenzen, 1997, S. 21 ff. m.w.N.

111 Auf diese Gefahr weisen *Ebenroth*, ZZP 101 (1988), 121, 143 und *Huber*, ZZP 114 (2001), 133, 142 f. hin. Sollten sich derartige Gefahren realisieren, würden die Unternehmer zur Vermeidung solcher Probleme vermutlich im Ausland stets selbständige Tochterunternehmen, welche nicht als Niederlassung anzusehen sind, gründen, um auf diese Weise die Vorschriften über die Koordination der Verfahren leer laufen zu lassen und um somit dieser Gefahr zu entgehen. Die Gefahr einer Interessenkollision wird auch im Rahmen des Teilnahmerechts des Insolvenzverwalters an dem jeweils anderen Verfahren i.S.d. Art. 32 Abs. 3

res Problem – könnte darin zu sehen sein, dass entsprechend dem Wortlaut des Art. 3 Abs. 3 Satz 2 EuInsVO die Sekundärinsolvenzverfahren grundsätzlich zwingend als Liquidationsverfahren i.S.d. Art. 2 lit. c) EuInsVO ausgestaltet sein müssen. Gerade bei Konzerninsolvenzen – aber auch bei anderen Großunternehmen ohne Konzernstatus - kann es bisweilen sehr sinnvoll und erstrebenswert sein, alle oder einige der Tochtergesellschaften mit oder ohne die Muttergesellschaft einer Sanierung oder Reorganisation zuzuführen.[112]
Trotz der recht weiten Fassung des Art. 2 lit. h) EuInsVO werden selbständige juristische Personen nicht unter dem Begriff der Niederlassung i.S.d. Art. 3 Abs. 2 EuInsVO zu verstehen sein. Voraussetzung für eine Niederlassung i.S.d. Art. 3 Abs. 1 Satz 2 EuInsVO ist jedenfalls die Unselbständigkeit in Bezug auf die Hauptstelle und die Zuordnung der unselbständigen Teile zu einem einzigen Vermögensträger.[113] Diese ist im Rahmen eines Konzerns bei den Tochterunternehmen naturgemäß nicht gegeben. Zudem ist angesichts der Tatsache, dass sich der europäische Gesetzgeber in keiner Weise zu der Problematik der Konzerninsolvenzen geäußert hat, anzunehmen, dass eine im Wege der Auslegung zu ermittelnde Zugehörigkeit der selbständigen juristischen Personen eines Konzerns zu dem Begriff der Niederlassung *nicht* beabsichtigt gewesen ist. Ein Sekundärinsolvenzverfahren kann in derartigen Fällen nicht eröffnet werden.

3. Sekundärinsolvenzverfahren i.S.d. Anhanges B zur EuInsVO

Bei dem Sekundärinsolvenzverfahren muss es sich zwingend um eines der in Anhang B zur EuInsVO aufgeführten Verfahren handeln. Für die Bundesrepublik Deutschland kommen als Sekundärinsolvenzverfahren das Konkursverfahren, das Gesamtvollstreckungsverfahren sowie das Insolvenzverfahren in Betracht.[114]

4. Antragsrecht gemäß Art. 29 EuInsVO

Die Eröffnung eines Sekundärinsolvenzverfahrens kann neben dem Verwalter des Hauptinsolvenzverfahrens[115] auch jede andere Person oder Stelle[116] beantragen, welcher nach dem Sekundärinsolvenzstatut ein solches Antragsrecht zur Eröffnung eines der in Anhang B zur EuInsVO aufgeführten Verfahren zusteht. In der Regel wird damit auch den einzelnen Gläubigern des Schuldners ein Antragsrecht zukommen.[117] Gleichwohl wäre es ebenfalls mit den

---

EuInsVO offensichtlich. Vgl. zu der Frage einer möglichen Personenidentität zwischen Haupt- und Sekundärinsolvenzverwalter unter B, III. 5.

112 Daher ist die Notwendigkeit eines Liquidationsverfahrens i.S.d. Art. 3 Abs. 3 Satz 2 EuInsVO („....muss es sich um ein Liquidationsverfahren handeln.“) auch dahingehend abzumildern, dass es sich um Verfahren handeln muss, welche zu einer Liquidierung führen *können*.

113 Vgl. *Ehricke*, EWS 2002, 101, 105.

114 Vgl. Art. 2 lit. c) Satz 2 EuInsVO i.V.m. Anhang B zur EuInsVO.

115 Vgl. bereits in Erwägungsgrund 19 Satz 3 zur EuInsVO sowie in Art. 29 lit. a) EuInsVO. Der Hauptinsolvenzverwalter wird die Eröffnung eines Sekundärverfahrens nur dann beantragen, wenn er selbst es für sinnvoll hält und die Eröffnung eines Sekundärverfahren den Gläubigern des Hauptverfahrens dienlich ist, vgl. *Hanisch*, in: Stoll, Vorschläge, 1997, S. 213; *Thieme*, in: Stoll, Stellungnahmen, 1992, S. 218, 226. Der Sekundärinsolvenzverwalter besitzt hingegen kein aus der EuInsVO abgeleitetes Recht zur Eröffnung eines weiteren Sekundärinsolvenzverfahrens.

116 Vgl. Art. 29 lit. b) EuInsVO. Dabei kommen insbesondere die Antragsberechtigten i.S.d. §§ 13 ff. InsO sowie nach § 64 Abs. 1 GmbHG in Betracht.

117 Eine Beschränkung des Antragsrechts der Gläubiger auf eine bestimmte antragsberechtigte Gläubigergruppe ist entgegen der Regelung in den Vorentwürfen – beispielsweise in Art. 22 Abs. 2 des Entwurfs vom 3. April 1992 - nicht erforderlich (dies begrüßend *Gottwald*, S. 27). Nach dem Entwurf von 1992 war es möglich, ein Sekundärverfahren bereits bei Vorhandensein von Vermögen in dem betreffenden Mitglied-

Regelungen der EuInsVO vereinbar, wenn das Sekundärinsolvenzstatut ein Antragsrecht der Gläubiger nicht vorsieht.[118] Die Antragsberechtigung der Gläubiger i.S.d. Art. 29 lit. b) EuInsVO hat angesichts der in Art. 4 Abs. 2 Satz 1 EuInsVO[119] getroffenen Regelung lediglich eine klarstellende Bedeutung, wohingegen das Antragsrecht des Hauptinsolvenzverwalters nach Art. 29 lit. a) EuInsVO durch die EuInsVO originär begründet wird. Eine zeitliche Schranke für die Eröffnung eines Sekundärinsolvenzverfahrens sieht die EuInsVO jedoch nicht vor. Für das deutsche Recht wird das Antragsrecht des Hauptinsolvenzverwalters eine künftige Erweiterung des § 13 InsO dergestalt bewirken, dass nach den Regelungen der EuInsVO dem ausländischen Hauptinsolvenzverwalter ein Antragsrecht zur Eröffnung eines Sekundärverfahrens in Deutschland zukommt.

5. Mögliche Personenidentität zwischen Haupt- und Sekundärverwalter?

Im Hinblick auf die Person des Sekundärinsolvenzverwalters stellt sich die Frage, ob dieser mit dem Hauptinsolvenzverwalter personenidentisch sein kann oder ob zur Vermeidung etwaiger Interessenkonflikte als zwingende Voraussetzung eine Personenverschiedenheit zwischen Haupt- und Insolvenzverwalter zu fordern ist. Ausgehend von dem Wortlaut der EuInsVO einschließlich ihrer Erwägungsgründe findet sich diesbezüglich keine Regelung, welche eine Identität des Sekundär- mit dem Hauptinsolvenzverwalter ausdrücklich verbietet. Das Fehlen eines Verbotes, dem Hauptinsolvenzverwalter die Übernahme des Amtes als Sekundärinsolvenzverwalters zu versagen, legt den Schluss nahe, eine Personenidentität des Sekundär- mit dem Hauptinsolvenzverwalter grundsätzlich als zulässig zu erachten. Auf der anderen Seite könnten die Unterscheidung der EuInsVO in Haupt- und Sekundärinsolvenzverwalter sowie die Regelungen der Art. 31 ff. EuInsVO über die Koordination der Verfahren dafür sprechen, dass die EuInsVO gerade von einer Verschiedenheit der Verwalter ausgeht. Ob sich die Möglichkeit einer Identität zwischen Haupt- und Sekundärverwalter als praktikabel erweist oder ob diesbezüglich gewisse Einschränkungen erforderlich sind, bedarf einer Abwägung etwaiger Vor- und Nachteile einer Personenidentität.

a. Vorteile einer Personenidentität

Eine Identität zwischen Haupt- und Sekundärinsolvenzverwalter würde zunächst den Vorteil mit sich bringen, dass die Verwaltung des Schuldnervermögens in der Hand eines einzigen Verwalters wesentlich einfacher und effizienter möglich ist. Der Hauptinsolvenzverwalter wäre mit der Struktur des Gesamtunternehmens einschließlich der Niederlassungen von Anfang an vertraut und könnte seine Vorgehensweise besser auf das Sekundärverfahren abstimmen. Es bestünde kein „Konkurrenzkampf" der beiden an den Verfahren beteiligten Verwal-

---

staat zu eröffnen. Die antragsberechtigten Gläubiger mussten jedoch zusätzlich ein besonderes Interesse an der Eröffnung eines Sekundärinsolvenzverfahrens vorweisen können. Ein solches besonderes Interesse ist nach der Regelung des Art. 22 Abs. 2 des Entwurfs von 1992 insbesondere dann anzunehmen, wenn dem betreffenden Gläubiger die Teilnahme am Hauptinsolvenzverfahren nicht zuzumuten ist oder wenn dieser in dem Hauptinsolvenzverfahren schlechter steht als in einem Sekundärverfahren. Insbesondere die Vertreter Belgiens stellten im Verlauf der Beratungen mehrfach die Forderung nach einem berechtigen Interesse der antragsberechtigten Gläubiger. Dem ist zuzustimmen, stellt doch der Verzicht auf ein berechtigtes Interesse der Gläubiger eine nicht unerhebliche Einschränkung des Grundsatzes der Universalität dar.

118 Vgl. *Thieme*, IJVO 1995/1996, 44, 87 f., der darauf hinweist, dass eine andere Sichtweise Eingang in die EuInsVO hätte finden müssen.

119 Danach regelt die *lex fori concursus* sämtliche Voraussetzungen für die Eröffnung, Abwicklung und Beendigung des Insolvenzverfahrens. Mithin legt die *lex fori concursus* unter anderem fest, wer zur Eröffnung eines Insolvenzverfahrens berechtigt ist. Dazu zählen regelmäßig die Gläubiger des Gemeinschuldners.

ter in der Weise, für ihr jeweiliges Verfahren die zu verteilende Masse unbedingt vergrößern zu müssen.[120]

b. Nachteile einer Personenidentität

Zunächst besteht gerade im Zusammenhang mit Haupt- und Sekundärinsolvenzverfahren nach der EuInsVO das praktische Problem, dass das Hauptunternehmen und die Niederlassung in verschiedenen Mitgliedstaaten belegen sind und dass die allein in seiner Hand liegende Koordination für den Verwalter einen immensen Aufwand bedeuten würde. Zudem besteht der Sinn und Zweck eines Sekundärinsolvenzverfahrens unter anderem darin, die Durchführung des Verfahrens grundsätzlich nach inländischen Recht zu ermöglichen und dazu einen mit dem inländischen Recht vertrauten Insolvenzverwalter bestellen zu können.[121] Mit der Einsetzung eines ausländischen Hauptinsolvenzverwalters als Sekundärinsolvenzverwalter besteht die Gefahr, dass diese Vorteile des Sekundärinsolvenzverfahrens durch die Bestellung eines ausländischen Verwalters wieder egalisiert werden.
Schließlich könnte der Verwalter, welcher sowohl im Haupt- und Sekundärverfahren als Insolvenzverwalter eingesetzt worden ist, der Gefahr einer Interessenkollision ausgesetzt sein.[122] Bei der Geltendmachung des Anfechtungsrechts i.S.d. Art. 18 Abs. 2 EuInsVO müsste der Verwalter als Hauptinsolvenzverwalter die durch ihn in der Funktion des Sekundärinsolvenzverwalters geltend gemachte Herausgabe eines Gegenstandes, welcher nach der Eröffnung des Sekundärverfahrens in den Mitgliedstaat des Hauptverfahrens verbracht worden ist, bestreiten. Die Gefahr von Interessenkollisionen könnte auch dadurch entstehen, dass die jeweiligen Verwalter in den anderen Verfahren gemäß Art. 32 Abs. 3 EuInsVO berechtigt sind, wie ein Gläubiger mitzuwirken und an Gläubigerversammlungen teilzunehmen.[123]

c. Stellungnahme

Nach Abwägung der Vor- und Nachteile ist davon auszugehen, dass eine Personenidentität zwischen Haupt- und Sekundärinsolvenzverwalter nach den Vorschriften der EuInsVO grundsätzlich zwar nicht ausgeschlossen ist. Die grundsätzliche Zulassung einer möglichen Personenidentität hat gleichwohl unter Berücksichtigung der Praktikabilität und des Schutzes der Gläubigerschaft zu stehen. Im Regelfall wird aus Praktikabilitätserwägungen eine Bestellung des ausländischen Hauptinsolvenzverwalters zum deutschen Sekundärinsolvenzverwalter nicht angezeigt sein.
Insbesondere vermögen die in Betracht kommenden Nachteile einer Personenidentität nicht zu überzeugen. Hinsichtlich der praktischen Schwierigkeiten infolge der Belegenheit des Hauptunternehmens und der Niederlassung in unterschiedlichen Mitgliedstaaten kann der zu bewältigende Aufwand als nicht besonders schwerwiegend bezeichnet werden. Ein international tätiger Insolvenzverwalter wird regelmäßig einen derart umfangreichen Mitarbeiterstab unterhalten, dass Probleme dieser Art nicht gegen die Möglichkeit einer Personenidentität sprechen können.
Die Gefahr, die Vorteile eines Sekundärinsolvenzverfahrens in der Weise wieder zu egalisieren, dass einem ausländischen Verwalter auch die Abwicklung des inländischen Verfahrens

---

120 Inwiefern sich dies auch negativ auswirken kann, zeigt sich bei den Nachteilen einer Personenidentität, vgl. dazu unter b.

121 Vgl. dazu I. Teil, D, III. 5. a. und b.; IV. Teil, B, II. 1. und 2.

122 Auf dieses Problem wurde bereits im Rahmen des Niederlassungsbegriffs bei Konzerninsolvenzverfahren oben unter B, III. 2. b. bb. hingewiesen.

123 Vgl. *Lüke*, ZZP 111 (1998), 275, 304; *Kolmann*, S. 351, die eine mögliche Personenidentität mit Blick auf die Regelung des Art. 32 Abs. 3 EuInsVO versagen wollen.

übertragen wird, wird sich im Ergebnis kaum realisieren. Dies verdeutlicht ein Blick auf die Vorschrift des § 56 Abs. 1 InsO. Danach hat das Insolvenzgericht „...eine für den jeweiligen Einzelfall geeignete, insbesondere geschäftskundige und von Gläubigern und dem Schuldner unabhängige natürliche Person..." zum Insolvenzverwalter zu bestellen. Die InsO legt dabei lediglich fest, dass es sich um eine natürliche Person handeln muß. Insofern ist die Bestellung eines ausländischen Insolvenzverwalters bei einem deutschen Sekundärverfahren grundsätzlich nicht ausgeschlossen. Die Insolvenzgerichte sind jedoch daran gehalten, eine für den Einzelfall *geeignete* Person zum Insolvenzverwalter zu bestellen. In der Regel wird dies ein deutscher Insolvenzverwalter sein, welcher in dem Verwalterstamm des betreffenden Insolvenzgerichts aufgeführt ist und der mit den Gegebenheiten des deutschen Rechts bestens vertraut ist. Dies schließt gleichwohl *nicht* aus, dass im Einzelfall ein ausländischer Insolvenzverwalter aufgrund umfangreicher Kenntnisse im deutschen Recht oder aufgrund des Kundenstammes, der Auftragslage oder der Beschäftigten der jeweiligen Niederlassung in der BRD ebenso geeignet ist, bei einem deutschen Sekundärverfahren als Verwalter bestellt zu werden.

Ebenso nicht überzeugend ist das Argument hinsichtlich einer etwaigen Interessenkollision zwischen dem Haupt- und Sekundärinsolvenzverwalter. Der Insolvenzverwalter wird vernünftigerweise in seiner Funktion als Sekundärinsolvenzverwalter Maßnahmen – wie etwa eine Anfechtung gemäß Art. 18 Abs. 2 EuInsVO – lediglich dann ergreifen, wenn er diese Maßnahme in seiner Funktion als Hauptinsolvenzverwalter von Rechts wegen nicht bestreiten kann. Kommt es doch einmal zu Interessenkollisionen – möglicherweise im Rahmen des Art. 32 Abs. 3 EuInsVO - besteht für den Verwalter die unbedingte Pflicht, diese Interessenkollision entweder dem Gericht des Haupt- oder des Sekundärinsolvenzverfahrens anzuzeigen, je nachdem im Rahmen welchen Verfahrens der Interessenkonflikt entsteht. Das entsprechende Insolvenzgericht hat dann für die Einsetzung eines Sonderverwalters zu sorgen, der die Aufgaben des Verwalters - beschränkt auf den Bereich, für den er zum Sonderverwalter bestellt worden ist - übernimmt. Dabei handelt der Sonderverwalter für diesen Bereich als selbständiger Insolvenzverwalter und nicht etwa als Vertreter des vorherigen Verwalters.

IV. Befugnisse des Sekundärinsolvenzverwalters

1. Anwendbares Recht gemäß Art. 28 EuInsVO

Die Befugnisse des deutschen Sekundärinsolvenzverwalters bestimmten sich gemäß der Regelung des Art. 28 EuInsVO nach dem Recht des Mitgliedstaates, in welchem das Sekundärverfahren eröffnet worden ist, d.h. im Grundsatz ebenfalls nach der InsO. Dies ergibt sich bereits aus der Vorschrift des Art. 4 lit. c) EuInsVO, so dass der Regelung des Art. 28 EuInsVO lediglich eine klarstellende Bedeutung zukommt.[124] Aus der prinzipiellen territorialen Beschränkung des Sekundärinsolvenzverfahrens folgt, dass der Verwalter des Sekundärverfahrens seine Befugnisse grundsätzlich nur in dem Gebiet des Mitgliedstaates, in welchem das Sekundärverfahren eröffnet worden ist, wirksam wahrnehmen kann.[125]

2. Erweiterung i.S.d. Art. 18 Abs. 2 EuInsVO

Grundsätzlich haben die Befugnisse des Sekundärinsolvenzverwalters die gleiche Reichweite,

124 So auch *Virgos / Schmit*, Erläuternder Bericht, Nr. 225; FK / *Wimmer*, Anhang I, Art. 102 EGInsO, Rdnr. 135.

125 Mit Ausnahme des Art. 18 Abs. 2 EuInsVO, vgl. dazu unter 2.

wie das Sekundärverfahren selbst. Dies bedeutet - bildlich gesprochen - die rechtmäßige Wahrnehmung seiner Befugnisse endet für den Sekundärinsolvenzverwalter gebietsbezogen an den Grenzen des Mitgliedstaates, in welchem das Sekundärverfahren eröffnet worden ist. Es sind jedoch Situationen denkbar, in denen nach der Eröffnung des Verfahrens Gegenstände aus dem Staat der Verfahrenseröffnung – etwa in betrügerischer Absicht - in einen anderen Mitgliedstaat verbracht worden sind. Für derartige Fälle sieht die Regelung des Art. 18 Abs. 2 Satz 1 EuInsVO eine Erweiterung der Befugnisse vor und erlaubt dem Sekundärinsolvenzverwalter, in jedem anderen Mitgliedstaat gerichtlich und außergerichtlich die Wiedererlangung der entsprechenden Vermögensgegenstände betreiben zu können. Zur Wiedererlangung der Vermögensgegenstände besteht beispielsweise die Möglichkeit, in den anderen Mitgliedstaaten eine den Interessen der Gläubiger dienende Anfechtungsklage zu erheben.[126] Diese richtet sich vorbehaltlich der Regelung des Art. 13 EuInsVO nach dem auf das Sekundärverfahren anwendbaren Recht gemäß Art. 4 Abs. 2 lit. m) EuInsVO.[127] Bei einem in Deutschland eröffneten Sekundärinsolvenzverfahren beurteilt sich eine im EU – Ausland vorzunehmende Anfechtung durch den Sekundärverwalter demnach grundsätzlich nach den §§ 129 ff. InsO, es sei denn, der begünstigten Person gelingt gemäß Art. 13 EuInsVO der Nachweis, dass für die in Rede stehende Handlung das Recht eines anderen Staates als dem der Verfahrenseröffnung maßgeblich ist und die Rechtshandlung nach diesem Recht „in keiner Weise" angreifbar ist.

126 Vgl. Art. 18 Abs. 2 Satz 2 EuInsVO.
127 Vgl. *Virgos / Schmit*, Erläuternder Bericht, Nr. 224.

C. Koordination und Kooperation der Verwalter des Haupt- und Sekundärinsolvenzverfahrens nach den Art. 31 ff. EuInsVO

I. Koordination des Haupt- mit dem Sekundärverfahren

Die EuInsVO sieht in den Art. 31 ff. Regelungen für die Koordination und die Kooperation des Haupt- mit dem Sekundärinsolvenzverfahren vor. Bereits in Erwägungsgrund 20 Satz 1 zur EuInsVO heißt es:

> „Hauptinsolvenzverfahren und Sekundärinsolvenzverfahren können nur dann zu einer effizienten Verwertung der Insolvenzmasse beitragen, wenn die parallel anhängigen Verfahren koordiniert werden."

Grundsätzlich sind das Haupt- und das Sekundärinsolvenzverfahren als zwei selbständige und von einander unabhängige Verfahrensarten[128] anzusehen, die sich nach verschiedenen Insolvenzordnungen richten. Lediglich die Person des Gemeinschuldners ist bei beiden Verfahren identisch. Es entspricht dem mit der Zulassung sekundärer Insolvenzverfahren verfolgten Postulat einer kontrollierten bzw gemäßigten Universalität, dass die Koordination dieser beiden Verfahren und die damit einhergehende Kooperation zwischen den Verwaltern eine bedeutsame Rolle einnimmt.[129] Ansonsten wären die Ziele eines Sekundärverfahrens – insbesondere die Erleichterung der Abwicklung von Großinsolvenzen und die Überwindung der Probleme, welche aufgrund der erheblichen Unterschiede in den nationalen Insolvenzsachrechten entstehen können – wohl nicht realisierbar. Es wäre schier widersprüchlich, jahrzehntelang zunächst über die Zulassung von Sekundärverfahren zur Verfahrenserleichterung zu diskutieren und anschließend der Kooperation der Verwalter, einem wesentlichen Teil der praktischen Umsetzung, nicht genügend Beachtung zu schenken. In den Art. 31 ff. EuInsVO sind nunmehr Regelungen enthalten, welche allgemein die Kooperations- und Unterrichtungspflicht der Verwalter untereinander betreffen[130] und zudem Einflussmöglichkeiten des Hauptinsolvenzverwalters auf das Sekundärverfahren enthalten. Grundlage der Koordination des Haupt- mit dem Sekundärverfahren muss – wie in Erwägungsgrund 20 Satz 3 zur EuInsVO ausdrücklich erwähnt ist – die *dominierende* Rolle des Hauptinsolvenzverfahrens sein.[131]

---

128 Eine Abhängigkeit des Sekundärverfahrens vom Hauptinsolvenzverfahren besteht selbstverständlich insoweit, dass ohne ein eröffnetes Hauptverfahren die Eröffnung eines Sekundärverfahrens nicht in Betracht kommt, sondern nur die Eröffnung eines Partikularverfahrens i.S.d. Art. 3 Abs. 4 EuInsVO und dass es sich hinsichtlich des Gemeinschuldners bei beiden Verfahren um ein- und dieselbe Person handelt. So sind wohl *Virgos / Schmit*, Erläuternder Bericht, Nrn. 226, 229 zu verstehen, die hinsichtlich des Haupt- und Sekundärverfahrens von „...voneinander abhängigen Verfahren..." sprechen. Dagegen charakterisiert *Kemper*, ZIP 2001, 1609, 1618 das Haupt- und das Sekundärverfahren als „...zwar eigenständige und voneinander *un*abhängige Insolvenzverfahren..." Damit soll verdeutlicht werden, dass sich beide Verfahren unabhängig voneinander nach verschiedenen Insolvenzsachrechten richten und bei beiden Verfahren ein eigenes Insolvenzgericht sowie ein eigener Insolvenzverwalter tätig werden.

129 Vgl. *Grasmann*, KTS 1990, 157, 180 f.; *Müller – Freienfels*, in: FS Dölle II, S. 359, 387.

130 Dies gilt im Zusammenspiel zwischen Haupt- und einem *oder* mehreren Sekundärverfahren.

131 Vgl. bereits Erwägungsgrund 20 Satz 3 zur EuInsVO; *Balz*, 70 Am. Bankr. L. J., 1996, 485, 525, der insoweit von einem Hilfscharakter („...*ancillary character*...") des Sekundärverfahrens spricht; *Herchen*, S. 147; *Lehr*, KTS 2000, 577, 583; *Wimmer*, ZIP 1998, 982, 987. Vgl. auch ausführlich zum Verhältnis des Haupt- zum Sekundärverfahren sowie zu Einflussmöglichkeiten des Hauptinsolvenzverwalters auf das Sekundärverfahren unten III.

Die Dominanz des Hauptinsolvenzverfahrens wird durch verschiedene Einflußmöglichkeiten des Hauptinsolvenzverwalters auf das Sekundärverfahren sichergestellt.[132] Insofern besitzt das Sekundärinsolvenzverfahren in Bezug auf das Hauptverfahren lediglich eine untergeordnete und unterstützende Funktion.[133] Im Hinblick auf eine bestmögliche und effiziente Verwaltung des Schuldnervermögens ist eine enge und vertrauensvolle Zusammenarbeit der Verwalter unverzichtbar.

II. Kooperation i.S.d. Art. 31 EuInsVO

Die Vorschrift des Art. 31 EuInsVO enthält die Regelungen über die gegenseitige Kooperations- und Unterrichtungspflicht der Insolvenzverwalter. Begrifflich sollte Kooperation als Oberbegriff des Art. 31 EuInsVO anzusehen sein, der sich dann in eine Unterrichtungspflicht i.S.d. Art. 31 Abs. 1 EuInsVO und in eine Kooperationspflicht i.e.S. gemäß Art. 31 Abs. 2 EuInsVO unterteilen lässt. Der Kooperation zwischen den an den Verfahren beteiligten Verwaltern und Gerichten wird künftig bei zunehmender Anzahl grenzüberschreitender Insolvenzen eine ganz wesentliche Bedeutung zukommen, um derartige Verfahren effektiv und interessengerecht abwickeln zu können.[134] Dabei handelt es sich trotz der Dominanz des Haupt- und der Hilfsfunktion des Sekundärverfahrens nicht um eine lediglich vertikale Kooperation.[135] Die gegenseitig notwendigen Informations- und Kooperationshandlungen müssen sich an dem jeweiligen Bedarf des anderen Verwalters orientieren. Hierbei zeigt sich, dass das dogmatische Verständnis der Person des jeweiligen Insolvenzverwalters für eine effiziente Kooperation der Verwalter des Haupt- und des Sekundärinsolvenzverfahrens von erheblicher Bedeutung sein können. Ausgehend von dem zutreffenden Verständnis der Person des ausländischen Verwalters erwächst dem deutschen Verwalter eine gewisse Grundlage, anhand welcher er in der Lage ist, die Wesentlichkeit einer Information für den ausländischen Verwalter besser beurteilen zu können. Ebenso wird sich der ausländische Verwalter mit dem dogmatischen Verständnis des deutschen Insolvenzverwalters auseinandersetzen müssen, um seine Kooperationspflichten befriedigend erfüllen zu können.[136]

1. Pflicht zur gegenseitigen Unterrichtung gemäß Art. 31 Abs. 1 EuInsVO

a. Inhalt der gegenseitigen Unterrichtungspflicht nach der EuInsVO

Bereits in Erwägungsgrund 20 Satz 2 zur EuInsVO wird ein hinreichender Informationsaustausch der verschiedenen Verwalter als Grundvoraussetzung für eine enge Zusammenarbeit angesehen. Die Vorschrift des Art. 31 Abs. 1 Satz 1 EuInsVO geht noch einen Schritt weiter und spricht von einer „Pflicht zur gegenseitigen Unterrichtung". Eine Konkretisierung des möglichen Inhalts einer Unterrichtungspflicht findet sich in Art. 31 Abs. 1 Satz 2 EuInsVO, in welchem beispielhaft der Stand und die Prüfung der Forde-

132 Vgl. dazu unter III.

133 Vgl. *Balz*, Am. Bankr. L. J. (1996), 485, 525; *Lüke*, ZZP 111 (1998), 275, 298, 304; *Wimmer*, ZIP 1998, 982, 987. Vgl. zum Sekundärverfahren bereits oben IV. Teil, B. II.

134 Vgl. insoweit *Paulus*, ZIP 2001, 505, 515, nach dem „...der Begriff der Kooperation derzeit so etwas wie ein *Schlüsselwort* im Internationalen Insolvenzrecht darstellt..."

135 Zum einen spricht die Vorschrift des Art. 31 Abs. 1 EuInsVO von einer *gegenseitigen* Unterrichtungspflicht und zum anderen ist in Art. 31 Abs. 2 EuInsVO von einer *Zusammenarbeit* der an den Verfahren beteiligten Verwalter die Rede, nicht hingegen von einer Zuarbeit des Sekundärverwalters.

136 Vgl. dazu bereits ausführlich II. Teil.

rungsanmeldungen sowie alle Maßnahmen der Verfahrensbeendigung – wie etwa Vergleichs- oder Planvorschläge bzw. Anträge auf Einstellung des Verfahrens - als für das jeweilige andere Verfahren bedeutsame Informationen genannt werden.[137] Diese Aufzählung soll verdeutlichen, dass eine Unterrichtungspflicht nur in Bezug auf wesentliche Vorgänge und Informationen besteht.[138] In der Praxis wird es für einen deutschen Insolvenzverwalter sehr schwierig sein, die Wesentlichkeit einer Information für ein in einem anderen Mitgliedstaat eröffnetes Verfahren und dessen Verwalter sachgerecht zu beurteilen. Gerade deshalb wird es für einen deutschen Verwalter wichtig sein, sich ein gewisses Bild von dem jeweils anderen Verwalter – von dessen Rechtsstellung und dessen Stellung innerhalb des ausländischen Verfahrens – zu verschaffen. Die allgemeine Unterrichtungspflicht verlangt dem deutschen Verwalter – unabhängig davon, ob es sich um einen Haupt- oder Sekundärverwalter handelt - bereits grundlegende Kenntnisse von der Sprache und vom Insolvenzsachrecht des Staates der anderen Verfahrenseröffnung ab.[139] Häufig wird in der Praxis zur Überbrückung der Sprachproblems eine Einigung auf Englisch als Verfahrenssprache stattfinden, da dies in den meisten Mitgliedstaaten am weitesten verbreitet sein dürfte.

Eine gewissenhafte Erfüllung der Unterrichtungspflicht durch die an den Verfahren beteiligten Verwalter bildet künftig die Grundlage für eine erfolgreiche Erfüllung der Kooperationspflicht i.S.d. Art. 31 Abs. 2 EuInsVO. Bei jedem einzelnen Verwalter müssen die Interessen einer effizienten Verfahrensabwicklung im Vordergrund stehen und die Bereitschaft zur stetigen Fort- und Weiterbildung – insbesondere was die ausländischen Insolvenzsachrechte angeht – vorhanden sein. Praktisch wird der Informationsaustausch entweder per Telefon, per E – Mail oder auf postalischem Weg in der vereinbarten Verfahrenssprache oder, wenn dies unvermeidlich ist, durch professionelle Übersetzungsarbeiten, die andererseits sehr zeitaufwendig und kostspielig sein dürften, erfolgen.[140] Denkbar wäre insoweit – wie dies zum Teil in größeren deutschen Kanzleien bereits üblich ist - die Einrichtung eines speziellen Servers bzw. eines Serverteils oder eines gemeinsamen Internet - Chatrooms, auf welchen lediglich die an den Verfahren beteiligten Verwalter Zugriff haben. Dies würde zwar einen gewissen technischen Aufwand mit

---

137 In dem Erläuternden Bericht von *Virgos / Schmit*, Nr. 230 sind weitere Gegenstände einer Unterrichtungspflicht aufgeführt. Danach umfasst die gegenseitige Unterrichtungspflicht insbesondere die geplanten oder eingereichten Klagen zur Erlangung von Vermögen bzw. zur Wiedererlangung von Teilen des Schuldnervermögens (z.B. Zahlungs- oder Anfechtungsklagen), die Möglichkeiten der Verwertung der Masse, die angemeldeten Forderungen, die Überprüfung der Forderungen und ihre etwaige Anfechtung, die Rangfolge der Gläubiger, die geplanten Sicherungsmaßnahmen, die vorgeschlagenen Vergleichsmaßnahmen, die Vorschläge für die Verteilung von Konkursquoten, den jeweiligen Stand des Verfahren sowie Informationen bezüglich des Inhalts der Insolvenzmasse. Vgl. auch *Balz*, ZIP 1996, 948, 954: „Hierunter fallen auch wesentliche Schritte des Verfahrens wie etwa die Erstellung einer Vermögensübersicht, die Betriebsfortführung, die Veräußerung wesentlicher Vermögenswerte oder der Eintritt in die Masseunzulänglichkeit."

138 Diese Beschränkung auf wesentliche Informationen verfolgt das Ziel, die Arbeit der Verwalter nicht durch jedwede Fragen nach dem Stand des Verfahrens unnötig zu erschweren. Vgl. *Kolmann*, S. 349; *Wimmer*, ZIP 1998, 982, 987, der richtigerweise die Informationspflicht auf „...Umstände, die bedeutende Teile der Masse oder wichtige verfahrensleitende Entscheidungen betreffen..." konzentrieren möchte.

139 Für den englisch- und französischsprachigen Raum mag dies von einer gewissen Anzahl der deutschen Verwalter zu bewältigen sein. Angesichts solcher Sprachen wie Finnisch, Schwedisch oder Griechisch und einer anstehenden Osterweiterung der EU werden in dieser Hinsicht weitere Probleme zu Tage treten. Die Entwicklung wird darauf hinauslaufen, dass gerade auf dem Gebiet der großen Insolvenzverwalterkanzleien internationale Kooperationen mit Kanzleien – Insolvenzverwalterkanzleien oder auf bestimmte Rechtsgebiete in dem jeweiligen Mitgliedstaat spezialisierte Kanzleien - im mitgliedstaatlichen Ausland angestrebt werden.

140 Vgl. zum Vorschlag eines Chatrooms *Paulus*, ZIP 2002, 729, 735.

sich bringen, andererseits aber erhebliche Erleichterungen in Bezug auf einen funktionierenden und zeitsparenden Informationsaustausch.

b. Mögliche Probleme im Rahmen der Unterrichtungspflicht

aa. Beurteilung der Unverzüglichkeit i.S.d. Art. 31 Abs. 1 Satz 2 EuInsVO

Die Vorschrift des Art. 31 Abs. 1 Satz 2 EuInsVO spricht von dem Begriff der „Unverzüglichkeit" der Informationsweitergabe, ohne diesen näher zu erläutern. Nach deutschem Verständnis bedeutet unverzüglich regelmäßig „ohne schuldhaftes Zögern".[141] Demjenigen, der unverzüglich zu handeln hat, soll eine angemessene Frist zur Überlegung zustehen. Andererseits sind die Interessen des anderen Verwalters zu beachten, der auf eine möglichst zügige Unterrichtung seitens des einen Verwalters angewiesen ist. Nach deutschem Verständnis wird für die Beurteilung der Unverzüglichkeit eines Handelns eine Obergrenze von 14 Tagen zugrunde gelegt.[142]

Bei der Beurteilung der Unverzüglichkeit i.S.d. Art. 31 Abs. 1 EuInsVO können sich Probleme ergeben, wenn man beispielsweise die in der Bundesrepublik Deutschland vorherrschende 14 – Tages – Frist zugrunde legt. In der Regel müssen bei grenzüberschreitenden Insolvenzen in der Europäischen Union - wie auch bei grenzüberschreitenden Insolvenzen in der ganzen Welt - bestehende Sprachbarrieren überwunden werden. Dies hat insofern Auswirkungen auf die Beurteilung der Unverzüglichkeit i.S.d. Art. 31 Abs.1 Satz 2 EuInsVO, als dass gegebenenfalls Dokumente oder Berichte eines Verwalters, welche die erforderlichen Informationen für den anderen Verwalter enthalten, erst noch einer Übersetzung – entweder in die Heimatsprache des empfangenden Verwalters oder in eine der Amtssprachen – bedürfen, insofern nicht im vorhinein eine gemeinsame Verfahrenssprache festgelegt worden ist. Ist eine Einigung diesbezüglich nicht erfolgt, stellt sich die Frage, ob für die Übersetzung der Informationen der weitergebende Verwalter oder der empfangende Verwalter zuständig ist. Eine Gefährdung der Unverzüglichkeit der Weitergabe käme nur dann in Betracht, wenn die Übersetzung von dem weitergebenden Verwalter veranlasst werden müsste,[143] damit der empfangende Verwalter einen für ihn bereits ohne weiteres zu verstehenden Informationsbericht erhielte. Die Vorschrift des Art. 31 Abs.1 Satz 2 EuInsVO verfolgt mit dem Kriterium der Unverzüglichkeit jedoch offensichtlich das Ziel, den weitergebenden Verwalter zu einer zügigen Weiterleitung an den anderen Verwalter anzuhalten, damit der empfangende Verwalter sein Handeln den Informationen entsprechend ausrichten kann.[144] Daher liegt es näher, dem empfangenden Verwalter die Mühen einer Übersetzung aufzuerlegen, die dieser schon im eigenen Interesse zügig erledigen lassen wird. Der weitergebende Verwalter ist natürlich verpflichtet, die wesentlichen Informationen an den anderen Verwalter weiterzugeben, sobald er selber Kenntnis davon hat.

Unverständlicherweise findet sich in den Vorschriften der EuInsVO keine Regelung über die Konsequenzen einer Nichtbeachtung bzw. einer verspäteten Erfüllung der Un-

---

141 Vgl. die Legaldefinition in § 121 Abs. 1 Satz 1 BGB; Geltung für das gesamte Privatrecht z.B. § 377 Abs. 1, Abs. 3 HGB, § 92 Abs. 1 AktG, § 9 MSchG sowie für das öffentliche Recht z.B: § 216 Abs. 2 ZPO, § 23 Abs. 2, Satz , Satz 3, § 91 Abs. 2 BSHG.

142 Vgl. nur OLG Hamm, NJW – RR 1990, 523; Palandt / *Heinrichs*, BGB, § 121, Rdnr. 3.

143 Es wäre für den empfangenden Verwalter nur schwer erkenn- bzw. ermittelbar, ab welchem Zeitpunkt der weitergebende Verwalter sichere Kenntnis der relevanten Informationen besaß.

144 Der weitergebende Verwalter könnte sich immer darauf berufen, die Übersetzungsarbeiten seien noch nicht fertiggestellt.

terrichtungspflicht.[145] In diesem wesentlichen Punkt der Verfahrenskoordinierung wäre eine einheitliche Regelung im Rahmen der EuInsVO wünschenswert gewesen. Das deutsche Recht sieht in der Vorschrift des § 58 Abs. 2 InsO für den Fall der Nichterfüllung der Pflichten als Insolvenzverwalter eine Festsetzung von Zwangsgeld bis zu einer Höchstgrenze von 25.000 € nach vorheriger Androhung vor. Stellt man sich auf den Standpunkt, § 58 Abs. 2 InsO erfasse jegliche Pflichtverletzung des Insolvenzverwalters, also auch die Verletzung seiner Kooperationspflichten gegenüber einem ausländischen Verwalter nach der EuInsVO, hat man mit einer Haftungsregelung des Verwalters offensichtlich keine Probleme und ein Regelungsbedarf ist nicht vorhanden. Versteht man jedoch unter dem Begriff der „Pflichtverletzung" in systematischem Zusammenhang mit § 58 Abs. 1 InsO ausschließlich Pflichtverletzungen gegenüber dem Insolvenzgericht, so besteht diesbezüglich ein Regelungsbedarf. In die Vorschrift des § 58 InsO könnte ein Zusatz oder eine Ergänzung aufgenommen werden, in welcher die Konsequenzen für die Nichtbeachtung der Kooperationspflichten i.S.d. EuInsVO normiert werden.[146]

bb. Unterschiedliche nationale Datenschutzvorschriften

Durch die nationalen Datenschutzvorschriften der Mitgliedstaaten werden dem Insolvenzverwalter gegebenenfalls Grenzen bei der Weitergabe von Informationen gesetzt, denn die in Art. 31 Abs. 1 EuInsVO umfassend ausgestaltete Unterrichtungspflicht kann selbstverständlich nur unter dem Vorbehalt der jeweiligen nationalen Datenschutzvorschriften wahrgenommen werden.[147] Der deutsche Insolvenzverwalter hat bei der Weitergabe von Informationen eines in der Bundesrepublik Deutschland eröffneten Verfahrens die Vorschriften des BDSG[148] zu beachten. Hierbei kann sich die Schwierigkeit ergeben, dass ein Verwalter aufgrund der unterschiedlichen Ausgestaltung der nationalen Datenschutzvorschriften von den Informationen des anderen Verwalters erheblich profitiert und der andere Verwalter deutlich weniger Informationen erhält. Insofern wäre es wünschenswert gewesen, wenn der europäische Gesetzgeber – ähnlich wie in Art. 4 Abs. 2 und Art. 5 Abs. 2 EuInsVO – eine konkrete Auflistung der Gegenstände gegeben hätte, auf welche sich die gegenseitige Unterrichtungspflicht der Verwalter in jedem Fall – gewissermaßen als Mindeststandard, der nach sämtlichen mitgliedstaatlichen Rechtsordnungen vertretbar ist - beziehen muss.[149]

---

145 Auch der Erläuternde Bericht von *Virgos / Schmit*, Nr. 234 äußert sich diesbezüglich nur sehr vage: „Gegebenenfalls regelt das geltende einzelstaatliche Recht die Frage der Haftung des Verwalters bei einer Verletzung seiner Pflichten nach Art. 31."

146 Ein Regelungsbedarf käme dann auch nicht in Betracht, wenn man den anderen Insolvenzverwalter als „Beteiligten" i.S.d. § 60 InsO ansehen würde, dem gegenüber der deutsche Insolvenzverwalter bei Verletzung einer Pflicht schadensersatzpflichtig wäre. Nach Sinn und Zweck dieser Regelung dürften jedoch ausschließlich Beteiligte des eigenen Verfahrens davon erfasst sein. Zudem handelt es sich bei der Verletzung der Unterrichtungspflicht i.S.d. EuInsVO nicht um eine Pflicht, die sich - wie nach § 60 Abs. 1 Satz 1 a.E. InsO erforderlich - aus der InsO selbst ergibt.

147 Vgl. den Wortlaut des Art. 31 Abs. 1 Satz 1 EuInsVO; *Balz*, ZIP 1996, 948, 954.

148 Bundesdatenschutzgesetz vom 20. Dezember 1990. Danach ist die Datenverarbeitung und –nutzung zulässig, wenn das BDSG diese erlaubt oder wenn die betroffene Person in die Verarbeitung bzw. Nutzung eingewilligt hat. Das BDSG erlaubt die Datenverarbeitung und –nutzung insbesondere dann, wenn sie zur Wahrung berechtigter Interessen der speichernden Stelle erforderlich ist und kein Grund zu der Annahme besteht, dass das schutzwürdige Interesse der betroffenen Person an dem Ausschluss der Verarbeitung oder Nutzung überwiegt.

149 Dabei hätte bezüglich jedes einzelnen Gegenstandes der Informationsweitergabe untersucht werden können, mit welchen nationalen Datenschutzvorschriften diese kollidieren könnten und ob die nationalen Datenschutzvorschriften nicht zugunsten einer effektiven und einer von optimaler Kooperation geprägten Verwal-

2. Pflicht zur Zusammenarbeit gemäß Art. 31 Abs. 2 EuInsVO[150]

a. Allgemeines

Die zentrale Vorschrift[151] zur Koordinierung des Haupt- mit dem Sekundärinsolvenzverfahren ist Art. 31 Abs. 2 EuInsVO. Danach sind der Verwalter des Hauptverfahrens und die Verwalter der Sekundärverfahren vorbehaltlich der für die einzelnen Verfahren geltenden Vorschriften in einer über die Benachrichtigung hinausgehenden Form zur Zusammenarbeit verpflichtet.[152] Die Verwalter sind gehalten, sich im Hinblick auf den Ablauf der Verfahren und im Hinblick auf unnötige Arbeitserschwernis abzustimmen und zu koordinieren.[153] Dabei hat stets die effiziente Abwicklung der Verfahren im Vordergrund zu stehen, um Verzögerungen zu Lasten der Gläubiger zu vermeiden.[154] Die Vorschrift des Art. 31 Abs. 2 EuInsVO hat lediglich die Zusammenarbeit mehrer Insolvenzverwalter zum Gegenstand und enthält keine Regelung über die Zusammenarbeit zwischen den Insolvenzgerichten verschiedener Mitgliedstaaten bzw. zwischen den Insolvenzgerichten und den jeweiligen ausländischen Verwaltern.[155]

b. Pflicht zur Zusammenarbeit im Rahmen der EuInsVO auch zwischen den Insolvenzgerichten?

Die Regelung des Art. 31 Abs. 2 EuInsVO wirft die Frage auf, ob die Pflicht zur Zusammenarbeit lediglich auf die Person des Insolvenzverwalters zu beschränken ist oder ob auch eine Zusammenarbeit zwischen den Insolvenzgerichten der verschiedenen Mitgliedstaaten geboten erscheint. Zunächst scheint die Pflicht zur Zusammenarbeit i.S.d. Art. 31 Abs. 2 EuInsVO ausgehend von dem insoweit eindeutigen Wortlaut auf die Insolvenzverwalter beschränkt zu sein. Führt man sich jedoch den Sinn und Zweck der Artt. 27 ff. EuInsVO vor Augen, gelangt man vielleicht zu einem anderen Ergebnis. Insbesondere die Artt. 31 ff. EuInsVO verfolgen das Ziel, eine möglichst sinnvolle und der optimalen Verwaltung des Schuldnervermögens dienliche Koordination zwischen Haupt- und Sekundärverfahren zu gewährleisten.[156] Die Pflicht zur Zusammenarbeit der Verwalter gemäß Art. 31 Abs. 2 EuInsVO ist im Rahmen dessen erforderlich, um eine effiziente Abwicklung und Koordination der verschiedenen Verfahren zu realisieren.[157]

Zunächst ist zu fragen, ob eine Zusammenarbeit der an den Verfahren beteiligten Insolvenz-

---

tung des Schuldnervermögens zurückzutreten hätten bzw. ob auf einzelstaatlicher Ebene eine Einschränkung der einschlägigen Datenschutzvorschriften vorzunehmen wäre. Da dies unterlassen worden ist, werden Erfahrungswerte ab dem Inkrafttreten der EuInsVO Aufschluss darüber geben, welche Informationen nicht mit den Datenschutzvorschriften einzelner Mitgliedstaaten übereinstimmen.

150 Aufgrund der systematischen Stellung des Art. 31 Abs. 2 EuInsVO ist anzunehmen, dass die Zusammenarbeit der Verwalter nicht nur auf eine gegenseitige Pflicht zur Unterrichtung i.S.d. Art. 31 Abs. 1 EuInsVO beschränkt bleiben sondern mehr umfassen sollte. Zu diesem „Mehr" enthält die EuInsVO keine weiteren konkreten Angaben. Insofern beurteilt sich dies wiederum nach der jeweiligen *lex fori*.

151 So *Fritz / Bähr*, DZWiR 2001, 212, 232; *Trunk*, S. 363.

152 Weder der EuInsVO noch dem Erläuternden Bericht von *Virgos / Schmit* kann entnommen werden, wie die Zusammenarbeit der Verwalter im einzelnen auszusehen hat.

153 Vgl. *Virgos / Schmit*, Erläuternder Bericht, Nr. 232.

154 So *Virgos / Schmit*, Erläuternder Bericht, Nr. 229; *Kemper*, ZIP 2001, 1609, 1618.

155 Anders hingegen das UNCITRAL – Modellgesetz, vgl. ZIP 1997, 2224 ff. in den Art. 25 ff. Darin ist eine möglichst intensive und weitgehende Zusammenarbeit zwischen den Gerichten untereinander und zwischen den Gerichten und den jeweiligen ausländischen Verwaltern – wenn auch nicht als Pflicht – vorgesehen (vgl. Art. 25 Abs. 1: „...*the court shall cooperate to the maximum extent possible with foreign courts or foreign representatives.*"). Vgl. zu den UNCITRAL – Modellbestimmungen unter II. 3.c.

156 Vgl. *Eidenmüller*, ZZP 114 (2001), 3, 26; *Herchen*, S. 147.

157 Vgl. *Virgos / Schmit*, Erläuternder Bericht, Nr. 229.

gerichte ebenfalls eine effiziente Abwicklung der Verfahren fördern könnte. Unter Zugrundelegung der Bejahung dieser Frage wäre nicht einsichtig, eine Kooperation lediglich auf die Insolvenzverwalter untereinander zu beschränken, wenn eine Zusammenarbeit der an den Verfahren beteiligten Insolvenzgerichte bzw. eine solche zwischen den Verwaltern und den am Verfahren beteiligten Gerichte erwiesenermaßen die Zwecke und damit die Koordination und Abwicklung der Verfahren ebenfalls effektiv fördert.[158] Bei einer derartigen Koordination der Verfahren würde in Zukunft auch dem gegenseitigen Informationsaustausch zwischen den Gerichten untereinander bzw. den Gerichten und den Verwaltern eine für die Abwicklung grenzüberschreitender Insolvenzen wesentliche Funktion zukommen. Auf diesem Weg wäre für die jeweiligen Beteiligten der Verfahren derselbe Sachstand gewährleistet. Insofern ist eine Zusammenarbeit der an den Verfahren beteiligten Insolvenzgerichte bzw. zwischen den Gerichten und den Verwaltern grundsätzlich dazu geeignet, zu einer effizienten Abwicklung der Verfahren beizutragen. Die Insolvenzgerichte werden in der Regel einer Zusammenarbeit mit dem jeweils anderen Insolvenzgericht nicht abgeneigt sein. Schwierigkeiten können sich wiederum dann ergeben, wenn der Umfang dieser Zusammenarbeit von den jeweiligen Insolvenzgerichten anders aufgefasst wird.

Das Problem, dass sich nunmehr im Anschluss daran stellt, besteht darin, ob eine solche Zusammenarbeit der Insolvenzgerichte auch als eine *Pflicht* zur Zusammenarbeit ausgestaltet sein sollte. Eine eigene Regelung diesbezüglich findet sich – wie bereits erwähnt – in der EuInsVO nicht. Da nach Art. 31 Abs. 2 EuInsVO lediglich die Verwalter des Haupt- und Sekundärverfahrens zur gegenseitigen Zusammenarbeit verpflichtet sind, würde dies voraussetzen, dass auch die Insolvenzgerichte unter den Begriff des Verwalters i.S.d. Art. 2 lit. b) EuInsVO zu subsumieren wären. Ob die Insolvenzgerichte tatsächlich unter die Definition des Verwalters i.S.d. Art. 2 lit. b) EuInsVO zu subsumieren sind, kann im Ergebnis dahinstehen. Jedenfalls ist der Wortlaut des Anhanges C im Hinblick auf die in Betracht kommenden „Verwalter" i.S.d. EuInsVO abschließend,[159] so dass keine entsprechende Anwendung des Art. 31 Abs. 2 EuInsVO auf die Insolvenzgerichte in Betracht kommt.[160] Die einzige Möglichkeit einer Einbeziehung der Insolvenzgerichte in eine Pflicht zur Zusammenarbeit besteht gegenwärtig darin, den Katalog des Anhanges C gemäß Art. 45 EuInsVO auf Initiative eines Mitgliedstaates oder der Kommission mit qualifizierter Mehrheit um die Insolvenzgerichte zu erweitern. Damit wäre auch eine Verbindlichkeit des erforderlichen Informationsaustausches untereinander gewährleistet. Es könnten Regelungsgegenstände festgelegt werden, auf welche

---

158 So etwa *Eidenmüller*, ZZP 114 (2001), 3, 26; *ders.*, IPRax 2001, 1, 18; *Herchen*, S. 147 ff.; *Leible / Staudinger*, KTS 2000, 533, 569 f. Dies löst nicht das Problem, dass die EuInsVO bislang diesbezüglich keine Regelung enthält.

159 Laut Anhang C zur EuInsVO kommen für die Bundesrepublik Deutschland der Konkursverwalter, der Vergleichsverwalter, der Sachwalter (nach der Vergleichsordnung), der Insolvenzverwalter, der Sachwalter (nach der Insolvenzordnung), der Treuhänder und der vorläufige Insolvenzverwalter als Verwalter i.S.d. Art. 2 lit. b) EuInsVO in Betracht.

160 Insoweit auch missverständlich *Herchen*, S. 149, der zunächst das Insolvenzgericht unter den Begriff des Verwalters i.S.d. Art. 2 lit. b) EuInsVO subsumiert bzw. dies für grundsätzlich möglich hält, anschließend die Möglichkeit einer Erweiterung des Anhanges C erkennt und in seiner Zusammenfassung (S. 234, Nr. 26) jedoch davon spricht, dass die Auslegung des Verwalterbegriffs i.S.d. Art. 2 lit. b) EuInsVO zu einer Erstreckung der Kooperations*pflicht* auf die Insolvenzgerichte führt. Nach *Herchen* bestünde somit bereits in der am 29. Mai 2000 beschlossenen Fassung der EuInsVO eine Kooperations*pflicht* der Insolvenzgerichte. Vgl. auch etwas vage *Eidenmüller*, ZZP 114 (2001), 3, 26, der aus Art. 31 Abs. 2 lediglich nicht den Umkehrschluß des Inhalts ableiten möchte, dass Insolvenzgerichte aufgrund der Nicht – Erwähnung in Art. 31 Abs. 2 EuInsVO grundsätzlich *nicht* zur Kooperation verpflichtet seien. Auf eine möglicherweise zu erfolgende Einbeziehung in den Anwendungsbereich des Art. 31 Abs. 2 EuInsVO im Wege der Auslegung– vgl. *Herchen*, S. 149 – oder einen möglichen gesetzgeberischen Ergänzungsbedarf der EuInsVO wird nicht eingegangen.

sich eine Kooperationspflicht der Insolvenzgerichte mindestens erstrecken muss. Angesichts der weitreichenden Folgen ist es nicht unproblematisch, den Insolvenzgerichten ohne gesetzliche Grundlage eine *Pflicht* zur Kooperation aufzuerlegen, ohne dass sich Anhaltspunkte in den Vorschriften der EuInsVO finden. Zweifelsohne ist es sinnvoll und bisweilen auch erforderlich, dass die Insolvenzgerichte verschiedener Mitgliedstaaten zusammenarbeiten, wenn über das Vermögen eines Schuldners innerhalb des Geltungsbereichs der EuInsVO ein Haupt- und ein oder mehrere Sekundärinsolvenzverfahren eröffnet worden sind. Dies darf aber keineswegs dazu führen, dass die normierte Kooperationspflicht der Insolvenzverwalter i.S.d. Art. 31 Abs. 1 und 2 EuInsVO im Wege der Auslegung auf die Insolvenzgerichte übertragen wird.

3. Kooperationsmöglichkeiten außerhalb der EuInsVO

In Literatur und Gesetzgebung hat es in jüngerer Vergangenheit Ansätze gegeben, welche sich unter anderem mit der Zusammenarbeit der Verwalter untereinander bzw. mit der Zusammenarbeit zwischen den Verwaltern und Gerichten auseinandergesetzt haben.[161]

a. Zusammenarbeit mithilfe von „Protokollen"

Der Begriff des Protokolls bzw. des *„protocol"* stammt aus dem anglo – amerikanischen Rechtskreis und geht auf Erfahrungen mit den Insolvenzverfahren der *Maxwell Communication Corporation (MCC)*[162] oder auch *Olympia & York*[163] zurück. Bei der Vorgehensweise mittels *„protocols"* haben die an dem Verfahren beteiligten Parteien die Gefahr konkurrierender Insolvenzverfahren erkannt und bemühen sich um eine praxisorientierte, flexible Lösung zur Vermeidung möglicher Probleme.[164]

Bei den *„protocols"* handelt es sich um privatrechtliche Vereinbarungen, welche regelmäßig zwischen den Verwaltern verschiedener Insolvenzverfahren in enger Zusammenarbeit mit den beteiligten Insolvenzrichtern entworfen werden.[165] Diese Vereinbarungen sind für den jeweiligen individuellen Konfliktfall vorgesehen, welcher bei starrer Anwendung der entsprechenden nationalen Insolvenzsachrechte kaum oder überhaupt nicht zu bewältigen wäre.[166] Der Inhalt eines *„protocols"* kann bisweilen sehr unterschiedlich sein.[167] Grundsätzlich werden zunächst die Ziele des zu entwerfenden *„protocols"* in

161 Vgl. das UNCITRAL – Modellgesetz, in engl. Sprache abgedruckt in: ZIP 1997, 2224 ff., in deutscher Sprache in: FK, Anhang I, Anlage 5, S. 2239 ff., sowie die Vorschläge von *Paulus*, ZIP 1998, 977 ff. und von *Eidenmüller*, ZZP 114 (2001), 3 ff., 24 ff. Vgl. auch jüngst und umfassend zum UNCITRAL – Modellgesetz *Kolmann*, S. 413 ff. *Paulus*, NZI 2001, 505, Fn. 4 und 5 weist zudem auf einige neuere Regelwerke, darunter das *Transnational Insolvency Project* der sogenannten NAFTA – Staaten Kanada, USA und Mexiko aus dem Jahr 2000 sowie auf ein Regelwerk 16 afrikanischer Staaten, welche sich unter dem Namen OHADA ein gemeinsames internationales Insolvenzrecht erarbeitet haben, hin.

162 Vgl. dazu *Göpfert*, ZZP Int 1 (1996), 269 ff.; *Paulus*, ZIP 1998, 977, 979, wobei es sich in diesem Fall um zwei konkurrierende Hauptinsolvenzverfahren handelte. Weitere Fälle sind beispielsweise *Everfresh Beverages, Maruko Inc.* und *Joseph Nakash*, vgl. die Übersichten bei *Kolmann*, S. 455 ff., *Paulus*, ZIP 1998, 977, 979 ff.

163 Vgl. dazu *Chapman*, Int. Ins. Rev. 1998, 1, 3 ff.

164 Vgl. *Kolmann*, S. 459.

165 Vgl. *Paulus*, ZIP 1998, 977, 979; *ders.*, ZIP 2000, 2189, 2193.

166 Vgl. *Paulus*, ZIP 2001, 505, 507.

167 Vgl. z.B. den Abdruck des „*Nakash* – Protokolls" in: ZIP 1998, 1013. Im Fall der *Maxwell Communication Corporation (MCC)* beispielsweise setzten die englischen Administrators und der von den amerikanischen Geschäftsführern eingesetzte *Examiner* in enger Zusammenarbeit mit dem Londoner und dem New Yorker Richter - bzw. auf deren Anregung hin - ein Protokoll auf, in welchem Regelungen über die Behandlung

einer Präambel definiert und festgelegt.[168] Anschließend enthält das „*protocol*" weitere Einzelregelungen zur Konkretisierung der in der Präambel festgelegten Ziele.

b. Zusammenarbeit mithilfe von Insolvenzverwaltungsverträgen

Verschiedentlich wird die Bezeichnung „*protocols*" für derartige Vereinbarungen zwischen den verschiedenen Verwaltern bzw. zwischen den Verwaltern und den Gerichten für missverständlich gehalten.[169] Vielmehr wird der Begriff des „Insolvenzverwaltungsvertrages" vorgeschlagen.[170] Insolvenzverwaltungsverträge sind regelmäßig als öffentlich – rechtliche schriftlich zu fassende Prozessverträge zu qualifizieren, welche durchweg verfahrensrechtliche Rechte und Pflichten der am Verfahren Beteiligten zum Gegenstand haben.[171] Ein Insolvenzverwaltungsvertrag kann dabei sowohl zwischen den verschiedenen Insolvenzverwaltern als auch zwischen den Verwaltern und einem oder mehreren am Verfahren beteiligten Insolvenzgerichten geschlossen werden.[172] Als Regelungsgegenstände zwischen den verschiedenen Insolvenzverwaltern kommen beispielsweise die Vornahme von Verwertungshandlungen, die Vorlage bzw. der Inhalt eines Insolvenzplans, die Ausübung eines gegebenenfalls bestehenden Wahlrechts bei gegenseitigen Verträgen, die Ausübung des Kündigungsrechts, die Wahrnehmung des Anfechtungsrechts sowie die Stellung weiterer Insolvenzanträge in Bezug auf andere Gesellschaften eines Konzerns in Betracht.[173] Regelungsgegenstände bei Insolvenzverwaltungsverträgen zwischen den Insolvenzgerichten können insbesondere verfahrensleitende Maßnahmen der Gerichte, aufeinander abgestimmte Terminbestimmungen sowie Informationen bezüglich der Gläubiger des Gemeinschuldners sein. Grundsätzlich hat bei der Ausgestaltung der Insolvenzverwaltungsverträge die Regelung von Rechten und Pflichten, welche die gegenseitige Information und etwaige Zustimmungen beinhalten, im Vordergrund zu stehen.[174]

c. UNCITRAL – Modellbestimmungen über grenzüberschreitende Insolvenzverfahren

Auf der Grundlage der Erfahrungen mit den „*protocols*" bzw. den Insolvenzverwal-

---

des US – Vermögens, des dortigen Managements sowie Einzelheiten hinsichtlich eines Sanierungsplanes enthalten waren, vgl. *Paulus*, ZIP 1998, 977, 979. Vgl. zur MCC – Insolvenz auch *Göpfert*, ZZP Int. 1 (1996), 269 ff.; *Reinhart*, S. 70.

168 In dem „*Nakash* – Protokoll" lauteten die Ziele beispielsweise: 1) Harmonisierung und Koordinierung des US – Verfahrens mit dem israelischen Insolvenzverfahren über das Vermögen des Schuldners *Nakash*; 2) Grundsätzliche Anerkennung der Eigenständigkeit des jeweils anderen Gerichts; 3) Schaffung einer Grundlage zur ordnungsgemäßen und wirksamen Abwicklung der beiden Verfahren; 4) Im Interesse und zum Nutzen aller Gläubiger die Feststellung, Sicherung und optimale Verwertung des weltweiten Vermögens von *Nakash*; 5) Koordinierung der Verwalterbemühungen, insbesondere durch eine Informationsaustausch, um unnötige Bemühungen und damit verbundene zusätzliche Kosten zu vermeiden.

169 Vgl. *Eidenmüller*, ZZP 114 (2001), 3 ff., 5. Vgl. auch *Flaschen / Silverman*, in: Ziegel (Hrsg.), S. 636 ff. zu bedeutenden Insolvenzverwaltungsverträgen aus den letzten Jahren bzw. Jahrzehnten.

170 Vgl. *Eidenmüller*, ZZP 114 (2001), 3 ff., 5; *Reinhart*, S. 105 f. Krit. dazu *Paulus*, NZI 2001, 505, 506, Fn. 15, der den von *Eidenmüller* verwendeten Begriff des „Insolvenz*verwalter*vertrages" als zu unflexibel ansieht – wobei *Eidenmüller* selbst diesen Begriff überhaupt nicht verwendet, sondern von „Insolvenz*verwaltungs*verträgen" spricht – und der mithin eine Beschränkung ausschließlich auf die Person des Insolvenzverwalters vermeiden will. Vgl. dazu *Eidenmüller*, ZZP 114 (2001), 3, 11 f., 32, der die Einbeziehung der Insolvenzgerichte in derartige Insolvenzverwaltungsverträge zu recht für erforderlich hält und daher voraussetzt.

171 Vgl. *Eidenmüller*, ZZP 114 (2001), 3, 13 f., 20.

172 Vgl. *Eidenmüller*, ZZP 114 (2001), 3, 11 f., 32.

173 Vgl. die Übersicht bei *Eidenmüller*, ZZP 114 (2001), 3, 11.

174 Vgl. *Eidenmüller*, ZZP 114 (2001), 3, 11.

tungsverträgen sehen die UNCITRAL – Modellbestimmungen in den Art. 25 ff. Möglichkeiten für eine intensive Zusammenarbeit zwischen den Insolvenzgerichten untereinander sowie zwischen den Insolvenzgerichten und den jeweiligen ausländischen Verwaltern vor.[175] Das Ziel besteht darin, eine vereinfachte, effiziente und unbürokratische Zusammenarbeit zwischen den verantwortlichen Stellen zu ermöglichen.[176] Es wird darauf verzichtet, die Gerichte für die Zusammenarbeit auf diplomatische Vorgehensweisen zu beschränken, welche insbesondere in eilbedürftigen Fallgestaltungen einer effizienten Abwicklung des Insolvenzverfahrens entgegenstehen würden.[177] Diese Zusammenarbeit soll in einem größtmöglichen Umfang erfolgen.[178] Der Hintergrund für eine solch starke Betonung der justiziellen Zusammenarbeit ist zum einen in den weitgehenden Befugnissen der Richter des anglo – amerikanischen Rechtskreises und zum anderen in den Erfahrungen dieser Richter mit Berufskollegen aus anderen Rechtskulturen, die bei der Zusammenarbeit mit ausländischen Kollegen wesentlich restriktiver verfahren, zu sehen.[179] Ebenso wie die EuInsVO stellt das UNCITRAL – Modellgesetz in seinem Art. 28 sicher, dass über denselben Rechtsträger nicht mehrere Hauptverfahren eröffnet werden können, sondern Parallelverfahren lediglich in der Gestalt von einem Haupt- und einem oder mehreren Sekundärinsolvenzverfahren auftreten können.

Nach Art. 25 Abs. 2 der Modellbestimmungen können Informationen direkt – d.h. ohne die Umwege der Rechtshilfe oder der Diplomatie – mit dem ausländischen Insolvenzgericht bzw. –verwalter ausgetauscht werden. Eine entsprechende Regelung sieht Art. 26 Abs. 2 der Modellbestimmungen für den Insolvenzverwalter vor. Schließlich beinhaltet die Vorschrift des Art. 27 der Modellbestimmungen eine Aufzählung möglicher Formen der Kooperation. Danach kann das Gericht beispielsweise eine den Weisungen des Gerichts unterliegende Person bestellen (Art. 27 lit. a), jedes nach eigener Ansicht geeignete Mittel des Informationsaustausches benutzen (Art. 27 lit. b), Maßnahmen zur Koordinierung der Verwaltung und Überwachung des Schuldnervermögens veranlassen (Art. 27 lit. c), Vereinbarungen zur Koordinierung der Verfahrensführung ausarbeiten und annehmen (Art. 27 lit. d) sowie Maßnahmen zur Koordinierung paralleler Insolvenzverfahren ergreifen (Art. 27 lit. e). Schließlich besteht für den die Modellbestimmungen annehmenden Staat die Möglichkeit nach Art. 27 lit. f), weitere Formen der Kooperation zu erschaffen und aufzulisten. Die UNCITRAL – Modellbestimmungen legen mithin lediglich einen Mindeststandard fest, welcher durch die Regelungen in den nationalen

---

175 Die Zielsetzung, die Zusammenarbeit zwischen Gerichten / Gerichten und Gerichten / Verwaltern zu fördern ergibt sich bereits aus der Präambel zu den UNCITRAL – Modellbestimmungen: „*The purpose of this law is to provide effective mechanisms for dealing with cases of cross border insolvency so as to promote the objectives of: (a) cooperation between the courts and other competent authorities of this State and foreign States involved in cases of cross-border insolvency;...*“ Die Vorschrift des Art. 25 ermächtigt dabei das inländische Gericht, mit ausländischen Insolvenzgerichten und –verwaltern zusammenzuarbeiten. Eine Entsprechung für den inländischen Verwalter findet sich in Art. 26 der Modellbestimmungen.

176 Vgl. *Benning / Wehling*, EuZW 1997, 618, 622; *Kolmann*, S. 452. Vgl. auch *Harmer*, Int. Ins. Rev. 1997, 145, 150, der die Regelungen der Artt. 25 bis 27 der UNCITRAL – Modellbestimmungen als große Neuerung für die Behandlung und Bewältigung grenzüberschreitender Insolvenzverfahren ansieht.

177 Vgl. *Kolmann*, S. 453.

178 Vgl. insoweit die Formulierung in Art. 25 Abs. 1 und Art. 26 Abs. 1: „*...to the maximum extent possible...*“. Der *Guide to Enactment*, doc. A/CN 9/442, Nr. 174, 175 (auch im Internet unter http://www.uncitral.org/english/texts/insolven/insolvency.htm abrufbar) stellt klar, dass es sich bei den Artt. 25 ff. der Modellbestimmungen nicht um eine bloße Verpflichtung zur Zusammenarbeit – wie etwa in Art. 31 Abs. 2 EuInsVO - , sondern vielmehr um eine Forderung nach größtmöglicher Zusammenarbeit handelt. Ist eine weitergehende Zusammenarbeit nicht möglich, darf dies gleichwohl nicht zu einer Haftung des Verwalters führen, vgl. *Kolmann*, S. 453.

179 Vgl. *Wimmer*, ZIP 1997, 2220, 2223.

Insolvenzrechten übertroffen werden kann.[180]

4. Ergänzungsbedarf der EuInsVO?

Es stellt sich angesichts fehlender Regelungen der EuInsVO im Hinblick auf die Kooperation zwischen den verschiedenen beteiligten Insolvenzgerichte sowie im Hinblick auf die Kooperation zwischen den Insolvenzgerichten und den Verwaltern die Frage nach einem möglichen Ergänzungsbedarf der EuInsVO.[181] Wie bereits erwähnt, sieht die EuInsVO in ihrem Art. 31 Abs. 1 und 2 lediglich die Pflicht zum Informationsaustausch und die Pflicht zur Zusammenarbeit zwischen den *Verwaltern* des Haupt- und des Sekundärinsolvenzverfahrens vor.[182] Aus welchem Grund eine derartige Beschränkung auf die Person des Verwalters vorgenommen und die Zusammenarbeit zwischen den an den Verfahren beteiligten Insolvenzgerichten bzw. zwischen den Verwaltern und den Gerichten nicht in der EuInsVO normiert worden ist, ist nicht einsichtig. Insofern besteht unabweisbar ein Regelungsbedarf der EuInsVO dahingehend, eine Kooperationspflicht zwischen den Insolvenzgerichten untereinander sowie zwischen den Insolvenzgerichten und den Verwaltern zu erschaffen.[183] Eine Kooperationspflicht der Insolvenzgerichte wäre zum einen durch den bereits angesprochenen Weg einer Erweiterung des Anhanges C zur EuInsVO gemäß Art. 45 EuInsVO realisierbar und kann nicht im Wege der entsprechenden Anwendung des Art. 31 EuInsVO erfolgen.[184] Der Rat könnte auf Initiative eines seiner Mitglieder oder auf Vorschlag der Kommission mit qualifizierter Mehrheit eine solche Änderung vornehmen. Eine Subsumtion der Insolvenzgerichte unter den Begriff des Verwalters i.S.d. Art. 2 lit. b) EuInsVO würde im Zusammenhang mit anderen Vorschriften, welche den Verwalter betreffen, vermutlich zu Schwierigkeiten und zu nicht beabsichtigten– teilweise sogar grotesken - Ergebnissen führen. Eine weitere Möglichkeit besteht in der Erschaffung einer gänzlich neuen Regelung bzw. eines zusätzlichen Absatzes in Art. 31 EuInsVO, welcher die Insolvenzgerichte ausdrücklich zur Zusammenarbeit verpflichtet. Damit wäre die Problematik vermieden, dass die Insolvenzgerichte grundsätzlich immer als Verwalter i.S.d. EuInsVO verstanden werden könnten. Der Inhalt einer derartigen Vorschrift über die Kooperation der Insolvenzgerichte bzw. der Insolvenzverwalter und der Insolvenzgerichte könnte im Anschluss an Art. 31 Abs. 1 und 2 EuInsVO beispielsweise folgendermaßen ausgestaltet sein:

---

180 So auch *Benning / Wehling*, EuZW 1997, 618, 622.

181 Vgl. *Paulus*, ZIP 2001, 505, 515, für den die Regelung der Kooperation in Art. 31 EuInsVO - unter Bezugnahme auf den Begriff der Kooperation als „Schlüsselwort im internationalen Insolvenzrecht" - „...bestenfalls der halbherzige Versuch ist, mit dieser Entwicklung..." - (gemeint ist die Entwicklung des Kooperationsbegriffs hin zum Schlüsselbegriff des internationalen Insolvenzrechts) – „...Schritt zu halten."

182 Vgl. ebenso Erwägungsgrund 20 Satz 2 zur EuInsVO, in welchem als wesentliche Voraussetzung der Koordinierung „...eine enge Zusammenarbeit der verschiedenen *Verwalter*..." genannt wird.

183 Vereinzelt wird aus dem Fehlen einer Vorschrift über die Kooperation der an den Verfahren beteiligten Insolvenzgerichte die Schlussfolgerung gezogen, dass sich aus der Vorschrift des Art. 31 Abs. 2 EuInsVO keine Beschränkung ausschließlich auf die Personen des Verwalters ableiten lasse. Eine derartige Interpretation liefe dem Zweck der Artt. 31 und 34 EuInsVO, welche die Verbesserung der Verfahrenskoordination verfolgen – zuwider, vgl. *Eidenmüller*, ZZP 114 (2001), 3, 26. Aus dem Fehlen einer solchen Vorschrift lässt sich ebenso wenig ableiten, dass die Insolvenzgerichte untereinander zur Zusammenarbeit *verpflichtet* sein sollen.

184 Vgl. bereits oben unter II. 2. b.

Art. 31 Abs. 3

„Vorbehaltlich der Vorschriften über die Weitergabe von Informationen finden die Regelungen der Absätze 1 und 2 auch auf das Verhältnis der an dem Haupt- und Sekundärinsolvenzverfahren beteiligten Insolvenzgerichte sowie auf das Verhältnis der beteiligten Verwalter und der Gerichte Anwendung, sofern dies nicht den Zwecken der Verfahren zuwiderläuft."

Bezüglich der praktischen Ausgestaltung und Umsetzung einer solchen Kooperationspflicht ist zu fragen, inwiefern sich aus den Instrumenten der *„protocols"*, der Insolvenzverwaltungsverträge oder den UNCITRAL – Modellbestimmungen Anhaltspunkte entnehmen bzw. übertragen lassen, wie eine Kooperation aussehen könnte. Dabei muss berücksichtigt werden, dass es sich bei den *„protocols"*, den Insolvenzverwaltungsverträgen und den UNCITRAL – Modellbestimmungen vornehmlich um Regelungsmöglichkeiten bzw. –modelle handelt, welche dem anglo – amerikanischen Rechtskreis entstammen.[185] Eine dem anglo – amerikanischen Rechtskreis zugrunde liegende Zweiteilung in *Common Law* und *Equity* ist dem kontinental – europäischen Rechtskreis unbekannt. Angesichts der Tatsache, dass das *Insolvency Law* im anglo – amerikanischen Rechtskreis zur *Equity* gehört, bestehen für die Beteiligten der Verfahren – insbesondere für die Richter – weitaus größere Freiräume als dies in kontinental – europäischen Verfahren der Fall ist.[186] Trotz der auf den ersten Blick überaus positiven größeren Freiräume der an den Verfahren Beteiligten, dürfen nicht die grundverschiedenen Ausgangspunkte des anglo – amerikanischen und des kontinental – europäischen Rechtskreises außer Acht gelassen werden. Dies führt dazu, dass die Regelungen der Protokolle bzw. der Insolvenzverwaltungsverträge im Geltungsbereich der EuInsVO von vornherein nicht in der Form zur Anwendung kommen könnten, wie dies in der Vergangenheit bei grenzüberschreitenden Insolvenzen außerhalb des Geltungsbereichs der EuInsVO geschehen ist. Die Person des Richters trägt im anglo – amerikanischen Rechtskreis eine deutlich stärkere Verantwortung als der Richter im kontinental – europäischen Rechtskreis. Angesichts der Erfolge der Protokolle bzw. der Insolvenzverwaltungsverträge in der Vergangenheit – welche insbesondere durch Pragmatismus und durch eine sehr hohe Flexibilität gekennzeichnet sind - ist nicht auszuschließen bzw. es ist zu begrüßen, dass eine Kooperation zwischen den Verwaltern und den Insolvenzgerichten bzw. zwischen den Insolvenzgerichten untereinander auch im Geltungsbereich der EuInsVO durch rechtsverbindliche Vereinbarungen wie den Protokollen bzw. den Insolvenzverwal-

---

185 Zudem haben bislang lediglich Eritrea und Mexiko ihr Internationales Insolvenzrecht nach dem Vorbild des UNCITRAL – Modellgesetzes gestaltet (Stand 17. Januar 2001). Im Gespräch ist eine Adaption des Modellgesetzes aber auch in Staaten wie USA, Kanada und Australien.

186 Vgl. insbesondere *Paulus*, ZIP 2001, 505, 508 der im Grundsatz zu Recht kritisiert, dass im kontinental – europäischen Rechtskreis die Person des Richters immer noch dem Bild eines „...vom Gesetzgeber bevormundeten Beamten des neunzehnten Jahrhunderts..." entspreche und vermisst das Verständnis des Richters als einen „...modernen im *Common Law* seit je etablierten Verantwortungsträger." Vgl. auch *Paulus*, ZIP 1998, 977, 981; *Wimmer*, ZIP 1997, 2220, 2223. In Zeiten der zunehmenden wirtschaftlichen Verflechtung innerhalb Europas ist der Person des Insolvenzrichters bei grenzüberschreitenden Insolvenzverfahren eine flexiblere Handhabung seiner Kompetenzen aufzuerlegen und zuzugestehen. Dies darf jedoch keineswegs zu einer Übernahme oder Annahme des Richterbildes aus dem anglo – amerikanischen Rechtskreis führen. Ein maßvoll flexibleres Verständnis der Person des Insolvenzrichters mit dem Ziel, dadurch bei grenzüberschreitenden Insolvenzverfahren möglichst optimale Voraussetzungen für eine effektive Zusammenarbeit der an den Verfahren beteiligten Insolvenzrichter zu erreichen, sollte hierbei im Vordergrund stehen.

tungsverträgen erfolgen kann.[187] Bei Vereinbarungen dieser Art ist jedoch im Vergleich zu den im anglo – amerikanischen Rechtskreis bislang zustande gekommenen Vereinbarungen eine restriktive Handhabung geboten. Im Vordergrund hat einzig und allein das Streben nach größtmöglicher Zusammenarbeit zu stehen, um die Verfahren sachgerecht, kompetent und effizient abwickeln zu können, ohne dabei die Interessen der an dem Verfahren Beteiligten zu beeinträchtigen. Nach dem Inkrafttreten der EuInsVO am 31. Mai 2002 wird sich zeigen, inwiefern tatsächlich ein Regelungsbedarf im Hinblick auf die Kooperation der Insolvenzgerichte besteht und ob sich dabei gewisse Richtlinien für eine Kooperation herausbilden werden. Die Grundlage für eine derartige Ausgestaltung der Kooperation muss sich jedenfalls zwingend aus den Regelungen der EuInsVO ergeben. Dies ist in der jetzigen Fassung der EuInsVO bislang nicht der Fall.

III. Einflussmöglichkeiten des Hauptinsolvenzverwalters auf das Sekundärverfahren

1. Verhältnis des Haupt- zum Sekundärinsolvenzverfahren

Grundsätzlich handelt es sich bei dem Haupt- und dem Sekundärinsolvenzverfahren um zwei voneinander unabhängige und selbständige Verfahren.[188] Eine Abhängigkeit besteht selbstverständlich insoweit, als ohne die Eröffnung eines Hauptverfahrens ein Sekundärverfahren nicht eröffnet werden kann[189] und es sich in beiden Verfahren hinsichtlich des Gemeinschuldners um ein und dieselbe Person handelt.[190] Trotz einer unbedingt erforderlichen optimalen Kooperation zwischen den Insolvenzverwaltern sowie zwischen den Insolvenzgerichten und den Verwaltern darf die dominierende Rolle des Haupt- im Vergleich zum Sekundärinsolvenzverfahren nicht außer Acht gelassen werden.[191] Die dominierende Rolle des Hauptinsolvenzverfahrens wird durch eine Reihe von Einfluss- und Mitspracherechten des Hauptinsolvenzverwalters auf das Sekundärverfahren gesichert. Der Gang und der Ausgang des Sekundärinsolvenzverfahrens sollen den Bedürfnissen des Hauptinsolvenzverfahrens untergeordnet werden, insofern dies mit den Zielen des Sekundärinsolvenzverfahrens zu vereinbaren ist.[192]

2. Einflussmöglichkeiten des Hauptinsolvenzverwalters

Die Möglichkeiten des Hauptinsolvenzverwalters zur Einflussnahme auf das Sekundärverfahren sind in den Artt. 29 ff. EuInsVO geregelt.

---

187 Es kann jedoch im Rahmen solcher Vereinbarungen nicht über Kooperationsregelungen der EuInsVO sowie bilateraler Übereinkünfte (vgl. Art. 44 Abs. 1 EuInsVO), sofern die betreffenden Verfahren vor dem 31. Mai 2002 eröffnet worden sind (vgl. Art. 44 Abs. 2 EuInsVO), disponiert werden.

188 Vgl. *Kemper*, ZIP 2001, 1609, 1618; *Kolmann*, S. 349.

189 Bei der Eröffnung eines territorial beschränkten Insolvenzverfahrens, ohne dass oder bevor ein Hauptinsolvenzverfahren eröffnet worden ist, handelt es sich um ein Partikularverfahren i.S.d. Art. 3 Abs. 4 EuInsVO.

190 Insofern auch zutreffend *Virgos / Schmit*, Erläuternder Bericht, Nr. 229.

191 Vgl. auch *Balz*, 70 Am. Bankr. L. J., 485, 525 (1996); *Funke*, InVo 1996, 170, 174; *Herchen*, S. 150; *Kolmann*, S. 351; *Lüke*, ZZP 111 (1998), 275, 304; *Wimmer*, ZIP 1998, 982, 987; *ders.*, ZInsO 2001, 97, 102, die entweder ebenfalls von einer Dominanz oder zumindest von einer Priorität und Leitfunktion des Hauptverfahrens bzw. einer Unterordnung des Sekundärverfahrens unter das Hauptverfahren sprechen. Von einer „dominierenden Rolle" des Hauptinsolvenzverfahren ist ausdrücklich in Erwägungsgrund 20 Satz 3 zur EuInsVO die Rede.

192 Vgl. *Balz*, ZIP 1996, 948, 954.

a. Beantragung eines Sekundärverfahrens i.S.d. Art. 29 lit. a) EuInsVO

Der Hauptinsolvenzverwalter gehört nach Art. 29 lit. a) EuInsVO zu dem Kreis der Berechtigten zur Beantragung eines Sekundärinsolvenzverfahrens. Durch die Vorschrift des Art. 29 lit. a) EuInsVO erhält der Hauptinsolvenzverwalter ein Antragsrecht originär[193] verliehen.[194] Er wird in der Regel von seinem Antragsrecht zur Eröffnung eines Sekundärverfahrens dann Gebrauch machen, wenn er entweder dingliche Sicherheiten, welche in einem anderen Vertragsstaat als dem Staat der Eröffnung des Hauptverfahrens belegen sind, in das Abwicklungsverfahren miteinbeziehen möchte oder um die Abwicklung besonders umfangreicher und großer Insolvenzverfahren zu erleichtern und sich somit in gewisser Weise zu entlasten.[195] Im Vordergrund hat bei der Entscheidung des Hauptinsolvenzverwalters über die Eröffnung eines Sekundärverfahrens stets die effiziente Verwaltung des Schuldnervermögens zu stehen.[196]

b. Vorschlagsrecht hinsichtlich der Verwertung im Sekundärverfahren gemäß Art. 31 Abs. 3 EuInsVO

Eine weitere Möglichkeit des Hauptinsolvenzverwalters, Einfluß auf das Sekundärverfahren zu nehmen, findet sich in Art. 31 Abs. 3 EuInsVO. In Zusammenhang mit den Kooperationsregelungen der Artt. 31 Abs. 1 und 2 EuInsVO hat der Verwalter des Sekundärverfahrens dem Hauptinsolvenzverwalter Gelegenheit zu geben, Vorschläge im Hinblick auf die Verwertung oder jegliche Art der Verwendung der Masse des Sekundärverfahrens zu unterbreiten.[197] Dies setzt zunächst voraus, dass der gegenseitige, optimal funktionierende Informationsaustausch zwischen dem Haupt- und dem Sekundärinsolvenzverwalter den Hauptinsolvenzverwalter überhaupt erst in die Lage versetzt, Vorschläge i.S.d. Art. 31 Abs. 3 EuInsVO unterbreiten zu können.[198] Die besondere Unterrichtungspflicht des Sekundärverwalters ist nicht derart umfassend verstanden werden, dass sie in der Praxis zu einer Hemmung und Blockade des Sekundärverfahrens führt.[199] Hierin zeigt sich erneut die herausragende Bedeutung einer funktionierenden Kooperation zwischen den beteiligten Verwaltern. Angesichts der Regelungen der Artt. 20 Abs. 2 und 35 EuInsVO wird der Hauptinsolvenzverwalter von seinem Vorschlagsrecht bzw. – wenn dieses keinen Erfolg hatte – von dem Recht zur Aussetzung der Verwertung i.S.d. Art. 33 Abs. 1 Satz 1 EuInsVO häufig Gebrauch machen.[200]

193 Im Gegensatz zu Art. 29 lit. b) EuInsVO, der aufgrund des in Art. 4 Abs. 1 Satz 1 EuInsVO enthaltenen Verweises für die Eröffnungsvoraussetzungen auf das Recht des Eröffnungsstaates Bezug nimmt und dem somit lediglich eine Klarstellungsfunktion zukommt.

194 Ebenso wie dies in § 396 Abs. 1 RegE InsO vorgesehen war.

195 Vgl. *Herchen*, S. 150; FK / *Wimmer*, Anhang I, Art. 102 EGInsO, Rdnr. 136.

196 Vgl. Erwägungsgrund 19 Satz 3 zur EuInsVO.

197 Dabei handelt es sich um eine besondere Pflicht des Sekundärinsolvenzverwalters gegenüber dem Hauptinsolvenzverwalter, welche den Vorrang des Hauptinsolvenzverfahrens dokumentiert, vgl. *Virgos / Schmit*, Erläuternder Bericht, Nr. 233.

198 Der Sekundärinsolvenzverwalter muss den Hauptinsolvenzverwalter grundsätzlich über jede geplante Verwendung oder Verwertung von Massegegenständen informieren.

199 Vgl. *Kolmann*, S. 350; *Virgos / Schmit*, Erläuternder Bericht, Nr. 233.

200 Nach der Vorschrift des Art. 20 Abs. 2 EuInsVO kann ein Gläubiger, der bereits in einem Insolvenzverfahren eine Quote auf seine Forderung erlangt hat, erst dann an der Verteilung im Rahmen eines anderen Insolvenzverfahrens teilnehmen, wenn die Gläubiger gleichen Ranges in diesem anderen Verfahren die gleiche Quote erhalten haben. Zudem hat der Sekundärinsolvenzverwalter einen möglichen Überschuss nach der Beendigung des Sekundärverfahrens unverzüglich an den Hauptinsolvenzverwalter herauszugeben. Ob nach der Beendigung des Sekundärverfahrens tatsächlich ein Überschuß verbleibt, hängt vornehmlich von dem Verhältnis der Vermögenswerten des Schuldners im Staat des Sekundärverfahrens zu den Forderungen

Fraglich ist, ob der Sekundärinsolvenzverwalter die Vorschläge des Hauptinsolvenzverwalters lediglich zur Kenntnis nehmen muss oder ob die Pflicht des Sekundärverwalters, dem Hauptinsolvenzverwalter Gelegenheit für Verwertungsvorschläge zu geben, sogar dahingehend zu verstehen ist, dass er die Verwertungsvorschläge des Hauptinsolvenzverwalters als für sich verbindlich anzusehen hat. Die Vorschriften der EuInsVO geben hierüber unmittelbar keinen Aufschluß.[201] Für eine Verbindlichkeit der Verwertungsvorschläge spricht zunächst, dass anderenfalls die praktischen Einflussmöglichkeiten des Hauptinsolvenzverwalters i.S.d. Art. 31 Abs. 3 EuInsVO von sehr geringer Natur wären. Die Vorschläge des Hauptinsolvenzverwalters müssen ein gewisses Maß an Verbindlichkeit aufweisen, da ansonsten die ausdrückliche Regelung des Art. 31 Abs. 3 EuInsVO nicht einsichtig wäre.[202] Zudem besteht eine effektive Einwirkungsmöglichkeit des Hauptinsolvenzverwalters nur dann, wenn er ein Gesamtkonzept unterbreiten kann, welches notwendigerweise auch die vom Sekundärverfahren erfassten Gegenstände des Schuldnervermögens in die Überlegungen einer angemessenen Verwertung mit einbezieht.[203] Der Sekundärinsolvenzverwalter wird in der Regel ohnehin auf den Vorschlag des Hauptinsolvenzverwalters eingehen, wenn dies aus wirtschaftlichen Gesichtspunkten günstig erscheint und nicht den Interessen der Gläubiger des Sekundärverfahrens zuwiderläuft.[204] Überwiegend wird im Ergebnis der Regelung des Art. 31 Abs. 3 EuInsVO zu Recht zwar eine gewisse Verbindlichkeit und Beachtlichkeit, jedoch keine darüber hinaus gehende Pflicht des Sekundärinsolvenzverwalters, entnommen.[205] Die Grenze der Verbindlichkeit ist für den Sekundärinsolvenzverwalter dann erreicht, wenn durch die Einflußnahme des Hauptinsolvenzverwalters Prinzipien der EuInsVO wie etwa der Grundsatz der Gläubigergleichbehandlung (*par condicio creditorum*)[206] beeinträchtigt würden oder wenn der Sekundärinsolvenzverwalter gezwungen wäre, gegen Vorgaben der eigenen *lex fori concursus* zu verstoßen. Zudem legt die enge Verbindung zu Art. 33 EuInsVO eine grundsätzliche Beachtlichkeit der Vorschläge nahe. Danach kann der Hauptinsolvenzverwalter für die Dauer von zunächst drei Monaten die vollständige oder teilweise Aussetzung der Verwertung beantragen, wenn dies für die Gläubiger des Hauptverfahrens von Interesse ist.[207] Diese ist nur dann zu versagen,

---

der Gläubiger ab. Ein Überschuß wird angesichts der Regelung des Art. 32 EuInsVO, nach welcher jeder Gläubiger seine Forderung sowohl im Haupt- als auch im Sekundärinsolvenzverfahren anmelden kann, überaus selten zu verzeichnen sein.

201 Vielmehr spricht der Wortlaut des Art. 31 Abs. 3 EuInsVO („...Gelegenheit zu geben, Vorschläge für die Verwertung...zu unterbreiten.") eher gegen eine diesbezügliche Pflicht des Sekundärverwalters. Vgl. auch *Kolmann*, S. 350, der ausdrücklich klarstellt, dass es sich bei der Pflicht des Sekundärinsolvenzverwalters, dem Hauptinsolvenzverwalter Gelegenheit für Verwertungsvorschläge zu geben, nicht um eine darüber hinaus gehende Pflicht, in jedem Fall auch auf die Vorschläge des Hauptinsolvenzverwalters eingehen zu müssen, handelt. Vielmehr sei aufgrund der in Art. 33 Abs. 1 Satz 1 EuInsVO enthaltenen Möglichkeit, die Aussetzung der Verwertung zu beantragen, ersichtlich, dass die Verordnung dem Hauptinsolvenzverwalter andere Mittel und Wege zur Verfügung stellen wolle.

202 So *Herchen*, S. 152, der im Ergebnis den Zusammenhang zu der Regelung des Art. 33 Abs. 1 Satz 1 EuInsVO herstellt und im Ergebnis zu einer grundsätzlichen Beachtlichkeit der Vorschläge des Hauptinsolvenzverwalters – vorbehaltlich des mangelnden Interesses der Gläubiger des Hauptinsolvenzverfahrens i.S.d. Art. 33 Abs. 1 Satz 1 EuInsVO - gelangt.

203 Vgl. FK / *Wimmer*, Anhang I, Art. 102 EGInsO, Rdnr. 142; *ders.*, ZIP 1998, 982, 987 f., der im Ergebnis dazu kommt, dem Hauptinsolvenzverwalter diesbezüglich aus der Regelung des Art. 31 Abs. 3 EuInsVO ein Planinitiativrecht i.S.d. §§ 218 ff. InsO zuzuerkennen, auch wenn das Planinitiativrecht grundsätzlich nur von dem Insolvenzverwalter des jeweiligen Verfahrens wahrgenommen werden kann. Nur auf diese Weise könne die „...steuernde Funktion des Hauptverfahrens gewährleistet werden."

204 Dies wird er schon allein deshalb tun, um nicht einer möglichen persönlichen Haftung i.S.d. § 60 InsO ausgesetzt zu sein.

205 Vgl. FK / *Wimmer*, Anhang I, Art. 102 EGInsO, Rdnr. 142; *Herchen*, S. 152 f.

206 Vgl. dazu bereits I. Teil, D, II. 3.

207 Vgl. dazu unten unter e.

wenn offensichtlich kein Gläubiger des Hauptinsolvenzverfahrens daran ein Interesse aufweist.

c. Anmelderecht im Sekundärverfahren gemäß Art. 32 Abs. 2 EuInsVO

Der Hauptinsolvenzverwalter hat gemäß Art. 32 Abs. 2 EuInsVO die Möglichkeit, die Forderungen, welche in seinem Verfahren seitens der Gläubiger angemeldet worden sind, zusätzlich in dem Sekundärinsolvenzverfahren anzumelden, sofern dies für die Gläubiger zweckmäßig ist.[208] Zur Vermeidung etwaiger Schadensersatzansprüche sollte der Hauptinsolvenzverwalter eine Anmeldung in einem Sekundärverfahren nur in Absprache mit den entsprechenden Gläubigern vornehmen. Schadensersatzforderungen der Gläubiger könnten dann auf den Hauptinsolvenzverwalter zukommen, wenn er ohne Absprache deren Forderungen in einem Sekundärverfahren anmeldet, eine Rücknahme der Forderung i.S.d. Art. 32 Abs. 2 a.E. EuInsVO nach dem entsprechend anwendbaren nationalen Recht nicht möglich ist oder die erwartete Zweckmäßigkeit nicht eingetreten ist und den Gläubigern dadurch ein Schaden – etwa durch mit der Anmeldung im Sekundärverfahren verbundene zusätzliche Kosten - entsteht. Man könnte erwägen, den Gläubigern in den entsprechenden Formularen zur Forderungsanmeldung eine Zusatzerklärung abzuverlangen, welche den Verwalter ermächtigt, die Forderungen des erklärenden Gläubigers auch in möglichen Sekundärverfahren anzumelden.[209] Dies würde für den Insolvenzverwalter eine nicht unerhebliche Verringerung des Arbeitsaufwandes bedeuten, welcher aufgrund der durch Art. 32 Abs. 2 EuInsVO nahegelegten Abstimmung mit dem jeweiligen Gläubiger bzw. den Gläubigergruppen anderenfalls auf ihn zukäme.[210] Inwieweit die Anmeldung in einem Sekundärinsolvenzverfahren zweckmäßig ist, hat der Hauptinsolvenzverwalter im Interesse der betroffenen Gläubiger zu beurteilen. Dabei beschränkt sich die Beurteilung durch den Verwalter nicht auf einzelne Forderungen, sondern entweder auf sämtliche im Hauptverfahren angemeldeten Forderungen oder auf bestimmte Gläubigergruppen.[211] Bei der Prüfung der Zweckmäßigkeit einer Anmeldung im Sekundärverfahren hat der Insolvenzverwalter eine eventuelle Verbesserung der Gläubigerbefrie-

---

208 Die gleiche Befugnis steht dem Verwalter des Sekundärinsolvenzverfahrens in Bezug auf das Hauptverfahren zu. Problematisch erscheint hierbei, welche prozessuale Funktion dem Hauptinsolvenzverwalter durch die Anmeldung „seiner“ Forderungen in dem Sekundärverfahren beigemessen wird. Teilweise wird für das deutsche Recht im Hinblick auf Artt. 32 Abs. 2 und 3 EuInsVO eine entsprechende Anwendung der Grundsätze über die Prozeßstandschaft vorgeschlagen, vgl. *Lüke*, ZZP 111 (1998), 275, 305. Dagegen gehen *Virgos / Schmit*, Erläuternder Bericht, Nr. 238 und *Kemper*, ZIP 2001, 1609, 1620 von einem Tätigwerden des Verwalters im Namen der Gläubiger aus.

209 Nach der Ansicht von *Virgos / Schmit*, Erläuternder Bericht, Nr. 238 und *Kemper*, ZIP 2001, 1609, 1620, nach welcher der Verwalter bei der Anmeldung der Forderungen in dem anderen Verfahren im Namen der Gläubiger tätig wird, muss konsequenterweise in dieser Zusatzerklärung eine rechtsgeschäftliche Vollmachtserteilung gesehen werden, welche unter der aufschiebenden Bedingung der Eröffnung des Sekundärverfahrens steht.

210 Dabei ist jedoch zu bezweifeln, ob die Gläubiger bei der Anmeldung in einem Hauptinsolvenzverfahren eine verbindliche Ermächtigung an den Insolvenzverwalter hinsichtlich der Anmeldung in einem Sekundärverfahren, dessen Eröffnung zu diesem Zeitpunkt noch in keiner Weise absehbar ist, abgeben werden. Eine solche Erklärung eines Gläubiger müsste derart ausgestaltet sein, dass entweder ein Widerruf jederzeit möglich ist oder dass die Erklärung bis zur Eröffnung des Sekundärverfahrens schwebend unwirksam ist und lediglich dann Wirksamkeit erlangt, wenn innerhalb einer bestimmten Frist ab der Eröffnung des Sekundärverfahrens kein Widerruf durch den Gläubiger erfolgt.

211 Die konkrete Beurteilung der Zweckmäßigkeit einzelner Forderungen würde für den Hauptverwalter einerseits einen erheblichen Mehraufwand bedeuten und zum anderen weitere Kosten und Verfahrensverzögerungen nach sich ziehen, vgl. *Virgos / Schmit*, Erläuternder Bericht, Nr. 239; *Wimmer*, ZIP 1998, 982, 987. Hat der Gläubiger selbst die Zweckmäßigkeit seiner Forderungen dargelegt, wird der Verwalter in diesem Fall eine Anmeldung im Sekundärverfahren vornehmen.

digungsaussichten im Verhältnis zu den hierdurch anfallenden zusätzlichen Kosten zu beachten. Eine Verbesserung kann dann angenommen werden, wenn die in dem anderen Verfahren zu verteilende Insolvenzmasse derart umfangreich ist, dass selbst die nicht bevorrechtigten Gläubiger Aussicht auf Befriedigung haben.[212] Der Hauptinsolvenzverwalter hat dazu den Umfang der in dem Sekundärverfahren zur Verteilung anstehenden Masse zu prüfen, um anhand dessen ermitteln zu können, welchen Rang die Forderungen der eigenen Gläubiger voraussichtlich erhalten werden.

d. Teilnahmerecht im Sekundärverfahren nach Art. 32 Abs. 3 EuInsVO[213]

Die Vorschrift des Art. 32 Abs. 3 EuInsVO berechtigt sowohl den Haupt- als auch den Sekundärinsolvenzverwalter, an den jeweils anderen Verfahren wie ein Gläubiger mitzuwirken.[214] Der Sinn und Zweck des Art. 32 Abs. 3 EuInsVO besteht darin, die Präsenz der Gläubiger und die Wahrnehmung ihrer Interessen in dem jeweils anderen Verfahren auf diesem Wege besser gewährleisten zu können.[215] Die Einzelheiten der Teilnahme an dem anderen Verfahren sind in der EuInsVO nicht geregelt und beurteilen sich somit nach dem jeweiligen nationalen Recht des Eröffnungsstaates.[216] Zumindest wird es dem Hauptinsolvenzverwalter gestattet sein, aktiv an den einzelnen Verfahrensabschnitten des Sekundärverfahrens teilzunehmen, wobei Art. 32 Abs. 3 EuInsVO ausdrücklich die Teilnahme an einer Gläubigerversammlung vorsieht.[217] Inwieweit der Hauptinsolvenzverwalter in der Gläubigerversammlung Gläubigerrechte geltend machen kann, beurteilt sich wiederum nach dem jeweiligen nationalen Recht des Eröffnungsstaates. In jedem Fall wird sich der Hauptinsolvenzverwalter im Verlauf des anderen Verfahrens, insbesondere während der Gläubigerversammlung, zumindest äußern dürfen.[218] Bereits in den Vorentwürfen zum EuIÜ[219] wurde der Vorschlag unterbreitet, eine gesetzliche Stimmvollmacht für abwesende Gläubiger einzuführen und die Ausübung des Stimmrechts auf

---

212 Vgl. *Kemper*, ZIP 2001, 1609, 1620; *Virgos / Schmit*, Erläuternder Bericht, Nr. 239.

213 Man kann darüber streiten, ob das Teilnahmerecht des Hauptinsolvenzverwalters im Sekundärverfahren als Einflussmöglichkeit auf das Sekundärinsolvenzverfahren anzusehen ist, da dieses Recht auch dem Sekundärinsolvenzverwalter in Bezug auf das Hauptverfahren zusteht. Trotzdem können von einer Teilnahme des Hauptverwalters im Sekundärverfahren beeinflussende Impulse – beispielsweise durch die Teilnahme an den Gläubigerversammlungen - ausgehen, so dass die Platzierung an dieser Stelle gerechtfertigt erscheint.

214 Zu einer möglichen Personenidentität und der Behandlung etwaiger Interessenkollisionen im Rahmen des Art. 32 Abs. 3 EuInsVO, vgl. oben unter IV. Teil, B, III. 5.

215 Vgl. *Virgos / Schmit*, Erläuternder Bericht, Nr. 240.

216 Vgl. FK / *Wimmer*, Anhang I, Art. 102 EGInsO, Rdnr. 148; nicht ganz eindeutig *Virgos / Schmit*, Erläuternder Bericht, Nr. 240 a. E., wonach die Mitwirkung des Verwalters durch einzelstaatliches Recht geregelt werden *kann*.

217 Durch die Möglichkeit des Haupt- sowie des Sekundärinsolvenzverwalters, an einer Gläubigerversammlung in einem anderen Verfahren wie ein Gläubiger teilnehmen zu können, soll laut *Virgos / Schmit*, Erläuternder Bericht, Nr. 240 dem häufigen Fernbleiben der Gläubiger begegnet werden. *Wimmer*, ZIP 1998, 982, 987 scheint sich in Widerspruch zu seiner Auffassung zu setzen, nach welcher dem Hauptinsolvenzverwalter aus Art. 31 Abs. 3 EuInsVO sogar ein Planinitiativrecht eingeräumt werden soll während er nach Art. 32 Abs. 3 EuInsVO lediglich das Teilnahmerecht eines Gläubigers habe. *Wimmer* löst diesen scheinbaren Widerspruch dadurch, „...dass man sich bewusst macht, dass Art. 32 Abs. 3 EuInsVO sowohl den Haupt- als auch den Sekundärinsolvenzverwalter anspricht, während von Art. 31 Abs. 3 EuInsVO lediglich Verwalter von Hauptinsolvenzverfahren erfasst werden." Außerdem sei in Art. 32 Abs. 3 EuInsVO nur das Mindestmaß des Teilnahmerechts des ausländischen Verwalters geregelt.

218 Vgl. *Balz*, ZIP 1996, 948, 954; *Kemper*, ZIP 2001, 1609, 1620; *Virgos / Schmit*, Erläuternder Bericht, Nr. 240.

219 Vgl. etwa Art. 25 Abs. 2 des Vorentwurfs von 1992, abgedruckt in: ZIP 1992, 1197 ff.

den Verwalter zu übertragen.[220] Im Verlauf der Beratungen zum EuIÜ wurde jedoch bewusst davon Abstand genommen.[221]

e. Antragsrecht auf Aussetzung der Verwertung im Sekundärverfahren gemäß Art. 33 Abs. 1 EuInsVO

Am deutlichsten kommt die Unterordnung des Sekundär- unter das Hauptinsolvenzverfahren in der Vorschrift des Art. 33 Abs. 1 EuInsVO zum Ausdruck.[222] Nach Art. 33 Abs. 1 Satz 1, 1. HS EuInsVO hat der Hauptinsolvenzverwalter die Möglichkeit, bei dem Insolvenzgericht des Sekundärverfahrens die vollständige oder teilweise Aussetzung der Verwertung – zunächst für die Dauer von drei Monaten[223] - zu beantragen, wenn die Aussetzung für die Gläubiger des Hauptverfahrens von Interesse ist. Die Aussetzung der Verwertung hat dabei nicht zum Ziel, jedwede Handlungen in Bezug auf im Sekundärverfahrensstaat belegenes Vermögen zu unterbinden. Im Falle einer Unternehmensfortführung ist eine weitere Verwendung des betreffenden Massegegenstandes weiterhin möglich, wenn die Verwendung nicht über das gewöhnliche Maß der Abnutzung des Gegenstandes hinausgeht.[224] Das Gericht des Sekundärverfahrens hat entsprechend Art. 33 Abs. 1 Satz 1, 2. HS EuInsVO das Recht, für den Fall einer positiven Aussetzungsentscheidung von dem Hauptinsolvenzverwalter alle angemessenen Maßnahmen zum Schutz der Gläubigerinteressen des Sekundärverfahrens sowie zum Schutz einzelner Gläubigergruppen zu verlangen.[225] Dadurch wird die Aussetzung der Verwertung gewissermaßen unter eine Auflage gestellt. Eine Ablehnung des Antrags auf Aussetzung durch das Gericht des Sekundärverfahrens kommt nur dann in Betracht, wenn die Aussetzung der Verwertung für die Gläubiger des Hauptverfahrens offensichtlich nicht von Interesse ist.[226]

Der Hauptinsolvenzverwalter wird von seinem Antragsrecht auf Aussetzung der Verwertung im Sekundärverfahren dann Gebrauch machen, wenn die Reorganisation eines

---

220 Vgl. *Balz*, ZIP 1996, 948, 954, der als Vorsitzender des Sachverständigenausschusses der beim Rat der Europäischen Gemeinschaften eingesetzten Ad – hoc – Gruppe „Konkursübereinkommen" für die verschiedenen Entwürfe – und damit auch für den Vorschlag einer Stimmvollmacht - hauptsächlich verantwortlich war. Ebenfalls auf die Möglichkeit einer Bevollmächtigung des Verwalters zur Abstimmung eingehend, vgl. *Kemper*, ZIP 2001, 1609, 1620.

221 Vgl. ohne überzeugende Begründung *Virgos / Schmit*, Erläuternder Bericht, Nr. 240, wonach ganz allgemein die Mitwirkung des Verwalters durch einzelstaatliches Recht geregelt werden kann.

222 Vgl. *Balz*, 70 Am. Bankr. L. J. 485, 496 (1996); *Kolmann*, S. 351.

223 Dies ergibt sich aus Art. 33 Abs. 1 Satz 3 EuInsVO. Es besteht jedoch die Möglichkeit, die Aussetzung der Verwertung um weitere drei Monate zu verlängern bzw. zu erneuern, vgl. Art. 33 Abs. 1 Satz 4 EuInsVO. Dabei ist die Anzahl der Verlängerungen grundsätzlich nicht beschränkt; anders dagegen noch die in Art. 26 Abs. 2 des Entwurfes von 1992 verwandte Formulierung: „Die Liquidation kann.....für die Dauer von höchstens drei weiteren Monaten ausgesetzt werden." Der europäische Gesetzgeber hätte sich in Art. 33 Abs. 1 EuInsVO hinsichtlich einer Beschränkung der Verlängerungsmöglichkeiten deutlicher festgelegt, wenn er die Formulierung des Entwurfs von 1992 hätte übernehmen wollen. Vgl. auch gegen eine aus Art. 33 Abs. 1 Satz 4 EuInsVO herzuleitende Beschränkung FK / *Wimmer*, Anhang I, Art. 102 EGInsO, Rdnr. 152; *Virgos / Schmit*, Erläuternder Bericht, Nr. 245. Eine Beschränkung der Verlängerungsmöglichkeiten ergibt sich schon aus den Artt. 33 Abs. 1 Satz 2, Abs. 2, 2. Spiegelstrich EuInsVO. Das Gericht hebt die Aussetzung der Verwertung auf bzw. wird demzufolge auch die Verlängerung der Aussetzung auf Antrag eines Gläubigers oder des Sekundärinsolvenzverwalters ablehnen, wenn sie mit den Interessen der Gläubiger im Haupt- und Sekundärverfahren nicht mehr zu vereinbaren ist.

224 Vgl. *Herchen*, S. 153 unter Hinweis auf die §§ 166, 172 InsO.

225 Vgl. *Virgos / Schmit*, Erläuternder Bericht, Nr. 244, die unter einer Schutzmaßnahme i.S.d. Art. 33 Abs. 1 Satz 1, HS 2 EuInsVO eine in das Ermessen des Gerichts zu stellende und vom Hauptinsolvenzverwalter zu erbringende Sicherheitsleistung verstehen. Beispiele bei *Balz*, 70 Am. Bankr. L. J., 485, 525 f.

226 Vgl. Art. 33 Abs. 1 Satz 2 EuInsVO; dazu *Virgos / Schmit*, Erläuternder Bericht, Nr. 242.

multinational tätigen Unternehmens beabsichtigt ist, zu welcher auch die im Staat des Sekundärverfahrens belegenen Vermögensbestandteile des Schuldnervermögens erforderlich sind, oder wenn eine übertragende Sanierung des gesamten Unternehmens erleichtert werden soll.[227] In der Phase der Aussetzung der Verwertung hat der Hauptinsolvenzverwalter nunmehr die Gelegenheit, Verhandlungen über den weiteren Fortgang der Abwicklung zu führen, ohne dass er eine Veränderung des Schuldnervermögens durch Aktionen im Rahmen des Sekundärverfahrens befürchten muß. Insofern dient eine derartige Maßnahme vornehmlich einem etwa erforderlichen Zeitgewinn.
Problematisch im Zusammenhang mit dem Recht des Hauptinsolvenzverwalters, die Aussetzung der Verwertung im Sekundärverfahren beantragen zu können, ist die Tatsache, dass der Sekundärinsolvenzverwalter in dieser Phase des Verfahrens keine Möglichkeiten der Einflussnahme bzw. der Beteiligung besitzt. Er hat lediglich die Möglichkeit nach Art. 33 Abs. 2, 2. Spiegelstrich EuInsVO, eine Aufhebung der Verwertungsaussetzung zu beantragen, wenn diese für die Gläubiger des Haupt- oder des Sekundärinsolvenzverfahrens nicht mehr von Interesse ist. Es hätte ausdrücklich ein Anhörungsrecht des Sekundärinsolvenzverwalters oder eine sonstige Maßnahme der Beteiligung am Entscheidungsprozess über die Verwertungsaussetzung in der EuInsVO geregelt werden können. Die Nichtberücksichtigung des Sekundärverwalters bei diesem Entscheidungsprozeß kann gegebenenfalls durch eine optimale Kooperation zwischen den Verwaltern kompensiert werden. Der Hauptinsolvenzverwalter wird sich vernünftigerweise vor seinem Antrag auf Aussetzung der Verwertung bei dem Sekundärverwalter umfassend über die aktuelle Situation im Sekundärverfahren informieren. Hierbei zeigt sich erneut die unbedingte Notwendigkeit einer optimal funktionierenden Kooperation zwischen Haupt- und Sekundärinsolvenzverwalter.

f. Vorschlagsrecht zur Verfahrensbeendigung im Sekundärverfahren gemäß Art. 34 Abs. 1 und Abs. 3 EuInsVO

Ebenso wie in Art. 33 EuInsVO kommt auch in Art. 34 EuInsVO die Dominanz und der Vorrang des Hauptinsolvenzverfahrens zum Ausdruck. Nach Art. 34 Abs. 1, Unterabsatz 1 EuInsVO kann der Hauptinsolvenzverwalter eine Maßnahme zur Beendigung des Sekundärverfahrens vorschlagen, wenn eine Beendigung auch ohne Liquidation möglich ist.[228] Hierfür kommen beispielsweise ein Sanierungsplan, ein Vergleich oder jede andere vergleichbare Maßnahme, die nach dem jeweiligen maßgeblichen Recht des Sekundärverfahrens zur Verfahrensbeendigung geeignet sind, in Betracht. Im Rahmen von Sanierungsplänen, Vergleichen oder anderen vergleichbaren Maßnahmen kann es vorkommen, dass einerseits die Gläubiger einer Umschuldung zustimmen oder auf die Wahrnehmung bestimmter Rechte ganz oder teilweise verzichten und andererseits sich der Gemeinschuldner im Gegenzug zur Einhaltung bestimmter Bedingungen verpflichtet.[229] Dadurch können die Interessen der Gläubiger des Hauptverfahrens berührt werden. Aus diesem Grund darf eine von dem Hauptinsolvenzverwalter vorgeschlagene Maßnahme von dem Insolvenzgericht des Sekundärverfahrens grundsätzlich nicht bestä-

227 Vgl. FK / *Wimmer*, Anhang I, Art. 102 EGInsO, Rdnr. 151; *Kolmann*, S. 352; *Wimmer*, ZIP 1998, 982, 988.
228 Die Regelung des Art. 34 Abs. 1 EuInsVO besagt nicht, dass der Hauptinsolvenzverwalter ausschließlich ein Vorschlagsrecht besitzt. Bestimmt das betreffende Recht des Sekundärverfahrens, dass bezüglich bestimmter verfahrensbeendender Maßnahmen auch andere Personen antrags- oder vorschlagsberechtigt sind, so steht dies jedenfalls im Einklang mit den Regelungen der EuInsVO. So auch *Balz*, ZIP 1996, 948, 954; *Virgos / Schmit*, Erläuternder Bericht, Nr. 248.
229 Vgl. *Virgos / Schmit*, Erläuternder Bericht, Nr. 249.

tigt werden, ohne dass der Verwalter des Hauptverfahrens nochmals zugestimmt hat. Das Insolvenzgericht des Sekundärverfahrens kann gemäß Art. 34 Abs. 1, Unterabsatz 2, 2. HS. EuInsVO nur dann entgegen der verweigerten bzw. ohne die Zustimmung des Hauptinsolvenzverwalters entscheiden, wenn die finanziellen Interessen der Gläubiger des Hauptverfahrens durch die Maßnahme nicht betroffen sind. Damit soll verhindert werden, dass der Hauptinsolvenzverwalter in derartigen Fällen eine einvernehmliche Lösung durch eine grundlose Verweigerung der Zustimmung blockieren kann.[230] Bei der Beurteilung, ob die finanziellen Interessen der Gläubiger des Hauptverfahrens betroffen sind, hat ein Vergleich zwischen den Quoten, welche auf die Gläubiger des Hauptverfahren mit einer einvernehmlichen und ohne eine einvernehmliche Lösung im Sekundärverfahren entfallen würden, zu erfolgen.[231]

Während einer nach Art. 33 Abs. 1 EuInsVO angeordneten Aussetzung der Verwertung steht das Recht, die in Art. 34 Abs. 1, 1. Unterabsatz EuInsVO vorgesehenen Maßnahmen vorschlagen zu können, lediglich dem Hauptinsolvenzverwalter und dem Gemeinschuldner mit der Zustimmung des Hauptinsolvenzverwalters gemäß Art. 34 Abs. 3 EuInsVO zu. Andere Vorschläge für eine solche Maßnahme dürfen weder zur Abstimmung gestellt noch bestätigt werden. Während des Zeitraumes der Verwertungsaussetzung soll eine Störung des Ablaufs im Hauptinsolvenzverfahren durch Maßnahmen, denen der Hauptinsolvenzverwalter nicht zugestimmt hat, gerade verhindert werden.[232]

g. Antragsrecht auf Umwandlung des Verfahrens gemäß Art. 37 EuInsVO

Nach Art. 36 EuInsVO wird ein unabhängiges Partikularverfahren nach der Eröffnung eines Hauptverfahrens zu einem Sekundärinsolvenzverfahren, auf welches, sofern dies nach dem Stand dieses Verfahrens möglich ist, die Vorschriften der Artt. 31 bis 35 EuInsVO Anwendung finden. Handelt es sich bei dem Partikularverfahren um ein Verfahren, welches zwar in Anhang A und nicht in Anhang B zur EuInsVO aufgeführt ist, hat der Hauptinsolvenzverwalter nach der Eröffnung des Hauptinsolvenzverfahrens gemäß Art. 37 1. Unterabsatz EuInsVO die Möglichkeit, die Umwandlung dieses – womöglich Sanierungszwecken dienenden - Verfahrens in ein Liquidationsverfahren i.S.d. Anhanges B zur EuInsVO zu beantragen. Dabei steht die Beantragung im Ermessen des Hauptinsolvenzverwalters. Die Vorschrift des Art. 37 EuInsVO liefert erneut einen Beleg für der Dominanz des Hauptverfahrens und ist zugleich Ausdruck des Gedankens, dass ein unabhängiges Sanierungsverfahren über das Vermögen einer Zweigniederlassung nach der Eröffnung eines Hauptinsolvenzverfahrens kaum vorstellbar ist.[233] Das nach Art. 3 Abs. 2 EuInsVO zuständige Insolvenzgericht ordnet die Umwandlung in ein Liquidationsverfahren an, wenn erwiesen ist, dass die Umwandlung im Interesse der Gläubiger des Hauptverfahrens liegt.[234] Stellt der Hauptinsolvenzverwalter den Antrag auf Umwandlung i.S.d. Art. 37 1. Unterabsatz EuInsVO nicht, so kann das Partikularverfahren weiterhin als Sanierungsverfahren abgewickelt werden.[235] Der Vorschrift des

---

230 Vgl. FK / *Wimmer*, Anhang I, Art. 102 EGInsO, Rdnr. 155; *Wimmer*, ZIP 1998, 982, 988.

231 Vgl. FK / *Wimmer*, Anhang I, Art. 102 EGInsO, Rdnr. 155; *Kolmann*, S. 353; *Wimmer*, ZIP 1998, 982, 988.

232 Vgl. *Virgos / Schmit*, Erläuternder Bericht, Nr. 251. Dadurch erlaubt die Vorschrift des Art. 34 Abs. 3 EuInsVO, die Interessen der Gläubiger zu berücksichtigen, wegen derer die Aussetzung beantragt worden ist.

233 Vgl. FK / *Wimmer*, Anhang I, Art. 102 EGInsO, Rdnr. 164; *Virgos / Schmit*, Erläuternder Bericht, Nr. 258; *Wimmer*, ZIP 1998, 982, 989.

234 Vgl. Art. 37 2. Unterabsatz EuInsVO.

235 Vgl. FK / *Wimmer*, Anhang I, Art. 102 EGInsO, Rdnr. 165; *Virgos / Schmit*, Erläuternder Bericht, Nr. 259.

Art. 37 EuInsVO kommt in der Bundesrepublik Deutschland lediglich insoweit Bedeutung zu, als ein deutscher Verwalter die Umwandlung eines ausländischen Partikularverfahrens in ein Sekundärverfahren beantragen kann. Das deutsche Insolvenzrecht kennt ein einheitliches Insolvenzverfahren, welches sowohl zur Liquidierung als auch zur Sanierung führen kann. Folgerichtig ist der Begriff des Insolvenzverfahrens auch in den beiden Anhängen A und B zur EuInsVO enthalten.

V. Teil: Zusammenfassung und Ausblick

Mit der Verabschiedung der Europäischen Insolvenzverordnung am 29. Mai 2000 ist ein nach einer langwierigen Anlaufphase ein entscheidender Schritt in der Entwicklung des Europäischen Insolvenzrechts vorgenommen worden. Innerhalb der Mitgliedstaaten der EU – mit Ausnahme Dänemarks - gilt nunmehr ab dem 31. Mai 2002 ein einheitliches Regelwerk zur Abwicklung und Koordinierung grenzüberschreitende Insolvenzverfahren. Damit ist nach langer Diskussion und der Einführung des Grundsatzes der kontrollierten Universalität ein Kompromiß zwischen den Begriffspaaren Einheit / Universalität und Mehrheit / Partikularität gefunden worden. Die EuInsVO hatte keinesfalls zum Ziel, eine Harmonisierung der verschiedenen mitgliedstaatlichen Insolvenzsachrechte zu erreichen. Vielmehr standen zunächst eine *Vereinheitlichung der verschiedenen nationalen Insolvenzkollisionsrechte* sowie die Schaffung einheitlicher Regelungen über die internationale Zuständigkeit und Anerkennung von Insolvenzverfahren im Vordergrund. Um ein reibungsloses Funktionieren des Binnenmarktes innerhalb der EU zu gewährleisten soll durch die EuInsVO verhindert werden, dass es für die Parteien vorteilhafter ist, Vermögensgegenstände in einen anderen Mitgliedstaat zu verbringen, um dadurch eine verbesserte Rechtsposition zu erhalten, sog. *forum shopping.* Nach dem jahrzehntelangen Streit über die Prinzipien der Universalität und der Territorialität hat sich der europäische Gesetzgeber für das Modell der modifizierten oder eingeschränkten Universalität entschieden. Die Idealvorstellung eines einzigen Insolvenzverfahrens mit universalem Geltungs- und Wirkungsanspruch kann derzeit noch nicht in die Realität umgesetzt werden. Wegen der zum Teil erheblichen Unterschiede in den jeweiligen nationalen Insolvenzsachrechten sowie der unterschiedlichen Grundlagen in privat-, steuer-, sozial-, und arbeitsrechtlicher Hinsicht waren jedoch Beschränkungen des Universalitätsprinzips erforderlich. Zum einen enthält die EuInsVO in den Artt. 5 bis 15 Sonderanknüpfungen, welche den jeweiligen Unterschieden gebührend Rechnung tragen sollen. Zum anderen sind nach der EuInsVO nunmehr territorial beschränkte Insolvenzverfahren möglich, wobei diese in Form von Partikularverfahren oder in Form von Sekundärinsolvenzverfahren in Erscheinung treten können. Voraussetzung für die Eröffnung eines territorial beschränkten Insolvenzverfahrens – ob Partikular- oder Sekundärverfahren – ist in jedem Fall das Vorhandensein einer schuldnerischen Niederlassung in dem Mitgliedstaat, in welchem ein derartiges Verfahren eröffnet werden soll. Aufgrund der Tatsache, dass die EuInsVO beinahe ausschließlich kollisionsrechtliche Vorschriften enthält, finden die jeweiligen nationalen Insolvenzsachrechte weiterhin Anwendung, insofern die EuInsVO auf deren Anwendung verweist und sich aus ihren Regelungen nichts Gegenteiliges ergibt.

Für den deutschen Insolvenzverwalter hat dies zur Konsequenz, daß sich seine Kompetenzen und Befugnisse entsprechend Art. 2 lit. c) EuInsVO grundsätzlich nach der InsO richten, wenn ein Haupt- oder ein Sekundärinsolvenzverfahren in der BRD eröffnet worden ist. Der ausführliche Überblick über die wichtigsten Rechte und Pflichten des Insolvenzverwalters hat gezeigt, wie umfassend und differenziert die Tätigkeit eines Insolvenzverwalters ausgestaltet ist. Die wichtigsten Ergebnisse und Feststellungen lassen sich folgendermaßen zusammenfassen:

Die Rechtsstellung des Insolvenzverwalters beurteilt sich im deutschen Recht nach der Amtstheorie. Der deutsche Insolvenzverwalter ist als Partei kraft Amtes zu begreifen, d.h. er handelt in eigenem Namen als Inhaber eines privaten Amtes. Die von ihm zu verwaltende Insolvenzmasse stellt dabei haftungsrechtliches Sondervermögen ohne eigene Rechtspersönlichkeit dar. Mit dem Bestreben, sämtliche Einzelfragen in ein übersichtliches System zu bringen, trägt die Amtstheorie der besonderen und differenzierten Interessenlage der an einem

Insolvenzverfahren Beteiligten am gerechtesten Rechnung. Zudem hat die Amtstheorie sowohl in der ZPO – vgl. § 116 Satz 1 Nr. 1 - als auch in der InsO – vgl. §§ 56 Abs. 2 Satz 2, 57 Satz 3, 59 Abs. 1 Satz 1, 66 Abs. 1 InsO, in denen ausdrücklich von einem Amt des Insolvenzverwalters die Rede ist - ihren gesetzlichen Niederschlag gefunden.

Mit der Eröffnung eines Insolvenzverfahrens geht nach der Vorschrift des § 80 Abs. 1 InsO das Verwaltungs- und Verfügungsrecht über das Vermögen des Schuldners auf den Insolvenzverwalter über. Der Übergang des Verwaltungs- und Verfügungsrechts bildet dabei die Grundlage für alle aus der InsO abgeleiteten Rechte und Pflichten des Insolvenzverwalters. Eine Begrenzung des Verwaltungs- und Verfügungsrechts des Insolvenzverwalters ergibt sich nur aus einem objektiv schwerwiegenden Verstoß gegen die Zwecke des Insolvenzverfahrens. Die Regelung verfolgt den Zweck, den Gläubigern das als Haftungsobjekt zugewiesene Schuldnervermögen zu sichern, um das dem deutschen und auch dem internationalen Insolvenzrecht zugrunde liegende Prinzip der größtmöglichen und gleichmäßigen Gläubigerbefriedigung zu gewährleisten.

Die InsO stellt dem Insolvenzverwalter zur Wahrnehmung seines Amtes diverse Rechte zur Verfügung und erlegt ihm Pflichten auf, welchen er im Verlauf des Verfahrens nachzukommen hat. Das Wahlrecht des Verwalters nach den §§ 103 ff. InsO hat insbesondere zwei Zielsetzungen: zum einen sollen Verträge geschlossen bzw. erfüllt werden können, welche für die Insolvenzmasse von Vorteil sind. Zum anderen soll der Vertragspartner davor geschützt werden, seine Leistung vollständig in die Insolvenzmasse einbringen zu müssen, wenn er seinerseits hinsichtlich der Gegenleistung auf die Quote verwiesen werden müsste. Dabei ist die Erlöschenstheorie der seit dem 25.04. 2002 als überholt anzusehenden Rspr. abzulehnen. Die Verfahrenseröffnung hat nicht die Wirkung, dass alle bestehenden zweiseitigen Erfüllungsansprüche erlöschen. Vielmehr zeigen die §§ 115 ff. InsO, dass im Grundsatz von einem Fortbestand der gegenseitigen Erfüllungsansprüche auszugehen ist und nur ausnahmsweise die Rechtsfolge des Erlöschens eintreten soll. Ebenso steht der Auffassung der Rspr., nach welcher ein Wiederaufleben der Erfüllungsansprüche im Falle einer Erfüllungswahl erforderlich wäre, die Regelung des § 91 Abs. 1 InsO entgegen. Mit der neueren Rechtsprechung des BGH ist lediglich von einer fehlenden Durchsetzbarkeit, nicht hingegen von dem Erlöschen der betroffenen Erfüllungsansprüche auszugehen.

Im Rahmen des Verwertungsrechts des Insolvenzverwalters i.S.d. §§ 159, 160, 165 ff. InsO hat insbesondere die Realisierung des Unternehmenswertes am Markt im Vordergrund zu stehen. Die Entscheidungen des Insolvenzverwalters haben dabei nach pflichtgemäßem Ermessen zu erfolgen und finden dann seine Grenzen, wenn der Verwalter etwa auf Änderungen des Marktpreises spekuliert. Bei besonders bedeutsamen Rechtshandlungen hat der Insolvenzverwalter die Entscheidung des Gläubigerausschusses einzuholen.

Das Anfechtungsrecht i.S.d. §§ 129 ff. InsO ist grundsätzlich nach der schuldrechtlichen Auffassung zu beurteilen. Würde man der schuldrechtlichen Auffassung uneingeschränkt folgen, wäre der schuldrechtliche Herausgabeanspruch im Falle der Insolvenz des Erwerbers als einfache Insolvenzforderung zu qualifizieren und der Verwalter könnte lediglich die Insolvenzquote verlangen. Wird die schuldrechtliche Auffassung hingegen um einen wichtigen haftungsrechtlichen Aspekt ergänzt, nach welchem der betreffende Gegenstand zwar dinglich dem Vermögen des Erwerbers zuzuordnen ist, haftungsrechtlich jedoch dem Vermögen des Schuldners zugewiesen ist, entstehen insbesondere vor dem Ziel der größtmöglichen Gläubigerbefriedigung befriedigendere Ergebnisse, so dass dieser Auffassung der Vorzug zu geben ist. Das Risiko, dass durch eine anfechtbare Rechtshandlung der Insolvenzmasse Vermögen entzogen wird und der Insolvenzverwalter damit im Fall der Insolvenz des Erwerbers ledig-

lich die Insolvenzquote erhält, kann nicht von den Gläubigern des Schuldners getragen werden müssen.
Ab dem Zeitpunkt der Verfahrenseröffnung tritt der Insolvenzverwalter in die Stellung als Arbeitgeber ein und hat demzufolge sämtliche arbeits- und sozialrechtlichen Aufgaben zu erfüllen, welche zuvor auf den Schuldner entfielen. Bei dem Kündigungsrecht i.S.d. § 113 InsO gilt es zu beachten, dass dem Insolvenzverwalter daraus kein eigenständiges Kündigungsrecht erwächst. Die Vorschrift des § 113 InsO befreit die Parteien vielmehr für die Zeit nach der Verfahrenseröffnung von eventuellen Kündigungsfristen.
Zur Wahrung seiner Stellung und seiner Aufgaben stehen dem Insolvenzverwalter zusätzlich diverse Antrags-, Anhörungs- und Beschwerderechte zu.
Den umfangreichen Rechten des Insolvenzverwalters stehen auch eine Reihe von Pflichten gegenüber, die der Insolvenzverwalter im Laufe des Verfahrens erfüllen muss. Die für die Abwicklung des Verfahrens wichtigste Pflicht des Insolvenzverwalters besteht darin, gemäß §§ 80, 148 InsO das gesamte Vermögen des Schuldners in Besitz zu nehmen. Dabei findet der Übergang des Besitzes nicht kraft Gesetzes statt, sondern der Verwalter muss den Besitz aktiv ergreifen. Entsprechend der grundsätzlichen Geltung des Universalitätsprinzips erstreckt sich der Vermögensbeschlag auch auf das im Ausland belegene Vermögen des Schuldners. Im Rahmen der EuInsVO ist der Grundsatz der Universalität durch die vorgesehenen Sonderanknüpfungen der Artt. 5 bis 15 EuInsVO sowie durch die Zulassung territorial beschränkter Insolvenzverfahren modifiziert. Dies führt dazu, dass der Vermögensbeschlag bei einem in der Bundesrepublik Deutschland eröffneten Hauptinsolvenzverfahren und einem parallel eröffneten Sekundärverfahren die dinglichen Rechte i.S.d. Art. 5 EuInsVO sowie auf die in dem Staat des Sekundärverfahrens belegenen Vermögenswerte grundsätzlich nicht erfaßt.
Zur Ermittlung des tatsächlichen Vermögens ist die Erstellung verschiedener Verzeichnisse durch den Insolvenzverwalter erforderlich. Dabei werden das Masseverzeichnis i.S.d. § 151 InsO und das Gläubigerverzeichnis i.S.d. § 152 InsO zur Grundlage der Vermögensübersicht i.S.d. § 153 InsO, auf deren Grundlage wiederum die Gläubigerversammlung über den Fortgang des Verfahrens beschließt.
Im Zuge der mit der Verfahrenseröffnung auf ihn übergegangenen Arbeitgeberstellung hat der Insolvenzverwalter gegenüber den Arbeitnehmern des insolventen Unternehmens insbesondere arbeits- und sozialrechtliche Pflichten zu erfüllen. Der Insolvenzverwalter tritt demnach in sämtliche Pflichten des Arbeitgebers ein, welche aufgrund von Arbeits- bzw. Tarifverträgen und Betriebsverfassungsrecht vor der Verfahrenseröffnung den Schuldner trafen. Ebenso ist der Insolvenzverwalter verpflichtet, Handelsbücher zu führen und für den Schluß eines jeden Jahres eine Bilanz und eine Gewinn- und Schlußrechnung zu erstellen, insofern es sich um ein vollkaufmännisches Unternehmen handelt. Neben der Beachtung der handelsrechtlichen Buchführungs- und Bilanzierungspflichten hat der Insolvenzverwalter die steuerrechtlichen Anforderungen einer Bilanzierung zu beachten sowie die sonstigen steuerrechtlichen Pflichten zu erfüllen.
Hinsichtlich der Auskunfts- und Berichtspflicht des Insolvenzverwalters gegenüber dem Insolvenzgericht i.S.d. § 58 InsO ist zu beachten, dass es sich dabei grundsätzlich nicht um eine Zweckmäßigkeitsprüfung, sondern um eine reine Rechtmäßigkeitsprüfung durch das Insolvenzgericht handelt.
Die Pflicht zur Verteilung gemäß den §§ 187 ff. InsO bildet den Abschluß für die Zielsetzung einer größtmöglichen Befriedigung aller Gläubiger.

Nach der jahrzehntelangen Diskussion über die Praktikabilität der Prinzipien der Universalität und der Territorialität gelangte man zu der Erkenntnis, dass die eigentliche Idealvorstellung

von einem einzigen Insolvenzverfahren mit universalem Geltungs- und Wirkungsanspruch in Anbetracht der zum Teil erheblichen Unterschiede sowohl in den Insolvenzsachrechten als auch in den jeweiligen privat-, arbeits-, steuer- und sozialrechtlichen Grundlagen derzeit nicht durchsetzbar ist. Im Rahmen grenzüberschreitender Insolvenzverfahren innerhalb der EU, welche nach dem 31. Mai 2002 innerhalb der EU eröffnet werden, wird es aus Verständnisgründen erforderlich sein, sich mit der Rechtsstellung sowie den Rechten und Pflichten derjenigen Personen auseinanderzusetzen, die in den anderen Mitgliedstaaten mit der Abwicklung von Insolvenzverfahren betraut sind. Bedeutung gewinnt dies insbesondere dann, wenn in den oder dem jeweiligen Mitgliedstaat ein Sekundärinsolvenzverfahren eröffnet worden ist und eine Koordination der Verfahren i.S.d. Artt. 31 ff. EuInsVO zu erfolgen hat. Eine optimal funktionierende Kooperation zwischen den beiden Verwaltern wird in Zukunft eine unerläßliche Voraussetzung für eine effiziente Abwicklung der Verfahren darstellen.
In der EuInsVO sind grundsätzlich vier verschiedene Erscheinungsformen des Insolvenzverwalters denkbar: der vorläufige und der endgültige Verwalter, jeweils im Haupt- und Sekundärverfahren, wobei der vorläufige Verwalter nur in der Vorschrift des Art. 38 EuInsVO Erwähnung findet.
Als Insolvenzverwalter i.S.d. EuInsVO kommen ausschließlich diejenigen Personen oder Stellen bzw. Institutionen in Betracht, welche entsprechend Art. 2 lit. b) EuInsVO in Anhang C zur EuInsVO aufgeführt werden. Diese Aufzählung ist abschließend zu verstehen und kann lediglich durch eine Änderung der Anhänge nach Art. 45 EuInsVO erweitert werden. Mit der Eröffnung eines Insolvenzverfahrens geht entsprechend Art. 18 Abs. 1 EuInsVO die automatische Anerkennung der Bestellung des Insolvenzverwalters sowie seiner Befugnisse einher. Der deutsche Hauptinsolvenzverwalter darf in jedem anderen Mitgliedstaat grundsätzlich die gleichen Befugnisse ausüben, welche ihm nach der InsO zugestanden werden. Dieses auf den ersten Blick umfassende Zugeständnis an Kompetenzen wird durch verschiedene Einschränkungen, welche sich überwiegend aus der EuInsVO i.V.m. dem jeweiligen zur Anwendung berufenen Recht selbst ergeben, relativiert. Einschränkungen der Verwalterbefugnisse ergeben sich zunächst aus einem territorial beschränkten Insolvenzverfahren, welches in einem anderen Mitgliedstaat eröffnet worden ist, vgl. Art. 18 Abs. 1 Satz 1 2. Halbsatz EuInsVO i.V.m. Art. 3 Abs. 2 EuInsVO. Eine weitere Beschränkung ergibt sich aus Art. 18 Abs. 1 Satz 2 EuInsVO. Danach steht das Recht des Hauptinsolvenzverwalters, zur Masse gehörende Gegenstände aus den anderen Mitgliedstaaten zu entfernen, unter dem Vorbehalt der Artt. 5 und 7 EuInsVO. Weitere Beschränkungen ergeben sich für den Hauptinsolvenzverwalter aus Art. 18 Abs. 3 Satz 1 EuInsVO, wonach der im Ausland agierende deutsche Hauptinsolvenzverwalter das Recht des jeweiligen Mitgliedstaates im Hinblick auf die Art und Weise der Verwertung eines Gegenstandes zu beachten hat. In Bezug auf die Verwertung gilt der Grundsatz der *lex fori concursus* unter Beachtung der jeweiligen *lex fori*. Der deutsche Hauptinsolvenzverwalter darf sich etwaiger in dem betreffenden Mitgliedstaat unzulässiger Verwertungsmethoden nicht bedienen. Gegebenenfalls hat er in Bezug auf bestimmte Vertragsbeziehungen die jeweiligen ausländischen Rechtsvorschriften zu beachten. Nach der Vorschrift des Art. 18 Abs. 3 Satz 2 EuInsVO erstrecken sich die Befugnisse des Verwalters nicht auf die direkte Anwendung von Zwangsmitteln in anderen Mitgliedstaaten. Diesbezüglich ist der Insolvenzverwalter gehalten, die lokalen Behörden bzw. Gerichte einzuschalten. Schließlich ist es dem Insolvenzverwalter gemäß Art. 30 EGV grundsätzlich nicht erlaubt, Gegenstände zur Masse zu ziehen, welche in dem betreffenden Mitgliedstaat aus Gründen der öffentlichen Sicherheit oder des nationalen künstlerischen bzw. historischen Kulturguts nicht ausgeführt werden dürfen.

Hinsichtlich des Antragsrechts des Hauptinsolvenzverwalters auf öffentliche Bekanntmachung i.S.d. Art. 21 EuInsVO ist zu fragen, ob nicht in Zukunft ein Einheitliches Europäisches Insolvenzregister errichtet werden sollte, in welches die jeweiligen Verfahren mitsamt der Kennzeichnung, ob es sich um ein Hauptinsolvenzverfahren oder um ein territorial beschränktes Insolvenzverfahren handelt sowie die jeweils bestellten Insolvenzverwalter aufgenommen werden könnten. Am geeignetsten erscheint die Einrichtung einer Datenbank im Internet, so dass insbesondere auch die Insolvenzgerichte direkten Zugriff der für sie wesentlichen Informationen erhalten können. Eventuelle Zuständigkeitskonflikte zwischen den Insolvenzgerichten könnten von vorne herein vermieden werden. Die Daten müßten in sämtlichen Amtssprachen veröffentlicht werden, wozu umfangreiche Übersetzungsarbeiten sowie eine entsprechende Infrastruktur erforderlich sind Die Veranlassung der Eintragungen in öffentliche Register wie Grundbücher, Handelsregister und ähnliches durch den Insolvenzverwalter gemäß Art. 22 EuInsVO würde dadurch gleichwohl nicht überflüssig.
Die Befugnisse des Sekundärinsolvenzverwalters bestimmten sich entsprechend der Vorschrift des Art. 28 EuInsVO grundsätzlich nach dem Recht des Mitgliedstaates, in welchem das Sekundärverfahren eröffnet worden ist. Dies ergibt sich bereits aus Art. 4 lit. c) EuInsVO, so dass der Vorschrift des Art. 28 EuInsVO lediglich deklaratorische Bedeutung beizumessen ist. Grundsätzlich sind die Befugnisse des Sekundärinsolvenzverwalters auf das Hoheitsgebiet des Mitgliedstaates beschränkt, in welchem das Sekundärverfahren eröffnet worden ist. Eine Erweiterung dieses Grundsatzes ergibt sich aus Art. 18 Abs. 2 EuInsVO, nach welchem der Sekundärverwalter in jedem anderen Mitgliedstaat gerichtlich wie außergerichtlich geltend machen kann, ein beweglicher Gegenstand sei nach der Verfahrenseröffnung aus dem Gebiet des Sekundäreröffnungsstaates in einen anderen Mitgliedstaat verbracht worden. Insofern trifft die Behauptung, der Sekundärverwalter könne nur in dem Hoheitsgebiet des Staates des Sekundärverfahrens tätig werden, nicht ganz zu.
Eine Personenidentität zwischen dem Haupt- und dem Sekundärinsolvenzverwalter ist nach dem Wortlaut der EuInsVO grundsätzlich nicht ausgeschlossen. Dabei hat die Zulassung einer Personenidentität gleichwohl nicht ohne Einschränkungen, sondern nur unter gebührender Berücksichtigung der Praktikabilität und des Schutzes der Gläubigerschaft zu erfolgen. Die Bestellung eines ausländischen Hauptinsolvenzverwalters zum deutschen Sekundärinsolvenzverwalter wird in der Regel aus Gründen der Praktikabilität und des Gläubigerschutzes nicht angezeigt sein. Einzelfälle, in denen dies dennoch praktikabel ist, wird es mit Sicherheit geben.
Überragende Bedeutung kommt im Rahmen der Abwicklung parallel eröffneter Insolvenzverfahren nach der EuInsVO der Verfahrenskoordination i.S.d. Artt. 31 ff. EuInsVO zu. Bereits in Erwägungsgrund 20 Satz 1 zur EuInsVO findet sich die Vorgabe, dass die Koordination des Haupt- mit dem Sekundärinsolvenzverfahren zwingende Voraussetzung für eine effiziente Verwertung der Insolvenzmasse ist. Das Herzstück der Koordination bildet die Kooperation zwischen den an den Verfahren beteiligten Verwalter. Künftig wird der Kooperation zwischen den Verwaltern als Grundlage der Verfahrenskoordination eine überragende Bedeutung zukommen. Zentrale Vorschrift ist hierbei Art. 31 EuInsVO. Dabei ist als Oberbegriff der Begriff der Kooperation zu verwenden, der sich in die gegenseitige Unterrichtungspflicht i.S.d. Art. 31 Abs. 1 EuInsVO und in die Kooperation i. e. S. unterteilen läßt. Vorbehaltlich der nationalen Datenschutzvorschriften sind die Verwalter des Haupt- und des Sekundärverfahrens gemäß Art. 31 Abs. 1 EuInsVO verpflichtet, sich gegenseitig über die wichtigsten Informationen der jeweiligen Verfahren zu unterrichten. Bezüglich des konkreten Inhalts der Unterrichtungspflicht werden Erfahrungswerte einen Aufschluß darüber geben, welche Informa-

tionen mit den Datenschutzvorschriften einzelner Mitgliedstaaten vereinbar sind und welche nicht.

Noch größere Bedeutung kommt im Rahmen der Kooperation zwischen Haupt- und Sekundärinsolvenzverwalter der Vorschrift des Art. 31 Abs. 2 EuInsVO zu, derzufolge die Verwalter vorbehaltlich der für die Verfahren geltenden Vorschriften zur Zusammenarbeit verpflichtet sind. Die effiziente Abwicklung der Verfahren hat dabei stets im Vordergrund zu stehen. Die Zusammenarbeit der Insolvenzgerichte untereinander sowie zwischen den Insolvenzgerichten und den Insolvenzverwaltern ist von der Vorschrift des Art. 31 Abs. 2 EuInsVO nicht erfasst, obwohl kein ernsthafterer Zweifel daran bestehen kann, dass eine Pflicht zur Zusammenarbeit zwischen den an den Verfahren beteiligten Insolvenzgerichte die Abwicklung der Verfahren ebenfalls fördern würde. Für eine Einbeziehung der Insolvenzgerichte in die Kooperationspflichten nach der EuInsVO besteht in der aktuellen Fassung der EuInsVO jedoch keine Möglichkeit. Die Insolvenzgerichte können zum einen nicht unter den Begriff des Verwalters i.S.d. Art. 2 lit. b) EuInsVO subsumiert werden. Im Zusammenhang mit anderen Vorschriften würde dies sicherlich auch nicht dem verfolgten Zweck entsprechen, wenn das Insolvenzgericht immer – zumindest theoretisch – als Verwalter i.S.d. Art. 2 lit. b) EuInsVO angesehen werden könnte. Zum anderen sind die Insolvenzgerichte auch nicht in dem abschließend zu verstehenden Anhang C zur EuInsVO aufgeführt. Eine Einbeziehung könnte entweder durch nur eine Erweiterung des Anhanges C zur EuInsVO, welche lediglich aufgrund des Art. 45 EuInsVO möglich wäre, oder durch einen neu in die Vorschrift des Art. 31 EuInsVO aufzunehmenden Absatz erfolgen. Es stellt sich für die Zukunft die Frage, ob bei der praktischen Ausgestaltung einer Pflicht zur Zusammenarbeit zwischen den Insolvenzgerichten untereinander sowie zwischen den Gerichten und den Verwaltern nicht Elemente der UNCITRAL – Modellbestimmungen über grenzüberschreitende Insolvenzen oder Vereinbarungen wie die „*protocols*" oder Insolvenzverwaltungsverträge– und zwar aufgrund ihres Ursprungs im anglo – amerikanischen Rechtskreis in einer restriktiven Form – übernommen werden könnten. Dies ist vom jetzigen Standpunkt aus zu befürworten. Allerdings wird es den ersten Erfahrungswerten mit der EuInsVO vorbehalten bleiben müssen, endgültigen Aufschluss darüber zu geben, ob ein entsprechender Ergänzungsbedarf tatsächlich besteht.

Trotz der unbedingt erforderlichen Kooperation zwischen den Verwaltern des Haupt- und des Sekundärverfahrens ist immer zu beachten, dass die EuInsVO von einer grundsätzlich dominierenden Rolle des Hauptverfahrens im Vergleich zum Sekundärverfahren ausgeht. Daher werden dem Hauptinsolvenzverwalter unter Zugrundelegung der Dominanz des Hauptverfahrens mehrere Einflussmöglichkeiten im Sekundärverfahren zur Verfügung gestellt. Am deutlichsten kommt die Unterordnung des Sekundär- unter das Hauptverfahren in der Vorschrift des Art. 33 Abs. 1 EuInsVO zum Ausdruck. Danach kann der Hauptinsolvenzverwalter die zeitweilige Aussetzung der Verwertung – also eine der Hauptaufgaben des Sekundärverwalters – beantragen. Der Hauptinsolvenzverwalter wird von seinem Antragsrecht insbesondere dann Gebrauch machen, wenn eine Sanierung oder eine übertragende Sanierung des europaweit tätigen Unternehmens beabsichtigt ist. Während der Phase der ausgesetzten Verwertung hat der Hauptinsolvenzverwalter keine Verminderung der Masse im Sekundärverfahren zu befürchten. Beinahe ebenso bedeutsam ist sicherlich die Möglichkeit des Hauptinsolvenzverwalters, gemäß Art. 31 Abs. 3 EuInsVO Vorschläge hinsichtlich der Verwertung im Sekundärverfahren zu unterbreiten. Diese Vorschläge haben für den Sekundärverwalter ein gewisses Maß an Verbindlichkeit. Abgesehen davon, dass der Sekundärverwalter die Vorschläge des Hauptverwalters bei entsprechender Wirtschaftlichkeit befolgen wird, besteht eine effektive Einwirkungsmöglichkeit des Hauptverwalters lediglich dann, wenn er ein Gesamtkonzept unterbreiten kann. Nicht ganz unproblematisch ist hierbei, dass dem Sekundärverwalter bei

der Entscheidung über die Aussetzung der Verwertung in seinem Verfahren – unverständlicherweise - nicht einmal ein Anhörungsrecht zugestanden wird. Er hat lediglich die Möglichkeit, die Aufhebung der Verwertungsaussetzung zu beantragen.
Im Hinblick auf die Anmeldung der Forderungen „seines" Verfahrens im Sekundärverfahren gemäß Art, 32 Abs. 2 EuInsVO könnte der Hauptinsolvenzverwalter den Gläubigern seines Verfahrens im Vorgriff auf ein etwaiges Sekundärverfahren eine Erklärung abverlangen, die den Hauptverwalter zur Anmeldung der Forderung in einem etwaigen Sekundärverfahren berechtigt. Der Hauptverwalter müßte sich dann nicht mit allen Gläubigern – falls erforderlich einzeln – über eine Anmeldung im Sekundärverfahren abstimmen. Insofern erscheint es auch angemessen, dass der Hauptverwalter die Beurteilung der Zweckmäßigkeit einer Forderungsanmeldung in einem Sekundärverfahren für bestimmte Gläubigergruppen vornehmen kann.
Schließlich kann der Hauptverwalter dem Sekundärverwalter gemäß Art. 34 Abs. 1 und Abs. 3 EuInsVO Maßnahmen zur Beendigung des Sekundärverfahrens vorschlagen. Diese vorgeschlagenen Maßnahmen weisen für den Sekundärverwalter jedoch keinerlei Verbindlichkeit auf.

Mit der Verabschiedung der EuInsVO ist ein wichtiger Schritt zur Konsolidierung eines einheitlichen europäischen Wirtschaftsrechts erfolgt. Es steht nunmehr ein einheitlicher Rechtsrahmen zur Abwicklung grenzüberschreitender Insolvenzverfahren innerhalb der EU – mit Ausnahme Dänemarks - zur Verfügung. Aufgrund der primärrechtlich verankerten Auslegungskompetenz des EuGH ist gewährleistet, dass sich die EuInsVO tatsächlich zu einem Regelwerk entwickelt, welches einheitlich angewandt wird und mit den übrigen Gemeinschaftsrechtssystemen des europäischen Prozeß- und Privatrechts im Einklang steht.
Das „Schicksal" eines grenzüberschreitenden Insolvenzverfahrens im Geltungsbereich der EuInsVO wird bedeutend davon abhängen, inwiefern eine effektive Koordination der Verfahren erreicht werden kann. Zunächst muss bei sämtlichen Verfahrensbeteiligten die Bereitschaft zu einer konstruktiven Zusammenarbeit vorhanden sein. Dies bedeutet insbesondere für den deutschen Insolvenzverwalter, dass die Komplexität seiner – ohnehin schon nach der InsO umfassenden - Aufgaben im Rahmen seiner grenzüberschreitenden Tätigkeit weiter zunehmen wird. Mit dem Inkrafttreten der EuInsVO werden sich dem deutschen Insolvenzverwalter in seiner Funktion als Hauptinsolvenzverwalter regelmäßig zwei Handlungsmöglichkeiten eröffnen: er kann den Versuch unternehmen, sich die grundlegenden Kenntnisse der Sprache und des Insolvenzrechts des Mitgliedstaates, zu welchem das Hauptverfahren Berührungspunkte aufweist, selber anzueignen. Diese Alternative wird – wenn überhaupt – nur von einer begrenzten Anzahl von Insolvenzverwaltern tatsächlich wahrgenommen werden können. Ob es diesbezüglich sinnvoll ist, den deutschen Insolvenzverwaltern den Erwerb einer Zusatzqualifikation wie etwa einen Fachanwalt für europäisches Insolvenzrecht zu ermöglichen, ist zweifelhaft, da die Kenntnisse des deutschen Insolvenzverwalters im Rahmen grenzüberschreitender Insolvenzverfahren nicht nur das jeweilige Insolvenzsachrecht, sondern auch Teile des jeweiligen nationalen materiellen Rechts umfassen müsste. Als realistischere Handlungsmöglichkeit wird der deutsche Insolvenzverwalter Kooperationen mit europäischen Insolvenzverwalter- bzw. Spezialkanzleien anstreben, um ein grenzüberschreitendes Insolvenzverfahren effektiv abwickeln zu können. Inwiefern die EuInsVO in dieser Hinsicht ergänzungsbedürftig ist und inwiefern im Hinblick auf eine effektive Koordination des Haupt- mit dem Sekundärverfahren von den Möglichkeiten der *„protocols"* und der Insolvenzverwaltungsverträge Gebrauch gemacht werden wird, bleibt abzuwarten. Sicher dürfte sein, dass sich alsbald nach Inkrafttreten der EuInsVO gewisse Richtlinien für eine effektive Kooperation der

Verwalter – und vielleicht auch der an den Verfahren beteiligten Gerichte – herausbilden werden. Voraussetzung hierfür ist gleichwohl, dass im Vorfeld des Inkrafttretens und gerade auch in der Anfangszeit nach dem Inkrafttreten der EuInsVO eine ganze Reihe von Vorarbeiten - insbesondere die Erstellung geeigneter Übersichten und Formulare für sämtliche an den Verfahren Beteiligte- notwendig sein werden, die sich erst in der Folgezeit und nach den ersten Erfahrungen mit der Anwendung der EuInsVO zunehmend rentieren werden. Ebenso wesentlich für den Umgang mit der EuInsVO ist für alle Beteiligten ein immenses Maß an Bereitschaft zur Zusammenarbeit und zur Weiterbildung, um den Zielsetzungen der EuInsVO umfassend gerecht zu werden. Der nächste Schritt in der Entwicklung des Europäischen Insolvenzrecht muss darin bestehen, die Regelungen der EuInsVO und deren Anwendung bzw. Bewährung in der Praxis genau zu überprüfen. Dies bringt automatisch mit sich, dass in Zukunft ein reger Informationsaustausch zwischen den Beteiligten sämtlicher Mitgliedstaaten erfolgen muss, damit in den Mitgliedstaaten Schritt für Schritt ausreichende Kenntnisse über die Insolvenzsachrechte sämtlicher Mitgliedstaaten entstehen können. Hier wäre ein Handbuch mit Länderberichten über die verschiedenen Insolvenzsachrechte innerhalb der EU ein nächster, sehr sinnvoller Schritt.

Anhang: Text der EuInsVO

Verordnung (EG) Nr. 1346 / 2000 des Rates vom 29. Mai 2000 über Insolvenzverfahren

DER RAT DER EUROPÄISCHEN UNION –

gestützt auf den Vertrag zur Gründung der Europäischen Gemeinschaft, insbesondere auf Artikel 61 Buchstabe c) und Artikel 67 Absatz 1,

auf Initiative der Bundesrepublik Deutschland und der Republik Finnland,

nach Stellungnahme des Europäischen Parlaments[1],

nach Stellungnahme des Wirtschafts- und Sozialausschusses[2],

in Erwägung nachstehender Gründe:

(1) Die Europäische Union hat sich die Schaffung eines Raums der Freiheit, der Sicherheit und des Rechts zum Ziel gesetzt.

(2) Für ein reibungsloses Funktionieren des Binnenmarktes sind effiziente und wirksame grenzüberschreitende Insolvenzverfahren erforderlich; die Annahme dieser Verordnung ist zur Verwirklichung dieses Ziels erforderlich, das in den Bereich der justiziellen Zusammenarbeit in Zivilsachen im Sinne des Artikels 65 des Vertrags fällt.

(3) Die Geschäftstätigkeit von Unternehmen greift mehr und mehr über die Grenzen hinaus und unterliegt damit in zunehmendem Maß den Vorschriften des Gemeinschaftsrechts. Da die Insolvenz solcher Unternehmen auch nachteilige Auswirkungen auf das ordnungsgemäße Funktionieren des Binnenmarktes hat, bedarf es eines gemeinschaftlichen Rechtsakts, der eine Koordinierung der Maßnahmen in bezug auf das Vermögen eines zahlungsunfähigen Schuldners vorschreibt.

(4) Im Interesse eines ordnungsgemäßen Funktionierens des Binnenmarktes muß verhindert werden, daß es für die Parteien vorteilhafter ist, Vermögensgegenstände oder Rechtsstreitigkeiten von einem Mitgliedstaat in einen anderen zu verlagern, um auf diese Weise eine verbesserte Rechtsstellung anzustreben (sog. „forum shopping").

---

1 Stellungnahme vom 2. März 2000 (noch nicht im Amtsblatt veröffentlicht).
2 Stellungnahme vom 26. Januar 2000, Abl. (EG) 2000, Nr. C 75, 1, 3 f.

(5) Diese Ziele können auf einzelstaatlicher Ebene nicht in hinreichendem Maß verwirklicht werden, so daß eine Maßnahme auf Gemeinschaftsebene gerechtfertigt ist.

(6) Gemäß dem Verhältnismäßigkeitsgrundsatz sollte sich diese Verordnung auf Vorschriften beschränken, die die Zuständigkeit für die Eröffnung von Insolvenzverfahren und für Entscheidungen regeln, die unmittelbar aufgrund des Insolvenzverfahrens ergehen und in engem Zusammenhang damit stehen. Darüber hinaus sollte diese Verordnung Vorschriften hinsichtlich der Anerkennung solcher Entscheidungen und hinsichtlich des anwendbaren Rechts, die ebenfalls diesem Grundsatz genügen, enthalten.

(7) Konkurse, Vergleiche und ähnliche Verfahren sind vom Anwendungsbereich des Brüsseler Übereinkommens von 1968 über die gerichtliche Zuständigkeit und die Vollstreckung gerichtlicher Entscheidungen in Zivil- und Handelssachen[3] in der durch die Beitrittsübereinkommen zu diesem Übereinkommen[4] geänderten Fassung ausgenommen.

(8) Zur Verwirklichung des Ziels einer Verbesserung der Effizienz und Wirksamkeit der Insolvenzverfahren mit grenzüberschreitender Wirkung ist es notwendig und angemessen, die Bestimmungen über den Gerichtsstand, die Anerkennung und das anwendbare Recht in diesem Bereich in einem gemeinschaftlichen Rechtsakt zu bündeln, der in den Mitgliedstaaten verbindlich ist und unmittelbar gilt.

(9) Diese Verordnung sollte für alle Insolvenzverfahren gelten, unabhängig davon, ob es sich beim Schuldner um eine natürliche oder juristische Person, einen Kaufmann oder eine Privatperson handelt. Die Insolvenzverfahren, auf die diese Verordnung Anwendung findet, sind in den Anhängen aufgeführt. Insolvenzverfahren über das Vermögen von Versicherungsunternehmen, Kreditinstituten und Wertpapierfirmen, die Gelder oder Wertpapiere Dritter halten, sowie von Organismen für gemeinsame Anlagen sollten vom Geltungsbereich dieser Verordnung ausgenommen sein. Diese Unternehmen sollten von dieser Verordnung nicht erfaßt werden, da für sie besondere Vorschriften gelten und die nationalen Aufsichtsbehörden teilweise sehr weitgehende Eingriffsbefugnisse haben.

(10) Insolvenzverfahren sind nicht zwingend mit dem Eingreifen eines Gerichts verbunden. Der Ausdruck „Gericht“ in dieser Verordnung sollte daher weit ausgelegt werden und jede Person oder Stelle bezeichnen, die nach einzelstaatlichem Recht befugt ist, ein Insolvenzverfahren zu eröffnen. Damit diese Verordnung Anwendung findet, muß es sich aber um ein Verfahren (mit den entsprechenden Rechtshandlungen und Formalitäten) handeln, das nicht nur im Einklang mit dieser Verordnung steht, sondern auch in dem Mitgliedstaat der Eröffnung des Insolvenzverfahrens offiziell anerkannt und rechtsgültig ist, wobei es sich ferner um ein Gesamtverfahren handeln muß, das den

---

3 ABl. L 299 vom 31.12.1972, S. 32.

4 ABl. L 204 vom 2.8.1975, S. 28.
ABl. L 304 vom 30.10.1978, S. 1.
ABl. L 338 vom 31.12.1982, S. 1.
ABl. L 285 vom 3.10.1989, S. 1.
ABl. C 15 vom 15.1.1997, S. 1.

vollständigen oder teilweisen Vermögensbeschlag gegen den Schuldner sowie die Bestellung eines Verwalters zur Folge hat.

(11) Diese Verordnung geht von der Tatsache aus, daß aufgrund der großen Unterschiede im materiellen Recht ein einziges Insolvenzverfahren mit universaler Geltung für die gesamte Gemeinschaft nicht realisierbar ist. Die ausnahmslose Anwendung des Rechts des Staates der Verfahrenseröffnung würde vor diesem Hintergrund häufig zu Schwierigkeiten führen. Dies gilt etwa für die in der Gemeinschaft sehr unterschiedlich ausgeprägten Sicherungsrechte. Aber auch die Vorrechte einzelner Gläubiger im Insolvenzverfahren sind teilweise völlig verschieden ausgestaltet. Diese Verordnung sollte dem auf zweierlei Weise Rechnung tragen: Zum einen sollten Sonderanknüpfungen für besonders bedeutsame Rechte und Rechtsverhältnisse vorgesehen werden (z. B. dingliche Rechte und Arbeitsverträge). Zum anderen sollten neben einem Hauptinsolvenzverfahren mit universaler Geltung auch innerstaatliche Verfahren zugelassen werden, die lediglich das im Eröffnungsstaat belegene Vermögen erfassen.

(12) Diese Verordnung gestattet die Eröffnung des Hauptinsolvenzverfahrens in dem Mitgliedstaat, in dem der Schuldner den Mittelpunkt seiner hauptsächlichen Interessen hat. Dieses Verfahren hat universale Geltung mit dem Ziel, das gesamte Vermögen des Schuldners zu erfassen. Zum Schutz der unterschiedlichen Interessen gestattet diese Verordnung die Eröffnung von Sekundärinsolvenzverfahren parallel zum Hauptinsolvenzverfahren. Ein Sekundärinsolvenzverfahren kann in dem Mitgliedstaat eröffnet werden, in dem der Schuldner eine Niederlassung hat. Seine Wirkungen sind auf das in dem betreffenden Mitgliedstaat belegene Vermögen des Schuldners beschränkt. Zwingende Vorschriften für die Koordinierung mit dem Hauptinsolvenzverfahren tragen dem Gebot der Einheitlichkeit des Verfahrens in der Gemeinschaft Rechnung.

(13) Als Mittelpunkt der hauptsächlichen Interessen sollte der Ort gelten, an dem der Schuldner gewöhnlich der Verwaltung seiner Interessen nachgeht und damit für Dritte feststellbar ist.

(14) Diese Verordnung gilt nur für Verfahren, bei denen der Mittelpunkt der hauptsächlichen Interessen des Schuldners in der Gemeinschaft liegt.

(15) Die Zuständigkeitsvorschriften dieser Verordnung legen nur die internationale Zuständigkeit fest, das heißt, sie geben den Mitgliedstaat an, dessen Gerichte Insolvenzverfahren eröffnen dürfen. Die innerstaatliche Zuständigkeit des betreffenden Mitgliedstaats muß nach dem Recht des betreffenden Staates bestimmt werden.

(16) Das für die Eröffnung des Hauptinsolvenzverfahrens zuständige Gericht sollte zur Anordnung einstweiliger Sicherungsmaßnahmen ab dem Zeitpunkt des Antrags auf Verfahrenseröffnung befugt sein. Sicherungsmaßnahmen sowohl vor als auch nach Beginn des Insolvenzverfahrens sind zur Gewährleistung der Wirksamkeit des Insolvenzverfahrens von großer Bedeutung. Diese Verordnung sollte hierfür verschiedene Möglichkeiten vorsehen. Zum einen sollte das für das Hauptinsolvenzverfahren zuständige Gericht vorläufige Sicherungsmaßnahmen auch über Vermögensgegenstände anordnen können, die im Hoheitsgebiet anderer Mitgliedstaaten belegen sind. Zum anderen sollte ein vor Eröffnung des Hauptinsolvenzverfahrens bestellter vorläufiger In-

solvenzverwalter in den Mitgliedstaaten, in denen sich eine Niederlassung des Schuldners befindet, die nach dem Recht dieser Mitgliedstaaten möglichen Sicherungsmaßnahmen beantragen können.

(17) Das Recht, vor der Eröffnung des Hauptinsolvenzverfahrens die Eröffnung eines Insolvenzverfahrens in dem Mitgliedstaat, in dem der Schuldner eine Niederlassung hat, zu beantragen, sollte nur einheimischen Gläubigern oder Gläubigern der einheimischen Niederlassung zustehen beziehungsweise auf Fälle beschränkt sein, in denen das Recht des Mitgliedstaats, in dem der Schuldner den Mittelpunkt seiner hauptsächlichen Interessen hat, die Eröffnung eines Hauptinsolvenzverfahrens nicht zuläßt. Der Grund für diese Beschränkung ist, daß die Fälle, in denen die Eröffnung eines Partikularverfahrens vor dem Hauptinsolvenzverfahren beantragt wird, auf das unumgängliche Maß beschränkt werden sollen. Nach der Eröffnung des Hauptinsolvenzverfahrens wird das Partikularverfahren zum Sekundärverfahren.

(18) Das Recht, nach der Eröffnung des Hauptinsolvenzverfahrens die Eröffnung eines Insolvenzverfahrens in dem Mitgliedstaat, in dem der Schuldner eine Niederlassung hat, zu beantragen, wird durch diese Verordnung nicht beschränkt. Der Verwalter des Hauptverfahrens oder jede andere, nach dem Recht des betreffenden Mitgliedstaats dazu befugte Person sollte die Eröffnung eines Sekundärverfahrens beantragen können.

(19) Ein Sekundärinsolvenzverfahren kann neben dem Schutz der inländischen Interessen auch anderen Zwecken dienen. Dies kann der Fall sein, wenn das Vermögen des Schuldners zu verschachtelt ist, um als ganzes verwaltet zu werden, oder weil die Unterschiede in den betroffenen Rechtssystemen so groß sind, daß sich Schwierigkeiten ergeben können, wenn das Recht des Staates der Verfahrenseröffnung seine Wirkung in den anderen Staaten, in denen Vermögensgegenstände belegen sind, entfaltet. Aus diesem Grund kann der Verwalter des Hauptverfahrens die Eröffnung eines Sekundärverfahrens beantragen, wenn dies für die effiziente Verwaltung der Masse erforderlich ist.

(20) Hauptinsolvenzverfahren und Sekundärinsolvenzverfahren können jedoch nur dann zu einer effizienten Verwertung der Insolvenzmasse beitragen, wenn die parallel anhängigen Verfahren koordiniert werden. Wesentliche Voraussetzung ist hierzu eine enge Zusammenarbeit der verschiedenen Verwalter, die insbesondere einen hinreichenden Informationsaustausch beinhalten muß. Um die dominierende Rolle des Hauptinsolvenzverfahrens sicherzustellen, sollten dem Verwalter dieses Verfahrens mehrere Einwirkungsmöglichkeiten auf gleichzeitig anhängige Sekundärinsolvenzverfahren gegeben werden. Er sollte etwa einen Sanierungsplan oder Vergleich vorschlagen oder die Aussetzung der Verwertung der Masse im Sekundärinsolvenzverfahren beantragen können.

(21) Jeder Gläubiger, der seinen Wohnsitz, gewöhnlichen Aufenthalt oder Sitz in der Gemeinschaft hat, sollte das Recht haben, seine Forderungen in jedem in der Gemeinschaft anhängigen Insolvenzverfahren über das Vermögen des Schuldners anzumelden. Dies sollte auch für Steuerbehörden und Sozialversicherungsträger gelten. Im Interesse der Gläubigergleichbehandlung muß jedoch die Verteilung des Erlöses koordi-

niert werden. Jeder Gläubiger sollte zwar behalten dürfen, was er im Rahmen eines Insolvenzverfahrens erhalten hat, sollte aber an der Verteilung der Masse in einem anderen Verfahren erst dann teilnehmen können, wenn die Gläubiger gleichen Rangs die gleiche Quote auf ihre Forderung erlangt haben.

(22) In dieser Verordnung sollte die unmittelbare Anerkennung von Entscheidungen über die Eröffnung, die Abwicklung und die Beendigung der in ihren Geltungsbereich fallenden Insolvenzverfahren sowie von Entscheidungen, die in unmittelbarem Zusammenhang mit diesen Insolvenzverfahren ergehen, vorgesehen werden. Die automatische Anerkennung sollte somit zur Folge haben, daß die Wirkungen, die das Recht des Staates der Verfahrenseröffnung dem Verfahren beilegt, auf alle übrigen Mitgliedstaaten ausgedehnt werden. Die Anerkennung der Entscheidungen der Gerichte der Mitgliedstaaten sollte sich auf den Grundsatz des gegenseitigen Vertrauens stützen. Die zulässigen Gründe für eine Nichtanerkennung sollten daher auf das unbedingt notwendige Maß beschränkt sein. Nach diesem Grundsatz sollte auch der Konflikt gelöst werden, wenn sich die Gerichte zweier Mitgliedstaaten für zuständig halten, ein Hauptinsolvenzverfahren zu eröffnen. Die Entscheidung des zuerst eröffnenden Gerichts sollte in den anderen Mitgliedstaaten anerkannt werden; diese sollten die Entscheidung dieses Gerichts keiner Überprüfung unterziehen dürfen.

(23) Diese Verordnung sollte für den Insolvenzbereich einheitliche Kollisionsnormen formulieren, die die Vorschriften des internationalen Privatrechts der einzelnen Staaten ersetzen. Soweit nichts anderes bestimmt ist, sollte das Recht des Staates der Verfahrenseröffnung (lex concursus) Anwendung finden. Diese Kollisionsnorm sollte für Hauptinsolvenzverfahren und Partikularverfahren gleichermaßen gelten. Die lex concursus regelt alle verfahrensrechtlichen wie materiellen Wirkungen des Insolvenzverfahrens auf die davon betroffenen Personen und Rechtsverhältnisse; nach ihr bestimmen sich alle Voraussetzungen für die Eröffnung, Abwicklung und Beendigung des Insolvenzverfahrens.

(24) Die automatische Anerkennung eines Insolvenzverfahrens, auf das regelmäßig das Recht des Eröffnungsstaats Anwendung findet, kann mit den Vorschriften anderer Mitgliedstaaten für die Vornahme von Rechtshandlungen kollidieren. Um in den anderen Mitgliedstaaten als dem Staat der Verfahrenseröffnung Vertrauensschutz und Rechtssicherheit zu gewährleisten, sollten eine Reihe von Ausnahmen von der allgemeinen Vorschrift vorgesehen werden.

(25) Ein besonderes Bedürfnis für eine vom Recht des Eröffnungsstaats abweichende Sonderanknüpfung besteht bei dinglichen Rechten, da diese für die Gewährung von Krediten von erheblicher Bedeutung sind. Die Begründung, Gültigkeit und Tragweite eines solchen dinglichen Rechts sollten sich deshalb regelmäßig nach dem Recht des Belegenheitsorts bestimmen und von der Eröffnung des Insolvenzverfahrens nicht berührt werden. Der Inhaber des dinglichen Rechts sollte somit sein Recht zur Aus- bzw. Absonderung an dem Sicherungsgegenstand weiter geltend machen können. Falls an Vermögensgegenständen in einem Mitgliedstaat dingliche Rechte nach dem Recht des Belegenheitsstaats bestehen, das Hauptinsolvenzverfahren aber in einem anderen Mitgliedstaat stattfindet, sollte der Verwalter des Hauptinsolvenzverfahrens die Eröffnung eines Sekundärinsolvenzverfahrens in dem Zuständigkeitsgebiet, in dem die dingli-

chen Rechte bestehen, beantragen können, sofern der Schuldner dort eine Niederlassung hat. Wird kein Sekundärinsolvenzverfahren eröffnet, so ist der überschießende Erlös aus der Veräußerung der Vermögensgegenstände, an denen dingliche Rechte bestanden, an den Verwalter des Hauptverfahrens abzuführen.

(26) Ist nach dem Recht des Eröffnungsstaats eine Aufrechnung nicht zulässig, so sollte ein Gläubiger gleichwohl zur Aufrechnung berechtigt sein, wenn diese nach dem für die Forderung des insolventen Schuldners maßgeblichen Recht möglich ist. Auf diese Weise würde die Aufrechnung eine Art Garantiefunktion aufgrund von Rechtsvorschriften erhalten, auf die sich der betreffende Gläubiger zum Zeitpunkt der Entstehung der Forderung verlassen kann.

(27) Ein besonderes Schutzbedürfnis besteht auch bei Zahlungssystemen und Finanzmärkten. Dies gilt etwa für die in diesen Systemen anzutreffenden Glattstellungsverträge und Nettingvereinbarungen sowie für die Veräußerung von Wertpapieren und die zur Absicherung dieser Transaktionen gestellten Sicherheiten, wie dies insbesondere in der Richtlinie 98/26/EG des Europäischen Parlaments und des Rates vom 19. Mai 1998 über die Wirksamkeit von Abrechnungen in Zahlungs- sowie Wertpapierliefer- und –abrechnungssystemen[5] geregelt ist. Für diese Transaktionen soll deshalb allein das Recht maßgebend sein, das auf das betreffende System bzw. den betreffenden Markt anwendbar ist. Mit dieser Vorschrift soll verhindert werden, daß im Fall der Insolvenz eines Geschäftspartners die in Zahlungs- oder Aufrechnungssystemen oder auf den geregelten Finanzmärkten der Mitgliedstaaten vorgesehenen Mechanismen zur Zahlung und Abwicklung von Transaktionen geändert werden können. Die Richtlinie 98/26/EG enthält Sondervorschriften, die den allgemeinen Regelungen dieser Verordnung vorgehen sollten.

(28) Zum Schutz der Arbeitnehmer und der Arbeitsverhältnisse müssen die Wirkungen der Insolvenzverfahren auf die Fortsetzung oder Beendigung von Arbeitsverhältnissen sowie auf die Rechte und Pflichten aller an einem solchen Arbeitsverhältnis beteiligten Parteien durch das gemäß den allgemeinen Kollisionsnormen für den Vertrag maßgebliche Recht bestimmt werden. Sonstige insolvenzrechtliche Fragen, wie etwa, ob die Forderungen der Arbeitnehmer durch ein Vorrecht geschützt sind und welchen Rang dieses Vorrecht gegebenenfalls erhalten soll, sollten sich nach dem Recht des Eröffnungsstaats bestimmen.

(29) Im Interesse des Geschäftsverkehrs sollte auf Antrag des Verwalters der wesentliche Inhalt der Entscheidung über die Verfahrenseröffnung in den anderen Mitgliedstaaten bekannt gemacht werden. Befindet sich in dem betreffenden Mitgliedstaat eine Niederlassung, so kann eine obligatorische Bekanntmachung vorgeschrieben werden. In beiden Fällen sollte die Bekanntmachung jedoch nicht Voraussetzung für die Anerkennung des ausländischen Verfahrens sein.

(30) Es kann der Fall eintreten, daß einige der betroffenen Personen tatsächlich keine Kenntnis von der Verfahrenseröffnung haben und gutgläubig im Widerspruch zu der neuen Sachlage handeln. Zum Schutz solcher Personen, die in Unkenntnis der ausländischen Verfahrenseröffnung eine Zahlung an den Schuldner leisten, obwohl diese an

5 ABl. L 166 vom 11.6.1998, S. 45.

sich an den ausländischen Verwalter hätte geleistet werden müssen, sollte eine schuldbefreiende Wirkung der Leistung bzw. Zahlung vorgesehen werden.

(31) Diese Verordnung sollte Anhänge enthalten, die sich auf die Organisation der Insolvenzverfahren beziehen. Da diese Anhänge sich ausschließlich auf das Recht der Mitgliedstaaten beziehen, sprechen spezifische und begründete Umstände dafür, daß der Rat sich das Recht vorbehält, diese Anhänge zu ändern, um etwaigen Änderungen des innerstaatlichen Rechts der Mitgliedstaaten Rechnung tragen zu können.

(32) Entsprechend Artikel 3 des Protokolls über die Position des Vereinigten Königreichs und Irlands, das dem Vertrag über die Europäische Union und dem Vertrag zur Gründung der Europäischen Gemeinschaft beigefügt ist, haben das Vereinigte Königreich und Irland mitgeteilt, daß sie sich an der Annahme und Anwendung dieser Verordnung beteiligen möchten.

(33) Gemäß den Artikeln 1 und 2 des Protokolls über die Position Dänemarks, das dem Vertrag über die Europäische Union und dem Vertrag zur Gründung der Europäischen Gemeinschaft beigefügt ist, beteiligt sich Dänemark nicht an der Annahme dieser Verordnung, die diesen Mitgliedstaat somit nicht bindet und auf ihn keine Anwendung findet –

HAT FOLGENDE VERORDNUNG ERLASSEN:

KAPITEL I

ALLGEMEINE VORSCHRIFTEN

Artikel 1

Anwendungsbereich

(1) Diese Verordnung gilt für Gesamtverfahren, welche die Insolvenz des Schuldners voraussetzen und den vollständigen oder teilweisen Vermögensbeschlag gegen den Schuldner sowie die Bestellung eines Verwalters zur Folge haben.

(2) Diese Verordnung gilt nicht für Insolvenzverfahren über das Vermögen von Versicherungsunternehmen oder Kreditinstituten, von Wertpapierfirmen, die Dienstleistungen erbringen, welche die Haltung von Geldern oder Wertpapieren Dritter umfassen, sowie von Organismen für gemeinsame Anlagen

Artikel 2

Definitionen

Für die Zwecke dieser Verordnung bedeutet

a) „Insolvenzverfahren" die in Artikel 1 Absatz 1 genannten Gesamtverfahren. Diese Verfahren sind in Anhang A aufgeführt;

b) „Verwalter" jede Person oder Stelle, deren Aufgabe es ist, die Masse zu verwalten oder zu verwerten oder die Geschäftstätigkeit des Schuldners zu überwachen. Diese Personen oder Stellen sind in Anhang C aufgeführt;

c) „Liquidationsverfahren" ein Insolvenzverfahren im Sinne von Buchstabe a), das zur Liquidation des Schuldnervermögens führt, und zwar auch dann, wenn dieses Verfahren durch einen Vergleich oder eine andere die Insolvenz des Schuldners beendende Maßnahme oder wegen unzureichender Masse beendet wird. Diese Verfahren sind in Anhang B aufgeführt;

d) „Gericht" das Justizorgan oder jede sonstige zuständige Stelle eines Mitgliedstaats, die befugt ist, ein Insolvenzverfahren zu eröffnen oder im Laufe des Verfahrens Entscheidungen zu treffen;

e) „Entscheidung", falls es sich um die Eröffnung eines Insolvenzverfahrens oder die Bestellung eines Verwalters handelt, die Entscheidung jedes Gerichts, das zur Eröffnung eines derartigen Verfahrens oder zur Bestellung eines Verwalters befugt ist;

f) „Zeitpunkt der Verfahrenseröffnung" den Zeitpunkt, in dem die Eröffnungsentscheidung wirksam wird, unabhängig davon, ob die Entscheidung endgültig ist;

g) „Mitgliedstaat, in dem sich ein Vermögensgegenstand befindet", im Fall von - körperlichen Gegenständen den Mitgliedstaat, in dessen Gebiet der Gegenstand belegen ist, - Gegenständen oder Rechten, bei denen das Eigentum oder die Rechtsinhaberschaft in ein öffentliches Register einzutragen ist, den Mitgliedstaat, unter dessen Aufsicht das Register geführt wird, - Forderungen den Mitgliedstaat, in dessen Gebiet der zur Leistung verpflichtete Dritte den Mittelpunkt seiner hauptsächlichen Interessen im Sinne von Artikel 3 Absatz 1 hat;

h) „Niederlassung" jeden Tätigkeitsort, an dem der Schuldner einer wirtschaftlichen Aktivität von nicht vorübergehender Art nachgeht, die den Einsatz von Personal und Vermögenswerten voraussetzt.

Artikel 3

Internationale Zuständigkeit

(1) Für die Eröffnung des Insolvenzverfahrens sind die Gerichte des Mitgliedstaats zuständig, in dessen Gebiet der Schuldner den Mittelpunkt seiner hauptsächlichen Interessen hat. Bei Gesellschaften und juristischen Personen wird bis zum Beweis des Gegenteils vermutet, daß der Mittelpunkt ihrer hauptsächlichen Interessen der Ort des satzungsmäßigen Sitzes ist.

(2) Hat der Schuldner den Mittelpunkt seiner hauptsächlichen Interessen im Gebiet eines Mitgliedstaats, so sind die Gerichte eines anderen Mitgliedstaats nur dann zur Eröffnung eines Insolvenzverfahrens befugt, wenn der Schuldner eine Niederlassung im Gebiet dieses anderen Mitgliedstaats hat. Die Wirkungen dieses Verfahrens sind auf das im Gebiet dieses letzteren Mitgliedstaats belegene Vermögen des Schuldners beschränkt.

(3) Wird ein Insolvenzverfahren nach Absatz 1 eröffnet, so ist jedes zu einem späteren Zeitpunkt nach Absatz 2 eröffnete Insolvenzverfahren ein Sekundärinsolvenzverfahren. Bei diesem Verfahren muß es sich um ein Liquidationsverfahren handeln.

(4) Vor der Eröffnung eines Insolvenzverfahrens nach Absatz 1 kann ein Partikularverfahren nach Absatz 2 nur in den nachstehenden Fällen eröffnet werden:

a) falls die Eröffnung eines Insolvenzverfahrens nach Absatz 1 angesichts der Bedingungen, die in den Rechtsvorschriften des Mitgliedstaats vorgesehen sind, in dem der Schuldner den Mittelpunkt seiner hauptsächlichen Interessen hat, nicht möglich ist;

b) falls die Eröffnung des Partikularverfahrens von einem Gläubiger beantragt wird, der seinen Wohnsitz, gewöhnlichen Aufenthalt oder Sitz in dem Mitgliedstaat hat, in dem sich die betreffende Niederlassung befindet, oder dessen Forderung auf einer sich aus dem Betrieb dieser Niederlassung ergebenden Verbindlichkeit beruht.

Artikel 4

Anwendbares Recht

(1) Soweit diese Verordnung nichts anderes bestimmt, gilt für das Insolvenzverfahren und seine Wirkungen das Insolvenzrecht des Mitgliedstaats, in dem das Verfahren eröffnet wird, nachstehend „Staat der Verfahrenseröffnung" genannt.

(2) Das Recht des Staates der Verfahrenseröffnung regelt, unter welchen Voraussetzungen das Insolvenzverfahren eröffnet wird und wie es durchzuführen und zu beenden ist. Es regelt insbesondere:

a) bei welcher Art von Schuldnern ein Insolvenzverfahren zulässig ist;

b) welche Vermögenswerte zur Masse gehören und wie die nach der Verfahrenseröffnung vom Schuldner erworbenen Vermögenswerte zu behandeln sind;

c) die jeweiligen Befugnisse des Schuldners und des Verwalters;

d) die Voraussetzungen für die Wirksamkeit einer Aufrechnung;

e) wie sich das Insolvenzverfahren auf laufende Verträge des Schuldners auswirkt;

f) wie sich die Eröffnung eines Insolvenzverfahrens auf Rechtsverfolgungsmaßnahmen einzelner Gläubiger auswirkt; ausgenommen sind die Wirkungen auf anhängige Rechtsstreitigkeiten;

g) welche Forderungen als Insolvenzforderungen anzumelden sind und wie Forderungen zu behandeln sind, die nach der Eröffnung des Insolvenzverfahrens entstehen;

h) die Anmeldung, die Prüfung und die Feststellung der Forderungen;

i) die Verteilung des Erlöses aus der Verwertung des Vermögens, den Rang der Forderungen und die Rechte der Gläubiger, die nach der Eröffnung des Insolvenzverfahrens aufgrund eines dinglichen Rechts oder infolge einer Aufrechnung teilweise befriedigt wurden;

j) die Voraussetzungen und die Wirkungen der Beendigung des Insolvenzverfahrens, insbesondere durch Vergleich;

k) die Rechte der Gläubiger nach der Beendigung des Insolvenzverfahrens;

l) wer die Kosten des Insolvenzverfahrens einschließlich der Auslagen zu tragen hat;

m) welche Rechtshandlungen nichtig, anfechtbar oder relativ unwirksam sind, weil sie die Gesamtheit der Gläubiger benachteiligen.

Artikel 5

Dingliche Rechte Dritter

(1) Das dingliche Recht eines Gläubigers oder eines Dritten an körperlichen oder unkörperlichen, beweglichen oder unbeweglichen Gegenständen des Schuldners - sowohl an bestimmten Gegenständen als auch an einer Mehrheit von nicht bestimmten Gegenständen mit wechselnder Zusammensetzung -, die sich zum Zeitpunkt der Eröffnung des Insolvenzverfahrens im Gebiet eines anderen Mitgliedstaats befinden, wird von der Eröffnung des Verfahrens nicht berührt.

(2) Rechte im Sinne von Absatz 1 sind insbesondere

a) das Recht, den Gegenstand zu verwerten oder verwerten zu lassen und aus dem Erlös oder den Nutzungen dieses Gegenstands befriedigt zu werden, insbesondere aufgrund eines Pfandrechts oder einer Hypothek;

b) das ausschließliche Recht, eine Forderung einzuziehen, insbesondere aufgrund eines Pfandrechts an einer Forderung oder aufgrund einer Sicherheitsabtretung dieser Forderung;

c) das Recht, die Herausgabe des Gegenstands von jedermann zu verlangen, der diesen gegen den Willen des Berechtigten besitzt oder nutzt;

d) das dingliche Recht, die Früchte eines Gegenstands zu ziehen.

(3) Das in einem öffentlichen Register eingetragene und gegen jedermann wirksame Recht, ein dingliches Recht im Sinne von Absatz 1 zu erlangen, wird einem dinglichen Recht gleichgestellt.

(4) Absatz 1 steht der Nichtigkeit, Anfechtbarkeit oder relativen Unwirksamkeit einer Rechtshandlung nach Artikel 4 Absatz 2 Buchstabe m) nicht entgegen.

Artikel 6

Aufrechnung

(1) Die Befugnis eines Gläubigers, mit seiner Forderung gegen eine Forderung des Schuldners aufzurechnen, wird von der Eröffnung des Insolvenzverfahrens nicht berührt, wenn diese Aufrechnung nach dem für die Forderung des insolventen Schuldners maßgeblichen Recht zulässig ist.

(2) Absatz 1 steht der Nichtigkeit, Anfechtbarkeit oder relativen Unwirksamkeit einer Rechtshandlung nach Artikel 4 Absatz 2 Buchstabe m) nicht entgegen.

Artikel 7

Eigentumsvorbehalt

(1) Die Eröffnung eines Insolvenzverfahrens gegen den Käufer einer Sache läßt die Rechte des Verkäufers aus einem Eigentumsvorbehalt unberührt, wenn sich diese Sache zum Zeitpunkt der Eröffnung des Verfahrens im Gebiet eines anderen Mitgliedstaats als dem der Verfahrenseröffnung befindet.

(2) Die Eröffnung eines Insolvenzverfahrens gegen den Verkäufer einer Sache nach deren Lieferung rechtfertigt nicht die Auflösung oder Beendigung des Kaufvertrags und steht dem Eigentumserwerb des Käufers nicht entgegen, wenn sich diese Sache zum Zeitpunkt der Verfahrenseröffnung im Gebiet eines anderen Mitgliedstaats als dem der Verfahrenseröffnung befindet.

(3) Die Absätze 1 und 2 stehen der Nichtigkeit, Anfechtbarkeit oder relativen Unwirksamkeit einer Rechtshandlung nach Artikel 4 Absatz 2 Buchstabe m) nicht entgegen.

Artikel 8

Vertrag über einen unbeweglichen Gegenstand

Für die Wirkungen des Insolvenzverfahrens auf einen Vertrag, der zum Erwerb oder zur Nutzung eines unbeweglichen Gegenstands berechtigt, ist ausschließlich das Recht des Mitgliedstaats maßgebend, in dessen Gebiet dieser Gegenstand belegen ist.

Artikel 9

Zahlungssysteme und Finanzmärkte

(1) Unbeschadet des Artikels 5 ist für die Wirkungen des Insolvenzverfahrens auf die Rechte und Pflichten der Mitglieder eines Zahlungs- oder Abwicklungssystems oder eines Finanzmarktes ausschließlich das Recht des Mitgliedstaats maßgebend, das für das betreffende System oder den betreffenden Markt gilt.

(2) Absatz 1 steht einer Nichtigkeit, Anfechtbarkeit oder relativen Unwirksamkeit der Zahlungen oder Transaktionen gemäß den für das betreffende Zahlungssystem oder den betreffenden Finanzmarkt geltenden Rechtsvorschriften nicht entgegen.

Artikel 10

Arbeitsvertrag

Für die Wirkungen des Insolvenzverfahrens auf einen Arbeitsvertrag und auf das Arbeitsverhältnis gilt ausschließlich das Recht des Mitgliedstaats, das auf den Arbeitsvertrag anzuwenden ist.

Artikel 11

Wirkung auf eintragungspflichtige Rechte

Für die Wirkungen des Insolvenzverfahrens auf Rechte des Schuldners an einem unbeweglichen Gegenstand, einem Schiff oder einem Luftfahrzeug, die der Eintragung in ein öffentliches Register unterliegen, ist das Recht des Mitgliedstaats maßgebend, unter dessen Aufsicht das Register geführt wird.

Artikel 12

Gemeinschaftspatente und –marken

Für die Zwecke dieser Verordnung kann ein Gemeinschaftspatent, eine Gemeinschaftsmarke oder jedes andere durch Gemeinschaftsvorschriften begründete ähnliche Recht nur in ein Verfahren nach Artikel 3 Absatz 1 miteinbezogen werden.

Artikel 13

Benachteiligende Handlungen

Artikel 4 Absatz 2 Buchstabe m) findet keine Anwendung, wenn die Person, die durch eine die Gesamtheit der Gläubiger benachteiligende Handlung begünstigt wurde, nachweist, - daß für diese Handlung das Recht eines anderen Mitgliedstaats als des Staates der Verfahrenseröffnung maßgeblich ist und - daß in diesem Fall diese Handlung in keiner Weise nach diesem Recht angreifbar ist.

Artikel 14

Schutz des Dritterwerbers

Verfügt der Schuldner durch eine nach Eröffnung des Insolvenzverfahrens vorgenommene Rechtshandlung gegen Entgelt- über einen unbeweglichen Gegenstand, - über ein Schiff oder ein Luftfahrzeug, das der Eintragung in ein öffentliches Register unterliegt, oder - über Wertpapiere, deren Eintragung in ein gesetzlich vorgeschriebenes Register Voraussetzung für ihre Existenz ist, so richtet sich die Wirksamkeit dieser Rechtshandlung dem Recht des Staates, in dessen Gebiet dieser unbewegliche Gegenstand belegen ist oder unter dessen Aufsicht das Register geführt wird.

Artikel 15

Wirkungen des Insolvenzverfahrens auf anhängige Rechtsstreitigkeiten

Für die Wirkungen des Insolvenzverfahrens auf einen anhängigen Rechtsstreit über einen Gegenstand oder ein Recht der Masse gilt ausschließlich das Recht des Mitgliedstaats, in dem der Rechtsstreit anhängig ist.

KAPITEL II

ANERKENNUNG DER INSOLVENZVERFAHREN

Artikel 16

Grundsatz

(1) Die Eröffnung eines Insolvenzverfahrens durch ein nach Artikel 3 zuständiges Gericht eines Mitgliedstaats wird in allen übrigen Mitgliedstaaten anerkannt, sobald die Entscheidung im Staat der Verfahrenseröffnung wirksam ist. Dies gilt auch, wenn in den übrigen Mitgliedstaaten über das Vermögen des Schuldners wegen seiner Eigenschaft ein Insolvenzverfahren nicht eröffnet werden könnte.

(2) Die Anerkennung eines Verfahrens nach Artikel 3 Absatz 1 steht der Eröffnung eines Verfahrens nach Artikel 3 Absatz 2 durch ein Gericht eines anderen Mitgliedstaats nicht entgegen. In diesem Fall ist das Verfahren nach Artikel 3 Absatz 2 ein Sekundärinsolvenzverfahren im Sinne von Kapitel III.

Artikel 17

Wirkungen der Anerkennung

(1) Die Eröffnung eines Verfahrens nach Artikel 3 Absatz 1 entfaltet in jedem anderen Mitgliedstaat, ohne daß es hierfür irgendwelcher Förmlichkeiten bedürfte, die Wirkungen, die das Recht des Staates der Verfahrenseröffnung dem Verfahren beilegt, sofern diese Verordnung nichts anderes bestimmt und solange in diesem anderen Mitgliedstaat kein Verfahren nach Artikel 3 Absatz 2 eröffnet ist.
(2) Die Wirkungen eines Verfahrens nach Artikel 3 Absatz 2 dürfen in den anderen Mitgliedstaten nicht in Frage gestellt werden. Jegliche Beschränkung der Rechte der Gläubiger, insbesondere eine Stundung oder eine Schuldbefreiung infolge des Verfahrens, wirkt hinsichtlich des im Gebiet eines anderen Mitgliedstaats belegenen Vermögens nur gegenüber den Gläubigern, die ihre Zustimmung hierzu erteilt haben.

Artikel 18

Befugnisse des Verwalters

(1) Der Verwalter, der durch ein nach Artikel 3 Absatz 1 zuständiges Gericht bestellt worden ist, darf im Gebiet eines anderen Mitgliedstaats alle Befugnisse ausüben, die ihm nach dem Recht des Staates der Verfahrenseröffnung zustehen, solange in dem anderen Staat nicht ein weiteres Insolvenzverfahren eröffnet ist oder eine gegenteilige Sicherungsmaßnahme auf einen Antrag auf Eröffnung eines Insolvenzverfahrens hin ergriffen worden ist. Er kann insbesondere vorbehaltlich der Artikel 5 und 7 die zur Masse gehörenden Gegenstände aus dem Gebiet des Mitgliedstaats entfernen, in dem sich die Gegenstände befinden.

(2) Der Verwalter, der durch ein nach Artikel 3 Absatz 2 zuständiges Gericht bestellt worden ist, darf in jedem anderen Mitgliedstaat gerichtlich und außergerichtlich geltend machen, daß ein beweglicher Gegenstand nach der Eröffnung des Insolvenzverfahrens aus dem Gebiet des Staates der Verfahrenseröffnung in das Gebiet dieses anderen Mitgliedstaats verbracht worden ist. Des weiteren kann er eine den Interessen der Gläubiger dienende Anfechtungsklage erheben.

(3) Bei der Ausübung seiner Befugnisse hat der Verwalter das Recht des Mitgliedstaats, in dessen Gebiet er handeln will, zu beachten, insbesondere hinsichtlich der Art und Weise der Verwertung eines Gegenstands der Masse. Diese Befugnisse dürfen nicht die Anwendung von Zwangsmitteln oder das Recht umfassen, Rechtsstreitigkeiten oder andere Auseinandersetzungen zu entscheiden.

Artikel 19

Nachweis der Verwalterstellung

Die Bestellung zum Verwalter wird durch eine beglaubigte Abschrift der Entscheidung, durch die er bestellt worden ist, oder durch eine andere von dem zuständigen Gericht ausgestellte Bescheinigung nachgewiesen.
Es kann eine Übersetzung in die Amtssprache oder eine der Amtssprachen des Mitgliedstaats, in dessen Gebiet er handeln will, verlangt werden. Eine Legalisation oder eine entsprechende andere Förmlichkeit wird nicht verlangt.

Artikel 20

Herausgabepflicht und Anrechnung

(1) Ein Gläubiger, der nach der Eröffnung eines Insolvenzverfahrens nach Artikel 3 Absatz 1 auf irgendeine Weise, insbesondere durch Zwangsvollstreckung, vollständig oder teilweise aus einem Gegenstand der Masse befriedigt wird, der in einem anderen Mitgliedstaat belegen ist, hat vorbehaltlich der Artikel 5 und 7 das Erlangte an den Verwalter herauszugeben.

(2) Zur Wahrung der Gleichbehandlung der Gläubiger nimmt ein Gläubiger, der in einem Insolvenzverfahren eine Quote auf seine Forderung erlangt hat, an der Verteilung im Rahmen eines anderen Verfahrens erst dann teil, wenn die Gläubiger gleichen Ranges oder gleicher Gruppenzugehörigkeit in diesem anderen Verfahren die gleiche Quote erlangt haben.

Artikel 21

Öffentliche Bekanntmachung

(1) Auf Antrag des Verwalters ist in jedem anderen Mitgliedstaat der wesentliche Inhalt der Entscheidung über die Verfahrenseröffnung und gegebenenfalls der Entscheidung über eine Bestellung entsprechend den Bestimmungen des jeweiligen Staates für öffentliche Bekanntmachungen zu veröffentlichen. In der Bekanntmachung ist ferner anzugeben, welcher Verwalter bestellt wurde und ob sich die Zuständigkeit aus Artikel 3 Absatz 1 oder aus Artikel 3 Absatz 2 ergibt.

(2) Jeder Mitgliedstaat, in dessen Gebiet der Schuldner eine Niederlassung besitzt, kann jedoch die obligatorische Bekanntmachung vorsehen. In diesem Fall hat der Verwalter oder jede andere hierzu befugte Stelle des Mitgliedstaats, in dem das Verfahren nach Artikel 3 Absatz 1 eröffnet wurde, die für diese Bekanntmachung erforderlichen Maßnahmen zu treffen.

Artikel 22

Eintragung in öffentliche Register

(1) Auf Antrag des Verwalters ist die Eröffnung eines Verfahrens nach Artikel 3 Absatz 1 in das Grundbuch, das Handelsregister und alle sonstigen öffentlichen Register in den übrigen Mitgliedstaaten einzutragen.

(2) Jeder Mitgliedstaat kann jedoch die obligatorische Eintragung vorsehen. In diesem Fall hat der Verwalter oder andere hierzu befugte Stelle des Mitgliedstaats, in dem das Verfahren nach Artikel 3 Absatz 1 eröffnet wurde, die für diese Eintragung erforderlichen Maßnahmen zu treffen.

Artikel 23

Kosten

Die Kosten der öffentlichen Bekanntmachung nach Artikel 21 und der Eintragung nach Artikel 22 gelten als Kosten und Aufwendungen des Verfahrens.

Artikel 24

Leistung an den Schuldner

(1) Wer in einem Mitgliedstaat an einen Schuldner leistet, über dessen Vermögen in einem anderen Mitgliedstaat ein Insolvenzverfahren eröffnet worden ist, obwohl er an den Verwalter des Insolvenzverfahrens hätte leisten müssen, wird befreit, wenn ihm die Eröffnung des Verfahrens nicht bekannt war.

(2) Erfolgt die Leistung vor der öffentlichen Bekanntmachung nach Artikel 21, so wird bis zum Beweis des Gegenteils vermutet, daß dem Leistenden die Eröffnung nicht bekannt war. Erfolgt die Leistung nach der Bekanntmachung gemäß Artikel 21, so wird bis zum Beweis des Gegenteils vermutet, daß dem Leistenden die Eröffnung bekannt war.

Artikel 25

Anerkennung und Vollstreckbarkeit sonstiger Entscheidungen

(1) Die zur Durchführung und Beendigung eines Insolvenzverfahrens ergangenen Entscheidungen eines Gerichts, dessen Eröffnungsentscheidung nach Artikel 16 anerkannt wird, sowie ein von einem solchen Gericht bestätigter Vergleich werden ebenfalls ohne weitere Förmlichkeiten anerkannt. Diese Entscheidungen werden nach den Artikeln 31 bis 51 (mit Ausnahme

von Artikel 34 Absatz 2) des Brüsseler Übereinkommens über die gerichtliche Zuständigkeit und die Vollstreckung gerichtlicher Entscheidungen in Zivil- und Handelssachen in der durch die Beitrittsübereinkommen zu diesem Übereinkommen geänderten Fassung vollstreckt.

Unterabsatz 1 gilt auch für Entscheidungen, die unmittelbar aufgrund des Insolvenzverfahrens ergehen und in engem Zusammenhang damit stehen, auch wenn diese Entscheidungen von einem anderen Gericht getroffen werden.

Unterabsatz 1 gilt auch für Entscheidungen über Sicherungsmaßnahmen, die nach dem Antrag auf Eröffnung eines Insolvenzverfahrens getroffen werden.

(2) Die Anerkennung und Vollstreckung der anderen als der in Absatz 1 genannten Entscheidungen unterliegen dem Übereinkommen nach Absatz 1, soweit jenes Übereinkommen anwendbar ist.

(3) Die Mitgliedstaaten sind nicht verpflichtet, eine Entscheidung gemäß Absatz 1 anzuerkennen und zu vollstrecken, die eine Einschränkung der persönlichen Freiheit oder des Postgeheimnisses zur Folge hätte.

Artikel 26[6]

Ordre Public

Jeder Mitgliedstaat kann sich weigern, ein in einem anderen Mitgliedstaat eröffnetes Insolvenzverfahren anzuerkennen oder eine in einem solchen Verfahren ergangene Entscheidung zu vollstrecken, soweit diese Anerkennung oder diese Vollstreckung zu einem Ergebnis führt, das offensichtlich mit seiner öffentlichen Ordnung, insbesondere mit den Grundprinzipien oder den verfassungsmäßig garantierten Rechten und Freiheiten des einzelnen, unvereinbar ist.

---

6 Siehe die Erklärung Portugals zur Anwendung der Artikel 26 und 37 (ABl. C 183 vom 30.06.2000, S. 1)

KAPITEL III

SEKUNDÄRINSOLVENZVERFAHREN

Artikel 27

Verfahrenseröffnung

Ist durch ein Gericht eines Mitgliedstaats ein Verfahren nach Artikel 3 Absatz 1 eröffnet worden, das in einem anderen Mitgliedstaat anerkannt ist (Hauptinsolvenzverfahren), so kann ein nach Artikel 3 Absatz 2 zuständiges Gericht dieses anderen Mitgliedstaats ein Sekundärinsolvenzverfahren eröffnen, ohne daß in diesem anderen Mitgliedstaat die Insolvenz des Schuldners geprüft wird. Bei diesem Verfahren muß es sich um eines der in Anhang B aufgeführten Verfahren handeln. Seine Wirkungen beschränken sich auf das im Gebiet dieses anderen Mitgliedstaats belegene Vermögen des Schuldners.

Artikel 28

Anwendbares Recht

Soweit diese Verordnung nichts anderes bestimmt, finden auf das Sekundärinsolvenzverfahren die Rechtsvorschriften des Mitgliedstaats Anwendung, in dessen Gebiet das Sekundärinsolvenzverfahren eröffnet worden ist.

Artikel 29

Antragsrecht

Die Eröffnung eines Sekundärinsolvenzverfahrens können beantragen:

a) der Verwalter des Hauptinsolvenzverfahrens,

b) jede andere Person oder Stelle, der das Antragsrecht nach dem Recht des Mitgliedstaats zusteht, in dessen Gebiet das Sekundärinsolvenzverfahren eröffnet werden soll.

Artikel 30

Kostenvorschuß

Verlangt das Recht des Mitgliedstaats, in dem ein Sekundärinsolvenzverfahren beantragt wird, daß die Kosten des Verfahrens einschließlich der Auslagen ganz oder teilweise durch die Masse gedeckt sind, so kann das Gericht, bei dem ein solcher Antrag gestellt wird, vom Antragsteller einen Kostenvorschuß oder eine angemessene Sicherheitsleistung verlangen.

Artikel 31

Kooperations- und Unterrichtungspflicht

(1) Vorbehaltlich der Vorschriften über die Einschränkung der Weitergabe von Informationen besteht für den Verwalter des Hauptinsolvenzverfahrens und für die Verwalter der Sekundärinsolvenzverfahren die Pflicht zur gegenseitigen Unterrichtung. Sie haben einander unverzüglich alle Informationen mitzuteilen, die für das jeweilige andere Verfahren von Bedeutung sein können, insbesondere den Stand der Anmeldung und der Prüfung der Forderungen sowie alle Maßnahmen zur Beendigung eines Insolvenzverfahrens.

(2) Vorbehaltlich der für die einzelnen Verfahren geltenden Vorschriften sind der Verwalter des Hauptinsolvenzverfahrens und die Verwalter der Sekundärinsolvenzverfahren zur Zusammenarbeit verpflichtet.

(3) Der Verwalter eines Sekundärinsolvenzverfahrens hat dem Verwalter des Hauptinsolvenzverfahrens zu gegebener Zeit Gelegenheit zu geben, Vorschläge für die Verwertung oder jede Art der Verwendung der Masse des Sekundärinsolvenzverfahrens zu unterbreiten.

Artikel 32

Ausübung von Gläubigerrechten

(1) Jeder Gläubiger kann seine Forderung im Hauptinsolvenzverfahren und in jedem Sekundärinsolvenzverfahren anmelden.

(2) Die Verwalter des Hauptinsolvenzverfahrens und der Sekundärinsolvenzverfahren melden in den anderen Verfahren die Forderungen an, die in dem Verfahren, für das sie bestellt sind, bereits angemeldet worden sind, soweit dies für die Gläubiger des letztgenannten Verfahrens zweckmäßig ist und vorbehaltlich des Rechts dieser Gläubiger, dies abzulehnen oder die Anmeldung zurückzunehmen, sofern ein solches Recht gesetzlich vorgesehen ist.

(3) Der Verwalter eines Haupt- oder eines Sekundärinsolvenzverfahrens ist berechtigt, wie ein Gläubiger an einem anderen Insolvenzverfahren mitzuwirken, insbesondere indem er an einer Gläubigerversammlung teilnimmt.

Artikel 33

Aussetzung der Verwertung

(1) Das Gericht, welches das Sekundärinsolvenzverfahren eröffnet hat, setzt auf Antrag des Verwalters des Hauptinsolvenzverfahrens die Verwertung ganz oder teilweise aus; dem zuständigen Gericht steht jedoch das Recht zu, in diesem Fall vom Verwalter des Hauptinsolvenzverfahrens alle angemessenen Maßnahmen zum Schutz der Interessen der Gläubiger des Sekundärinsolvenzverfahrens sowie einzelner Gruppen von Gläubigern zu verlangen. Der Antrag des Verwalters des Hauptinsolvenzverfahrens kann nur abgelehnt werden, wenn die Aussetzung offensichtlich für die Gläubiger des Hauptinsolvenzverfahrens nicht von Interesse ist. Die Aussetzung der Verwertung kann für höchstens drei Monate angeordnet werden. Sie kann für jeweils denselben Zeitraum verlängert oder erneuert werden.

(2) Das Gericht nach Absatz 1 hebt die Aussetzung der Verwertung in folgenden Fällen auf:

- auf Antrag des Verwalters des Hauptinsolvenzverfahrens,

- von Amts wegen, auf Antrag eines Gläubigers oder auf Antrag des Verwalters des Sekundärinsolvenzverfahrens, wenn sich herausstellt, daß diese Maßnahme insbesondere nicht mehr mit dem Interesse der Gläubiger des Haupt- oder des Sekundärinsolvenzverfahrens zu rechtfertigen ist.

Artikel 34

Verfahrensbeendende Maßnahmen

(1) Kann das Sekundärinsolvenzverfahren nach dem für dieses Verfahren maßgeblichen Recht ohne Liquidation durch einen Sanierungsplan, einen Vergleich oder eine andere vergleichbare Maßnahme beendet werden, so kann eine solche Maßnahme vom Verwalter des Hauptinsolvenzverfahrens vorgeschlagen werden.

Eine Beendigung des Sekundärinsolvenzverfahrens durch eine Maßnahme nach Unterabsatz 1 kann nur bestätigt werden, wenn der Verwalter des Hauptinsolvenzverfahrens zustimmt oder, falls dieser nicht zustimmt, wenn die finanziellen Interessen der Gläubiger des Hauptinsolvenzverfahrens durch die vorgeschlagene Maßnahme nicht beeinträchtigt werden.

(2) Jede Beschränkung der Rechte der Gläubiger, wie zum Beispiel eine Stundung oder eine Schuldbefreiung, die sich aus einer in einem Sekundärinsolvenzverfahren vorgeschlagenen Maßnahme im Sinne von Absatz 1 ergibt, kann nur dann Auswirkungen auf das nicht von diesem Verfahren betroffene Vermögen des Schuldners haben, wenn alle betroffenen Gläubiger der Maßnahme zustimmen.

(3) Während einer nach Artikel 33 angeordneten Aussetzung der Verwertung kann nur der Verwalter des Hauptinsolvenzverfahrens oder der Schuldner mit dessen Zustimmung im Se-

kundärinsolvenzverfahren Maßnahmen im Sinne von Absatz 1 des vorliegenden Artikels vorschlagen; andere Vorschläge für eine solche Maßnahme dürfen weder zur Abstimmung gestellt noch bestätigt werden.

Artikel 35

Überschuß im Sekundärinsolvenzverfahren

Können bei der Verwertung der Masse des Sekundärinsolvenzverfahrens alle in diesem Verfahren festgestellten Forderungen befriedigt werden, so übergibt der in diesem Verfahren bestellte Verwalter den verbleibenden Überschuß unverzüglich dem Verwalter des Hauptinsolvenzverfahrens.

Artikel 36

Nachträgliche Eröffnung des Hauptinsolvenzverfahrens

Wird ein Verfahren nach Artikel 3 Absatz 1 eröffnet, nachdem in einem anderen Mitgliedstaat ein Verfahren nach Artikel 3 Absatz 2 eröffnet worden ist, so gelten die Artikel 31 bis 35 für das zuerst eröffnete Insolvenzverfahren, soweit dies nach dem Stand dieses Verfahrens möglich ist.

Artikel 37[7]

Umwandlung des vorhergehenden Verfahrens

Der Verwalter des Hauptinsolvenzverfahrens kann beantragen, daß ein in Anhang A genanntes Verfahren, das zuvor in einem anderen Mitgliedstaat eröffnet wurde, in ein Liquidationsverfahren umgewandelt wird, wenn es sich erweist, daß diese Umwandlung im Interesse der Gläubiger des Hauptverfahrens liegt. Das nach Artikel 3 Absatz 2 zuständige Gericht ordnet die Umwandlung in eines der in Anhang B aufgeführten Verfahren an.

---

7 Siehe die Erklärung Portugals zur Anwendung der Artikel 26 und 37 (ABl. C 183 vom 30.06.2000, S. 1)

Artikel 38

Sicherungsmaßnahmen

Bestellt das nach Artikel 3 Absatz 1 zuständige Gericht eines Mitgliedstaats zur Sicherung des Schuldnervermögens einen vorläufigen Verwalter, so ist dieser berechtigt, zur Sicherung und Erhaltung des Schuldnervermögens, das sich in einem anderen Mitgliedstaat befindet, jede Maßnahme zu beantragen, die nach dem Recht dieses Staates für die Zeit zwischen dem Antrag auf Eröffnung eines Liquidationsverfahrens und dessen Eröffnung vorgesehen ist.

KAPITEL IV

UNTERRICHTUNG DER GLÄUBIGER UND ANMELDUNG IHRER FORDERUNGEN

Artikel 39

Recht auf Anmeldung von Forderungen

Jeder Gläubiger, der seinen gewöhnlichen Aufenthalt, Wohnsitz oder Sitz in einem anderen Mitgliedstaat als dem Staat der Verfahrenseröffnung hat, einschließlich der Steuerbehörden und der Sozialversicherungsträger der Mitgliedstaaten, kann seine Forderungen in dem Insolvenzverfahren schriftlich anmelden.

Artikel 40

Pflicht zur Unterrichtung der Gläubiger

(1) Sobald in einem Mitgliedstaat ein Insolvenzverfahren eröffnet wird, unterrichtet das zuständige Gericht dieses Staates oder der von diesem Gericht bestellte Verwalter unverzüglich die bekannten Gläubiger, die in den anderen Mitgliedstaaten ihren gewöhnlichen Aufenthalt, Wohnsitz oder Sitz haben.

(2) Die Unterrichtung erfolgt durch individuelle Übersendung eines Vermerks und gibt insbesondere an, welche Fristen einzuhalten sind, welches die Versäumnisfolgen sind, welche Stelle für die Entgegennahme der Anmeldungen zuständig ist und welche weiteren Maßnahmen vorgeschrieben sind. In dem Vermerk ist auch anzugeben, ob die bevorrechtigten oder dinglich gesicherten Gläubiger ihre Forderungen anmelden müssen.

Artikel 41

Inhalt einer Forderungsanmeldung

Der Gläubiger übersendet eine Kopie der gegebenenfalls vorhandenen Belege, teilt die Art, den Entstehungszeitpunkt und den Betrag der Forderung mit und gibt an, ob er für die Forderung ein Vorrecht, eine dingliche Sicherheit oder einen Eigentumsvorbehalt beansprucht und welche Vermögenswerte Gegenstand seiner Sicherheit sind.

Artikel 42

Sprachen

(1) Die Unterrichtung nach Artikel 40 erfolgt in der Amtssprache oder einer der Amtssprachen des Staates der Verfahrenseröffnung. Hierfür ist ein Formblatt zu verwenden, das in sämtlichen Amtssprachen der Organe der Europäischen Union mit den Worten „Aufforderung zur Anmeldung einer Forderung. Etwaige Fristen beachten!" überschrieben ist.

(2) Jeder Gläubiger, der seinen gewöhnlichen Aufenthalt, Wohnsitz oder Sitz in einem anderen Mitgliedstaat als dem Staat der Verfahrenseröffnung hat, kann seine Forderung auch in der Amtssprache oder einer der Amtssprachen dieses anderen Staates anmelden. In diesem Fall muß die Anmeldung jedoch mindestens die Überschrift „Anmeldung einer Forderung" in der Amtssprache oder einer der Amtssprachen des Staates der Verfahrenseröffnung tragen. Vom Gläubiger kann eine Übersetzung der Anmeldung in die Amtssprache oder eine der Amtssprachen des Staates der Verfahrenseröffnung verlangt werden.

KAPITEL V

ÜBERGANGS- UND SCHLUSSBESTIMMUNGEN

Artikel 43

Zeitlicher Geltungsbereich

Diese Verordnung ist nur auf solche Insolvenzverfahren anzuwenden, die nach ihrem Inkrafttreten eröffnet worden sind. Für Rechtshandlungen des Schuldners vor Inkrafttreten dieser Verordnung gilt weiterhin das Recht, das für diese Rechtshandlungen anwendbar war, als sie vorgenommen wurden.

Artikel 44

Verhältnis zu Übereinkünften

(1) Nach ihrem Inkrafttreten ersetzt diese Verordnung in ihrem sachlichen Anwendungsbereich hinsichtlich der Beziehungen der Mitgliedstaaten untereinander die zwischen zwei oder mehreren Mitgliedstaaten geschlossenen Übereinkünfte, insbesondere

a) das am 8. Juli 1899 in Paris unterzeichnete belgisch-französische Abkommen über die gerichtliche Zuständigkeit, die Anerkennung und die Vollstreckung von gerichtlichen Entscheidungen, Schiedssprüchen und öffentlichen Urkunden;

b) das am 16. Juli 1969 in Brüssel unterzeichnete belgisch-österreichische Abkommen über Konkurs, Ausgleich und Zahlungsaufschub (mit Zusatzprotokoll vom 13. Juni 1973);

c) das am 28. März 1925 in Brüssel unterzeichnete belgisch-niederländische Abkommen über die Zuständigkeit der Gerichte, den Konkurs sowie die Anerkennung und die Vollstreckung von gerichtlichen Entscheidungen, Schiedssprüchen und öffentlichen Urkunden;

d) den am 25. Mai 1979 in Wien unterzeichneten deutsch-österreichischen Vertrag auf dem Gebiet des Konkurs- und Vergleichs-(Ausgleichs-)rechts;

e) das am 27. Februar 1979 in Wien unterzeichnete französisch-österreichische Abkommen über die gerichtliche Zuständigkeit, die Anerkennung und die Vollstreckung von Entscheidungen auf dem Gebiet des Insolvenzrechts;

f) das am 3. Juni 1930 in Rom unterzeichnete französisch-italienische Abkommen über die Vollstreckung gerichtlicher Urteile in Zivil- und Handelssachen;

g) das am 12. Juli 1977 in Rom unterzeichnete italienisch-österreichische Abkommen über Konkurs und Ausgleich;

h) den am 30. August 1962 in Den Haag unterzeichneten deutsch-niederländischen Vertrag über die gegenseitige Anerkennung und Vollstreckung gerichtlicher Entscheidungen und anderer Schuldtitel in Zivil- und Handelssachen;

i) das am 2. Mai 1934 in Brüssel unterzeichnete britisch-belgische Abkommen zur gegenseitigen Vollstreckung gerichtlicher Entscheidungen in Zivil- und Handelssachen mit Protokoll;

j) das am 7. November 1993 in Kopenhagen zwischen Dänemark, Finnland, Norwegen, Schweden und Irland geschlossene Konkursübereinkommen;

k) das am 5. Juni 1990 in Istanbul unterzeichnete Europäische Übereinkommen über bestimmte internationale Aspekte des Konkurses.

(2) Die in Absatz 1 aufgeführten Übereinkünfte behalten ihre Wirksamkeit hinsichtlich der Verfahren, die vor Inkrafttreten dieser Verordnung eröffnet worden sind.

(3) Diese Verordnung gilt nicht

a) in einem Mitgliedstaat, soweit es in Konkurssachen mit den Verpflichtungen aus einer Übereinkunft unvereinbar ist, die dieser Staat mit einem oder mehreren Drittstaaten vor Inkrafttreten dieser Verordnung geschlossen hat;

b) im Vereinigten Königreich Großbritannien und Nordirland, soweit es in Konkurssachen mit den Verpflichtungen aus Vereinbarungen, die im Rahmen des Commonwealth geschlossen wurden und die zum Zeitpunkt des Inkrafttretens dieser Verordnung wirksam sind, unvereinbar ist.

Artikel 45

Änderung der Anhänge

Der Rat kann auf Initiative eines seiner Mitglieder oder auf Vorschlag der Kommission mit qualifizierter Mehrheit die Anhänge ändern.

Artikel 46

Bericht

Die Kommission legt dem Europäischen Parlament, dem Rat und dem Wirtschafts- und Sozialausschuß bis zum 1. Juni 2012 und danach alle fünf Jahre einen Bericht über die Anwendung dieser Verordnung vor. Der Bericht enthält gegebenenfalls einen Vorschlag zur Anpassung dieser Verordnung.

Artikel 47

Inkrafttreten

Diese Verordnung tritt am 31. Mai 2002 in Kraft.

Diese Verordnung ist in allen ihren Teilen verbindlich und gilt gemäß dem Vertrag zur Gründung der Europäischen Gemeinschaft unmittelbar in den Mitgliedstaaten.

Geschehen zu Brüssel am 29. Mai 2000.

Im Namen des Rates
Der Präsident
A. Costa

ANHANG A

Insolvenzverfahren gemäß Artikel 1 Buchstabe a)

BELGIQUE - /BELGIË
- La faillite//Het faillissement
- Le concordat judiciaire//Het gerechtelijk akkoord
- Le règlement collectif de dettes//De collective schuldenregeling

DEUTSCHLAND
- Das Konkursverfahren
- Das gerichtliche Vergleichsverfahren
- Das Gesamtvollstreckungsverfahren
- Das Insolvenzverfahren

ΕΛΛΑΣ
- Πτώχευση
- Η ειδική εκκαθάριση
- Η προσωρινή διαχείριση εταιρίας. Η διοίκηση και η διαχείριση των πιστωτών
- Η υπαγωγή επιχείρησης υπό επίτροπο με σκοπό τη σύναψη συμβιβασμού με τους πιστωτές

ESPAÑA
- Concurso de acreedores
- Quiebra
- Suspensión de pagos

FRANCE
- Liquidation judiciaire
- Redressement judiciaire avec nomination d'un administrateur

IRELAND
- Compulsory winding-up by the Court
- Bankruptcy
- The administration in bankruptcy of the estate of persons dying insolvent
- Winding-up in bankruptcy of partnerships
- Creditors' voluntary winding-up (with confirmation of a court)
- Arrangements under the control of the Court which involve the vesting of all or part of the property of the debtor in the Official Assignee for realisation and distribution
- Company examinership

ITALIA
- Fallimento
- Concordato preventivo
- Liquidazione coatta amministrativa
- Amministrazione straordinaria
- Amministrazione controllata

LUXEMBOURG
- Faillite
- Gestion contrôlée
- Concordat préventif de faillite (par abandon d'actif)
- Régime spécial de liquidation du notariat

NEDERLAND
- Het faillissement
- De surseance van betaling
- De schuldsaneringsregeling natuurlijke personen

ÖSTERREICH
- Das Konkursverfahren
- Das Ausgleichsverfahren

PORTUGAL
- O processo de falência
- Os processos especiais de recuperação de empresa, ou seja:
- A concordata
- A reconstituição empresarial
- A reestruturação financeira
- A gestão controlada

SUOMI – FINLAND
- Konkurssi//konkurs
- Yrityssaneeraus//företagssanering

SVERIGE
- Konkurs
- Företagsrekonstruktion

UNITED KINGDOM
- Winding-up by or subject to the supervision of the court
- Creditors' voluntary winding-up (with confirmation by the court)
- Administration
- Voluntary arrangements under insolvency legislation
- Bankruptcy or sequestration

ANHANG B

Insolvenzverfahren gemäß Artikel 2 Buchstabe c)

BELGIQUE - /BELGIË
- La faillite//Het faillissement

DEUTSCHLAND
- Das Konkursverfahren
- Das Gesamtvollstreckungsverfahren
- Das Insolvenzverfahren

ΕΛΛΑΣ
- Πτώχευση
- Η ειδική εκκαθάριση

ESPAÑA
- Concurso de acreedores
- Quiebra
- Suspensión de pagos basada en la insolvencia definitiva

FRANCE
- Liquidation judiciaire

IRELAND
- Compulsory winding-up
- Bankruptcy
- The administration in bankruptcy of the estate of persons dying insolvent
- Winding-up in bankruptcy of partnerships
- Creditors' voluntary winding-up (with the confirmation of a court)

- Arrangements of the control of the Court which involve the vesting of all or part of the property of the debtor in the Official Assignee for realisation and distribution

ITALIA
- Fallimento
- Liquidazione coatta amministrativa

LUXEMBOURG
- Faillite
- Régime spécial de liquidation du notariat

NEDERLAND
- Het faillissement
- De schuldsaneringsregeling natuurlijke personen

ÖSTERREICH
- Das Konkursverfahren

PORTUGAL
- O processo de falência

SUOMI - FINLAND
- Konkurssi//konkurs

SVERIGE
- Konkurs

UNITED KINGDOM
- Winding-up by or subject to the supervision of the court
- Creditors' voluntary winding-up (with confirmation by the court)
- Bankruptcy or sequestration

ANHANG C

Verwalter gemäß Artikel 2 Buchstabe b)

BELGIQUE - /BELGIË

- Le curateur//De curator
- Le commissaire au sursis//De commissaris inzake opschorting
- Le médiateur de dettes//De schuldbemiddelaar

DEUTSCHLAND

– Konkursverwalter
- Vergleichsverwalter
- Sachwalter (nach der Vergleichsordnung)
- Verwalter
- Insolvenzverwalter
- Sachwalter (nach der Insolvenzordnung)
- Treuhänder
    - Vorläufiger Insolvenzverwalter

ΕΛΛΑΣ

- Ο σύνδικος
- Ο προσωρινός διαχειριστής. Η διοικούσα επιτροπή των πιστωτών
- Ο ειδικός εκκαθαριστής
- Ο επίτροπος

ESPAÑA

- Depositario-administrador
- Interventor o Interventores
- Síndicos
- Comisario

FRANCE

- Représentant des créanciers
- Mandataire liquidateur
- Administrateur judiciaire
- Commissaire à l'exécution de plan

IRELAND

– Liquidator
- Official Assignee
- Trustee in bankruptcy
- Provisional Liquidator

- Examiner

ITALIA
- Curatore
- Commissario

LUXEMBOURG
- Curateur
- Commissaire
- Liquidateur
- Conseil de gérance de la section d'assainissement du notariat

NEDERLAND
- De curator in het faillissement
- De bewindvoerder in de surseance van betaling
- De bewindvoerder in de schuldsaneringsregeling natuurlijke personen

ÖSTERREICH
- Masseverwalter
- Ausgleichsverwalter
- Sachwalter
- Treuhänder
- Besondere Verwalter
- Vorläufige Verwalter
- Konkursgericht

PORTUGAL
- Gestor Judicial
- Liquidatário Judicial
- Comissão de Credores

SUOMI - /FINLAND
- Pesänhoitaja//boförvaltare
- Selvittäjä//utredare

SVERIGE
- Förvaltare
- God man
- Rekonstruktör

UNITED KINGDOM
- Liquidator
- Supervisor of a voluntary arrangement
- Administrator
- Official Receiver
- Trustee
- Judicial factor

FSC
www.fsc.org
MIX
Papier | Fördert
gute Waldnutzung
FSC® C083411

Kolibri 360 GmbH
Ferdinand-Jühlke-Straße 7
99095 Erfurt, Deutschland
produktsicherheit@kolibri360.de

Druck:
CPI Druckdienstleistungen GmbH
im Auftrag der
Kolibri 360 GmbH
Ferdinand-Jühlke-Str. 7
99095 Erfurt